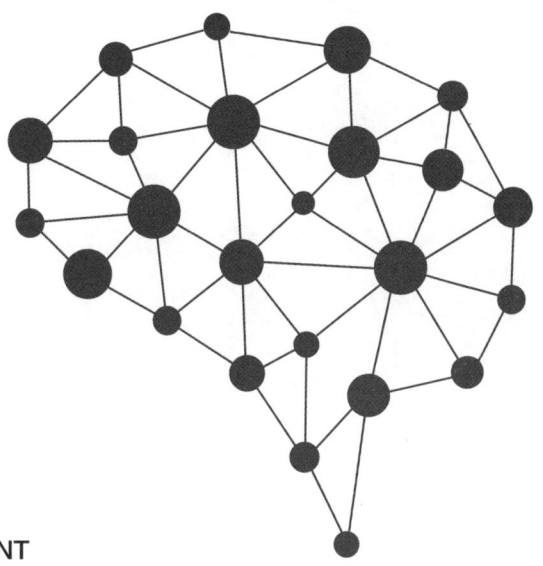

INVESTMENT
THINKING

投资思维

投资管理的多元视角与资产配置策略

陈超 著

中信出版集团|北京

图书在版编目（CIP）数据

投资思维：投资管理的多元视角与资产配置策略 /
陈超著 . -- 北京：中信出版社，2024.9.（2024.11 重印）
-- ISBN 978-7-5217-6712-4

Ⅰ．F830.593

中国国家版本馆 CIP 数据核字第 2024H8K152 号

投资思维——投资管理的多元视角与资产配置策略
著者： 陈超
出版发行：中信出版集团股份有限公司
（北京市朝阳区东三环北路 27 号嘉铭中心 邮编 100020）

承印者： 河北鹏润印刷有限公司

开本：787mm×1092mm 1/16　　印张：30　　字数：376 千字
版次：2024 年 9 月第 1 版　　印次：2024 年 11 月第 2 次印刷
书号：ISBN 978-7-5217-6712-4
定价：78.00 元

版权所有·侵权必究
如有印刷、装订问题，本公司负责调换。
服务热线：400-600-8099
投稿邮箱：author@citicpub.com

专家推荐

抚今追昔，鉴往知来。2007 年，陈超博士参与了我国主权财富基金的筹备工作，此后一直在一、二级市场投资与资产配置及投研条线历练。2008 年，我们一起见证了那场惊心动魄的全球金融海啸对机构投资者的巨大冲击。《投资思维》一书凝聚他多年实践中的所思所想，他以深邃的洞察和生动的笔触，剖析投资世界中的复杂性与多变性，此书是值得投资者深入研读的佳作。

——**楼继伟**（中国投资有限责任公司原董事长）

陈超博士在金融行业的多重经历，奠定了他多维度审视事物的思辨能力。他娓娓道来，以一个个故事与案例揭示了投资世界的"异象"与宏观范式的转换，并提出多元化的思维模式与资产配置框架。他多元的视角与务实的分析让他的投资思维相关课程成为最受清华大学五道口金融学院金融 EMBA 项目学员欢迎的课程之一。

——**吴晓灵**（全国人大财经委原副主任委员、中国人民银行原副行长）

思维模式是决定投资成败的关键。陈超博士的《投资思维》一书揭示了投资者潜意识中存在的诸多偏颇认识，提出对于投资者而言，心性修炼的要义是建立多元化的思维模式，为投资者洞察全球变局提供了系统化的视角与前瞻性的投资理念。

——**谢平**（中央汇金投资有限责任公司原总经理）

主权财富基金是真正的长期投资者，致力于为未来几代人实现财富保值增值。陈超博士结合他在主权财富基金的工作和自己的思考，分享了一套可用于指导长期投资者的投资哲学与经验。这本书既有可读性又发人深省。

——**乔希·勒纳**（哈佛大学商学院雅各布·希夫投资银行讲席教授，美国国民经济研究局生产力、创新和创业项目联合负责人）

陈超博士所著的《投资思维》一书不仅仅包含了他对投资策略与方法论的系统思考，更包含了他对投资哲学与思维的深度洞见。

——**黄奇辅**（麻省理工学院原讲座教授）

《投资思维》这部著作视野开阔，论证扎实，深入探讨了现代金融和投资领域的核心思想和最新发展。作者结合扎实的理论基础和丰富的实践经验，既阐述了成功投资的微观策略，又讨论了经济发展和社会进步的宏观问题。无论是对于从事经济研究的学者、学生与经验丰富的投资人，还是对于初入市场的新手，这本书都会带来新的启示和见解。

——**马松**（耶鲁大学管理学院金融学教授）

经济学家在解释诸多经济现象时尚能自圆其说，但在经济金融预测中结果往往与事实大相径庭，这在本质上源于投资系统的复杂性与不确定性特征。陈超博士尝试揭开投资世界的诸多"异象"，以跨学科的多元化思维模式破解投资"异象"，以全球化的宏观视角系统全面地提炼出当前投资世界面临的八大宏观范式转换，以多元化的资产配置框架应对范式转换。《投资思维》是一本既有理论灼见又有实践真知的投资领域佳作。

——**陈志武**（香港大学香港人文社会研究所所长、经管学院金融学讲座教授和郑氏金融学讲席教授）

跳出传统的投资学教科书框架，陈超博士将投资学基本原理放在宏观大势变革的框架中进行重新考量和梳理，特别是结合自身对中国资本管理市场实践的思考，为投资学逻辑框架在新经济周期下的更新与迭代，以及投资者顺应大势步入耐心资本价值投资时代提供了有益参考。更重要的是，跳出金融维度来阅读此书，能够让我们对工作生活中资源利用的各种非线性思维方式有所领悟，帮助我们形成应对不确定未来的确定人生"投资"原则。

——田轩（清华大学五道口金融学院副院长、金融学讲席教授，清华大学国家金融研究院院长）

陈超博士在《投资思维》一书中阐述了一个逻辑完整、结构清晰、内容丰富的宏观投资思维体系。这个体系的提出，是本人迄今在国内外投资文献中所首见。

——姜国华（北京大学党委副书记、光华管理学院会计学教授）

有的投资者根据基本面做决策，有的投资者借鉴心理学看行情，陈超博士提供了一个多维度思维框架。《投资思维》既有理论深度，又有实践基础，可以帮助投资者想清楚曾经看不太明白的许多事情。

——黄益平（北京大学国家发展研究院院长）

投资是一件复杂的事情，但是究竟复杂在哪里，投资者又应该如何应对复杂的局面？陈超博士的新作《投资思维》给了我们一个系统性的思考框架和一些非常有实操性的行动建议。投资世界存在很多"异象"，因此需要多元化的思维模式；当今的投资世界正在经历宏观范式的转换，因此需要多元化的投资管理框架。书中对这些问题的分析见解独到、发人深思，一定会给读者带来很多启发与收获。

——肖星（清华大学经济管理学院会计系主任、教授，清华大学全球私募股权研究院院长）

《投资思维》一书博采众长，利用多种理论和模型来阐释复杂的投资世界，呈现出典型的"芒格主义"。作者在我国主权财富基金工作多年，他从机构投资者的实践出发，将多元理论整合为一套投资方法论和思维框架，无论是对个人还是对机构投资者，都有启发。

——兰小欢（复旦大学经济学院教授、《置身事内：中国政府与经济发展》作者）

投资是一项高难度的任务。无论是对于主权财富基金、商业投资机构，还是对于企业或者居民家庭，投资似乎都有规律可循，但又总是不断出现"异象"。陈超博士的力作在总结"异象"的基础上，勾画出应对"异象"的思维模式和范式框架，为广大投资者守正出奇提供了重大帮助。特此力荐！

——**朱宁**（上海交通大学上海高级金融学院副院长、金融学教授，《刚性泡沫》作者）

投资是一场永不停息的修炼。陈超博士凭借丰富的金融投资阅历向我们展示了其对投资世界的深刻洞察，揭示出其对投资规律的再认识。《投资思维》是金融投资理论的再升华，也为广大投资实务界人士提供了可借鉴的参考指南。

——**王擎**（西南财经大学副校长，金融学院、中国金融研究院院长）

我自己不做投资，也不懂投资，但是我对资本在这个世界上的运行和生长方式还是非常好奇。陈超博士的这本《投资思维》满足了我的好奇心，也让我知道了一个非线性的、不确定的世界为什么会有那么大的魅力。

——**罗振宇**（得到 App 创始人）

在这个变幻莫测的世界中，掌握正确的投资思维模式就如同拥有一盏指路明灯。《投资思维》是一本关于财富管理的指南。从历史到未来，从个体到群体，陈超博士带领我们穿梭于知识的海洋，让我们学会在复杂多变的市场中寻找方向。此书既是初入金融市场新手的启蒙书，也是专业投资者的认知进阶宝典。

——**秦朔**（《第一财经日报》创刊总编辑、人文财经观察家、"秦朔朋友圈"发起人）

《投资思维》是一部能促进我们认知迭代的力作，我强烈推荐给所有希望在复杂世界中做出更明智决策的人。

——**陈小雨**（喜马拉雅创始人）

陈超博士在《投资思维》一书中从理论到实践，从战术到战略，完整地阐述了投资的原理及投资者在投资决策时所要关注的各种问题。此书既适合普通读者了解投资原理，也适合专业投资人参考。

——**吴军**（硅谷投资人、计算机科学家、文津图书奖得主）

陈超博士有深厚的学术造诣与丰富的资产配置研究和投资实践经验，本书记录了其多年在金融领域从业的感悟和心得，在严谨的逻辑框架之下，集宏观视野、行业洞察和微观分析于一体，对专业投资者和青年学子均有指导意义。

——**彭文生**（中国国际金融股份有限公司首席经济学家）

当前的宏观环境正从"大缓和"走向"大波动"，处于长期结构性变革与短期周期性波动交织，传统风险与非传统风险叠加中。在应对范式变革的新时代，原有的投资框架已经失灵。陈超博士立足全球视角，融合经济学、社会学、心理学、物理学、信息学等多门学科，穿透投资世界的"异象"，构建出多元化的思维模式与配置体系。这是一本兼具思想深度、知识广度和历史维度的投资好书。

——**高善文**（安信证券首席经济学家）

陈超博士深度参与了中国主权财富基金的研究与实践，见证了几十年来全球金融市场的波澜壮阔。他兼具在投资实践中积累的珍贵一手经验与长年进行深度研究所形成的强大思辨能力。正因如此，他在清华大学五道口金融学院给金融EMBA项目学员开设的全球财富管理课程在专业投资人中备受欢迎。《投资思维》一书，便是他在讲义基础上，经过三年打磨而成。陈超博士在书中提到了库兹韦尔的奇点理论，亦给人启迪——科技在进步，但也许科技进步不是一个反复循环的周期，更多可能是宏观上一个日新月异的结构化改变。

——**王国斌**（泉果基金、君和资本、东方红资产管理创始人，《投资中国》作者）

投资管理的成功需要构建跨学科的知识体系，涵盖金融学、心理学、历史学、地缘政治、数学、物理学等社会科学和自然科学知识。陈超博士在金融投资领域实践的二十多年中，逐步学习、内化并构建了跨学科的投资体系。在《投资思维》一书中，他揭示了投资世界的诸多"异象"，提出了多元化的思维模式，并引出了对当前重要范式转换与投资框架的思考。《投资思维》运用历史故事、学术研究成果与投资实践案例深刻阐明了投资管理中的诸多挑战，并为我们描绘出投资世界的复杂多变与无穷魅力。

——**泰德·西德斯**（知名播客栏目"Capital Allocator"创始人，美国对冲基金母基金门徒资本的创始人与联席首席投资官，《聪明的基金经理》作者）

推荐序

2007年初，我奉命组建中国的主权财富基金——中国投资有限责任公司（简称"中投公司"）。陈超博士是公司筹备工作团队的一员。陈超博士勤思敏学，参与了公司从组织架构设计到大类资产配置工作。工作之余，他持续对主权财富基金的理论问题深入思考，并和谢平同志合著《谁在管理国家财富？》，推动了主权财富基金的研究与实践，给我留下了深刻印象。

2008年9月15日，美国雷曼兄弟宣布破产，触发了一场惊心动魄的全球金融海啸。公司进入紧急状态，甚至可谓"生死攸关时刻"。金融危机期间的十一假期，我们完全没有休息，都住在办公室。我带领公司的工作团队几乎每天24小时轮班紧密跟踪研判国际金融形势，和美国政府部门、金融机构等召开电话会议，向有关部门汇报美国政策动向与市场走势。那一段时间，经常是晚上12点左右，我召集大家来我办公室开会，一起探讨研判美国财政部的不良资产救助计划(TARP)、美国"两房"问题、金融市场走势及其对公司投资业务的影响。当时我们很多前瞻性的判断，给国家决策提供了非常好的参考。为了更好地引导舆论，帮助社会各界准确理解和应对全球金融危机，我带领包括陈超在内的资产配置与战略研究团队在"中国日报网"以"一家言"的名义连载了一部纪实小说——《华尔街危机：一个并非不真实的故事》，在业内广为传播。更为重要的是，我提出美国经济可能呈"L"形走势，金融市场走势不容乐观。因此，当时我们做出极为大胆的决策：大幅放缓投资节奏，较长一段时间内保持较高比重的现金配置。今天来看，这一决策为中投公司安然度过危机，实现长期优秀投资业绩奠定了极其重要的坚实基础。这一段时光至今让我记忆犹新，在公司成立15周年的座谈会上，我不由得又提起这段尘封已久的峥嵘岁月。

近日，听闻陈超博士写就《投资思维》一书，甚感欣慰。过去这些年，陈超博士一直在一、二级市场投资与资产配置及投研条线历练，从投资行业的新兵已逐步成为思想有深度、认知有广度的专业投资者。本书凝聚他多年实践总结和所思所想，他以深邃的洞察和生动的笔触，剖析投资世界的复杂性与多变性，探究宏观范式的重大变革，并创造性提出多元化的思维模式与投资管理框架。

他提出投资世界的六大"异象"，即非线性增长、非正态分布、非连续成长、非独立存在、非有序发展和非理性行为。他通过一系列引人入胜的案例和深入浅出的分析，向我们展示了这些"异象"在现实世界中的普遍存在。其中，我特别被"非线性增长"和"非正态分布"的观点所吸引。在传统思维中，我们往往习惯于以线性视角看待事物的发展，然而在现实世界中，无论是新兴行业的颠覆式创新还是公司业务的爆发性增长，都体现了非线性的特征。这一观点诠释了在投资中坚持长期主义哲学，做耐心资本陪伴企业成长具有重要意义。在大众的普遍认知中，正态分布是自然与社会的常态分布。但事实上，无论是太阳黑子的强度、人口的区域分布，还是互联网链接点击量、全球财富分布，都呈现幂律分布特征。在金融市场中，时间维度上资产泡沫的急剧膨胀与加速崩溃，空间维度上少数公司主导市场财富增长，大多数公司财务表现平庸。这就意味着投资管理中，需要持续深入研究，聚焦关键行业少数公司，寻找具有长期价值的优秀公司。

如何应对投资世界的林林总总"异象"呢？陈超博士给出的答案是构建多元化的投资思维模式，包括历史思维、周期思维、长期主义思维、网络思维、心理学思维、价值思维和需求思维。这些思维模式不仅有助于我们更好地理解投资世界的复杂性，而且能够指导我们在实际投资中做出更加明智的决策。其中，我特别欣赏价值思维与需求思维的应用。价值投资理念是我一直积极倡导的机构投资的核心理念。在投资过程中，我们需要深入挖掘企业的内在价值，理解其商业模式、竞争优势以及未来发展潜力，把资金向效率更高、前景更好的企业配置。同时，我们还需要关注消费者的需求变化。从宏观层面看，消费者需求的转变决定了产业的升级变迁及其对经济周期的主导作用；从微观层面看，能够持续满足消费者需求、创造消费者需求的企业才是具有广阔前景的伟大企业。

当前，世界进入新的动荡变革期，正在经历大调整、大分化、大重组。陈超博士系统揭示出八大宏观范式的变革如何深刻地改变了固有的投资逻辑。这些宏观范式的变革包括大国兴衰周期、全球财富分配周期、货币金融周期、人口周期、能源周期、技术创新周期等的变革。这些宏观范式的变革不仅影响全球政治经济格局的未来走向，也为我们提供了投资新机遇与新挑战。在投资过程中，我们需要深入前瞻研判宏观范式的变化趋势，灵活调整投资策略，以适应不断变化的市场环境。

面临投资环境的不确定性、波动性与复杂性，陈超博士提出投资管理的多元化框架。他强调了资产配置在投资管理中的重要性，并提出基于资产功能视角的组合配置方法论：通过股权资产实现资产组合保值增值的功能，通过实物资产实现组合对冲通货膨胀的功能，通过债券资产实现组合对冲通货紧缩的功能，通过对冲基金资产实现组合分散化的功能。这些观点也和我一贯倡导的"研究驱动配置、配置驱动投资"的理念相一致。中投公司从设立之初，就借鉴国际大型机构投资者的投资理念，坚持研究驱动与配置驱动的理念，建立起包括公开市场股票、固定收益产品、绝对收益产品、长期资产投资等多种产品和投资方式在内的、平衡配置的多元化投资组合。相对于以流动性和安全性为主导的传统外汇储备管理模式，中投公司更注重提高长期投资回报，为国家外汇资金的多元化投资进行了有益尝试。应当说，以股权投资为主、多元化与分散化相结合的资产配置框架已成为国际机构投资者公认的应对金融市场波动、实现稳健增值的最佳实践框架。

值得一提的是，本书对投资心性的修炼给予了高度重视，提出投资管理的"根"与"魂"是"正心"、"明道"、"取势"、"优术"、"合众"和"践行"六大核心要素。这不仅是对投资者专业技能的要求，更是对其道德品质和心态的考验，同时也高度契合以诚实守信、以义取利、稳健审慎、守正创新与依法合规为实践要求的中国特色的金融文化。

在这个充满变革挑战的时代，我们需要不断学习、不断进步，以适应不断变化的市场环境。《投资思维》不仅是一本极具启发性的投资指南，更是一本关于智慧与成长的图书。它启迪我们思考如何在复杂的世界中保持清醒的头脑和坚定的信念，如何在变化中寻找机遇和创造价值。我向所有追求卓越、勇于探索的投资同行推荐此书。愿每一位读者都能从中获得启发，不断提升自己的投资智慧，在未来的投资之路上行稳致远。

楼继伟

2024 年 6 月 18 日

自　序

过去5年，我在清华大学五道口金融学院为金融EMBA（高级管理人员工商管理硕士）项目开设了一门课程——全球财富管理。每每结课之时，同学们都意犹未尽，许多同学建议说："陈老师，什么时候能把授课内容写成一本书，好让大家有更多机会研究学习？"在同学们的殷切鼓励和期望下，从2021年开始，我利用业余时间整理课程讲义，逐步打磨出这部作品。

清华大学五道口金融学院的金融EMBA项目集聚了一批中国最为优秀的企业家、创业者和投资人。上千家上市公司的董事长、总经理等高级管理人员以及不少国内头部资产管理机构的合伙人也是这一项目的学员，他们都属于当今社会财富的创造者。正如司马迁在《史记·货殖列传》中提出的"无财作力，少有斗智，既饶争时，此其大经也"，当大家实现财富自由后，更为重要的问题是关注经济大势，把握战略机遇，实现财富的保值增值。课堂上，师生之间的问答互动对我来说是最具挑战的环节。面对同学们的问题与分享，我不断深入思考，贴近现实投资世界，探究真问题。

在动荡与变革的全球化时代，投资面临的不确定性与复杂性日趋增加。与此同时，人类知识的代际传播依旧依循着几千年来形成的节奏，技术迭代在促进信息传播的同时又造就了更多的信息"孤岛"与信息"茧房"。我们每天会发现自己有太多太多不知道的东西，而运用我们已有的知识体系总是很难解释和预测现实世界。因此，我尝试建立一套系统化、开放性的投资思维体系，构建多元化、分散化的资产配置框架。

即便如此，正如一句谚语所言，"人类一思考，上帝就发笑"，当完成这部作品时，我不免有些惴惴不安。每个人的认知都来自自身的成长经历，都存在路径依赖与局限。我对投资的最初认知来自我所亲历的3件事。

在我职业生涯起步初期，我曾参与20世纪90年代形成的广东、海南等地不良资产的处置工作。2001年的炎炎夏日，在一家银行的资产保全部经理陪同下，我和我的同事在海口的海边附近现场查看不良房地产项目。我们一行人焦急不安地问："咱们行的地产项目在哪里？"这时，银行经理不急不慢地抬腕瞥了一眼表盘，说道："再等等，还有半小时退潮。退潮后，我们的地产就会浮出水面了。"这一刻，我才见识到，在市场泡沫中，人性有多疯狂。

2005年，中国证券公司风险高企，一大批证券公司面临破产重组。我有幸参与了一些证券公司的重组工作。当我和同事接管某家证券公司时，我们才发现这家公司在负债端，通过挪用客户保证金、国债假回购、违规拆借、抵押融资等将资本杠杆放大近50倍；在资产端，通过坐庄操作，持有4家上市公司流通股的比例达到95%以上。而不幸的是，这4家公司经营业绩持续下滑，也濒临破产。这一刻，我才领会，面临暴利的诱惑，"火中取栗"等反映人性贪婪的故事原来不是传说。

2008年，美国雷曼兄弟的倒闭引发了一场惊心动魄的全球金融海啸。危机中，美国股票市场从高点下跌的幅度达到50%左右。美国黑石集团的股价从发行时的30美元/股跌至3美元/股左右。号称最为安全的美国货币市场基金遭遇大量投资者赎回，造成几乎等同于现金的美国货币市场基金有史以来第一次出现亏损。无数机构投资者的年度浮亏在20%以上。这一刻，我才明白，当市场退潮之时，人性的恐惧有多夸张。

过去这些年，我们都见识到了投资世界中无数成功的投资者，例如巴菲特、查理·芒格、大卫·F.史文森、瑞·达利欧等，我也特别好奇为什么他们能够取得如此非凡的持续成功。与此同时，在资产所有者行业，以耶鲁大学捐赠基金为代表的大学捐赠基金、以加拿大养老金计划投资委员会为代表的养老基金、以挪威央行投资管理机构为代表的主权财富基金等长期资本持续取得了优秀的投资业绩。这背后的成功秘密是什么？我不断去探究、学习这些成功者的投资经验、投资哲学，试图一般化提炼出成功的秘诀。本书就是源自我关于投资世界零零散散的思想碎片。当完成这部作品时，我也不知道自己略显拙劣的技艺是否能把这些碎片拼成一幅美丽的图画。这有待于每一位读者的检验和批判。

人在年轻时，更乐意听到投资管理的各种技术技能，力求系统探究投资世界的客观运行规律，试图向外寻找传说中可预知未来的"水晶球"，获得投资领域的"屠龙术"，成为投资世界的"独角兽猎手"。随着年龄的增长，我们方知投资是科学和艺术的结合。在探索客观世界的同时，我们更应向内探究，理解投资背后的人性，修炼自己的心性。修心是修身成事之本，"内外兼修"方能洞悉万物。那么优秀投资者的特质有哪些呢？根据我的观察，以下5点特质至关重要：

一是好奇心。物理学家爱因斯坦曾说："我没有特别的才能，我只是极度好奇。"投资世界中，好奇心是探索未知领域、发现投资机遇的原动力，它驱使我们不断追问，深入挖掘，直至找到答案。好奇心也是促使投资者保持谦逊，认识到自己的知识边界，从而持续学习新知，更新认知框架的原动力。2007年，投资大师查理·芒格在南加利福尼亚大学演讲中坦言，在生活中越过越好的人，都是对世界充满好奇的"学习机器"，并说巴菲特醒着的时候有一半时间是在看书，剩下的时间大部分用来跟一些非常有才干的人进行一对一的交谈。

二是热情。兴趣是最好的老师。在投资中，财富是热情与兴趣的副产品。许多优秀投资者的成功都是源于对投资的极度着迷和极强的获胜欲。许多科学家、企业家的成功也都是源于对探索世界、改变世界的梦想与热情。投资大师巴菲特从小就对股票投资有强烈欲望。11岁时他就开启了自己的第一笔股票投资，并且，毕其一生致力于股票投资。

三是毅力。毅力不仅仅体现在面对市场剧烈波动或短期挫折时的不动摇与坚持，更在于对长期价值投资的深刻理解与执着追求。一方面，毅力意味着我们在信息繁杂、投资情绪频繁波动的市场中保持清醒的头脑，不被短期的利益所诱惑，也不因一时的失利而气馁，从而在复杂多变的环境中做出更加明智的决策。在2000年左右的互联网泡沫中，即使在面对批评时，巴菲特也坚持不投身疯狂的网络热潮。《巴伦周刊》为此以他为封面人物发表了《沃伦，你哪儿出错了？》一文。事实证明，正是坚持长期价值投资理念的毅力使得他避开了市场的疯狂。另一方面，毅力还意味着不断地学习新知，持续地深入研究，只有这样，我们才可能在某个临界点实现投资认知的跃升与突破。复杂系统的涌现理论认为，系统的整体行为不是其各部分行为的简单加总，当系统达到某个临界点时，可能会突然涌现出新的现象或性质。2020年，人工智能公司DeepMind在人工智能大模型研究中发现，模型性能随着模型规模增大例如参数数量、数据规模和算力规模等的增大而提升，呈现出幂律分布特征，它提出了scaling law（尺度定律，也有人称之为"规模定律"），从实践上证实了涌现理论。同样，人工智能公司OpenAI在训练ChatGPT等爆款人工智能产品时，就采用了scaling law模式，通过增大训练量、延长训练时间，实现了模型性能的持续提升。"大力出奇迹"这一句网络流行语其实背后隐含的就是涌现理论与尺度定律。大力就是持续不断地付出巨大努力或进行巨大投入，就是毅力。许多时候只有落实大力原则，才可能在某个临界点实现质的飞跃或非线性的增长，创造奇迹。

四是质疑精神。要敢于质疑权威，敢于逆向思考。查理·芒格常说"反过来想，倒过来活"。在投资中，成功的投资往往是在他人恐慌时果断买入股票，而在他人盲目乐观时卖掉股票。逆向投资大师约翰·邓普顿有句广为人知的名言："行情总是在绝望中诞生，在半信半疑中成长，在乐观主义弥漫时成熟，在人人陶醉中结束。"在1954年至1999年的40多年间，约翰·邓普顿实现了550倍的收益，这一卓越的业绩正是来源于他对逆向投资的知行合一。

五是专注力。美国心理学家丹尼尔·戈尔曼认为，在信息大爆炸的时代，专注力已成为稀缺资源，很多人常常被各种信息干扰，无法专注于身边的人和事。在复杂多变的投资世界，投资者面临如潮水般涌来的信息与噪声，往往容易迷失方向。幂律定律给我的最大启示是，人生要取得成功，需要做加法，更需要做减法。我们需要屏蔽一切与己无关的噪声、干扰与诱惑，聚焦在正确而重要的事上。首先，我们需要对内在专注，倾听直觉和价值观的声音。就像史蒂夫·乔布斯所说的"内心的声音"，这是个人内心深处的一种直觉、信念或灵感，它不受外界干扰，直接指向个体真正的追求和愿望。乔布斯指出，艺术和科学的结合是苹果产品的灵魂，而这种结合正是源自他内心深处的追求和灵感。乔布斯通过禅修、反思与不断试错来增强自己对直觉的信赖和感知能力，倾听内心的声音。其次，我们需要对他人专注。这种专注力能帮助我们更好去了解投资标的的细节与微妙信号，从人性出发去理解投资标的背后的增长动力与增长前景。最后，我们需要对外在事物专注。这种专注力让我们能迅速获取信息，以第一性原理进行深度思考，并能在探索世界的过程中，达到高度专注、忘我和充满愉悦的心流状态。

写作的过程其实也是自我学习与自我发现的过程。这当中，我要感谢清华大学五道口金融学院的老师和学员给予我的鼓励和启迪。和他们一次次的交流使得本书的逻辑框架不断完善。我要感谢与我一同工作的同事们，他们的研究成果进一步激发了我的灵感，进一步丰富了本书的内容。我还要感谢我的家人们，他们的理解和宽容给了我足够的时间和空间完成此书。

感谢我的老领导中国投资有限责任公司首任董事长楼继伟欣然为本书写推荐序，感谢清华大学五道口金融学院首任院长、中国人民银行原副行长吴晓灵，中央汇金投资有限责任公司首任总经理谢平老师，哈佛大学商学院教授乔希·勒纳，硅谷投资人、计算机科学家吴军老师，麻省理工学院原讲座教授黄奇辅老师，得到App创始人罗振宇，以及许多关心、支持和信任我的专家学者为本书写推荐语。

  吾生有涯，而知无涯。生命是一场感知的体验。生命的意义就在于永远以一颗赤子之心去探索未知，感知世界，收获成长的喜悦与内心的富足。若本书能让各位读者长一分对投资世界的认知，我则足感欣慰。

2024 年 7 月 10 日

目录

导　言 _ 001

投资世界的六大"异象"　002

多元化的七大思维模式　005

投资世界的八大宏观范式转换　009

投资管理的多元化框架　015

投资管理的"根"与"魂"　020

1 投资世界的六大"异象"

第一章　非线性的增长模式 _ 031

非线性增长的两种形态——指数型和对数型　033

人类社会重大范式的非线性增长　034

技术的非线性增长　035

引爆点 10%　037

企业的非线性增长——植物界的启示　038

金融市场的非线性增长　041

第二章　非正态分布的金融世界 _ 043

现实世界的幂律分布　045

财富幂律分布的"奥秘"　048

从时空维度看金融市场的幂律分布　050

资本市场的"常胜将军"画像　056

资本市场的"亏损大王"画像　059

金融风险的幂律分布　062

第三章　非连续成长的现实世界 _ 064

连续性思维的认知逻辑　066

客观世界的非连续性　068

人类历史的非连续性　070

金融市场的非连续性　072

企业成长的非连续性　075

第四章　非独立个体的网络空间 _ 079

火箭推进器与马屁股的关系　081

情报网络与罗斯柴尔德家族的兴起　082

网络社会的第三种"人生杠杆"　083

小米集团的"生态链"　085

网络社会的新物种——平台企业的崛起　088

社会网络的新特征　090

金融网络领域的"蝴蝶效应"　093

第五章　非有序发展的熵增定律 _ 097

熵是什么？　099

熵的热力学解释　099

玻尔兹曼熵　100

香农熵　101

熵增定律　102

人类社会的熵增与熵减　103

金融市场的熵增与熵减　105

企业的熵增与熵减　107

第六章　非理性的人类社会 _ 109

人类社会的非理性　111

个人投资者的非理性　114

金融市场的非理性　116

市场非理性的放大机制　118

2 多元化的思维模式

第七章　历史思维 _ 123

建立历史思维　124

运用历史思维的优势　127

"时光机理论"与"子宫彩票"　129

降维投资——东南亚"小腾讯"Sea　131

量化研究——瑞·达利欧的大历史观　133

第八章　周期思维 _ 135
躲不开的经济周期　137

均值回归的市场周期　139

资产轮动周期：美林时钟　142

行业轮动周期　143

第九章　长期主义思维 _ 147
长期投资的内在经济逻辑　148

典型长期主义者——巴菲特　151

华为的"乌龟"精神　153

波浪式前进的长期投资　155

长期投资的优势　161

第十章　网络思维 _ 163
网络法则之一："六度分隔"法则　165

网络法则之二：强关系与弱关系法则　167

网络法则之三："结构洞"理论　168

网络法则之四：无标度网络　170

网络法则之五：梅特卡夫定律　171

第十一章　心理学思维 _ 173

卡尼曼的系统1与系统2　174

行为金融学中的两种偏差：信息处理偏差与行为偏差　175

动物精神　178

"乌合之众"的群体心智　180

第十二章　价值思维 _ 183

静态与动态价值思维　184

企业价值创造　188

价值思维的践行　192

第十三章　需求思维 _ 199

消费者需求是经济运行的基石　201

消费者需求转变决定行业变迁　202

满足消费者需求是企业成功的前提　204

需求特性决定投资前景　205

需求缔造伟大的商业传奇　207

3 投资世界的宏观范式转换

第十四章　大国兴衰的周期大变局 _ 213

辉煌与衰落的周期变局　214

大国兴衰的驱动力　216

大国兴衰对金融市场的影响　220

第十五章　全球财富分配的周期转折 _ 221

财富分配周期的变化特征　223

财富分配集中的原因　228

财富分配周期对经济增长的影响　232

财富分配周期对金融市场的影响　235

第十六章　全球货币金融周期的转换 _ 238

众说纷纭的"货币金融周期"　239

货币金融周期的驱动力　242

货币金融周期对经济与市场的影响　244

当下的货币金融周期位置　248

第十七章　全球人口周期的变局 _ 252

人口的周期变化特征　254

人口周期对经济增长的影响　259

人口周期对金融市场的影响　262

第十八章　全球价值链重构的周期变革 _ 265

全球价值链的内涵　266

全球价值链的发展历程　268

全球价值链的分布特征　270

全球价值链对全球经济的深刻影响　271

后疫情时代全球价值链的重构趋势　273

第十九章　全球能源周期与能源转型 _ 281

什么是能源转型　282

历史上的能源转型　283

全球第三次能源转型的特征　284

能源转型带来的投资机遇与挑战　290

第二十章　技术创新周期的新起点 _ 293

技术创新周期的含义　294

历史上的技术创新周期　297

当前技术创新周期的阶段　299

技术创新的 Gartner 曲线　302

未来技术创新的五大赛道与趋势　305

第二十一章　数字化变革的新周期 _ 309

全球数字化变革的时代特征　311

以人工智能为代表的数字化变革浪潮　315

数字变革对金融市场的影响　320

4 投资管理的多元化框架

第二十二章 多资产的配置模式演进 _ 327
从 0 到 1：传统股债组合的配置模式　328
从 1 到 N：资产配置模式的演进　333
投资管理的策略创新之路　336
资产类别的探索之路　338

第二十三章 资产增长的引擎——股权投资 _ 343
公开市场股票投资的策略演进　345
私募股权投资策略的探索　349

第二十四章 宏观风险对冲资产——通胀与通缩的对冲策略 _ 355
通胀对冲型资产——实物资产　356
通缩对冲资产——债权资产　375

第二十五章 分散化的"免费午餐"——对冲基金 _ 382
对冲基金行业的发展历程　384
对冲基金策略的"大家族"　386

对冲基金的配置价值与投资实践　388

第二十六章　机构投资者的配置实践 _ 393

个人资产配置模式　394

家族办公室资产配置模式　395

捐赠基金资产配置模式　396

养老基金资产配置模式　400

主权财富基金资产配置模式　402

资产配置的共同理念　405

第二十七章　多周期的资产配置策略 _ 408

长期视角：要素结构变化　409

中期视角：经济周期轮动　413

短期视角：五因素模型　416

第二十八章　多因子的股权投资思维 _ 419

行业的市场空间与竞争格局　420

行业的生命周期　425

行业的竞争位势　427

竞争优势：产品力—品牌力—渠道力　428

商业模式的画布　431

管理模式　435

资本结构与杠杆　436

企业家精神　437

参考文献 _ 439

导　言

著名的英国物理学家斯蒂芬·霍金指出，21世纪将迎来复杂科学的蓬勃发展。投资系统具有典型的复杂系统的基本特征，即非线性、不确定性、自组织性和涌现性。迄今为止，尽管人类已经取得了诸多重要突破，但是我们仍然不能成功预测金融市场，预测经济金融危机，其可以归因于经济及投资科学的发展尚不完全。许多经济学原理的内生性假设不符合实际，不能够完美地与复杂系统特征相契合。因此，尽管经济学家在解释诸多经济现象时有据可依，但在实际预测时结果却与事实大相径庭，其在本质上源于投资系统和经济系统并不能被一个现有框架涵盖和解释，这也正是内生性复杂的特征。《哈佛商业评论》一篇文章指出，我们身处的世界变化越来越快，知识边界不断被突破，信息的超饱和不断打破暂时平衡的局面。VUCA（"乌卡"）时代早已来到。VUCA一词在20世纪90年代曾是美国军事用语，是Volatility（波动性）、Uncertainty（不确定性）、Complexity（复杂性）、Ambiguity（模糊性）的首字母组合，充分概括了后互联网时代商业世界的特征———一团乱麻。美国麻省理工学院媒体实验室主任、著名风险投资家伊藤穰一指出，当前指数增长时代，面临不确定性、复杂性和不对称性。从投资视角看，波动性是指全球宏观经济与金融市场波动程度显著提高；不确定性是指各种外部意外冲击下，没有人能够预测未来；复杂性是指今天投资所需的知识体系异常复杂，是跨学科的；模糊性是指事态不明确，界限难以划清的状态；不对称性是指经济主体存在严重的信息、资源与力量的不对称，由于技术的进步，今天少数人可以颠覆一个大机构，出现"蚂蚁战胜大象"的现象。其实，这五点和复杂系统的特征也非常吻合。

投资世界的六大"异象"

投资世界其实就是复杂系统。因此，现实世界与投资领域存在"异象"。所谓"异象"，就是反常识的，与我们平时潜意识中默认的规则不一致的现象。我把这些现象概括为非线性增长、非正态分布、非连续成长、非独立存在、非有序发展和非理性行为六大"异象"。

异象之一——非线性增长。在人类进化的历史中，人们更习惯于沿着前人留下的直线轨迹缓慢发展。因此，人们通常以线性思维方式去理解和解释世界。这种思维方式极大地影响着我们的判断。金融市场中，在资产定价和财务预测方面，人们倾向于认为当年的情况和上一年大致相同，企业未来的增长速度与过去几年的增长速度类似。但是，世界的本质是非线性的。非线性增长包含指数型增长和对数型增长，这两类增长形态在生活中无处不在，特别是指数型增长深刻地影响着人类社会的方方面面。人类社会重大范式的转换、技术创新的变革、不少植物的生长趋势、金融市场的波动都呈现出指数型增长态势。

异象之二——非正态分布。人们通常认为世界存在两个法则，正态分布和幂律分布，但是大多数人更熟悉正态分布。在现实世界，幂律分布实际上才是隐含在世界背后的宇宙法则。幂律分布也称长尾分布，即人们所熟知的二八定律。意大利经济学家维尔弗雷多·帕累托研究个人收入分布时发现，大多数人都不富裕，只有极少数的人是超级富豪，他提出了20/80法则。幂律分布强调了重要的少数与琐碎的多数。金融市场在时间、空间层面具有非正态分布的特征：从时间维度来看，存在着价格涨跌非线性、泡沫急剧膨胀与加速破裂的现象；从空间维度来看，存在着投资标的收益二八分化、少数拯救多数的现象。

异象之三——非连续成长。"连续性"与"非连续性"作为一对普遍的哲学概念，既对立又统一。有关认知的现代科学研究发现，人类大脑处理信息的主要方式是归纳。归纳的本质是以对一系列连续出现的经验事物或知识素材的有限观察为依据，寻找出其遵从的基本规律或共同规律。因此，"连续性假设"是人类绝大多数认知的基础和前提，人类的思维方式天然具有连续性。但事实上，生物进化的道路并不是平稳向前的，它经历了长时间停滞期、爆炸性创新期和大规模灭绝期。人类历史处处呈现非连续性，每一个非连续性事件都对世界的发展产生了深刻的影响，甚至重塑了世界格局。金融市场上，金融危机就是非连续性的体现。企业成长也同样是非连续性的，大多数企业在成长过程中并不能适应或者跨越非连续性。

异象之四——非独立存在。世间万事万物都处于一个巨大的动态系统之中，相互作用、相互影响。即便是两件看似毫不相干的事物，它们之间也可能存在千丝万缕的联系。不同事物只要是相互关联的，彼此之间就会相互影响、相互作用。从生命体到非生命体，从微观颗粒到宏观星系，世界上的所有事物都相互联通，形成一个复杂而庞大的动态网络。这个网络是由各种关系和反馈机制构成的，它们相互作用，体现为物理、化学、生物、社会等方面的相互作用。这个巨大的动态网络是不断变化的，事物之间的相互作用和影响会随着时间和环境的变化而发生改变，同时也会反过来影响环境。在经济金融领域，往往是那些懂得万事万物非独立存在特性，并善于"链接"的企业组织、家族、个人才能获得惊人的成就。罗斯柴尔德家族的崛起、小米集团的生态圈打造、平台企业的突起、个人的网络杠杆效应和金融市场的"蝴蝶效应"都验证了网络的强大力量。

异象之五——非有序发展。著名物理学家埃尔温·薛定谔曾提出，生命之所以能存在，就在于从环境中不断得到"负熵"。熵增定律，又称热力学第二定律，被认为是宇宙当中最永恒的定律之一。这一定律提出，在自然过程中，一个孤立系统的总混乱度（即"熵"）不会减小，宇宙最后可能会变得无序和混乱。熵增的条件有两个，分别为系统是封闭的和无外力做功，打破这两个条件的限制就可实现熵减。物质、能量、信息是人的负熵，而新成员、新知识、有效管理则是组织的负熵。国家和社会同样面临熵增，王朝的衰亡是历史的熵增，改革变法是人类历史的熵减运动。熵增定律反映在金融市场中便是，金融系统的脆弱性逐渐增加，金融监管是实现熵减的重要手段。熵增定律同样存在于企业中，体现为企业发展的停滞与衰败。只有将自身打造成一个开放系统，引导外界能量输入，形成能够在内部催生变革力量的耗散结构，找到和驱动那些促使熵减的因素，企业才能保证持续生存与健康发展。

异象之六——非理性行为。古典经济学的核心假设是决策主体是完全理性的。但事实上，从行为经济学、心理学的发展来看，人类社会的非理性行为无处不在。人类会有从众心理，个体会由于来自群体的压力而改变自己的行为或信念。总是有人会相信一些荒谬的信息，更有甚者会被邪教、极端主义洗脑。人类一旦形成群体，会有诸多非理性行为出现。法国社会学家古斯塔夫·勒庞对群体心理概括出了经典语句：群体只会干两种事——锦上添花和落井下石。在金融市场上，"基金赚钱、基民不赚钱"的现象是常态；个人投资者"往往成为直觉和情绪的奴隶"，一旦形成群体性疯狂，就会带来市场的崩溃。资本市场过去500年的历史中，大的崩盘出现了四五十次，小的崩盘出现了上千次。市场非理性的背后，还有两个极其重要的放大机制：一是反身性，投资者与市场之间相互影响，投资者根据市场动向做出反应，他们的行动反过来又会影响市场。二是合成谬误，局部而言对的东西，对整体而言未必是对的。公共选择理论中的公地悲剧、囚徒困境和奥尔森困境都证实了，看似对每个人最优的选择对整个市场、社会是非理性的、非最优的。

多元化的七大思维模式

面对投资世界中纷繁复杂的诸多"异象"，绝大多数的投资者其实并没有做好充分的准备。美国投资大师查理·芒格形容知识面狭窄的人时引用了一句经典形象的谚语："在手里拿着铁锤的人看来，世界就像一颗钉子。"实际上，在投资领域，大部分人只能用一种工具、一种思维模式来解决问题。这是由于我们的知识往往只聚焦于某一个专业、某一个领域，所以我们倾向于用一种思维模式去看待和解决问题。要认识复杂多变的充满不确定性的投资世界，我们需要了解多学科的重要理论，建立多元化思维模式。芒格曾形容自己是"一本长了两条腿的书",意思就是他善于阅读、学习,并因此掌握了各个学科的知识。他认为,投资不能只关注财务信息,也要了解公司的经营状况和所处的"生态系统",因此需要掌握心理学(规避思考陷阱)、哲学(解决认知的局限性)、物理学(其规律与经济运行规律多有相似之处)、社会学(理解群体的行为)、生物学(从进化论的角度来理解商业竞争)、文学(对人性的把握)、数学(更好地理解金融产品)等多个学科的分析方法。他提出,人的大脑像格栅一样,每一格可以存放一个学科的知识。每个学科都有一个工具箱,当解决问题的时候,各式各样的工具箱可以大大提高人解决问题的能力。这就是所谓的格栅思维。可能有人会疑惑,当工具箱很多时,是否会把工具搞混,使问题更加复杂。其实不然,首先,多学科的思维模式表面上增加了决策的复杂度,实际上却是在给问题降维。其次,人还可以使用逆向思维,利用多个工具箱来做排除法,规避风险。芒格曾在1986年哈佛大学毕业典礼上做演讲时引用一个乡下人的话,"要是知道我会死在哪里就好啦,那我将永远不去那个地方",就是说明人如果规避带来巨大风险的事,就可能成功。

芒格的格栅思维为我们掌握投资思维提供了一个有益的框架。为应对投资系统的种种"异象",我们需要掌握七大思维模式,包括历史思维、周期思维、长期主义思维、网络思维、心理学思维、价值思维和需求思维。

思维模式之一:历史思维。简而言之,就是站在历史的角度看待问题、思考问题、分析问题。历史思维本质上是对历史的认识和反应。要以史为鉴,透过复杂的现象,抓住本质和规律,揭示隐藏在真相背后能够指导现实的真理,并通过对规律的认识把握未来趋势。对于生活在时空维度的投资者，历史思维无疑帮助他们掌握了时间维度的规律。相较于缺乏历史思维的普通投资者，拥有历史思维的投资者实质上多掌握了"降维投资"的强大利器。

思维模式之二：周期思维。 周期性波动是复杂适应性系统涌现的典型模式。钟摆的左右摆动、心脏的收缩与舒张、大海的潮起潮落都是周期性波动的典型例子。在经济金融领域，经济周期性波动、行业轮动、股价涨跌都是经济系统内生的周期性振荡表现。在经济学中，经济周期仍然是一个不解之谜。培养周期思维是每一位投资者的必修课。

思维模式之三：长期主义思维。 美国经济学家本杰明·格雷厄姆有一句经典的名言，他说"股市短期是投票机，而长期是称重机"。这句话的隐含之意就是短期的资本市场可能是非理性的，公司股票的价格可能大幅偏离其内在价值。即使投资者是对的，但经济与市场可能需要在非理性的轨道上延续相当长一段时期。但长期而言，公司股票的价格则与其内在价值是一致的。因此，投资者需要坚持，不要想着赚快钱。长期主义本身也是一种价值观。如果以5年、10年的视角来做投资，投资者一定能够穿透小周期、看透大周期，得到指数级的回报。

思维模式之四：网络思维。 网络思维是指基于一个中心点，向外扩散思考，将有关的内容连接起来，形成一个网络结构的思维模式。常见的网络结构包括随机网络结构、地理网络结构、幂律网络结构和小网络结构。过去几十年，社会学家和复杂科学专家逐步探索揭示出网络世界隐藏的五大核心法则：一是"六度分隔"法则，二是强关系与弱关系法则，三是"结构洞"理论，四是无标度网络，五是梅特卡夫定律。

思维模式之五：心理学思维。心理学思维揭示了现实世界的投资者并非完全理性或是依托理性演绎进行决策，他们至多是有限理性的，或是运用经验进行归纳决策。心理学家用系统1与系统2来刻画人类的思维模式，而在行为金融中将投资者的偏差分为两种，一种是信息处理偏差，另一种是行为偏差。美国经济学家罗伯特·希勒[①]则提出非理性的"动物精神"存在五大因子——信心、公平、欺诈、货币幻觉和故事，这些因子都会通过自身的作用机制对人们的经济活动产生重要而深远的影响，进而引发经济"非理性繁荣"。法国社会学家勒庞则全面概括了群体心理学的主要特征。

思维模型之六：价值思维。价值思维的核心理念是：价值是价格的基础，价格围绕价值上下波动。价值思维可分为静态价值思维和动态价值思维。静态价值思维侧重于分析企业的当前价值，通过比较市场价格与账面价值寻找投资机会；动态价值思维则关注企业未来的价值创造能力，强调投资者与企业共同成长。巴菲特的价值投资理念可概括为股权思维、安全边际、市场先生和能力圈四个词。价值投资的关键是判断企业的竞争优势和竞争优势的持久性。竞争优势是否具有持久性主要取决于企业护城河是否宽广。企业护城河主要源自无形资产、成本优势、转换成本、网络效应和有效规模。在价值思维的实践中，投资并不拘泥于固定形式。在价值思维内核不变的情况下，投资实践又不断发展出新的内涵，这就是价值思维永葆活力的根源。

思维模式之七：需求思维。伟大的企业需要建立起需求思维，满足消费者需求，引导消费者需求，建立起新的消费市场。奥地利

---

① 罗伯特·希勒同2016年版《动物精神》的作者之一罗伯特·席勒。——编者注

经济学派的精神领袖与理论大师路德维希·冯·米塞斯在《人的行为》一书中指出，在市场经济中，要获得并保有财富，除了成功地为消费者提供服务外，别无他法。一个人为消费者提供服务越是成功，他挣的钱就越多。资本家、企业家和农场主，都不能决定必须生产什么，这是由消费者决定的。企业生产产品不是为了自己消费，而是为了将产品投向市场，卖出自己的产品。米塞斯对"生产与消费"的精辟阐释把消费者需求放到了市场经济的核心位置。作为投资者，其核心工作就是去寻求满足消费者需求的伟大企业，并长期伴随这些企业成长。

投资世界的八大宏观范式转换

美国科学哲学家托马斯·库恩在研究科学史时提出："常规科学以一种范式为特征，范式规定了共同体所研究的谜题和问题。一切运转良好，直到为范式所规定的方法不再能应付一系列的反常现象，由此危机爆发并不断持续，直到有一项新的成就诞生，重新指导研究，并被封为新一代的范式。这就是'范式转换'。"当前，全球面临百年未有之大变局，世界进入新的动荡变革期，正在经历大调整、大分化与大重组。过去几十年以来，投资者对宏观领域的逻辑推演与资产风险收益特征的预测似乎不再奏效，面临预测危机，亟待新范式的诞生。如果我们让当前云谲波诡的现实世界以范式转换的宏大叙事视角徐徐展开，可以发现，历史长河中八大变革力量暗流汹涌、起起伏伏，深刻改变了固有的投资逻辑，甚至颠覆了投资者旧的认知。

变革之一：大国兴衰的周期变局。从长周期来讲，大国的兴衰是主导投资世界宏观范式最为核心的主线。过去500年的历史长河中，中国、西班牙、荷兰、英国、美国先后登上人类历史的舞台中央。过去100多年的人类历史中，从国力来看，尽管美国始终位处世界的舞台中央，却先后出现了苏联的强盛与解体、日本的兴起与衰落，以及中国的崛起。回望人类社会中国家此起彼伏的历史，大国的兴衰总是经历了萌芽冲突期、崛起壮大期与衰落动荡期。国家的兴衰是历史现象，但不止于历史现象，同时也是生物现象、地理现象、社会现象、经济现象和政治现象。美国桥水基金创始人瑞·达利欧尝试综合各派提出的驱动力，认为决定国家兴衰的因素有两类：一是先天性的因素，二是人力资本因素。他从国家兴衰的周期循环中进一步细化出三大周期：一是长期债务与资本市场周期，二是内部秩序和混乱周期，三是外部秩序和混乱周期。大国的兴衰对资本市场、货币市场的影响是直接而长期的，金融市场的表现和国家综合实力的演变是一致的。

变革之二：全球财富分配的周期转折。人类社会的发展伴随着财富的集中与再分配。20世纪初至今，世界各经济体收入与财富分配不平等状况大体经历了加剧、缓解、再恶化的过程。今天，人类正面临从财富积累向财富分配的"第四次转折"。20世纪80年代以来，各国实施了一系列放松管制和自由化政策，收入和财富分配不平等程度在世界各地都日益加剧，不同的国家，不平等程度不同，体现的形式也不同。有的国家不平等程度明显加剧，如美国、俄罗斯和印度，而有的国家不平等程度加剧幅度相对较小，如欧洲多国和中国。美国历史学家威尔·杜兰特从人类社会发展的角度追溯财富分配周期并提出，财富的集中是自然的和不可避免的，人与人在禀赋要素、基因以及其他方方面面都不一样，在一个竞争的市场环境下，财富就会不断集中。美国布鲁金斯学会的学者爱泼斯坦和阿克斯特勒利用模拟实验——"糖域实验"，也得出类似的结论：贫富差距是"天赋＋位置＋运气＋选择"综合的结果。杜兰特认为："所有的经济史都是社会有机体缓慢的心脏跳动。财富的集中和强制再分配，便是它巨大的收缩与扩张运动。"因此也可以认为，社会发展的原动力就来自财富的集中和再分配。收入与财富分配不平等的加剧会降低经济增长速度与经济效率，会导致总需求的疲软，降低劳动生产率，也不利于社会创新，还会导致更多的寻租行为，进而冲击社会发展和稳定，引发金融市场的不稳定。

变革之三：全球货币金融周期的转换。货币金融周期理论认为，金融变量的扩张与收缩是宏观经济波动的来源，金融影响宏观经济的机制包括传统的利率途径、信贷渠道以及资产价格渠道等。金融周期显著长于经济周期，金融周期通常为15~20年。目前国际上广泛使用的判定金融周期阶段的两个最核心指标是广义信贷规模和房地产价格。前者代表融资水平即流动性；后者代表资产价格，反映投资者对风险的认知和态度。由于房地产是信贷的重要抵押品，因此广义信贷规模与房地产价格之间会相互放大，从而导致自我强化的顺周期波动。学术界研究发现，全球金融周期与美国的货币政策周期高度一致，全球金融周期就是金融波动从美国传导扩散到世界其他国家和地区的过程。虽然美国货币政策驱动全球金融周期被大家广泛认可，但是这种相关性是高度不稳定的。除各国央行的货币政策以外，金融市场上投资者的风险偏好变化同样是影响金融周期的主要因素之一。金融周期通过利率渠道与信贷渠道推动经济周期轮动，并对金融市场的波动产生先导性影响。当前，中美金融周期的错位与美国货币政策的大开大合共同导致全球金融市场的大波动与不平衡。

变革之四：全球人口周期的变局。美国经济学家哈瑞·丹特认为，相比政府政策和金融市场变动等因素，人口趋势更能决定一个国家的经济快速增长期和繁荣期何时到来、维持多久。人口周期是指人口经历老一代陆续死亡、新一代不断出生、世代更替的人口再生产过程及其引发的经济社会变化。当前全球的人口周期呈现以下特征：生育率趋势性下滑，婴儿潮周期性出现直至消失，老龄化渐行渐近，人口萎缩大势所趋，人力资本成本日益提高以及人口迁移从城市化向都市圈化改变。劳动力是经济发展的基础性要素。人口影响经济增长的动力机制涉及供求两端：在供给端，人口通过数量和质量两方面影响劳动力、资本、技术三大生产要素继而影响经济增长；在需求端，人口通过生命周期不同阶段消费行为影响经济增长。人口年龄结构不仅影响经济增长，还会对金融市场的发展产生影响。一方面，人口老龄化会降低居民储蓄和投资；另一方面，微观主体的年龄会影响其消费结构，进而影响不同行业的发展。

变革之五：全球价值链重构的周期变革。全球价值链有两个突出特征：一是高度专业化，二是企业间保持持久关系。跨国公司是全球价值链的重要推手。全球化分工受资本和贸易自由化共同驱动，国际生产、贸易和投资越来越多地围绕着全球价值链展开，世界各国被广泛纳入全球化大生产的复杂网络中。二战以来，全球价值链发展大致经历了"慢—快—滞"三个阶段。自2008年全球金融危机后，全球贸易开放度没有显著提高，甚至还出现下滑，各国在全球价值链中的参与度也开始下行。整体看，全球化分工的具体表现为：发达国家消费，新兴市场国家生产；发达国家生产技术密集型高附加值产品，新兴市场国家生产劳动密集型低附加值产品。全球价值链向少数国家集中，美、中、德三大生产中心逐步形成。全球价值链提高了全要素生产率，激发了经济增长潜能，为全球经济协同增长做出了巨大贡献。然而，它也造成财富分配不平等、就业失衡、供应链脆弱等一系列结构性问题。后疫情时代全球价值链在结构上呈现"东升西降"趋势，一些国家对产业链自主可控的诉求，或促使价值链由生产消费"全球一条链"向以消费市场为中心的"多链区域化"转变。未来价值链布局将呈现分别以美、中、德为中心的三大区域"三足鼎立"的趋势；产品之间的竞争或由企业之争演变为供应链之争；在关键重要行业和长供应链产业，跨国公司生产布局将出现本土化、多元化、复制化倾向。随着西方保护主义抬头，欧美启动供应链缩链重构，伴随友岸外包与近岸外包的兴起，墨西哥、东南亚与东欧是近一轮全球产业链调整的主要受益国家或地区。

变革之六：全球能源周期与能源转型。在一种能源转向新的能源的过程中，新的能源在能源消费结构中占比达到5%，就可视为能源系统开始转型，如果新的能源占据最大比例甚至占比超过一半，则可视为转型完成。目前，普遍认为全球经历过两次能源转型，即从柴薪转向煤炭，再从煤炭转向石油。当前全球正经历着第三次能源转型，即从石油转向新能源（即非常规能源）。这一向绿色低碳能源的转型正在形成一轮超周期，也势必改变全球政治经济格局。前两次能源转型成就了两个世界霸主——英国和美国。能源作为重要经济和战略资源，为两国成为世界霸主提供了巨大的权力支撑。第三次能源转型则是由新能源的开发利用、能源利用模式的改变、高新技术的应用等共同促进的。从关键驱动力来看，前两次全球能源转型主要是在市场主导下发生的，第三次能源转型则是在各国政府强有力政策的主导下进行的。此次能源转型具有五大特征：动力方面，多种转型模式共同推进，风能、太阳能等新能源得到大规模商业化利用，新型储能、移动能源等能源储存技术实现突破，智慧能源、能源互联网等进一步推动能源数字化转型，减排政策成重要驱动力；产消方面，产能结构上各国转型方向趋同，用能结构上电气化成重要方向；贸易方面，贸易重心加快转移，发展中国家将成全球焦点；供应方面，地缘动荡刺激全球加快转型，能源供应禀赋依赖度持续下降；技术方面，综合性技术创新成关键手段，中国新能源迎来跨越式发展。

变革之七：技术创新周期的新起点。美籍奥地利裔经济学家约瑟夫·熊彼特认为，发展是通过一个一个引领经济发展的周期完成的。人类经济发展过程的重大创新，引发了经济发展过程的长周期。创新引起模仿，模仿打破垄断，刺激大规模投资，带来经济繁荣。在创新扩展到相当多企业后，盈利机会趋于消失，经济开始衰退，从而期待新的创新行为出现。经济学家康德拉季耶夫则提出长周期假说，认为技术创新对经济发展形成了周期性的驱动，尤其能较好解释工业革命时期的西方国家繁荣—衰退—萧条—复苏的经济发展变化。从历史上看，从蒸汽机、钢铁、电气化、汽车到半导体是人类公认的五轮技术创新周期的代表，每一轮周期都是40~50年的时间跨度。目前全球创新周期处于上升阶段。以人工智能（AI）、新能源革命为特征的创新长波带动全球进入第六轮技术创新周期。未来技术创新的五大重大赛道是人工智能、储能、机器人、基因测序、区块链，这些技术的交叉融合将带来技术创新的持续浪潮。

变革之八：数字化变革的新周期。5G、大数据、云计算、人工智能、物联网、区块链的应用推动着数字经济的创新发展，它们是数字经济的核心驱动力量和六大支柱。物联网与大数据是基础，万物互联保证了实时采集、传输可信数据，大数据是后续数据处理的前提；5G是载体，保证了数据的高效安全传输；云计算与人工智能是数据整合、处理与分析的方法，两者的应用可以满足客户的运算需求与处理任务需求，帮助研究者做出正确决策；区块链是数字经济的底层架构与安全保障，区块链技术重塑了数字经济的底层逻辑与业务流程。这六大支柱合在一起就形成了技术范式、生产组织和价值形态的前进，即信息化、网络化朝着智能化的方向发展，智能工厂或智能企业朝着智能生产的方向发展，产品、制造朝着服务的方向发展。新一轮数字革命正朝着智能化方向演进。以生成式人工智能为代表的数字化变革带来生产方式、组织形式的巨大变革，催生了一批新兴产业，如电子商务、移动支付、共享经济等，这些新兴产业成了经济增长的重要引擎。人工智能在推动各行各业生产力发展、创新和效率提升方面发挥了核心作用。它可以被集成到业务流程、决策和资源分配中，帮助企业做出更明智的决策；它能驱动智慧生活，促进智能家居的发展，增加人们的个性化体验；它还可以带动智能交通，驱动智慧城市发展。2017年的全球移动互联网大会上，英国物理学家斯蒂芬·霍金预言："人工智能的崛起要么是人类历史上最好的事情，要么可能是最糟糕的事情，甚至可能是人类文明的终结。"

投资管理的多元化框架

在投资世界的宏观范式发生巨大变革的时代，机构投资者的资产配置模式同样需要适应这一变革。在投资中，资产配置是投资效能的重要决定因素之一。资产配置对总收益的贡献度超过80%，对收益变动的解释力超过90%。过去100多年以来，投资者的配置模式始于对传统股债组合的探索，伴随着金融市场的起起伏伏，投资者不断探究得失，不断修正、改进配置模式。从20世纪80年代开始，投资者开启了开辟新策略和新资产类别的实践之路。2008年金融危机后，机构投资者开始反思危机中受到重创的传统股债配置模式，发现了这一模式存在深度减值风险，组合易受股票周期主导并产生业绩波动，以及股债相关性不稳定等内在缺陷。

尽管传统股债配置模式存在内在缺陷，机构投资者仍然在原有的框架下不断地"修修补补"，试图弥补这一传统模式的缺陷。机构投资者对传统股债配置模式的改进尝试，包括引入非正态模型假设、引入以情景分析为基础的中期动态资产配置、引入对冲及投资叠加管理理念等。风险平价模型则另辟蹊径，通过对不同资产类别（或风险因子）进行均衡风险配置，获得长期稳定的风险溢价回报。从投资管理策略的创新之路来看，被动投资策略逐步得到机构投资者青睐，智能贝塔策略作为主被动投资之间的策略逐步兴起，新兴市场资产逐步成为全球投资者的配置资产，行业轮动与主题驱动的策略日益盛行。从资产类别的探索之路来看，20世纪90年代以来，私募股权基金、房地产、基础设施等另类资产因预期风险调整回报率更高、与公开市场股债资产相关性更低而广泛进入投资者视野，在传统股债组合中引入另类资产也被称为"捐赠基金模式"。2008年全球金融危机后，全球进入低增长、低通胀、低利率时代，传统债券类资产预期收益率降低，追求高收益的机构投资者不断降低公开市场股债的配置比例，提高另类资产配置比例，希望通过获取非流动性溢价等来赚取超额回报。

从资产功能角度看待配置的逻辑，我们可以把资产分为三类：

一是实现组合增值功能的增长引擎类资产，这一类资产能够持续带来回报。其中，股权是长期投资回报的主要来源。随着公司的经营发展，股权能够不断地产生利润并带来分红，同时股权本身也实现了价值的提升，这正是巴菲特最看重股票投资的原因。如果我们观察过去100多年金融市场各类资产的增值表现，我们会发现股票优于债券，债券优于现金，而且期限越长，这一特征就越显著。因此，股票应当是投资组合中的核心资产。

二是实现对冲宏观经济风险功能的资产。宏观经济中一个重要的风险是通胀风险。通胀意味着资产的缩水和购买力的下降。例如，假设通货膨胀率为3%，银行的一年期存款利率是1%，这样每年资产都会损失2%。因此，战胜通货膨胀，是投资的实质。从这个角度来说，投资者需要寻找一些在经济中能够战胜通胀的资产。例如，房地产与基础设施，包括公寓大楼、商业写字楼、工业仓储区等实物资产。由于用来建造房地产的劳动力和原材料的价格会随通胀而上升，房地产的重置成本与市场价值的关系密切，这使得房地产价格与通货膨胀的相关性很高。再如，大宗商品和自然资源等资产。商品价格的上涨从原材料开始，而原材料价格的上涨是从上游的大宗商品开始，因此，大宗商品投资与通胀高度相关。此外，还有通胀挂钩债券等金融资产。通胀挂钩债券的票息收益随着通胀进行调整，它可以帮助投资者避免通胀率上涨造成的损失，是抵御通胀风险的良好投资工具。宏观经济中的另一重大风险是通货紧缩。在通缩时，物价持续下跌，需求萎缩，经济萧条，企业盈利下滑，股价下跌，投资者持有过多股票甚至可能倾家荡产，而固定收益可以用来对抗经济中的通缩风险。固定收益，顾名思义，无论经济好坏，收益都是确定的。固定收益投资产品的首要品种是债券，尤其是高等级的中长期债券。此外，一级市场的私募信用资产已逐步发展成为独立的资产类别。私募信用资产具有稳定的现金收益，久期低，与其他资产相关性低，特别是在经济衰退时依然可获得良好、稳定的回报，通常被投资者视为抵御周期下行和分散组合风险的选择。

三是实现分散化功能的资产。从资本资产定价模型的逻辑来说，这类资产主要具有 α（阿尔法）的属性，而很少有 β（贝塔）的属性。具有分散化功能的产品和市场波动没有关系，无论市场涨跌，它的收益总是确定的。对冲基金被视为这类产品的典型代表，也被称为绝对收益策略。20 世纪 70 年代以来，对冲基金作为一种灵活多样的投资方式已由最初的"小众行业"逐渐进入了主流机构投资者的配置框架。对冲基金在 21 世纪之初蓬勃发展，但受业绩下滑影响，金融危机后增速大幅下降，2018 年至今其基本停滞不前。对冲基金是极其庞杂的投资策略的总和，它的核心设计思想之一是把市场的风险和收益与个体的风险和收益分开，使得产品具有 α 的属性和分散化的特征。根据投资风格不同，对冲基金投资策略大致可分为股票多空策略、事件驱动策略、宏观策略和相对价值策略等。从资产的股债特性来看，尽管对冲基金总体指数的股票 β 仅为 0.23，但股票多空策略的股票 β 高达 0.46，宏观策略的股票 β 仅为 0.04。综合机构投资者的实践，对冲基金在组合中不但可获得市场 β 之外的 α 收益，更重要的是可分散投资组合的风险，提升组合的风险调整回报率。

资产配置的本质在于最大化投资收益或最小化组合风险。尽管个人、家族办公室、捐赠基金、养老基金和主权财富基金等不同类型的投资者在资产配置组合的选择上各有侧重，投资策略多种多样，但选择和策略背后的资产配置的有效性、资产的分散化效果、非流动性风险溢价、价值投资理念、再平衡的投资纪律、全球化投资视野、逆向投资理念和坚持长期主义八大理念却是相通的。

捐赠基金、养老基金和主权财富基金等机构投资者在配置资产时逐步形成多周期的资产配置框架，并演化出"参考组合—政策组合—实际组合"的三层次组合架构。机构投资者资产配置策略按照时间长短划分，面向长期或中长期的是战略资产配置策略，面向中期或中短期的是动态资产配置策略，面向短期的是战术资产配置策略。长期投资者制定资产配置策略时需要捕捉经济金融活动中趋势性、全局性的影响因素。在长期经济发展中，要素禀赋的变动和需求变动是决定资产配置的关键，其中，要素禀赋变动是核心。投资者面向中期投资制定的是动态资产配置策略，或称为政策组合。在中期，经济周期轮动是关键的决策依据。战术资产配置是在战略资产配置的基础上，通过对市场短期走势的预测，主动调整配置比例，使之小幅偏离战略配置基准，以获取短期超额收益。可把短期因素概括为经济基本面、政策面、资金面、估值面和技术面5个因子。

股权投资需要具备多因子的股权投资思维。在股权投资时，主要看10个因子：（1）行业的市场空间，它决定企业天花板有多高；（2）行业的竞争格局，它决定企业成长难度有多大；（3）行业的生命周期，它决定企业的增长速度与增长的可持续性；（4）企业的产品力，产品是定位于高端市场还是大众市场；（5）企业的渠道力，企业是采取深度分销还是经销商主导渠道的大商制；（6）企业的品牌力，企业的品牌定位与营销策略；（7）企业的发展战略，企业的愿景是什么；（8）企业的管理水平，经营战略能否真正执行、落地；（9）企业的资本结构，企业是如何运用财务杠杆的；（10）企业家，他是否有企业家精神与产业抱负、高远的战略视野、强大的组织能力、值得信赖的商业道德、创新的魄力和活力等。

投资管理的"根"与"魂"

理解了投资世界的诸多"异象"，构建起了投资哲学的多元化思维框架，是不是我们便能成为优秀的投资者呢？显然，这一切都还止于"术"，止于"形"。优秀投资者首先需要修炼投资管理的"根"与"魂"，也就是最为核心的六大底层特质——正心、明道、取势、优术、合众和践行。

正心

投资是个人认知能力的体现。一个人的格局、认知和投资回报相关联，投资是一个人人生观、世界观、价值观的综合体现。此观点看似简单笼统，但其实恰恰揭示了投资的本质。牛顿在南海泡沫事件中使早年积蓄亏损殆尽时说，"我可以计算天体运行的轨道，却无法计算人性的疯狂"。南海公司曾经在没有实际业务和收入作为支撑的情况下 6 个月间股价涨幅高达 700%，但社会各界包括牛顿等名人丧失了理智，无视公司的实际经营情况和发展前景，唯恐错过大捞一把的机会，最终南海公司泡沫破灭，股价从最高的 1 000 多英镑跌到 100 英镑，投资者几乎血本无归。这种类似的投机情况在中国市场同样普遍，有一句玩笑话"靠运气挣来的钱，最后靠努力给吐出去了"，就是说的这种现象。很多人过去在自己擅长的行业出类拔萃，比如在房地产、煤矿等行业，从事这种行业所需要的能力与进行投资不同，他们带着曾经的经验和自信盲目踏足投资领域，而导致原本凭运气获得的财富最终因他们的能力欠缺而灰飞烟灭。究其根本，这些投资的亏损正是源于投资者缺乏正确的投资价值观，即"正心"。

心之所向，动之所随，价值观的正确与否决定了投资行为的正确与否。投资者的"正心"有3个层次：

一是对自身的"正心"。 面对复杂多变的投资世界，做到"知之为知之，不知为不知"对投资者而言非常重要。投资者需要保持对知识的诚实，对未知世界的谦逊，不自欺欺人，不盲目自大，不被短暂的胜利冲昏头脑，不因过度贪婪而追逐泡沫，不被一时的挫折所扰，不因过度恐惧而清仓出局。

二是对资金所有者的"正心"。 在投资伦理中，对于资金受托人，"受托责任"最为重要。受托责任的内涵即受人之托，为人理财，诚实守信，以义取利，为他人创造价值。但实际上，和受托责任相背离的例子比比皆是。比如不少基金为赚取管理费追求管理规模，在市场进入泡沫期后仍然大肆融资。再比如，更为甚者玩"庞氏骗局"、进行"老鼠仓"交易等。

三是对投资标的的"正心"。 作为投资者，其应当遵从社会价值观进行投资。早期，许多投资者选择规避一些有悖社会伦理、违背可持续发展理念的投资领域，例如博彩、烟草等行业。近30年以来，投资者逐步形成了ESG（环境、社会和治理）投资准则。随着全球气候变暖，绿色投资更是成为机构投资者的重要投资方向。

"正心"是投资心性修炼的第一重境界。正心诚意、格物致知是投资的第一原则，是否能坚持该原则决定了投资者能走多远、飞多高。

明道

对于"道"最为深邃通透的诠释来自《道德经》："有物混成，先天地生。寂兮寥兮，独立而不改，周行而不殆，可以为天下母。吾不知其名，字之曰道，强为之名曰大。大曰逝，逝曰远，远曰反。故道大，天大，地大，王亦大。域中有四大，而王居其一焉。人法地，地法天，天法道，道法自然。"

投资中存在基本规律、认知和思维。投资中的"道"是哲学观的体现，是对投资世界客观规律的认知。老子在《道德经》中指出，"道生一，一生二，二生三，三生万物"。"道"是投资心性修炼的第二重境界。

对投资之"道"的认知，绝非一朝一夕之功。由于投资行为来自投资者面对客观世界的主观决策，因此，"道"可分为两个层次：

一是对客体世界的认知。首先，是对宇宙运行之道的认知，具体包括：物质的运动与变化基本规律，信息的生成、传播与集成规律，能量的产生与转化规律，等等。因此，投资者至少需要具有数学、物理学、信息学等学科的知识。其次，是对人类社会运行之道的认知，具体包括：人类的起源与遗传，社会运行与国家兴衰的内在规律，等等。因此，投资者需要知悉生物学、社会学、历史学等方面的知识。最后，是对行业景气度与企业发展之道的认知，具体包括：行业景气循环、技术变迁、供需力量变化状况，以及企业的团队管理水平、产品研发能力、生产管理效率、营销与品牌管理能力等。因此，投资者需要通晓经济学、管理学等学科知识。

二是对主体世界的认知。希腊德尔斐神庙墙壁上镌刻着一句象征智慧的箴言，"认识你自己"。投资者作为决策的主体，在投资中一定要有自知之明，这是自立于世、动而不乱的根本。但事实上，许多人穷尽一生也无法自知。

一部分原因在于人对自己的认知可分为：知道自己知道，比如自己的资金规模；知道自己不知道，比如明天市场的走势；不知道自己知道，比如潜意识中对于某种风格的偏好；不知道自己不知道，这反映了人类认知的黑暗区。但遗憾的是，许多人都会高估自己知道的知识量，而低估自己不知道的知识量，这会导致他们在信息处理与行为决策上出现偏差，在金融市场的跌宕起伏中失去自我。

因此，投资中的"道"从决策层面来说，就是投资者做正确的事情，并且坚持做下去。正确的事情是尊重知识，坚守能力圈，承认人性的弱点和理解投资。

取势

庸者谋利，智者谋势，善战者因势利导。顺势而为，无往不利。逆水行舟，举步维艰。

世间潮起潮落，月盈月亏，周期轮回，便是"势"。投资领域的"势"就是资产价格的周期性波动。顺势而为就是把握投资世界的资产轮动周期。聪明的投资者能在资产价值被严重低估时投资，而在资产价格高企时离场。

驱动资产轮动的力量极为纷繁复杂。最大的"势"莫过于大国的兴衰。美国政治学者保罗·肯尼迪曾说，大国兴衰的历史永不会停止，领先国家的相对力量从来不会一成不变。沃伦·巴菲特也曾坦言，自己能成为股神，主要是因为自己有幸出生在20世纪30年代的美国，一个逐步走向世界舞台中央的领先大国。

经济周期是驱动资产轮动的主要力量。经济周期的类型繁多，从周期跨度看，有技术创新驱动的50年左右的康德拉季耶夫周期，有房地产波动带来的20年左右的库兹涅茨周期，有资本支出驱动的10年左右的朱格拉周期，还有企业库存调整带来的3年左右的基钦周期。

"势"是基本盘，是客观世界的一种蓄能。金融投资领域的"势"，可以用希腊字母 β（贝塔）来表示，比如代表股票市场的股价指数，就是一个数值超大的贝塔，它代表了股市的长期走势。

贝塔曲线不是一条直线，而是波浪式发展、螺旋式上升的一条曲线，它最重要的特征就是呈现周期性。某种程度上，万物皆有周期，大到大国兴衰、财富分配、经济运行，小到行业起伏、企业发展等。研究周期最重要的原理是"均值回归"，即人们常说的"物极必反、否极泰来"。

势能是所有人都可以"免费"获取的长期红利。谁能识别和选择有利的大势，谁就可以"乘风破浪"。中国持续近20年的房地产市场繁荣便是很好的体现。其间，一个人在本金和信用允许的情况下，是否选择买房对其个人财富的多少有着很大影响，这种影响就源自贝塔。

如果继续深究，房价上涨的驱动因素是中国的工业化和城镇化，它反映了时代演变过程中人们生活方式的一种变迁，以及人们对房子的持续性增量需求。许多实体产业和金融机构都因房价上涨享受了同步的周期性繁荣，不管是水泥、门窗和五金等建筑相关领域，还是银行、证券公司等都莫不如此。所以，当工业化和城镇化的进程减速的时候，周期的贝塔就开始均值回归，监管也由松变紧，从金融端的资管新规到实业端的房地产"三道红线"都体现出周期的反噬力，所有力量的合力指向一个方向，这当中不是没有贝塔，而是贝塔进入了另外一个周期。

雷军说，"站在风口上，猪都能飞起来"。风口就是"势"。

优术

孔子曾道："工欲善其事，必先利其器。"投资领域的"器"就是经济金融以及其他行业的专业知识与技能，就是"术"。投资本身是"自上而下"的宏观研判与"自下而上"的投资标的评估相结合的过程。因此，进行投资管理既需要通晓与地缘政治、货币政策、产业政策等宏观因素分析相关的工具，也需要掌握与公司治理、公司战略、财务管理、营销管理、资产定价甚至产业技术等微观因素分析相关的工具，同时还需要掌握计量经济学、统计学、行为金融学、社会学等学科知识。

在不少人的眼里，投资是一个门槛极低的行业。中国约有两亿股民，不少股民说起宏观经济、行业政策、技术分析都头头是道，认为只看看电视、听听股评，会用手机下单，就可以成为投资高手。

事实真是如此吗？

据统计，中国约两亿股民中有6 000万属于活跃股民。2019年至2021年，实现盈利的股民仅有四分之一左右，这基本上符合"二八定律"。而与之相对应的是，同一期间，公募基金累计实现盈利3.89万亿元。

这一差别的背后是公募基金的投研人员"术业有专攻"。公募基金行业60%的从业人员都拥有硕士及以上学历。投资经理85%以上都拥有硕士及以上学历。而且，公募基金行业的研究员、基金经理花费大量的时间调研公司，就宏观市场交流观点，了解行业趋势。因此，不难理解，在金融市场中掌握信息优势、技能优势的机构投资者大概率可以完胜既缺乏信息又缺乏技能的个人投资者。

"术"的高低是决定他们之间胜负的关键因素。

合众

独行快，众行远。面对复杂的投资系统，绝大多数个人投资者终其一生可能也只能窥其一角。一个人的时间和精力是有限的，个人投资者注定存在知识的局限与认知的短板。在市场大风大浪面前，投资者的弱点往往暴露无遗，并为投资失败埋下伏笔。因此，机构投资者强调的是团队精神。在体系建设上，机构投资者通过完善的投资研究体系、组合管理体系和交易执行系统，以投资研究驱动资产配置，以资产配置引领投资管理。

大部分投资机构都采取团队协作制而非明星制构建团队。团队中既有宏观、策略、行业、金融工程等方向的研究员，也有基金经理、投资经理和交易员等，同时其还从大量的外部咨询机构、投资银行分析师等处获取信息。

一级市场的投资同样是系统工程。一个并购项目往往涉及行业技术、政策、财务、法律、税收和环保等领域的问题，需要通过大量内部投资经理、外部专家顾问和中介服务机构数月的协作才能完成。美国著名的A16Z风险投资机构在高科技领域的投资布局甚广，其秘密武器就是数年之内编织出的一张由600多个科学家和企业家组成的网络，他们能够在行业趋势、技术创新等方面提供深刻的洞见，协助机构做出投资决策。

《学记》有言，"独学而无友，则孤陋而寡闻"。投资行业庞大而烦琐，投资者需要以开放的姿态不断吸收和整合新的消息。一个人的时间和精力是有限的，如果不能与其他人合作，那么他很难走远。

践行

格物致知，知行合一。投资本身是一门实践科学。正如我们在岸上学习游泳，永远也学不会一样，要学会投资，我们就需要拿出真金白银，在市场的大潮中扑腾，呛几口水，才能领悟市场的残酷与自身的不足，才能反思学习，提升认知与技能水平。

一位管理上百亿美元资金的全球私募基金合伙人曾告诉我，一名优秀的投资经理是以上千万美元的投资损失为代价成长起来的。说一千道一万的效果，往往不如一笔巨额的损失给人带来刻骨铭心的痛苦，以及痛苦后的反思、复盘、提炼与升华的效果。金融市场中，能坚持到最后的往往是经历了几轮潮起潮落周期的投资老手，他们既能理解市场大涨大跌背后的规律，也能洞悉人性的贪婪与恐惧。

《庄子·逍遥游》有言，"朝菌不知晦朔，蟪蛄不知春秋"。尽管人类在浩瀚世界中已是万物之灵，但人类五官感知的仅大约占宇宙存在形式的4%。量子物理发现，宇宙中更多充斥着的是暗物质与暗能量，而人类对此毫无感知。我们每个人都受限于自身所处的时代，受限于自身的认知能力。人生是一个认知迭代的过程。认知水平的提高才是成功的基础。洛克菲勒曾说，财富是对认知的补偿。投资本质上是认知能力的变现。我们只有提高认知水平，把握投资的底层逻辑，构建自己的投资思维框架，方能在投资世界中行稳致远。

1

投资世界的六大"异象"

> 我们看到的只是事物、实体、事件,我们没有直接体会到力量和主导自然的法则。
>
> ——[美]雅各布·尼德曼

第一章　非线性的增长模式

未来已来，只是尚未流行。

——［美］威廉·吉布森

大家一定都记得一道经典的数学题：以水葫芦的生长为例，浮在湖面的水葫芦以每天扩大一倍覆盖面积的速度飞快生长，在第30天正好铺满整个湖面，请问水葫芦铺满前一半湖面用时多久，铺满后一半湖面又用时多久？

估计大家都知道以逆向倒推的方法计算出的结果：前一半花了29天，后一半只花了一天。

这道人们耳熟能详的数学题能带来什么启发呢？水葫芦前面花了29天，一点一点地积累，而真正飞跃是在最后一天。厚积而薄发，这正是自然界、人类社会、企业及其他组织发展的普遍规律。

但在人类进化的历史中，人们更习惯于沿用前人留下的直线轨迹缓慢发展。因此，人们通常以线性思维方式去理解和解释世界变化。这种思维方式极大地影响着我们的判断。金融市场中，在资产定价和财务预测方面，人们倾向于认为今年的情况和去年的大致相同，企业未来的增长速度与过去几年的增长速度类似。但是，世界的变化本质上是非线性的，依照经验采取线性思维可能会导致投资决策出现严重失误。

非线性增长的两种形态——指数型和对数型

对于指数型增长，我们可以参考水葫芦的后期迅猛生长，对数型增长则更多被用于探讨边际收益递减的情况，数学上我们习惯用凸函数和凹函数来描述这两种增长形态。

凸函数在生活中有通俗的说法，即复利法则，有人更为直观地称之为70法则。70法则是指如果一个变量在每个周期都以 $R\%$ 增长，那翻一番所需要的周期总数就是 $70/R$，这反映了增长率的累积效应。以房价为例，如果房价每年上涨10%，那么房价大约7年会升值一倍，如果这种趋势一直持续35年，那么房价将会增长至32倍，即100万元的房子会在35年后上涨到3 200万元。如果一个人可以让他的财富保持每年10%的增长，那么7年后他的财富就能翻一番。巴菲特说过一个有趣的原则，"投资的第一法则是不要亏钱，第二法则是做好第一条"。翻倍赚钱的关键在于复利的取得。

也有人把70法则运用在了其他领域，人口学家用指数模型研究人口问题。如果人口每年增长7%，那么人口在10年后会翻一番，在30年后会翻三番（增长至8倍）。早在1798年，英国政治经济学家、人口学家托马斯·马尔萨斯就观察到人口数量呈指数级增长的现象，并指出，如果经济体生产粮食的能力是呈线性增长的，就会出现粮食危机。但回过头来看这两个主张，其实都不成立。人口看似呈指数级增长，可是马尔萨斯没有考虑到人类发展的客观规律：当人均收入提高、经济独立性增强时，人类生育意愿会下降。中国有句古话叫作"养儿防老"，即在经济不发达时，人类早期旺盛的生育愿望源自他们将孩子作为自己老年时期的经济保障。基于这样的逻辑，人口不可能长期保持7%的增长；粮食的产量也不是呈线性增长的，马尔萨斯没有考虑到技术的飞跃，比如在水稻产量上，袁隆平发明杂交水稻之后，亩产千斤的目标得以实现。

凹函数也反映了非线性增长的重要形态，在经济学中有着广泛体现。数学中凹函数的二阶导数小于零，这在经济学中意味着边际效用递减。边际效用递减是指在一定时期内，在其他商品或服务消费量不变的条件下，消费者从每一相继单位的商品或服务中得到的效用都比从前一单位中得到的效用低。消费者在饥饿时吃的第一个"包子"效用是最大的，此时消费者获得极大满足，也愿意为"包子"支付高价格。随着吃的"包子"越来越多，消费者每吃一个"包子"所得到的满足感在不断降低，"包子"所产生的边际效用不断下降，消费者愿意支付的价格也在不断降低。最终当消费者吃饱时，边际效用为零，总效用达到最大，消费者将不再吃。商家也会利用边际效用递减规律，消费者买得越少，单价就会越高，而其买得越多，单价就越低。类似地，我们在生活中做一件事情，一开始会热情高涨，但是随着时间推移，我们的热情与兴趣会逐渐消退，最后可能感到索然无味。《曹刿论战》中所提到的"一鼓作气，再而衰，三而竭"，说的也是这个道理。

人类社会重大范式的非线性增长

事实证明，整个人类社会的重大范式都延续了非线性增长，而且范式转换的时间间隔正在不断缩短。最早生命起源于30多亿年前，大约20亿年前地球才出现了真核微生物，但随着时间的推移，整个时间曲线的下降非常快速，从海洋无脊椎动物到哺乳动物再到智人、城市等出现的时间间隔逐渐缩短。

如果我们可以把地球发展史压缩到一年，在一年中的绝大部分时间，几乎什么都没有发生，但是：

12月1日——出现陆地动物；

12月25日——恐龙灭绝；

12月31日晚上11点50分——原始人直立行走；

12月31日晚上11点59分59秒——人类历史开始有记录。

与此对应的是，人类财富的增长同样如此。人类从人均财富90美元的狩猎采集社会发展到公元前1000年古希腊时期人均财富150美元的经济社会，用了1.2万年。直到1750年，世界人均GDP（国内生产总值）才达到180美元。在此后短到不可思议的250年间，世界人均GDP增长了36倍，达到6 600多美元的水平。全球财富的增长轨迹几乎攀升为一条竖直线。超过97%的人类财富是在最近250万年中0.01%的历史阶段被创造出来的。今天，我们仍在沿着这条竖直线往上走。

技术的非线性增长

托马斯·库恩在《科学革命的结构》一书中提出，范式一改变，这世界本身也随之改变了。他还提出，科学家由一个新范式指引，采用新工具，关注新领域，因此，科学创新与技术变革从来不是线性增长的。而雷·库兹韦尔在《奇点临近》一书中则提出技术发展的指数增长法则。他认为，技术发展不是线性的，而是以指数级的速度增长。这意味着，随着时间的推移，技术的进步会越来越快，最终达到一个爆发点，即奇点。

美国科幻小说家威廉·吉布森曾说"未来已来，只是尚未流行"，原因在于技术进步的速度总是超过人类理解能力的提升速度。摩尔定律告诉我们，一切数字化的东西都会以指数级速度变化，变得越来越快，越来越便宜，体积越来越小。而基因工程领域的技术进步更令人惊叹。美国科学院院士乔治·丘奇指出，基因测序的价格在下降，变化速度则是摩尔定律中元器件的6倍；10年前，没有人能够预测到会这样。

今天，大家看到了机器人、人工智能和脑机接口等科学技术的发展，未来成熟的人机结合也可能会出现。人们对这种快速的发展持有不同的意见，一些人非常期待，而另一些人又非常担忧。英国物理学家斯蒂芬·霍金对此非常警惕，认为忽视人工智能的危险可能是"人类历史上最严重的错误"，今天的人类可能会被未来的人类认为是"原始人"；而美国知名企业家埃隆·马斯克对这个现象很期待，尽管他也认为可能会出现新的不确定的范式变化。总而言之，人类社会在经历越来越快的范式转换。

从1876年亚历山大·格拉汉姆·贝尔发明世界第一部电话到1990年"互联网之父"蒂姆·伯纳斯-李创建第一个网络浏览器，时间间隔为114年，而从创建第一个网络浏览器到2007年乔布斯推出第一代苹果智能手机仅历时17年；从1765年英国织工詹姆士·哈格里夫斯发明"珍妮"纺纱机到1959年戴沃尔和英格伯格联合制造出第一台工业机器人用了194年，但之后到2016年谷歌Schaft机器人的问世仅用了57年；从15世纪中叶谷登堡发明铅活字印刷术到1953年IBM（国际商业机器公司）工程师约瑟夫·威尔逊发明第一台商用电子打印机用了500多年，但1984年查尔斯·霍尔研发出3D打印技术距离第一台商用电子打印机的发明只间隔了31年。

技术进步的速度在不断加快，同时新技术被接受的速度也在不断加快。电话用了75年才使全球用户量达到1亿人，手机用了16年，Twitter（推特）只用了5年就达到了这个纪录，社交应用软件WhatsApp用了3.5年、短视频平台TikTok用了9个月，而当下最火的人工智能产品ChatGPT仅仅用了两个月。

引爆点10%

技术范式转换的"临界点"就是所谓的引爆点。《引爆点》一书提出，思想、行为、信息等经常会像传染病暴发时一样迅速传播，一个现象发展到临界水平并爆发的那一刻就是引爆点，抓住引爆点可以起到事半功倍的效果。同时，SCNARC[①]研究发现，10%就是思想传播的引爆点。其分析了陈旧范式坍塌的过程及前提条件——群体中只要10%的人肯定了全新的理念，理念的传播就将如星火燎原一般，过去的体系也将开始坍塌。消费者应用科技的S形曲线告诉我们，使用率从0增长到10%速度很缓慢，从10%到90%非常快，但从90%到100%同样很缓慢。其中，转折点便是10%。在投资某一产品的过程中，一旦其市场占有率超过10%，则其对应指标将迅速突破90%。10%代表着一个重要的观察窗口，这意味着在指标突破10%之后线性理论将不再适用于分析产品的未来发展。在引爆点出现前，人们不愿意相信该产品具有发展潜力，就像对待起初的能源革命一样。类似地，人们早期并不相信特斯拉

---

① SCNARC为美国陆军建立并提供资金支持的社会认识网络学术研究中心。

能有很大的发展空间，但随着特斯拉不断发展，其带来的储能技术的提升、储能成本的下降以及能和软件结合使用的优势掀起了新的技术发展浪潮。

从人类历史的发展来看，任何新的技术在使用率到达10%的转折点之前，都会饱受争议。而且更具讽刺意味的是，历史告诉我们，那些最接近技术核心的人反而难以预料到这些技术的最终应用场景。当然，这也许就是治学境界中的所谓"不知道自己知道"。

英国女王的特邀外科医生约翰·埃里克·埃里克森曾言："明智而人道的外科医生绝对不会打开腹部、胸部和大脑。"1895年，英国物理学家开尔文勋爵在接受采访时宣称："任何重于空气的人造物体都是不可能飞行的。"20世纪早期，在瑞士的阿彭策尔，当地居民往铁路上扔石头，因为他们认为铁路是邪恶的存在。1968年，《商业周刊》报道称："美国汽车市场已经有50多个外国品牌，日本汽车企业抢占美国市场的可能性极低。"玛格丽特·希尔达·撒切尔夫人在当选英国首相的5年前曾亲口说："在我有生之年，英国不会出现女性首相。"发明电报的塞缪尔·莫尔斯把贝尔发明的电话斥为"电子玩具"，爱迪生则认为留声机没有多少实用价值。

然而，从电视到冰箱，再到微波炉、互联网、智能手机和新能源汽车，这些新兴科技在被市场认同后，其推广和普及速度走势均呈现S形曲线。

企业的非线性增长——植物界的启示

以"尾部对冲"策略闻名的美国对冲基金经理马克·斯皮茨纳格尔在《资本的秩序：在被货币和信贷扭曲的世界中迂回投资》中

提出，松树是地球上最古老的树种之一，早在二叠纪时期就已经出现。相较于其他植物，松树采取了非线性的生长方式，通过迂回策略跨越式成长。虽然早期松树的生长速度一般滞后于其他植物，但随着时间推移，松树的数量和高度超越了大部分其他树种。在初期，松树会退而求其次地选择相对贫瘠的地区生长，如裸露的岩石、山脊等地。在贫瘠地区生长相对有几个优势：一是避免了初期直接与其他植物的激烈竞争；二是远离灾害，如森林大火等；三是在恶劣环境中磨炼出顽强生命力，为未来与其他植物争夺阳光、水做好准备。

松树的迂回成长方式是非线性的，其前期的忍耐是为了后期更好发力。在贫瘠地区，松树会产生数不清的松果，这些松果会被带到周边地区，进而生根发芽，其在恶劣环境所锻炼出的优质基因会发挥作用，令其重新占领之前退让的土地。所以，虽然我们看到初期松树主要分布在裸露的岩石区，但其最终将遍布整片树林。这种"先慢后快""先苦后甜"的发展方式有利于松树缓慢而稳定地发展自我，直到最终加速成长，以非线性的方式超越竞争对手。

无独有偶，华为的创始人任正非也把华为比喻为一种植物——非洲的"尖毛草"。这种草在非洲很常见。在最初的半年里，它几乎是草原上最矮的草，只有几厘米高，人们甚至看不出它在生长。那它在做什么？它在努力地向下扎根，它的根能长到28米长。那段时间，草原上其他任何一种草都要比它高，你绝不会想到，未来它会是"草地之王"。对尖毛草来说，根系越发达，基础越牢固，生长越迅速，其超越别的草才会越容易。一旦雨季来临，尖毛草就会开始转变生长模式，由倒生长转化为正生长，就像被施了魔法一样，几乎以每天半米的速度向上疯长，3~5天的时间就能长到1.6~2米的高度。很快它就成了非洲草原上最高的植物，人送美誉——草地之王。这就是厚积薄发的力量！

从华为的研发策略看，华为首要的投入就是研发投入。《华为基本法》第一稿就有这样一句话：坚持将每年销售收入的10%投入做研发。我们现在把创新创业浪漫化了，不是所有人都能创业，创新和创业都需要砸钱。创新绝对不是喊口号，是用金钱砸出来的。除了钱，还要砸工作时间，甚至要砸健康。华为平均每天有8个专利申请，就是这么砸出来的。从1996年到2022年，只有2008年华为的研发投入没有达到销售收入的10%，其余都超过了10%。[①]这在中国是另类。万得数据显示，2022年有4 796家A股上市公司披露研发支出，它们合计占营业收入的比例为2.28%，2022年中国研发经费投入占GDP的比重为2.54%。华为的研发投入强度长期位居中国企业之首。

从华为的销售策略看，其也采取了尖毛草策略。华为的销售策略分为两步。第一步，在发动饱和攻击前，它像尖毛草一样不断地向下扎根，也就是试错，确认产品价值，摸索有效的销售方法。在这段时间里，投入不应该过大。投入过大，反而会造成资源浪费，甚至动摇军心。向下扎根还有一个目的，就是去看一看，这个产品的市场是否真的会扩大。销售策略的第二步，就是一旦在扎根的过程中确定了市场处在上升期，对产品的价值也有了信心，就要像尖毛草一样迅速向上生长，发动饱和攻击。在这个阶段一定要投入最多的资源，利用已经试验过的有效的营销策略。

华为完美地诠释了"非线性增长"的企业成长之道。

---

① 参考《华为年报》(2006—2022年)。

金融市场的非线性增长

金融市场中同样存在着大量非线性增长现象。线性关系在数学中体现为可相加性，具有一定的因果性与可预测性，而非线性则代表着因果失衡以及不可预测性。在股票估值过程中，无论是采用 PEG（市盈率相对盈利增长比率）估值法还是 DCF（现金流贴现）估值法，我们经常假设一家企业的业绩增速是保持不变的。然而，现实中这种匀速增长几乎是不存在的，公司的业绩增长总是波动的、非线性的。以美国标准普尔 500 指数为例，2020 年、2021 年与 2022 年的增长率分别为 16.2%、26.9% 与 -19.4%，其并没有呈现线性增长。尤其是处于高景气行情的成长股，其业绩增长更是非线性的。新能源类成长股特斯拉 2018—2022 年 5 年股价增长率分别为 6.89%、25.7%、743.4%、49.8% 与 -65%，呈现出明显的非线性特征。类似地，汇率市场也一样呈现非线性增长。2022 年由于美联储加息与俄乌冲突所引发的避险情绪，美元对全球主要国家货币的汇率大幅上涨，美元指数强势上扬，2022 年前三季度上涨 16.6%，远超 2012—2022 年的平均水平。[1]

金融市场呈现非线性增长的原因是多方面的。一方面，金融市场的波动是难以预料的。金融市场与政治、文化、自然环境等有着多层次、多角度、全方位的相互作用关系，社会生活中方方面面的影响都会引起金融市场的波动，战争、疫情、自然灾害、政策变化、利率调整都会导致股票价格的波动。"9·11"事件发生后，美国股市连续休市 4 天，这是二战以后的首次长时间休市。开市后全球股

---

[1] 数据来源：万得数据库。

票投资者疯狂抛售股票，股票价格断崖式下跌，一周内道琼斯股价指数下跌超过14%，纳斯达克指数下跌超过16%。美国股市疯狂下跌也迅速波及其他主要股票市场，给全球金融市场造成巨大损失。"9·11"事件同时导致大量资本流出美国，美元对其他主要国家货币的汇率剧烈震荡，美国一些金融机构瘫痪风险加剧。相反，一些其他避险资产获得更多关注，黄金、白银、石油价格大涨，英镑、欧元、日元等国际货币对美元的汇率也升到历史高位。"9·11"事件虽然是偶然事件，但是打破了美国本土不会受到攻击的神话，给全球金融市场带来巨大冲击。

另一方面，金融市场的参与者是非理性的，羊群效应、市场泡沫、投资者情绪波动等促使金融市场呈现非线性增长。虽然经济学有理性人假设，但是在实际情况中金融市场充满着非理性，投资者的从众心理与盲目自信都会导致非理性行为，股票收益总是呈现"尖峰肥尾"等非正态分布。忽视金融市场的非理性特征，往往会导致基于理性人假设的模型预测结果与实际结果存在较大偏差。此外，金融市场参与者的资产分布曲线也并非呈线性。中小散户的资产可能仅有数万元、数十万元，而机构投资者的参与资金往往有上亿元，甚至有上千亿元、上万亿元。所以，不同资产规模的投资者的投资行为与投资模式必然是不同的，这些不同的投资行为进一步导致金融市场出现不均匀、不对称、非线性的非均衡状态。

第二章　非正态分布的金融世界

幂律分布是宇宙的力量,是宇宙最强大的力量。它完整定义了我们周围的环境,而我们几乎毫无察觉。

——[美]彼得·蒂尔

人们通常认为世界存在两个法则——正态分布和幂律分布，但是大多数人更熟悉正态分布。比如，班里的同学中考得好的和考得差的都是少数，大部分同学考得一般，成绩分布曲线呈钟形——两边低、中间高、左右对称，具有集中性、对称性和均匀变动性三大特点。这就是正态分布在生活中的体现。

幂律分布在自然界和社会科学中广泛存在，比如在地震的强度、城市的人口规模、互联网上的链接分布中。幂律分布的一个关键特征是它具有"重尾"特性，即极端事件的发生概率比正态分布中该类事件的发生概率要高得多。用数学语言来定义，幂律分布可以表示为：

$$P(x) = Cx^{-a}$$

其中：

$P(x)$ 是一个随机变量 x 在某个区间内的概率密度函数。

C 是一个归一化常数，确保所有可能的 x 值对应概率之和为 1。

a 是幂律指数，通常是一个大于 1 的实数，它决定着分布曲线的形状。

在幂律分布中，随着 x 的增加，$P(x)$ 以 x 的 $-a$ 次方的速度下降。这意味着大的 x 值（即"极端事件"）比小的 x 值发生的概率要小，但是这种下降速度比正态分布中的下降速度慢，因此极端事件的发生概率相对较高。

通俗来说，幂律分布描述了一种情况，其中少数事件的规模或强度远远大于大多数事件。这种分布的通俗说法是"二八定律"，即 20% 的主体会占据 80% 的成果，这也是幂律分布的一个直观表现。

现实世界的幂律分布

幂律分布最早是由意大利经济学家维尔弗雷多·帕累托发现的。1895 年，帕累托在研究个人收入分布时发现，大多数人都不富裕，只有极少数的人是超级富豪。人们的收入每增加 1%，相应的家庭数量就会减少 1.5%。在此基础上，他提出了 20/80 法则，即 20% 的人口占据了 80% 的社会财富。20 世纪 50 年代，地震学家贝诺·古登堡和查尔斯·克里特在研究地震时发现，地震的等级分布并不符合正态分布，地震能量每增加一倍，相应震级的地震发生概率就会降低 3/4，因此，大多数地震都是小规模、低震级地震，极少数地震震级极高。20 世纪 60 年代，耶鲁大学数学家贝努瓦·曼德尔布罗特研究芝加哥商品交易所棉花价格的波动以及黄金、小麦等商品数据时，再度发现了幂律分布。此外，他还注意到商品价格的波动似乎没有自然的时间尺度。如果他从图上抽取一小部分，比如一个小时的数据，再把它拉长到一天的长度，人们根本无法分辨哪个图代表的是一个小时的数据，哪个是一天的数据。这也就是幂律分布的所谓标度不变性，或称规模缩放不变性，即不同的幂律函数只是不同系数的标度缩放，其函数图像具有相似不变性，也就是说幂律分布具有分形特性。

幂律分布强调了重要的少数与琐碎的多数。事实证明，"二八定律"在世界中无处不在，如20%的品牌占有80%的市场份额，20%的产品贡献了80%的企业利润，20%的上市公司创造了市场80%的价值，20%的股民赚了股市80%的钱等。1997年，史蒂夫·乔布斯重新回到苹果公司以帮其摆脱亏损严重的境况。乔布斯的改革遵循了幂律分布的特点，即抓住重要的少数，忽视不重要的多数。首先，乔布斯从人员结构入手，在留住核心人才的基础上对公司进行大量裁员，同时换掉与自己理念不合的董事。其次，产品结构上，把原来60多个产品线精简到4个。再次，减少部门层级，推行扁平式管理。最后，将日常工作化繁为简，仅讨论头部重要事项，帮助员工集中精力完成重点工作。经过乔布斯大刀阔斧的改革，苹果重回巅峰。意大利公司杜嘉班纳原本走的是高端奢侈品品牌路线，但为了能在市场中排名更靠前，公司曾经想要同时兼顾高端和低端市场，结果使得高端产品不再高端，品牌层级整体下滑。所以成功的奢侈品企业不会去尝试布局低端市场，因为20%的高端市场对于这些企业已经足够。

"二八定律"是幂律分布的直观体现，体现了原因和结果、努力和报酬之间的不平衡性，这在社会、经济和生活中无处不在。"二八定律"在某种程度上解释了为什么几乎所有银行都青睐于服务大客户而不愿意服务中小客户，因为银行在耗费同样成本的情况下小客户带来的利润较低。尽管互联网可以缓解这个矛盾，但总体而言，以传统方式服务客户所获收入不足以支撑服务长尾客户。

人们通常认为社会的财富服从正态分布，但残酷的是，社会绝大多数财富被极少数人所占有。统计学中经常使用平均数的概念，但平均数在某种情况下会淡化和隐藏财富分配的不均。比如，将姚明放到100个普通人中并不会显著改变平均身高，但将比尔·盖茨放到100个普通人中就会极大地改变平均财富水平。在呈现正态分布的领域，所有个体和平均值的差距不会很大；在呈现幂律分布的领域，一些个体与平均值的差距却会非常显著。

现实世界中，各种各样的现象符合幂律分布特征，包括太阳黑子的强度、生物灭绝事件的规模、战争伤亡人数、城市规模、中国人口区域分布、互联网各网站浏览量（80%的网站基本上很少有人浏览）、企业规模、视频下载量（80%的视频基本上很少有人下载）等，这些都遵循"二八定律"。某头部视频公司首席财务官曾感慨，中国年产千部电视剧，但其中成为热点核心的、被观众所喜爱的只有零星几部。这种商业模式下很多内容生产商虽被扶持，但极少的爆款导致其运营成本不断增加，经营异常艰难。

很多理论模型能反映幂律分布，包括优先链接模型、沙堆模型、自组织临界模型等，它们可以解释城市规模、图书销量、网络链接点击量、交通拥堵程度、战争伤亡人数以及地震、火灾和雪崩的大小等。中国有个成语叫防微杜渐，实际上就是要防止概率小但影响力大的事件发生。在金融市场中，最重要的就是防范风险，金融从业人员最重要的任务是管理风险，发生概率为百万分之一的灾难一旦发生就有可能导致整个金融系统的崩溃。

财富幂律分布的"奥秘"

招商银行在 2022 年年度财务报告中披露了一组有意思的数据。招商银行零售客户总数为 1.84 亿个。其中，私人银行客户 13 万个，占总客户数的 0.07%，总资产 3.79 万亿元；金葵花客户 401 万个，占总客户数的 2.18%，总资产 6.08 万亿元；普通客户 1.79 亿个，占总客户数接近 98%，总资产 2.26 万亿元。也就是说，万分之七的顶级富豪，大约拥有全部财富的 31%。最富有的 2% 左右的客户，大约拥有全部财富的 80%。现实世界的财富分配远比帕累托发现的"二八定律"呈现的情况更为极端。

帕累托对财富分配的观察结果具有普遍性吗？为探究财富积累之谜，1996 年美国布鲁金斯学会的学者爱泼斯坦和阿克斯特勒使用计算机模拟社会中人们财富积累的过程，后来这个实验也被称为糖域实验。这个实验主要通过模拟环境变化、遗传继承、出身天赋等一系列社会现象来寻找影响财富积累的关键因素。

两位学者设计了一个二维的棋盘，里面有很多个含有不同糖块的小格子。计算机一开始会随机在这些格子上生成很多糖人，然后让糖人们每回合自由活动，每回合的活动会让糖人消耗一定的糖，当糖耗尽时糖人就会破产出局。每个糖人的实验目标就是尽可能得到更多的糖，就像在人类社会大家渴望得到更多的财富一样。

两位学者用程序给实验设置了一些规则：浅色格子代表含糖量低，深色格子代表含糖量高，白色格子代表不含糖；糖人可以看到上下左右 4 个格子的含糖量，并移动到最高的那个格子吃糖；糖人移动需要消耗糖，当糖人已有的糖无法支撑其移动时，其就会被淘汰；被吃掉的糖过一段时间会再生。

紧接着，两位学者又设计了许多独立的糖人并分别赋予他们独特的运算程序来模拟我们每一个人的个性、天赋、出身等条件。比如，有的人智商比较高，那么对应的就是该糖人能一次性判断6个格子里是否有糖，而普通人对应的则是一次只能判断4个格子是否有糖；有的人出身富贵之家，那么程序会设定这个糖人天生对糖的消耗比较少，且出生在糖点密集的区域。每个人初始拥有的糖块是一样多的，所有的糖人都必须从始至终在棋盘上找糖吃，并且吃进去的速度要大于消耗的速度，否则就会被饿死。实验最初将所有的糖人平均分布在棋盘里，但是随着时间的推移，糖人们逐渐向糖点密集的区域靠拢，而其他地方则出现大片空白。

每个糖人占有的糖的数量，也就是每个人在社会中所占有的财富也随着时间推移而不断地发生改变，不同糖人拥有的糖的数量差距逐渐增大，最后呈现出2个糖人拥有225块糖而剩下的131人总共只有一块糖的情形，这远远比"二八定律"呈现的情形更为极端。

糖域实验告诉我们，即使每个人初始拥有的糖块都一样，即使看似每个人都拥有公平的起点，但由于每个人的天赋、出身、选择、运气等不同，财富会逐渐向少部分人倾斜而不会一直维持均衡。

法国经济学家托马斯·皮凯蒂在《21世纪资本论》一书中也从资本与劳动收益率的角度揭示了财富呈现幂律分布的"秘密"。他认为，经济增长速度将逐步放缓，但资本收益率却能维持在较高的水平上。两者步调的不一致导致财富积累速度快于劳动收入的增长速度，比如一个拥有一定资产的人，只需要将他的资产进行投资而不用付出任何劳动，就能够比仅靠劳动获得财富的人积累更多的财富，这也是社会财富不平等加剧的根本原因之一。

从时空维度看金融市场的幂律分布

许多研究表明，金融市场符合幂律分布的特征，表现在时间、空间两个层面：从时间维度来看，存在着价格非线性变化、泡沫急剧膨胀与加速崩溃的现象；从空间维度来看，存在着投资标的收益符合"二八定律"、少数拯救多数的现象。有研究表明，美国股市在过去20年的年化收益率为7.2%，但是如果去除这20年间股市表现最好的10天，则年化收益率会大幅下跌至3.5%。绝大多数时间股价是以蚂蚁爬行的方式缓慢波动的，只有少数时间会以跳蚤跳动的方式剧烈波动，这将导致巨大的超额收益和风险。

从20世纪90年代初到2021年，万得全A指数上涨了接近5 000点，但这约30年内涨幅最高的5周（25个交易日）涨幅累计约2 500点，跌幅最大的3周（15个交易日）跌幅累计约2 800点。投资者如果恰好在跌幅最大的3周入市，则将会亏损一半的本金。大部分散户都在追涨杀跌，频繁清仓建仓。尽管一些投资者选择了由基金经理管理的、在过去3年涨幅高达3倍的基金，但其实真正能赚到3倍的投资者不足10%，因为大部分投资者会频繁追涨杀跌。

上市公司的股价表现呈现典型的幂律分布。英国知名资产管理公司柏基集团[①]的一项研究表明，1990—2018年美国约17 000家上市公司的股票中，有57.4%的股票对总财富的创造产生了负面效应，而有38.5%的股票抵消了上述负面影响，有4.1%的股票推动了净财富（也就是买入后长期持有的资本收益和股息收益的总和

[①] 柏基集团，也称柏基投资，已有上百年历史，管理资产规模超过一千亿美元，曾投资特斯拉、谷歌、脸书、阿里巴巴等企业。

减去资金同期存入银行的收益）的增长。更为极端的是，占美股市场0.37%的63只股票创造了该市场一半的财富。全球市场的情况更为极端，柏基集团对1990—2018年美国之外的44 000家上市公司的股票进行汇总发现，62.7%的股票对总财富的创造产生了负面效应，36.7%的股票抵消了上述负面影响，0.6%的股票推动了净财富的增长，而占这类国际股票市场0.13%的58只股票创造了该市场一半的财富。

美国亚利桑那州立大学教授亨德里克·贝森宾德尔于2023年对中国A股市场的研究更是颠覆了A股投资者的认知。如果把1990—2020年期间中国一共3 962只A股股票从上市后存续期内创造的净财富从高到低进行排列，发现A股在这30年创造的总净财富为3.822万亿美元，其中：占比1%的表现最好的前40只股票创造的净财富达到总净财富的76.07%；剩余的99%创造的净财富仅占23.93%。因此，中国A股市场长期回报的分布规律远远比"二八定律"更为极端。

在新冠病毒感染疫情（简称"新冠疫情"）暴发后的一年内，FAANG[①]股票涨幅占整体涨幅的20%。苹果公司就是一个很好的例子。苹果在1981—2019年为投资者创造了1.64万亿美元的财富，这个成绩超过了1926—2019年美国所有上市公司。但在这个天文数字中，有1.47万亿美元是在2019年前的10年中积累起来的。此外，在历史上苹果的投资者还经历了多次股价断崖式下跌：

---

① FAANG是美国纳斯达克最受欢迎、表现最佳的五大科技股名称的首字母组合，即社交网络巨头Facebook（NASDAQ:FB）、苹果（NASDAQ:AAPL）、在线零售巨头亚马逊（NASDAQ:AMZN）、流媒体视频服务巨头网飞（NASDAQ:NFLX）和谷歌母公司Alphabet（NASDAQ:GOOGL）。

1983年5月至1985年8月下跌74.0%，1992年2月至1997年12月下跌79.7%，2000年3月至2003年3月下跌79.2%。

无独有偶，麦肯锡负责战略业务的3位合伙人克里斯·布拉德利、贺睦廷与斯文·斯密特合写了一本名为《突破现实的困境：趋势、禀赋与企业家的大战略》的书，他们研究了麦肯锡企业绩效分析数据库中来自62个国家和地区9个行业的2393家公司近15年的财务数据，每一年按20%分档，以年底利润为标准，将其分为5组。他们将前20%称为顶部（利润曲线右端），后20%称为底部（利润曲线左端），其余的60%称为中部（利润曲线中部）。结果是，20%的顶部公司平均利润是中部公司的30倍。此外，利润曲线两端非常陡峭，顶部公司占据了整体利润的近90%。这些利润被顶部公司拿走，平均每个公司每年能实现14亿美元利润，而中部平均每个公司每年只有4700万美元的利润。排名前40的公司（包括苹果、微软、中国移动等）年度利润总额高达2830亿美元，超过样本整体利润总额（4170亿美元）的一半。在顶部的公司样本中，幂律分布现象同样非常显著。顶部整体排名前2%的公司利润总额与接下来8%的公司利润总额基本相等。智能手机行业的情况更为突出，前两家公司——苹果和三星获得了近乎全部的利润，其他公司仅仅获得了极少的利润。其中，苹果凭借销售电子设备的内存所获得的利润，更是超过了内存行业通过生产销售芯片而获取的利润。中部大部分公司靠着2%的利润率赚着最辛苦的钱，还有大量的公司因为亏损而濒临破产，盈利呈现典型的幂律分布。3位合伙人将它们每一年在利润分布图上的移动方向分为3类：向左侧移动，不变，向右侧移动。结果发现，随着时间的推移，这条利润曲线更陡峭，大部分企业都在向左侧沉沦直到消失，中部三组能进入前20%的概率仅为8%，即便是前20%也在分化。所有企业的一半以上利润被苹果、微软等40家公司拿走。

从时间维度来看，利润曲线随着时间推移越来越陡峭，幂律分布现象也越来越显著。在2000—2004年，顶部公司占据了1 860亿美元的利润，底部公司共计亏损了610亿美元。而在2004—2014年，顶部公司共实现利润6 840亿美元，而底部共计亏损3 210亿美元，二者的差距迅速拉大。这导致越来越多的资金进入顶部公司，这10年间市场新增的资本有大约50%流入顶部公司，这又使得它们的盈利能力进一步增强。事实上，顶部公司这10年间经济利润增长幅度达到了130%。

利润曲线变得越来越陡峭，同时公司的位置可能会在利润曲线上不断移动，大量公司不断制定战略，期望向着前20%移动。然而事与愿违，幂律分布在这种移动中依然存在，多数公司只会停留在原地甚至出现倒退。3位合伙人将它们每一年在利润曲线上的移动方向分为3类：向左、不变、向右，结果发现，"强者恒强，弱者愈弱"。顶部、中部和底部的公司在2004—2014年的10年里，原地踏步的概率分别是59%、78%和43%。这说明企业经营的惯性很大，停留在原地才是常态，利润曲线的巨大"黏性"会使得移动十分困难。前20%的顶部公司在10年后依然有59%的概率还是顶部公司，而中部60%的公司有78%的概率会原地不动，只有8%的概率成为顶部公司，却有14%的概率跌为底部公司。

"二八定律"在VC（风险资本）投资中体现得同样明显。2012年，美国考夫曼基金会对VC投资行业过去20年的表现进行了比较，发现VC投资领域的"二八定律"表现更为惊人。其通过分析20年来99只著名的VC投资基金的历史业绩发现，能否在VC投资中获得高回报取决于投资了哪只基金，而非投资了多少只基金，想要获得高回报需要抓住一小撮表现最佳的基金。在其研究的99只基金中，排名前29位的基金共投资210亿美元，得到了850亿美元的回报；与此对应的是，剩余的70只基金共投资了1 600亿美元，却也只同样得到了850亿美元的回报。

99只基金中，尽管全部基金的平均回报达到1.31倍，但仅有16只基金实现了2倍以上的回报，其中仅有6只基金实现了3倍以上的回报，最高的一只基金回报接近8倍，而余下绝大多数的基金则处在表现不佳的"长尾"中，其中有50只基金甚至不能返还投资者本金。在"二八定律"现象如此普遍的情况下，投资于大量基金反而会拉低投资组合的平均回报；即使选择报告提出的表现"最好的四分之一"的基金，依然会投到很多表现欠佳的基金，从而拉低平均回报。事实上，VC投资基金平均来看是亏损的，极少数投资基金赚走绝大部分的钱。这一发现击破了VC投资领域所谓高回报的"神话"。智能投顾公司Wealthfront在研究1 000家VC投资机构的数据时同样发现，前20家顶级VC投资机构赚了95%的钱，"二八定律"表现非常明显。

美国硅谷顶尖的风险投资公司Union Square的创始人弗瑞泽·威尔逊则以他自身的投资经验总结出风险投资的幂律分布法则。他说："在我30年的投资生涯中，1/3的项目血本无归，1/3的项目远低于预期，只有1/3的项目回报和预期一致。但是，往往10%的项目收益能够抵消其他所有损失。"他认为，大多数风险投资组合都符合幂律分布法则，也就是说其中少数几个高回报项目所带来的收益会远远超过剩下的收益。比方说，在一个有25家投资企业的组合中，前5家投资企业将带来80%的收益，最后10家投资企业将产生5%的收益，剩下的中间部分将产生剩下15%的收益。

然而，我们也不应该忽视幂律分布的前提条件，即须在非完全有效市场中。此时，正态分布已经失效。在传统经济学假设下，完全竞争市场中厂商的长期超额利润为零，因此，我们不应该将主动投资与被动投资对立起来。有时候从投资者角度看，购买不同种类的基金差别甚微，很多时候不如买指数基金。美国投资家查理·芒格曾言，大部分基金不如指数基金，指数基金管理费用低，且不会收取超额收益分成，投资过程极度透明，是获得市场贝塔的有效途径。主动投资可以赚取超额收益，但是损失空间也更大，适合风险偏好较高的投资者。进一步讲，短期内取得收益的基金并不少见，但是能保持基业长青的基金少之又少。美国知名的投资咨询公司康桥汇世通过研究数千家VC投资机构在过去30多年的回报得出结论，VC投资机构的平均回报和标准普尔500指数基金大致接近，只有顶级VC投资机构的回报才优于标准普尔500指数基金。

一方面，非完全有效市场存在着较为严重的幸存者偏差。例如，盈利能力好的VC投资机构会对外宣传，而盈利能力差的VC投资机构则默不作声。通过中国的清科研究中心和投中网系统所能检索到的VC投资机构一般都盈利能力较强且声誉较好，而大部分VC投资机构并不会出现在这类系统中。上海天使引导基金投资了约100只基金，对应底层实体企业有上千家，但真正成功上市的仅有十几家，命中率约为1%。

另一方面，逆向选择与道德风险也会增加主动投资的风险。在基金的商业模式中，VC投资机构普遍采用"2-20"的收费模式。过去公募基金行业没有20%的超额收益分成，只有管理费。但在一级市场中，"2-20"的模式则意味着机构收取2%的管理费（帮助管理资产的服务费用）和 20% 的超额收益分成。对于 VC 投资机构来说，在这样的收费模式下，其既享受了上行收益，同时也针对市场下行采取了保护措施（即使亏损也会收取管理费），即相当于通过向投资者借钱进行杠杆投资，并持有 20% 的股份。所以在资产管理行业（尤其是公募基金行业）中，大部分公司更愿意做大规模，凭借收取管理费来获得盈利。

资本市场的"常胜将军"画像

针对二八定律，柏基投资做过一项研究，总结了资本市场"常胜将军"——股票市场收益率最高的公司所具备的特点：

（1）更年轻。

2021 年巴菲特在股东大会上提到，过去 30 年中市值排在全球前 20 的公司名单发生了巨大变化——30 年前，全球市值前 20 的公司主要是日本的企业（如东芝、尼桑以及一些银行），但如今市值前 20 中几乎没有一家日本的企业。

现在市值超高的企业多为互联网新兴企业，如 Facebook（脸书）、Amazon（亚马逊）、阿里巴巴和腾讯等。但是，人们在多年前并没有投资这类公司的勇气，腾讯的创始人马化腾甚至曾一度想以很低的价格出售公司。

对于腾讯创始人马化腾而言，聊天软件 QQ 出现伊始虽然短期内积累了大量用户，但是当时他并没有找到将用户注册量转化为现金流的方法。一段时间以后，腾讯的资金链濒临断裂，马化腾想将 QQ 出售以缓解公司的现金流压力。马化腾后来回忆起当时的情景时说，想卖掉即时通信软件 OICQ，卖了好多次没卖掉，还曾表示险些将该软件以 60 万元人民币卖给别人。持续碰壁后,"幸运之神"终于降临,投资公司 IDG 与李泽楷分别向腾讯注入 110 万美元资金,各获取腾讯 20% 的股权,降低了腾讯的资金链断裂风险。故事到这里还没结束。两年之后,李泽楷和 IDG 决定将股份卖给南非投资公司 MIH,当时李泽楷选择以 1 260 万美元的价格清盘自己所持有的腾讯股票。对李泽楷来说,虽然这次投资获得了超 10 倍的回报,但是如果他一直持股到今天,再看看今天腾讯的股价,华人首富可能是他本人而不是李嘉诚,不免让人感慨。

可见,由于缺乏对新技术的认知,投资者往往不能在早期识别这些具有非凡成长潜力的企业。只有以豁达的心态不断学习和拥抱新技术,寻找可靠的团队,坚持长期主义,才能实现投资的巨大成功。

(2)前 10 年亏损幅度超过均值。

白马企业通常在创立之初的 10 年内亏损巨大。著名电商企业亚马逊在早期亏损多年,但后期增长几乎无企业能敌。亚马逊以线上图书销售为起点,创始人杰夫·贝佐斯希望亚马逊成为全球最大的书店。为实现此目标,亚马逊不断扩大自身规模,以形成规模效应。然而,规模的迅速扩大也增加了运营成本,导致亚马逊在成立初期持续亏损。此外,贝佐斯坚持投资兴建运营中心,此项举措消耗了亚马逊的大量现金流。21 世纪初的互联网泡沫破灭给亚马逊沉重一击,2000 年末亚马逊亏损 5 亿美元,负债超过 21 亿美元。

国内半导体显示行业龙头京东方在创业初期也经历了长时间的业务亏损。2003 年,受经济危机影响韩国现代集团计划出售 TFT-LCD(薄膜晶体管液晶显示器件)业务,得知消息后京东方以 3.8 亿美元收购了现代集团的 TFT-LCD 业务,从此获得液晶面板生产的入场券。然而，转年全球液晶面板市场进入下行期，产品价格不断下调，京东方对现代集团TFT-LCD业务的并购导致其连续亏损，原定的上市计划也因此泡汤。京东方只能断臂求生，出售自己的优质资产。其通过一系列提质增效，最终在2007年实现盈利，此时已经距离公司成立快15年了。后来京东方在不断尝试新产线的过程中找到了最佳产线并进行大规模投产，最终成为全球最大的液晶面板供应商。

（3）研发投入更高。

虽然高研发支出在大众眼中似乎是对公司极其有利的，但高昂的沉没成本会使公司饱受来自流通股股东和财务投资股东的压力，进而导致公司很难持续将研发支出维持在较高的水平。迫于盈利压力，中国市场的研发支出占比要比海外市场低很多。但仍有例外，如华为在成立之初所制定的发展策略是每年把销售收入的10%用于研发，而且华为没有上市，因此创始人可以做出决策，进行较高的研发投入，从而使企业形成持续的壁垒和护城河。特别是在面临美国不断的供应链打压情况下，华为依然坚持高研发投入战略，专利年申请量近几年都超过1万件，全球专利累计申请量超过20万件。在欧盟发布的2022年全球企业研发投入排行榜中，华为以1 409.8亿元的投入（约占2022年华为销售收入的22%）排在谷歌、科技巨头Meta、微软之后，名列世界第四，成为前10名企业中唯一上榜的中国企业。京东方在面临市场困境时，也坚持加大研发投入力度，积极提高产品价值，引进能效更高的液晶面板生产线，在多项核心技术上取得突破，最终成为全球第一的液晶面板供应商。遗憾的是，目前中国资本市场因受投资文化影响对这类公司缺乏认可度，持续高研发投入的公司在市场中极其少见。

资本市场的"亏损大王"画像

柏基投资研究比较了每 10 年中表现最好（前 200 家）上市公司和表现最差（后 200 家）上市公司之间的差异。该研究涵盖了 1950—2019 年共 26 285 家企业的业绩表现。该研究虽然不能用于直接选股，但是可以帮助我们总结业绩良好与业绩较差公司的特征，从而帮助我们规避最差的公司。股票市场中收益率最差的公司存在以下特点：

（1）前 10 年杠杆率更高。

巴菲特曾说过"永远不要借钱去炒股"。世界有太多不确定性，高杠杆带来的波动性太大，一旦信贷紧缩，投资者就会面临风险事件。经验告诉我们，高杠杆环境下不会有人永远胜出。高杠杆虽然能带来高收益，但也会伴随成倍增加的风险。高杠杆的行业（房地产、金融等）几乎每 10 年都会有一次危机，这是由行业的内在属性决定的。很多企业加杠杆有一定合理性，但杠杆太高可能会反噬企业的发展。"德隆事件"的问题就是杠杆套杠杆，金融控股公司的模式（信托公司融资收购上市公司，将上市公司市值做大，再以股票进行质押融资从而继续收购等）和今天很多出问题公司（明天系、先锋系等）的模式如出一辙。杠杆运作是一个极其危险的游戏，一旦碰上信贷紧缩将无以为继。

2015—2018 年，许多企业的创始人为了让自己的企业发展得更好，选择将自己的股票质押后进行收购。但不幸的是，2018 年，资管新规《人民银行 银保监会 证监会 外汇局关于规范金融机构资产管理业务的指导意见》出台（按照西方经济学界的分析，这类似于一次小型的信贷紧缩），影子银行信贷规模紧缩了 3 万亿~4

万亿元,最终导致不少人爆仓。在股票市场中,一旦一只股票的价格下跌10%,质押放贷机构可能就会把质押股票卖出,大量卖出股票就会使股价持续暴跌。许多企业家在经历这样的操作后,股价暴跌90%,最终净身出户。无论是在公开市场还是在私募市场,他们最终面临的情况都是如此。

(2)资产增速较低。

柏基投资的研究发现,收益好的企业通常资产增长和销售增长更快。总资产增速是衡量资本积累和企业未来发展能力的重要指标。企业资产增速低可能是因为生产端与销售端受限,一段时间内资产规模扩张较慢,产品竞争力不强,不利于企业扩大再生产,进而市场份额出现下滑。

"前200家"的资产增长主要来自新发行的股票。收购并不是资产增长的主要推动力,与"非200强"公司相比,"前200家"的资产的各组成部分(包括现金、流动资产、固定资产和其他资产)增长都更快。此外,"前200家"销售额增长率高于资产增长率,收入与资产比率平均每年增长1.5%,而"后200家"的收入与资产比率平均每年下跌1.4%。资产收入较低可以解读为其盈利能力较差,没有上游掌控力和下游定价权。

(3)研发投入较低。

研发投入是企业创新的直接驱动力。企业如果没有持续的研发投入,就无法形成自身的竞争优势和护城河效应。企业研发投入低的原因很多,对于中小企业来说,其可能难以承受高额研发投入的风险。一方面,持续的高额研发投入对于中小企业来说可能难以为继;另一方面,它们一旦选错研发赛道,前期所有的投入都可能会付诸东流。中小企业利润薄、竞争力弱,在研发资金与研发人员都不足的情况下，其往往更加注重生存而非发展。

缺乏核心技术的企业更容易依靠价格战开拓市场，持续的价格战会不断蚕食企业的利润。而拥有核心技术的企业，在销售过程中拥有更高的话语权，可以制定更高的价格，获得更高的利润。摩托车是东南亚国家居民主要的出行工具，在中国国产车进军东南亚之前，日系摩托车占据绝大部分市场。20世纪90年代末，中国车企进入后，短期内以价格优势成功取代日本车企成为主流供应商。然而这之后，中国车企并没有将精力放在提高产品性能上，不注重技术研发，反而相互之间继续进行价格战，以至于最后众多中国车企亏本销售。它们为了降低成本，甚至偷工减料、忽视售后服务，最终导致好不容易占领的市场又被日本车企夺走。

（4）盈利波动性大。

从投资者角度看，企业没有财务上的稳定性，他们不敢进行过多和长久的投资，这又导致企业只能在低水平循环。一家企业盈利波动性越大，投资分析师越难以对其未来的业绩进行预测，因而预测错误的概率也就越大。企业盈利波动性越小，往往意味着其拥有的现金流越稳定，分析师在企业估值的过程中越容易准确发现企业价值。稳定的现金流会带来长期的股价增长与分红。股票不是彩票，代表着一家公司的所有权，长期的复利会帮助投资者成为时间的朋友。巴菲特投资可口可乐时其股价并不低，但他还是获得了丰厚收益，因为低波动的股息增长是可口可乐穿越牛熊市的压舱石。

从企业自身角度看，一般而言，企业盈利波动性越大，融资成本便越高，企业的经营风险也越高，此时企业更愿意留存现金以应对随时发生的波动，而不是大量投资以开拓市场。除因受到经济周期、市场环境等外部因素影响外，企业盈利波动性大往往由内部管理混乱、杠杆较高、决策失误等因素引起，甚至伴随着财务造假风险。

金融风险的幂律分布

美国波士顿大学的吉恩·斯坦利和他的团队对股票市场交易数据进行了多种时间周期的研究，发现股票价格波动呈现幂律分布。如果股市像传统金融理论假设的那样遵循随机游走规则，那么1987年的"黑色星期一"发生崩盘的概率是10^{-148}。但在真实金融市场中，股市偏离5倍标准差的崩盘事件确实会发生。在股价呈现幂律分布的假设下，"黑色星期一"发生的概率接近10^{-5}，这意味着每100年就可能发生一次类似的崩盘事件。因此，股票市场比传统理论预测的更不稳定。

金融风险的形成是遵循幂律分布规律的。相较于其他风险，金融风险具有潜伏性、隐蔽性、突发性与超强破坏性等特征。即便是那些获得高额累计回报的长期投资者，也会在较短的时间内经历股价的大幅下跌。金融风险集中爆发往往是经过前期不断的量的积累，最终由突发性事件导致的。在金融风险积聚前期，投资者与监管者并不能提前感知。1995年拥有233年历史的英国巴林银行宣告破产。破产的直接原因是交易员尼克·里森利用巴林银行的监管漏洞与错误账户不断掩盖自己的决策失误，最终造成8.6亿英镑的直接损失。然而事后据里森回忆，直到事发前一个月，如果集团发现错误账户并采取行动进行止损，损失将不到最终损失的四分之一，巴林银行也不至于破产。在最后的短短一个月，资金缺口急剧扩大，最终吞噬了整个巴林银行。

美国贝莱德资产管理公司的罗闻全曾说:"金融数据完全是呈非正态分布的,也就是非对称分布、高度偏态分布,经常是多模态的,存在肥尾现象,即存在许多极端情况。"

少数极端风险对金融市场的影响极大。从认知层面来说,传统金融学有关风险研究的理论基础存在认知偏差。《黑天鹅:如何应对不可预知的未来》作者纳西姆·尼古拉斯·塔勒布将世界诸事归为两类:"平均斯坦"和"极端斯坦"。"平均斯坦"中,事物服从正态分布,样本量足够大时,任何个例都不会对整体产生重大影响,在均值主导的世界中,每一个成员都不具有突破性,例如世界上所有人的平均身高;而在"极端斯坦"中,单一样本会带来颠覆性的影响,个体能够对集体产生不成比例的影响,"黑天鹅事件"是"极端斯坦"的主导因素,每一个黑天鹅事件都具有突破性,整体取决于少数个体,例如收入。

金融市场中收益与损失的不确定性均属于"极端斯坦",几个少数的"巨人"就会影响到整体的均值,但是,目前人们对金融市场不确定性的研究更多是基于"平均斯坦"的钟形曲线,塔勒布形容这是拿着错误的地图去冒险。所以黑天鹅事件并不适用于已有的不确定性研究,钟形曲线也并不适用于对金融市场的研究。通过钟形曲线估计出来的概率比黑天鹅事件实际发生的概率低,这种估计会给人们认识黑天鹅事件带来障碍。

第三章　非连续成长的现实世界

迷闻经累劫，悟则刹那间。

——［唐代］慧能

禅宗六祖慧能法师曾说"迷闻经累劫，悟则刹那间"，大意是迷惑的时候就像是经历多番劫难一样，苦苦追求而不可得，而幡然醒悟却是在一刹那。这句话体现了禅宗的核心思想"顿悟"。与"顿悟"相对应的是与慧能（南宗代表）同时期的禅宗大师神秀（北宗代表）主张的"渐悟"。"渐悟"指修行过程中必须分为许多阶次，只有长期努力修行才能悟道成佛。慧能与神秀圆寂之后，关于"顿悟"与"渐悟"的争论日趋激烈，后来，北宗数传即衰，独南宗盛行，成为禅宗正系。

　　佛家所讨论的"顿悟"与"渐悟"类似于我们在日常生活中所面临的"非连续性"与"连续性"。非连续性强调事物发展过程中的间断性和突变性。连续性则强调事物的演化性与连贯性。连续性与非连续性作为一对普遍的哲学概念，既对立又统一。举例来说，生物学中的遗传体现了连续性，变异则体现了非连续性；商业中的经营管理体现了连续性，而创新则代表着非连续性，两者都是客观世界运行与发展不可或缺的维度。

连续性思维的认知逻辑

有关认知的现代科学研究发现，人类大脑处理信息的主要方式是归纳。归纳的本质是以对一系列连续出现的经验事物或知识素材的有限观察为依据，寻找出其遵从的基本规律或共同规律。因此，"连续性假设"是人类大多数认知的底座和基础性前提。归纳法分为"空间性归纳"和"时间性归纳"。

"空间性归纳"，即根据在不同空间的发现归纳出共同规律。其中一个非常典型的例子是：几百年前生活于欧亚大陆的人们发现无论是在亚洲还是在欧洲，所有的天鹅都是白色的，于是人们基于这一事实，得出连续性假设：世界上所有的天鹅都是白色的。直到后来人们发现澳大利亚居然有黑天鹅，于是这种空间性归纳的连续性假设立刻土崩瓦解。

"时间性归纳"，即根据在不同时间轴上的发现归纳出普遍规律。例如，自古以来，太阳每天早晨都会从东方升起，于是人们据此得出"太阳每天都会从东方升起"的连续性假设。但该假设如果要成立，必须还得满足一个隐含假设条件，即"未来将继续和现在一样"。但未来会永远和现在一样吗？答案当然是否定的，即使是太阳这样寿命约100亿年的恒星，也终有一天寿命会终结，届时前述的连续性假设也将随之不再成立。因此，依据归纳法推演出的连续性假设，其逻辑是存在问题的。

英国哲学家伯特兰·罗素曾经讲过一个小故事：一个农场里有一群火鸡，农场主每天上午 11 点来给它们喂食。火鸡中的一名科学家观察这个现象近一年都没有发现有例外发生，于是它觉得发现了宇宙中的伟大定律："每天上午 11 点，就有食物降临。"它在感恩节早晨向火鸡们公布了这个定律，但这天上午11点食物并没有降临，农场主却进来把它们都捉走杀了。

这个故事同样用来讽刺那些做事只基于过往经验的归纳主义者。从认知角度看，归纳主义事实上存在"三重偏差"，在心理层面上，很多潜在的思维习惯会妨碍人们对非连续性的认识。第一，人们的思维都存在叙述谬误。叙述谬误指人们习惯于给事实编造理由或者强加一种逻辑关系，即人们习惯于在黑天鹅事件发生之后在以往的经历中给黑天鹅事件的发生寻找理由，使得过去的事情看上去是某些特殊原因导致的，是符合逻辑的。叙述谬误导致人们认为过去的事情具有可预测性，更容易被预测，这使人们错误地认为只要把握住导致历史事件发生的原因，那么就可以清晰地预测甚至干预可能出现的结果，让黑天鹅事件看上去随机性更低。

第二个偏差为证实谬误，指人们倾向于看到能够证实人们已有知识而不是未知知识的事物。这就指向了思维中的一个习惯，即我们总是不断通过正面事例来证实已有的知识、已确定的观念。塔勒布认为，只要人们乐于去找，正面证据都能被发现，如果要消除经验主义，则需要通过负面的例子而非正面的例子接近真相，也就是所谓的"证伪"。

第三种为幸存者偏差。历史向我们隐藏了黑天鹅现象，也隐藏了其制造黑天鹅事件的能力。幸存者偏差导致很多在非连续性事件中事物未能存活下来的证据无法被注意到，人们只能更直观地看到存活下来的证据，无法被看到的大多数导致黑天鹅事件的因素的破坏力常被我们低估。人们的各种心理机制会不断加强黑天鹅事件可以预测的错觉，导致人们高估自己的预测能力，低估非连续性事件的发生概率。

证伪主义认为，所有的科学知识都是暂时的，都是等待被证伪的，一些今天看来颠扑不破的真理，很可能只是明天的谬论而已。科学命题不能被证实，只可以被证伪。

人类科学知识的增长不是连续累积式前进，而是排除错误式前进的。人们先提出假说，然后予以反驳。由此，美国投资大师乔治·索罗斯提出"两个反对"，一是反对归纳法，二是反对科学主义。索罗斯认为，不可能经由归纳法则概括出获取超额利润的一般方法，假如存在，那么理论上投资者就可以通吃市场，而市场将不复存在。归纳法是典型的累积式的认识论，它违反了从猜想到反驳的证伪原则。与此同时，索罗斯还极力反对科学主义。他认为，自然科学和社会科学有巨大的差异。前者研究的对象是独立的事实，无论研究者抱着什么样的态度都改变不了事实；而后者掺杂了研究者的偏见，研究者信仰、价值观、立场、思维方式的不同都可以导致他们重塑事实。市场会犯错误，人会犯错误，一切貌似正确的投资理论也只不过是等待被检验的错误而已，说得更极端一些——塑造了历史面貌的思想无非是一些内涵丰富的谬论。因此，金融市场充满巨大的不确定性。

这一观点在正统学派看来是"异端邪说"，但乔治·索罗斯则基于哲学家卡尔·波普尔的证伪主义，提出客观世界"非连续成长"的哲学观点。然而，人类的思维方式天然是"连续性思维"方式，因此投资领域的谬误就在所难免了。

客观世界的非连续性

1972年，美国古生物学家奈尔斯·埃尔德雷奇和斯蒂芬·杰伊·古尔德提出"点断平衡说"。他们发现,化石记录表明,生物进化的模式并不是《物种起源》所假设的平稳增长模式。相反,它经历了长时间停滞期、爆炸性创新期和大规模灭绝期。例如,在大约5.5亿年前的寒武纪时期,一场进化创新的爆发见证了复杂多样多细胞生物接管地球,并创造了今天地球上大部分的生物门类。然后,大约在2.5亿年前的二叠纪晚期物种灭绝,古尔德称之为"所有物种灭绝的始祖",当时地球上约96%的生物物种都消失了。事实上,地球历史上经历了5次大的灭绝,并非人们想象中的一路坦途。例如,奥陶纪末约85%的海洋生物物种灭绝,泥盆纪末约75%的海洋生物物种灭绝,二叠纪末约96%的生物物种灭绝,侏罗纪末约75%的生物物种灭绝。最广为人知的是白垩纪的恐龙灭绝,当时一颗直径超过13千米的小行星撞击地球,此次撞击造成约80%的生物物种灭绝,又过了5 000多万年,人类才终于登上历史舞台。

混沌学院的李善友教授认为,现实世界在本质上是不连续的,连续性只是假设。他认为"连续性"是人类在认知客观世界时所设定的假设条件,这使我们总是生存在连续性假象之中。我们需要认清连续性是世界的表面现象,正如爱因斯坦认为时空是相对存在的一样。

黑暗中舞动一个手电筒,我们看到的是一道道弧光,而不是一个个光点;在银幕上,我们看到的是图像的连续运动,而不是一帧一帧单独的画面。杯子里的水看起来是连续的,但如果我们放大来看,它其实是一个个离散的水分子。手机屏幕看起来毫无颗粒感,但如果我们放大了看,它是一个个不同颜色的颗粒。计算机尽管可以呈现连续的图像,但本质上却是大量的二进制储存单元。在表面连续性的背后是非连续性的聚合,连续性是假象,非连续性是真相。

黑天鹅现象也体现出客观世界的非连续性。塔勒布总结黑天鹅事件有3个特点：一是稀有性，也可以说是意外性，发生频率低、概率小，强调人们无法在事前预测黑天鹅事件的发生；二是具有极大的冲击性，影响范围大、程度深；三是具有事后可预测性，塔勒布强调在黑天鹅事件发生后人们从对事件的梳理中总能找到事件将要发生的蛛丝马迹，以至于在事后看来事情是脉络清晰、因果相连的。塔勒布将黑天鹅事件定义为一种随机事件，说它是不确定性的来源。

量子力学创始人之一尼尔斯·玻尔曾经这样描述非连续性：量子理论的精髓可以用量子公设表示出来，这种公设赋予任一原子过程一种本质上的不连续性，或者说是个体性，这种性质完全超出经典力学理论，可用普朗克量子理论来解释。另外一位量子物理学家埃尔温·薛定谔说：最好把粒子当成瞬间事件，不要视之为永久的东西，有时这类事件整体看来会造就永久的东西。时间、空间等物理量以及我们的意识，都是量子化的，都有着一个鲜明的特性，那就是它们都在非连续性地、独立性地变化、运动。

人类历史的非连续性

人类历史处处体现着非连续性。2001年的"9·11"恐怖袭击、2008年的全球金融危机、2011年的日本大地震、2020年暴发的新冠疫情等，每一个非连续性事件都对世界的发展产生了深刻的影响，甚至重塑了世界格局，并且发生之前都很少有人对可能发生的灾难进行预警。这些黑天鹅事件并没有我们想象中的那么稀有。虽然黑天鹅事件一再发生，但人们并没有像想象中的那样提升了对黑天鹅事件的掌控能力。对于个人来说，从学生跨越到职场员工，就是一个非连续性的过程，从基层员工跨越到管理层，其实也是一个非连续性的过程。推而广之，每当跳槽或者换一个行业，每当外界环境对我们提出新的挑战，我们都可以将它们视为人生中的非连续性旅程。

古代四大文明只有中华文明得到延续，古埃及、古巴比伦与古印度文明都已经中断，没有逃过消亡的宿命。今天的埃及人早已不识当日的象形文字，古埃及的文明也逐渐被遗忘，与尼罗河的宝藏一起永远埋没在黄沙之下。古希腊、古罗马先贤的光辉闪耀至今，我们在感叹之余不禁疑惑，为什么西方国家并没有从先贤时代直接过渡到近代文明，而是经历了漫长且黑暗的中世纪。此时期哲人们的思想被束之高阁甚至被埋葬，教会与王室推行愚民政策以巩固自己的统治地位。明代中叶中国已经出现了资本主义萌芽，然而清朝的闭关锁国政策重新把百姓禁锢在土地之上，康乾盛世之下是商品经济与科技进步被忽视，中国的资本主义萌芽并没有获得发展，以至于中国没有从封建社会过渡到资本主义社会，鸦片战争以后更是以半殖民地半封建社会形态存在。

曾经辉煌的玛雅文明也遭遇了历史的"断点"。玛雅文明与印加文明及阿兹特克文明被称为美洲三大文明。历史上的玛雅文明主要分布在今天的墨西哥东南部、危地马拉、洪都拉斯等地，其曾经在天文学、数学及历法等领域取得极高成就，尤其是天文学领域，玛雅人清楚地掌握了太阳的运行规律，可以精确地计算出一年是365.242天，与今天科学家的计算结果只相差18秒。然而到了公元9世纪，玛雅文明走向衰落，后来突然消失在人类历史的长河中。科学家对玛雅文明的消失提出了很多假设，如城邦之间的战争、气候变化、疾病肆虐与人口膨胀等，但是无论如何解释，玛雅文明都已经消失，玛雅人的后代已经忘记了曾经先进的天文计算方法。类似地，距今3 000多年的中国三星堆文明也神秘消亡。从已经出土的大量青铜器可以看出，这里曾经有着高度发达的青铜冶炼技术，但是并没有确切的文字记载三星堆文明是如何发展和消失的，仿佛其不曾来过一样。

金融市场的非连续性

客观世界与人类历史的非连续性同样反映在金融市场上，金融危机的发生就是金融市场非连续性的体现。在经济金融领域，金融危机总是一次又一次打破市场的连续性，而且金融危机总是周期性地发生，基本上每10年一次。世界银行前首席经济学家卡门·M.莱因哈特等在著作《这次不一样：八百年金融危机史》中做了一个很有意思的分析，他们将1900—2008年的危机进行统计，得出几乎就是每10年发生一次危机的结论，危机多种多样，包括银行危机、货币危机、主权违约、通货膨胀危机和股票市场崩盘等。投资者的记忆是短暂的，无法传承，因此危机的出现呈现周期性。同时，危机的非连续性累积会切断市场原来增长的轨迹。仔细分析可以发现，即便美国股票市场看似一路向上，自1900年起也同样伴随着股市危机的时有发生。

金融市场是一个典型的复杂系统，金融危机则是这个复杂系统中各种因素非连续性相互作用的不可避免的现象。根据非线性科学的研究，复杂系统具有很强的对初始条件的敏感性，小的冲击完全可能引发大的波动。即使是一个小的金融经济事件，例如一家银行的财务危机、一次股市的陡然波动，也有可能会引发大规模的金融海啸。

分形市场假说认为,现实世界的金融市场是建立在非线性基础之上的。相较于有效市场假说的市场线性孤立特征,分形市场假说认为,有效市场只是分形市场假说的一种特殊情况,有效市场只是在某个特定时段才可能出现。埃德加·E.彼得斯从非线性的观点出发,提出了更符合实际的资本市场基本理论——分形市场假说,它强调资本市场信息接受程度和投资时间尺度对投资者行为的影响,并认为所有稳定的市场都存在分形结构。分形市场假说认为:资本市场由大量的投资起点不同的投资者组成,信息对不同投资者的交易时间有着不同的影响,投资者在每日、周或月时段内的交易未必是均匀的,而且投资者的理性是有限的,他们未必理性地按照预期的方式行事。在对信息的反应上,一小部分人接收到信息就马上做出反应,然而大多数人会等着确认信息,并且等到趋势已经十分明显才做出反应。

瑞士苏黎世联邦理工学院迪迪埃·索内特提出"龙王理论",认为特定机制引发特殊极端事件。与传统的黑天鹅事件不同,黑天鹅事件不能被事前预测,而龙王事件是可能被预测的;黑天鹅事件是由系统的异质性引发的,而龙王事件是由系统的协同性引发的。

在金融市场中,在泡沫崩溃前,市场发生的是超指数增长,在这种不可持续的增长达到一定程度后,系统内部就会发生各种情况,从而导致崩溃,然而这些突发事件并不是不可预测的黑天鹅事件,而是有一定必然性的龙王事件。"龙王理论"最主要的内容是通过龙王事件发生前各个系统的反应来准确预测龙王事件发生的时间。

龙王事件由正反馈、临界点、分叉和范式更迭等机制驱动。这些机制往往发生在非线性的复杂系统中,会将龙王事件放大到极端水平。了解和监测这些动态，可以在一定程度上增加此类事件的可预测性。龙王事件可能与复杂失衡系统的范式更迭、分叉和临界点有关。正反馈也是一种可以催生龙王事件的机制，例如股票市场从众的踩踏行为。龙王事件也可能是系统控制或干预的结果。试图抑制动态复杂系统中压力的释放可能会导致压力的积累或不稳定因素的积聚，例如量化宽松政策和低利率政策很常见，目的是避免经济衰退、促进增长等。然而，此类政策因加剧收入不平等、保护弱势企业和扩大资产泡沫而带来了不稳定因素，最终，旨在平息经济波动的此类政策将导致巨大的修正——龙王事件。实际上，系统崩溃最终造成非连续的断点。

　　一些学者研究在非连续性金融市场获利的方法。市场中已经有许多与市场走势呈负相关的投资策略，比如"全球宏观"策略、"长期波动"策略、"逆经济周期"策略等。塔勒布利用反脆弱的理念，构建了杠铃策略。通过杠铃策略，投资者在极端事件发生时依然能够有可观的获利。杠铃策略是在确定性与不确定性间取得平衡，即大部分产品放在确定性的环境中，剩下的一小部分则放在极度不确定性的环境中，确定性的环境带给人确定性的收益，而不确定性的环境通过高风险给人带来获得巨大收益的机会。这种思想同"积极理性试错"是相符合的，都是通过预留一小部分的机会试错，获得直面"黑天鹅"的机会。与逆周期策略相比，杠铃策略有一个特殊的性质——高度非线性或极端凸性。当极端事件发生时，杠铃策略中的高风险部分会收获巨大的回报，以至于可以完全对冲极端事件带给组合的负面冲击。但是在平时，这部分并不会带来高收益，甚至是亏损的，需要用其他部分的收益去填平，其作用类似于"保险"。

杠铃策略可以运用到投资实践中。例如80%~90%的资金投向国债等无风险资产，另外的10%~20%投向高风险资产，如高杠杆的期权，中风险、中等收益的资产不做任何配置，资产就分布在两端，看上去就像杠铃一样。减少不利因素的杠铃策略通过减轻脆弱性、消除伤害导致的风险来增强反脆弱性。杠铃组合有不同的构建方法，债券市场中的杠铃投资组合一端由长期债券组成，另一端由短期债券组成，在这种情况下，不会有中期债券。杠铃债券投资组合必须积极管理，因为短期债券需要不断展期，投资者需要找到其他具有类似期限的债券。股票市场中的杠铃投资组合一端可以配置具有高贝塔且本质上具有进攻性的股票，而另一端由低贝塔的防御性股票组成，比方说大盘蓝筹股等投资风险非常低的股票。这样便有了两个极端，中间什么都不配置。杠铃组合中的低风险和高风险资产是自由配置的，投资者只需弄清楚如何更好地利用市场的大幅上涨，或者保护自己从而免受市场下跌的影响。在传统的捐赠基金模式中，投资者一般通过多元化引进另类资产来应对这个世界的不确定性，同时通过动态调整资产配置来缓解短期经济和市场的错位，但是，经济中的非连续性累积使得投资者很难找到合适的方式来应对不确定性。塔勒布提出杠铃策略后，越来越多的投资者开始采用该策略为自己的投资组合增加保障。

企业成长的非连续性

企业成长的过程并非一帆风顺，充满了各种不确定性。研究企业成长，不能建立在连续性假设之上。李善友教授提出，人类99%的知识来自归纳法，归纳法的前提和基础是连续性。但英国哲学家大卫·休谟发现了归纳法的漏洞，那就是归纳法存在"未来将继续和过去一样"这一隐含假设，这是一种基于连续性的假设。然而今天与未来不一样时，这种假设就不成立，归纳法也将失效。当企业缓慢发展的时候，面对连续性产业周期，归纳法是有效的，企业可以根据经验预测未来。但是，当市场进入非连续性时期，就如面对工业革命的清朝，过往经验不仅完全失效，甚至有害。所以研究企业成长应建立在非连续性假设之上。

大多数企业在成长过程中并不能适应或者跨越非连续性。如果对过去40年美国市值前30名的公司进行统计分析，可以发现很多头部公司短期变化不大，但是看10年、20年却变化很大。有的公司持续扩张，不断壮大，成功穿越牛熊周期；有的公司伴随技术的变革彻底从榜单消失；有的公司跨越非连续性重回巅峰。能否跨越非连续性，是企业兴衰成败的重要原因。《第二曲线》的作者扬·莫里森认为，企业成长需要第二曲线。莫里森认为，第一曲线代表企业在熟悉的环境中开展传统业务所经历的生命周期，而第二曲线则代表企业面对新技术、新消费者、新市场所进行的一场彻底的、不可逆转的变革。也就是说，当面临断点风险时，企业如果能由此展开一轮全新的生命周期，就是迈向了第二曲线。对企业而言，第二曲线可能源于新技术、新的消费者和新的市场。两条曲线之间总是有矛盾和冲突的，但一个企业的决策者永远不应该停止寻求更好的策略。决策者要充满希望和自信，积极寻找时机，否则可能面临经营失败。两条曲线之间是有较大跨度的，所以企业发展目标的转变往往是突变的，是一种质的变革。

大企业面临非连续性的时候，通常很难跨越到第二曲线。在第一曲线上待了太久，失去了对于第一曲线极限点的感知与向第二曲线跨越的意愿，是很多企业难以跨越到第二曲线的原因。柯达就遭遇了第一曲线断点，并且没有成功跨越到第二曲线。在数码相机还没有诞生之前，美国的柯达与日本的富士是世界两大胶卷生产商。随着数码相机、智能手机的出现与普及，胶卷逐渐丧失市场。柯达2012年申请破产保护，逐渐淡出大众视野，富士却绝地反击，开发化妆品，涉足健康产业，成为年收入达上千亿元人民币的巨头。柯达曾是胶片影像业的巨头，它还是数码相机的发明者。然而，数码相机掘了胶片影像业的坟墓，这一让众多企业迅速发展壮大的发明，在柯达却被束之高阁了。20世纪80年代早期，当索尼推出第一批数码相机时，柯达仍然坚定地拒绝冒险涉足数码技术。作为胶卷巨头，其涉足数码技术无疑是自断双臂。

也正因如此，富士的壮士断腕，才显得尤为可贵。2003年，面对世界彩色胶片市场受到数码技术冲击迅速下滑的窘境，时任富士胶片CEO（首席执行官）古森重隆丝毫没有迷恋胶卷业务过去的辉煌，而是进行了大幅裁员，削减从事这一业务的5 000名员工，并制定出"四象限战略"——用现有技术巩固现有市场，开发新技术应用于现有市场，将现有技术应用于新市场，研究新技术开拓新市场。

非连续性也代表着企业重新构建、切入新领域的好机会。富士之所以能成功跨越第一曲线与第二曲线之间的断点，首先就在于对自身生态位的精准洞察，在第一曲线到达巅峰之前就迈向第二曲线，但这个"巅峰"实在难以判断。其次在决定进入新领域时，要围绕核心产品功能做文章，而不是盲目跳入全然陌生的领域。富士一直恪守一个重要原则，就是在原有的技术基础上，利用既有资源优势来拓展自己的业务，即扩展复印机、数码相机、电子部件、电子材料等周边应用领域来实现业务的多元化。2006年，富士就将原有的尖端核心技术、有机合成化学、先进打印材料和生命科学4个研究所整合为"富士胶片先进研究所"，并以此为创新基地，进行跨行业的技术研发。得益于核心技术的创新，富士成为一家多元化的技术导向型创新企业。防晒霜、抗病毒药、治疗阿尔茨海默病药、内窥镜、彩超机等富士的诸多产品，甚至都已成为它们所在行业的主流产品。如今，曾延续了约90年的影像业务，早已不是支撑富士集团业绩的支柱。根据富士集团发布的2022年财务报告，其影像业务营收占比不及15%。

第四章　非独立个体的网络空间

"网络社会"并不是即将出现的一种社会结构,而是唯一的社会结构!这不是未来学,而是"现在学",它分析的是正在浮现中的新的社会结构。

——[美]曼纽尔·卡斯特

世间万事万物都处在一个巨大的动态系统之中，相互作用、相互影响。即便是两个看似毫不相干的事物，它们之间也可能存在千丝万缕的联系。事物只要相互关联，彼此之间就会相互影响、相互作用。从生命体到非生命体，从微观颗粒到宏观星系，世界上的所有事物相互联通，形成一个复杂而庞大的动态网络。这个网络是由各种关系和反馈机制构成的，它们相互作用，体现为包括物理、化学、生物、社会等方面的相互作用。

在物理层面，物体之间通过引力、电磁力、强核力和弱核力相互作用，形成了丰富多彩的物质世界。现代量子物理则提出更为玄幻的"量子纠缠"概念，认为处于量子纠缠态的粒子，相互之间似乎"心有灵犀"，无论相距多远，对其中一个粒子的干扰会瞬时影响到处于量子纠缠态中的其他粒子。在化学层面，原子和分子之间的化学键构成了化学物质和化学反应的网络；在生物层面，生物之间的食物链、生态环境和遗传基因组等形成了生态系统和生命的多样性；在社会层面，人与人之间的交流、互动等构成了社会结构和文化体系。

这个巨大的动态网络是不断演化的，事物相互之间的作用和影响会随时间的推移和环境的变化而发生改变，同时其改变也会反过来影响环境。

火箭推进器与马屁股的关系

火箭推进器与马屁股似乎是风马牛不相及的两件事物。它们能有什么样的关系呢？其实，看似毫不相干的事物背后却有着一环扣一环的历史逻辑。

大家也许知道，世界上大部分火箭推进器直径都为 3.5 米左右，例如我国长征二号丙运载火箭、长征三号甲系列运载火箭、长征七号运载火箭的最大直径为 3.35 米，美国航天飞机固体助推器和美国太空探索技术公司（SpaceX）的"猎鹰 9 号"火箭直径为 3.7 米，欧洲航天局阿丽亚娜-5 运载火箭（Ariane-5）推进器直径为 3 米，俄罗斯安加拉系列运载火箭的 URM-1 和 URM-2 推进模组直径分别为 2.9 米和 3.6 米。理论上讲，火箭的直径越大、箭体越长，其运载能力也将越强。那为什么不将火箭推进器设计得更大些呢？

一个很重要的原因是运输上的限制。一般火箭研制地与发射地会有一定距离，比如我国长征三号甲系列运载火箭发射前需要通过轨道运输从北京运往西昌卫星发射中心。火箭运输途中难免会遇到隧道、障碍物、会车等情况，而通行的安全宽度标准都是参照铁轨的宽度确定的。1937 年，国际铁路联盟将标准轨道距离定为 1 435 毫米，世界上约有一半的铁路里程（包括我国在内）是按照国际标准轨距修建的。

那么，为什么铁轨的轨距是 1 435 毫米呢？往前追溯，英国人在发明火车之初，设计轨道宽度时沿用了当时马车的轮宽标准，即4.85英尺（约合1 478毫米）。当时，欧洲许多长途老路均由罗马人早年为其军队铺设，罗马战车的宽度正是4.85英尺。

那么，罗马战车为什么设计成这个宽度呢？原因在于拉动战车的两匹马的屁股宽度正好接近这一宽度。由此可见，看似毫无关系的事物，却在逻辑上环环相扣。没错，2 000多年前欧洲大陆上的马屁股跨越了时空长河，影响着现代火箭推进器的设计。

这个小故事有力地佐证了看似毫无关系的世间万物可能存在跨越时间、跨越疆域的相互联系，也揭示了世间万物的非独立性。

情报网络与罗斯柴尔德家族的兴起

罗斯柴尔德家族是欧洲乃至世界久负盛名的传奇家族，它的金融帝国传奇能够延续的秘诀，源于梅耶·罗斯柴尔德创立的独特的家族治理体系和情报系统，该秘诀使家族财富得以保全和传承。在家族事业传承的过程中，尽管有许多问题困扰着罗斯柴尔德家族，如欧洲战争带来的恐慌、死亡、赋税以及恶性通货膨胀等，其事业仍然在波浪式前进，螺旋式上升。罗斯柴尔德家族依托于梅耶·罗斯柴尔德创立的治理体系进行严密的家族控制。像钟表一般精确协调，永远早于市场的信息获取，使得该家族在200多年政治和战争的残酷旋涡中所向披靡，建立了一个庞大的金融帝国。

18世纪中期，梅耶成立了罗斯柴尔德集团。他将自己的5个儿子分别派往欧洲五大主要金融中心：法兰克福、维也纳、伦敦、巴黎和那不勒斯。他借给他们钱创业，但是有个附加条件——这钱必须归还，这样"家族银行"就可以继续借钱给其他的家族成员。

他承诺，一旦原始贷款被偿清，每一个儿子都可以保留自己所在银行赚取的利润。他还要求每一个儿子收集所在城市的金融信息，并详细地汇总给他，经他同意后信息可和其他人共享。就此，罗斯柴尔德家族创建了一个有效的信息网络。

罗斯柴尔德家族银行遍及欧洲主要城市，其拥有自己的情报收集和快速传递系统，甚至欧洲各国的王室贵族在需要迅速、秘密地传递各种信息时，都要通过其系统进行。其还首创了国际金融清算系统，利用自身对世界黄金市场的控制，首先建立起无须运输实物黄金的账目清算系统。

梅耶·罗斯柴尔德借助社会网络、信息网络和金融网络奠定了罗斯柴尔德家族金融帝国的地位。如今，200多年过去了，罗斯柴尔德的名字早已响彻全球，成为财富的代名词。

网络社会的第三种"人生杠杆"

美国硅谷著名的天使投资人纳瓦尔·拉维坎特提出，今天的时代，杠杆无处不在。总体而言，杠杆有3种：第一种是劳动力杠杆，就是让别人给你打工。这是最古老的杠杆。第二种是资本杠杆，是相对较好的杠杆形式。资本杠杆就是用钱来扩大决策的影响力。利用资本杠杆有一定的难度，需要一定的技能。资本杠杆是20世纪杠杆的主要形式。第三种杠杆是最新出现的，普通人触手可及，这种杠杆就是互联网，它带给我们"复制边际成本为零的产品"。

可以说，互联网是最强大的一种杠杆。我们只需要一台计算机就可以创造"复制边际成本为零的产品"了。这是一种全新的杠杆形式。互联网和编程的出现，使这类产品产生了爆发式增长。不需要他人为你打工，也不需要他人给你投资，你就可以把劳动成果放大成千上万倍。

这种最新的杠杆形式创造了全新的财富，创造了许多新晋亿万富翁。在早期，财富是由资本创造的，立于潮头的是巴菲特这类做投资的人。而新一代亿万富翁的财富多数是通过互联网创造的，比如，最近30年位居全球市值排名前30的互联网公司的创始人，比尔·盖茨、扎克伯格、贝佐斯等。

新杠杆最重要的特点之一就是你在通过使用它获得成功的过程中，基本无须经过他人的许可。要使用劳动力杠杆，就得有人追随你；要使用资本杠杆，就得有人给你提供资金，你再去进行投资或者开发产品。而互联网时代的编程、录播客、发推特、拍视频等基本不需要经过他人的许可。由此可见，新杠杆就像一个均衡器，极大地缩小了人与人之间的差距，让社会变得更平等。

以移动互联网时代的中国为例，网红带货主播李佳琦原本是南昌欧莱雅专柜的一个普通销售人员，2016年他参加了一个机构主办的销售评选活动，当时有200多个销售人员参加了选拔，7个人胜出，其中就包括李佳琦。不过其他6个人觉得干网红这一行没有前途，半路就打了退堂鼓，而只有李佳琦坚持了下来。他经过了一段时间的尝试，业绩一直没有多大的起色。这个时候李佳琦有点灰心了，本来都打算要放弃了，但他的老板给他打气，说"你再坚持3天，这3天我给你投入资源，如果说还是不行，你再重新回柜台做售货员"。结果3天后奇迹出现了，李佳琦的直播间人数从2 000人直接提升到了50 000人，而后面的故事大家就很熟悉了，李佳琦成了现象级的超级带货主播。他的带货能力有多强？他曾经在15分钟里卖掉了15 000支口红。在2021年的天猫"双11购物节"

预售首日，李佳琦直播间销售额就达到了115亿元人民币，而他在社交媒体上的热度甚至超过了很多明星。

李佳琦走红的商业本质是什么呢？如果说用一句话来总结，那就是利用网络杠杆，成千上万倍地扩大自己的影响力，并将其转化成销售收入。这种利用支点以小博大的机制就是杠杆效应。利用杠杆，我们可以用很小的力来撬动一个很大的物体。在互联网出现之前，你的服务即使再优质，也没有多少溢价，为什么？因为服务的边际成本很高，杠杆率特别低，市场是离散的，你每次只能比别人多赚那么一点点，但如今新的技术手段和商业模式层出不穷，会促使资金、流量、其他社会资源等朝效率更高的领域流动。于是马太效应就形成了，只要你的产品和服务比别人好一点，借助"复制边际成本为零的产品"，你的边际效应就会放大成千上万倍。

小米集团的"生态链"

2010年4月6日，在北京中关村的银谷大厦，雷军与核心成员在一锅小米粥的面前宣布小米公司成立。短短十几年，小米集团已经成为"硬件＋新零售＋互联网"的国际化集团。小米智能终端核心产品是小米手机，但小米以智能手机为出发点，将产品网络逐步拓展至周边各类产品，包括智能音箱、智能家居等，并依托投资布局生态链，开发其他IoT（物联网）产品。

小米在产业链中主要处于下游位置，下游公司本身是没有多少议价权的，但小米凭借全球手机销量名列前茅的实力取得了在供应链中的强大地位。在这一过程中，小米集团提出建立生态圈，把网络布局运用到了极致，取得了显著效果。起初小米手机火速成为爆款，很多人认为这是现象级生意，算不得一个持续良性循环的优秀生意。而雷军则认为可以发挥小米手机的网络效应，"复制100个小小米"，并由此开展了一场"小米模式"的社会化实验。具体的打法是：

第一，变供应链为供应网。小米在供应链中主要处于下游位置，只有与上游供货商合作才能保证自身的产品质量，且由于竞争对手的不断出现，优质的供货商往往十分抢手，因此保证自己在供应链中的地位是小米面临的重大问题。

小米成立之初以软件开发作为自己的立身之本，对于硬件则知之甚少。在初代产品设计开发过程中，小米凭借创始人的影响力成功获得了高通的认可，并通过高通取得了与台积电合作的机会，解决了手机制造中最核心的芯片问题。其余零部件在初代小米产品上并不突出，小米后续通过自己产品的强大影响力，向上游供应商不断证明自己的实力，才获得合作的机会。在起步阶段过后，小米利用网络思维将一些低增值环节，如生产、装配等外包给代工企业，利用大数据预测需求量，从而确定产量，采用直接销售的方法降低销售成本，大幅提高存货周转效率，通过与众多企业合作的方法高效满足用户需求。在此过程中，小米不仅向上拓宽供应网络，而且向下开拓渠道商，布局新零售，将单条供应链扩展成由多条供应链组成的供应网络，提升了上下游效率，提高了小米在供应链中的地位。

第二，构建合作网。小米与不同行业的各种企业进行合作，竞争对手也不例外。其与微软合作，将云计算、大数据等技术应用在智能终端产品上，更好地满足了用户需求，同时提高了产品性价比，提高了产品市场知名度；与美图合作，扩大手机市场份额，利用技术互补，不断拓展小米的核心产品网络。随着市场消费不断升级，小米通过各种网络平台及社区加强与用户和市场的沟通，公司定下"智能手机+AIoT"战略，其中"AIoT"指的是小米与百度合作搭建的"AI+IoT"体系，小米将该体系应用到整个生态圈企业网中，实现了小米的横向扩张。

第三，通过"投资+孵化"扩展业务网。小米的"投资+孵化"模式指的是寻求认同小米价值观与方法论的与其志同道合的伙伴，小米用非控股的投资方式快速孵化、扶持具备出色创新能力的创业团队。在此过程中，小米会给予被投资企业包括但不限于产品定义、设计、研发、供应链资源、推广及销售等方面的支持，以帮助它们快速成长。2014年小米正式开始布局自身的生态链，目前，小米生态链上的公司已经超过400家，涉足100多个子行业，小米生态链上的企业也制造出了许多爆款产品，包括紫米科技制造的小米移动电源、华米科技制造的小米手环、智米科技制造的小米空气净化器、石头科技制造的米家扫地机器人等。在投资这些公司的过程中，小米不仅扩展了集团所涉及的行业范围，而且增强了自身在供应链中的能力，增强了集团自身的实力，使得技术在集团内部流转，获得了极大的规模经济效应，显著降低了交流成本，并且为新产品的设计开发提供了更多灵感。

小米在初创时在供应链中并没有什么地位，其第一批供应链资源也是依靠创业者自身的影响力获得的，但在这之后，小米集团利用自身产品优势取得了供货商的信任，获得了较为稳定的支持。此后，小米集团利用网络思维进行经营与投资，在供应链方面，变供应链为供应网络，提高运营效率，降低运营成本，使小米新产品能够获得更好的开发环境，更准确地满足用户的需求；在合作关系方面，小米不局限于简单合作，而是以自身"硬件+新零售+互联网"的业务模式为依托展开合作，并构建合作关系网，使得各个业务模式之间相互联通，为之后的万物互联发展做充足准备；在业务方面，小米集团通过"投资+孵化"的方式不断扶持新公司，扩展了自身涉及的业务范围，多元化的经营使得小米集团更具有竞争力。如果小米能够利用自身的技术优势和供应链优势不断打磨产品，可以预见，在未来的科技产品市场中，小米将会成为更有影响力和号召力的公司。

网络社会的新物种——平台企业的崛起

当前，平台模式已经成为互联网及"互联网+"新业态发展的核心商业模式。除了传统的搜索、社交、电商等互联网领域，由平台模式架构的创新型企业正在通过互联网融合业务，对金融、旅游、物流、出行、医疗、教育、住宿等越来越多领域产生颠覆性影响，甚至已经成为各行各业的领导力量。平台模式快速崛起，是由建构在互联网基础上的"平台+生态"结构所具有的五大优势决定的。平台型企业将需求和供给联系在一起，可以面向买卖双方提供服务。平台型企业主要有三种参与角色，分别是平台、供给方、需求方，这三者缺一不可，共同组成了平台的生态链。平台型企业具有数据优势、算力优势和网络优势，因此，从经济学角度看，其具备实现低交易成本、零边际成本、高转换成本、高网络价值、高进入壁垒和非对称定价等的经营优势。具体而言，平台型企业突出特点包括：

第一，具有双边市场结构。传统的经济呈现单边市场结构，卖方直接提供服务和商品，具有"直线"和"单一"的特点。而平台型经济是三方互动的，平台在制定政策的时候，需要顾及多方面群体影响，尽可能让平台内部的群体实现共赢，以维持平台内部良好的生态环境。

第二，可达到零边际成本。平台在创建初期投资成本高，投资周期长，但当人数达到了一定临界点的时候，人数再增加，成本便呈现下降趋势。人数不断增加使得平台的边际成本可以无限接近于0，边际收益不断增加，平台规模的无限延伸带来收益的指数级增长，最终使得平台型企业"强者恒强，赢家通吃"。

第三，具有高网络价值。平台往往借助网络来扩大自己的用户数量，一方用户数增加时，另外一方用户也会逐步增加，双方趋于平衡。当用户越来越多的时候，平台的价值会不断凸显，导致平台出现强者更强、弱者更弱的趋势。平台一旦形成规模，会对传统行业造成颠覆性的影响，形成"马太效应"。这个时候，后来进入者会变得非常困难，赢家通吃的局面已然形成。平台型企业处于产业链的高端，不容易被替代。

第四，能实现非对称定价。非对称定价是互联网平台型企业的一个特征，意思是平台对一边的价格加成高于另外一边，两边收费标准不同。平台型企业任何一方用户费用都不是固定的，随着双边市场的变动，它们都有可能会变动。决定哪方补贴，哪方收费，主要是看需求弹性、边际成本、转换成本等因素。从需求弹性来看，可通过对市场弹性最大的一方收取低费用，甚至进行补贴，而对市场弹性小的一方收取高费用，使后者成为平台的"付费用户"。需求弹性小的用户在收费标准上升和下降的过程中，其数量都不会有大的波动，而需求弹性高的用户则相反，更关心收费标准，适合成为"被补贴用户"。从边际成本来看，如果一方的用户数量增加没有让平台企业的边际成本增加，这部分用户更适合成为"被补贴用户"。而一方的用户数量增加让平台企业的边际成本增加了，这部分用户则适合成为"付费用户"。从转换成本来看，当用户转移成本较高的时候，其容易被平台当成"付费用户"，而当用户转移成本较低的时候，其可以选择别的平台，适合被当作"被补贴用户"。

第五，是一种灵活应对变化和复杂环境的商业模式。所谓变化，即为创新。进一步而言，平台模式在应对变化和复杂环境上的灵活性，实际上也造就了一种能够有效激发创新的商业模式。互联网开创了平台化创新的新时代，任何企业都可以通过"U盘式"接入平台的方式，做"模块化"的创新。更为重要的是，平台模式能够有效降低个体参与经济活动的成本，其通过大众智慧、大众创新来应对复杂多变的个性化需求，激发新的创业经济大潮的迭起。

社会网络的新特征

社会组织的网络化重构，带来个人力量的全面崛起，带来企业商业模式的多维化变革，带来社会交换关系的交互式发展。网络社会呈现出信息化、虚拟化、数字化与多维化的新特征，具体体现在：

个人成为网络社会的主体。有一种说法："个人力量借助社交网络（社会化网络及网络化社会）的全面崛起，将是未来世界最具吸引力的部分。"迄今为止，应用最为广泛的社交平台、电商平台，都是以个人为中心的。各类组织也将以个人化组织为主流形态，个人化组织具备显而易见的优势。与此同时，以人为本，是所有技术进步、制度创新的最终诉求，在互联网环境中也不例外。个人化，既是网络社会的出发点，也是网络社会的目的。

多维度跨界融合催生新模式与新"物种"。如果说，"今天的思想就是明天的世界"，那么，多维度就是一种思维方式。理论上，可以任意增加多个维度；但从人类认知和生物熵的局限来讲，人类只可把握非常有限的维度。我们增加了若干维度的思考，就足以创造跨界知识，产生社会、经济、文化等层面的创新融合并催生新的模式和"物种"。近年来，众多研究者和实践者青睐于"O2O"的商业模式，即线上接单到线下服务模式（也称"线上线下商务模式"）。我们认为网络社会将走得更远，线上、线下并不是分隔的，而是并行发展的。"线上—线下"将造就一种"O+O"社会，它们将长期并存、互相融合、互相影响、互相成就。鉴于网络社会的生态化特征，多维度也是一种未来社会的主要特征，未来社会将出现"升维竞争"或"降维攻击"。

用户化使网络社会形成多维度、交互式与长期性关系。传统商业、传统传播从卖家出发、从传播者出发，既是主体、客体分离的，又是以卖家（传播者）为中心的。传统商业是一种"组织—客户"的经济学范式，组织负责生产商品或提供服务，客户负责消费。客户的提法，本身就意味着是"主人—客人"的二分法。用户化的一个维度即客户化，是"客户至上"的升级版本。但是，用户化已经消弭了"客户化"所伴随的主体、客体的分离，而以用户为中心，以用户的价值化为中心。而且，用户也不仅仅是一次性的客户。用户（使用者）从数量上远远多于客户（消费者），用户与商品（或服务）的提供者之间不再是简单的、一次性的交易关系，而上升到多维度、交互式、有经济价值或情感价值、长期共存的交换关系。

信息化成为网络社会的独立特征。信息化对应的一个词是"物质化",因此信息化必然会导致虚拟化。网络社会,开始于美国计算机科学家尼葛洛庞蒂所谓的"数字比特"对"物质原子"的虚拟化替代。信息化对应的另一个词是"信息孤岛",因此信息化必然会产生网络化。只有连接了的网络化信息,才有价值、可操作性,即所谓"无连接,则无信息,则无社会"。将信息化列为网络社会一大独立特征的理由非常简单,信息化是未来社会最具多维化特征的一个词,是网络社会的概念枢纽。信息化的一个维度是社会资本(资本化)维度,体现为数据化—信息化—知识化;另一个维度是社会结构维度,体现为信息化—网络化;再一个维度是社会形态维度,体现为信息化—数字化—虚拟化。

知识化成为网络社会的重要生产力。知识化是人类社会存在的基础,而知识化的一个前提是信息化,今天,信息化已经基本实现;知识化的另一个前提是个人化,这回应了美国管理大师彼得·德鲁克有关"个人化知识"的论断。"知识是可操作的信息",这是信息论的基本结论。知识化正在再造高端制造业。同样,从电脑出现开始,华尔街就将金融业称为信息产业。同样,在基因技术层面,爆炸式发展的生物医疗产业也正在成为信息产业。以指数级速度增长的各类知识正推动着网络社会实现巨大发展。

多维度的网络化发展。网络化即"连接一切",并且是多维度连接。网络之所以如野火燎原般在人类社会蔓延开来,是因为网络结构在数学上是最简单的持续连接结构,也是经济学中成本最低的连接结构。

网络化也意味着社会化。网络一词,最早正是出现于对社会网络的研究。远在电脑和互联网技术出现之前的千百年,社会网络就已经是人们社会关系的基础形态。网络结构成为网络社会的最基础社会结构，网络化是人类未来社会结构的唯一发展方向。而且，今天在商业上强调的价值链，也必定会进化成为价值网络。价值链只包括直接的上下游的利益相关方；而价值网络"连接"了直接和间接的所有利益相关方，包括用户、供应商、政府、公益组织等。

金融网络领域的"蝴蝶效应"

1961年，美国气象学家爱德华·诺顿·洛伦兹设计了一个计算机程序模拟天气的变化。这类气候模拟实验通常需要耗费海量的算力和时间成本。为节省时间，洛伦兹在一次实验中将先前模拟实验的结果作为初始条件输入程序中。然而，运算得出的结果与预期大相径庭。洛伦兹随后对这个问题展开了深入研究，发现在气象系统这类复杂系统中，误差有可能随着时间推移不断积累，呈指数级增长。在实验中，洛伦兹输入的初始条件数据仅保留了小数点后3位，也正是这个微小的误差导致模拟实验偏离了既定的运算轨迹。此后，洛伦兹使用了一个非常形象的比喻来解释这种现象：一只蝴蝶在巴西偶尔扇动几下翅膀，引发一系列连锁反应，可以导致一个月后美国得克萨斯州发生一场龙卷风。这便是著名的"蝴蝶效应"。

蝴蝶效应在社会经济生活中随处可见，尤其是在天气、股票市场等较为复杂的系统中。人们所熟知的"厄尔尼诺"现象导致全球气候变暖就是大气运动所引发的"蝴蝶效应"。在全球金融市场运行的过程中，如果出现一个突发事件对市场造成扰动，且随着时间推移影响不断扩大，就有可能对整个市场造成巨大的破坏。这就是股票市场会有崩盘情况出现的原因。

随着金融创新发展，金融机构间资产负债链条日趋复杂。现代一个个金融机构已不再彼此孤立，而是形成了相互连接的金融网络。2008年雷曼兄弟的破产导致了整个金融体系的系统性危机。金融机构之间的资金借贷和交易关系形成了一张庞大而复杂的金融网络，全球一体化和金融创新使这个网络的覆盖范围不断扩大，资金规模和结构的复杂程度不断上升，最后不仅超出了所有业内交易者的想象，也超出了各国央行和其他金融监管机构的掌控能力。单个金融机构的行为会对网络内其他金融机构产生重要影响，网络既可以通过风险共担来促进金融稳定，也可成为金融风险扩散的渠道。

在过去几十年里，系统性金融危机发生的频率超出我们直觉上的认识。据不完全统计，1970—2011年，全球至少发生了147次系统性金融危机。从宏观审慎管理角度看，金融机构"太关联而不能倒"的风险与"太大而不能倒"的风险同等重要。金融风险是如何传染的？金融危机的过往经历表明，危机的爆发并非一种传染方式产生作用，而是几种传染方式共同产生作用的结果。美国金融危机调查委员会就危机期间对AIG（美国国际集团）的救助总结道："如果没有救助，AIG的违约和崩溃可能会导致对手方资产质量的下降，连带造成整个金融体系的损失和崩溃。"该委员会明确指出，美联储和财政部对AIG的债务网络尚无清晰认识。雷曼兄弟破产的结果也说明了危机传播的多种途径：储备一级基金（Reserve Primary Fund）的直接损失，引起货币市场其他基金恐惧的"信息传染"，债权人的资金挤兑以及资产甩卖。网络不透明提高了雷曼兄弟破产的不确定性。该委员会还指出，无法知道谁欠谁多少钱，何时需要付款。而这些信息对于分析雷曼兄弟破产对衍生品交易对手和金融市场的可能影响至关重要。

金融风险传导链条既可能是特定金融机构违约风险暴露导致交易对手直接损失，或导致金融市场资产价格剧烈波动进而使得其他金融机构资产负债表受损，也可能是某一特定事件风险通过影响市场预期或引发非理性恐慌快速传染至整个金融体系。

1987年10月19日，香港股市崩盘，并迅速蔓延到全世界，导致全球各地的股市崩盘。这一天后来被称为"黑色星期一"。就在这一天，美国股市受到了香港股市崩盘的严重影响，当天道琼斯工业股票平均价格指数（DJIA）下跌了22.6%。这是美国股市有史以来单日跌幅最大的一次。事后复盘，分析师们并未找到这次崩盘的具体原因，许多人认为可能是由交易软件出错导致的。

无独有偶，2013年8月16日，上证综合指数出现急速拉升，一分钟内涨幅超过5%，从2 074点上行到2 198点，59只权重股瞬间封涨停。这一异常现象，是政策利好还是乌龙操作，市场猜测纷纷。11点44分，上交所发布公告称系统运行正常。14点25分，光大证券召开临时发布会称当天上午其自营部门使用的套利系统出现了问题。随后，股指迅速由红转绿，上证综合指数尾盘报收2 068.45点。

经证监部门调查，光大证券的量化投资团队出现了系统性错误，引发了70多亿元的买盘涌入A股，而且主要购买对象是上证50指数对应的那些大盘股。在大批权重股瞬间被一两个大买单拉升之后，市场资金被带动起来，在光大证券出现乌龙指导致新资金涌入后，大批巨额买单继续加入，整体带动股指上涨，多达59只权重股瞬间封涨停。其实这是光大的70多亿元资金进入后产生的第一波反应。这一波是由乌龙指资金进入导致的，但是更有趣的是后续的第二波上涨。因为在11点零8分之后，光大证券量化投资团队已经发现不对，停止交易了，所有的交易指令也开始回撤了，其实之后整个A股大盘发生的事情同光大证券无关。从11点15分起，上证综合指数开始了第二波拉升，结果最高达到了2 198点，幸亏11点30分A股就收盘了，否则不知道会冲到什么样的指数点位呢。在第二波中，上证综合指数甚至出现过一分钟内涨超5%，最高涨幅达5.62%的情况。这一次的上涨是市场资金自发形成的买单导致的。此次整体买盘资金量应远远超过100亿元，否则不可能将上证综合指数推升这么高。

  这再一次证明在金融市场中，任何大幅操作，如同将一块石头投入平静的水面，瞬间会激起水花。在一定程度上，数十亿的资金如果集中大幅买卖一只或某几只股票，大概率会将大盘瞬间炸开，就如同精准爆破一样，甚至可能会让整个金融大楼倒塌。

第五章　非有序发展的熵增定律

生命之所以能存在，就在于从环境中不断得到"负熵"。

——［奥］埃尔温·薛定谔

《增广贤文》中有一句话："成事莫说，覆水难收。"这句话的大意是事情已经成为事实，就像泼在地上的水难以收回，说什么都没用了。相传汉朝有一位穷书生朱买臣，其妻因为家贫执意与他分开。后来朱买臣得到了汉武帝的赏识，做了会稽太守，他的前妻又想与他复合。朱买臣端起一盆水泼到地上，对他前妻说："如果地上的水能回到盆里，我就与你复合。"

　　成语"覆水难收"便出自这个小故事。但是，为什么泼出去的水就不能收回呢？因为这违背了熵增定律。熵增定律是热力学定律，指的是热量从高温物体流向低温物体是不可逆的，孤立系统的熵只能增大或者不变。熵增大的过程是"有序"向"无序"的转化，盆里的水相对于地上流动的水，是处于一个更有序的状态。把地上"无序"的水重新变成盆里"有序"的水，这是一个熵减的过程，与熵增定律相违背，也就变成了几乎不可能的事情。

熵是什么？

熵是什么？熵不是一个模糊的概念或思想，而是一个可以测量的物理量。熵是用来表示系统"内在混乱程度"的度量，可以理解为系统内的无效能量。在不同的历史阶段，鲁道夫·克劳修斯、路德维希·玻尔兹曼、克劳德·香农等都给出过熵的定义。这些熵的定义虽有不同，但本质是统一的，它们之间的差异反映了人们对熵认知的发展。熵在不同学科领域都有重要应用，也引申出了更为具体的定义。

熵的热力学解释

熵最早由德国物理学家鲁道夫·克劳修斯于1865年提出，是热力学概念。克劳修斯在总结前人的基础上认为，热量不能自发地从低温物体传到高温物体。但是当时并没有一个单位（物理量）来度量热传导过程中的不可逆性。于是克劳修斯便引入熵这一概念，把熵定义为输入的热量相对于温度的变化率，表达式如下：

$$dS = \frac{dQ}{T}$$

式中，S代表熵，T为物体的热力学温度，dQ为热传导过程中系统吸收的热量。从上式可以看出，熵的增加量等于系统吸收的热量除以吸收热量时的绝对温度。例如，当你熔解一种固体时，它的熵增加量就是熔解固体的热量除以熔点温度，因此熵的单位就是焦/开。

玻尔兹曼熵

1877年奥地利物理学家玻尔兹曼提出了玻尔兹曼公式，给出了熵的统计物理学解释。让我们用一个非常简化的比喻来理解玻尔兹曼公式。想象一下，你有一堆不同颜色的球，这些球代表了系统中的"微观状态"。每个球都可以放在一个盒子里，盒子的数量代表了系统中可能的微观状态的数量。现在，我们想要知道这个系统有多混乱，这就需要用到"熵"这个概念。熵越高，系统就越混乱。玻尔兹曼公式就是用来帮助我们计算这个混乱程度（熵）的。公式是这样的：

$$S = k \mathrm{Ln} W$$

其中，S是系统的熵，k是一个常数，W是可能的微观状态的数量，而Ln是对数。现在，用我们的球和盒子的比喻来解释这个公式：

如果只有一个盒子（$W=1$），那么球只能放在一个地方，系统非常有序，熵很低。如果有很多盒子（比如100个盒子，$W=100$），球可以放在很多不同的地方，这样就有很多不同的放球方式，系统就更加混乱，熵也就更高。公式中的k就像是一个转换因子，它帮助我们把盒子的数量转换成对应的熵。Ln是自然对数，它是一种特殊的对数，用来帮助我们计算"混乱程度"。

所以，当我们有很多盒子和很多放球的方式时，系统的熵就会增加，这就反映了系统的混乱程度。这就是玻尔兹曼公式的核心思想，它告诉我们系统可能的状态越多，系统的熵就越大，也就是说系统越混乱。

香农熵

1948年，香农将统计物理学中熵的概念，引申到通信学科中，解决了对信息的量化度量问题，从而开创了"信息论"这门学科。香农认为，一条信息的信息量大小和它的不确定性有直接的关系，信息的不确定性越大，熵也就越大，把它搞清楚所需要的信息量也就越大。所以，我们可以认为，信息量的大小取决于不确定性的大小。

香农定义的"熵"又被称为"香农熵"或"信息熵"，即：

$$S(p_1, p_2, \cdots, p_n) = -K\sum_{i=1}^{n} p_i \log p_i$$

其中，i 为概率空间中所有可能的样本，p_i 表示该样本的出现概率，K 是和单位选取相关的任意常数。可以明显看出，"香农熵"和"玻尔兹曼熵"类似，两种熵都衡量了系统的不确定度。一个系统的微观状态数越多，则混乱度越大，不确定度越大，系统的热力学熵就越大；类似地，一条信息表述正确的概率越低，它的不确定度就越大，它的信息熵就越大。热力学熵和信息熵本质上相似，它们都是对系统不确定度（混乱度）的衡量。这种热力学熵和信息熵的等价性，使得我们可以从信息论的角度理解热力学，也意味着我们可以从热力学出发去研究信息论。

熵增定律

熵增定律，又称热力学第二定律，阐述的是在自然过程中，一个孤立系统的总混乱度（即"熵"）不会减少。根据熵增理论，宇宙最后可能会变得无序和混乱，熵增定律也被认为是宇宙当中最永恒的定律之一。熵增定律是克劳修斯提出的，克劳修斯引入了熵的概念来描述一种不可逆过程，即热量从高温物体流向低温物体是不可逆的。熵之所以很重要，是因为它总结了宇宙的基本发展规律：宇宙中的事物都有自发变得更混乱的倾向，也就是说熵会不断增加，这就是熵增定律。《龟虽寿》中"神龟虽寿，犹有竟时；腾蛇乘雾，终为土灰"讲的也是这个道理，神龟虽然十分长寿，但生命终究会有结束的一天，腾蛇尽管能乘雾飞行，但终究也会死亡，化为土灰。

熵增定律是如何得出的？根据熵的热力学解释，假设在一个孤立系统中有两个温度不同的物体，热量（dQ）由高温 T_1 物体传至低温 T_2 物体，高温物体的熵减少 $dS_1 = \frac{dQ}{T_1}$，低温物体的熵增加 $dS_2 = \frac{dQ}{T_2}$，把两个物体合起来当成一个系统来看，熵的变化是 $dS = \frac{dQ}{T}$，即熵是增加的。举例来说，如果被一扇门隔开的两间屋子温度不同，一间屋子温度高，一间屋子温度低。打开门后，两间屋子的温度会逐渐一致，而不是高的更高，低的更低。这是因为热量均匀地分布在两个房间中（也就是熵最大）的概率非常高，集中在其中一个房间的概率几乎为零。根据熵增定律，事物会自发地向熵更大的方向发展，所以两个房间的温度最终会一致。

对抗熵增是一个困难的过程。埃尔温·薛定谔认为："人活着就是在对抗熵增定律，生命以负熵为生。"我们都知道将整齐摆放的东西打乱很容易，而将它们重新归类、摆放整齐则很困难。想要对抗熵增，实现熵减，就需要摄入负熵。从熵增定律来看，熵增的条件有二，分别为系统是封闭的和无外力做功，打破这两个条件的限制就可实现熵减。物质、能量、信息是人的负熵，而新成员、新知识、有效管理则是组织的负熵。生命有机体是怎样避免衰退、保持平衡的呢？显然是靠吃、喝、呼吸以及（植物的）同化，即"新陈代谢"。自然界中正在进行着的每一件事，都意味着这件事的熵在增加。有机体就是靠负熵生存的，新陈代谢的本质在于使有机体不断地进行熵减运动，以对抗熵增带来的混乱。

人类社会的熵增与熵减

国家和社会同样面临熵增。在社会学中，有一个现象被称为"塔斯马尼亚岛效应"。塔斯马尼亚岛本与澳大利亚大陆相连，后因冰河期结束，海平面上涨，变为一个孤岛。孤岛上人口有限，且没有更多外界的信息输入，在一代一代的繁衍中，文明持续地倒退，与澳大利亚大陆的文明差距越来越大。比如，塔斯马尼亚人最开始掌握着先进的捕鱼技术，会使用骨针缝制衣服，但在封闭环境下，这些技术和工具从社会中逐渐消失，最后塔斯马尼亚人不吃鱼，只用一块兽皮裹身。这个例子说明，一个封闭系统的文明会逐渐退化，如果一个国家被封闭起来，接触的信息有限，也许只经过一两代人，整个社会的认知、效率就会远远落后于其他开放的国家。

王朝的衰亡是历史的熵增。研究中国历史时，我们会发现，从秦朝开始，很难有王朝超过300年，强盛如唐朝（618—907年）、明朝（1368—1644年）、清朝（1616—1911年）都没有突破这一规律，更别说短命朝代了。一个王朝初建时百废待兴，往往呈现出一派生机勃勃的景象，唐朝有"贞观之治"，明朝有"仁宣之治"，清朝有"康乾盛世"，然而逐渐地，各种问题接踵而来，唐朝发生了"安史之乱"、明朝有"土木之变"、清朝有"太平天国运动"。这些朝代虽然最终战胜了这些叛乱和农民起义，但是不可避免地走向衰落与消亡。如果放宽历史的视野，这不也是人类历史的熵增运动吗？从建朝初期的井然有序、吏治清明、文治武功，发展到王朝中期的吏治腐败、财政危机、军事孱弱，再到晚期的农民起义、外族入侵、山河破碎，王朝从有序走向无序、解体。我们将一部部朝代史拼接起来，那不也是人类历史的发展进程吗？一方面，我们看到每一个朝代内部难以实现对"熵增定律"的突破，改朝换代不可避免；另一方面，从原始社会到农业社会再到工业社会的脉络又十分清晰。如果历史长河足够长，"熵增定律"往往又得到了突破。

　　改革变法是人类历史的熵减运动。熵增的条件为系统是封闭的和无外力做功，历史上伟大的改革都是对这二者限制的破除。明朝中期，吏治逐渐腐败、军队战力下降，土地兼并严重，财政入不敷出。在这种背景下，"隆庆开关"与"张居正改革"是明朝政治人物的熵减活动。"隆庆开关"是打破封闭系统的一次尝试。1567年隆庆帝（明穆宗）宣布解除海禁，调整海外贸易政策，允许民间私人贸易。从隆庆帝到明朝灭亡这段时间，海外流入的大量白银相当于当时全世界生产的白银总量的三分之一。"隆庆开关"为后续张居正的全面改革奠定了经济基础。而"张居正改革"是一次全方位的外力做功，改革一定程度上强化了中央集权，充实了政府财政，提高了国防力量，推动了商品经济的发展，万历初期明朝一度有了中兴景象，遗憾的是，改革措施在张居正死后基本上被废除，明朝也不可避免地走向灭亡。近代以来，面对内忧外患，中国无数仁人志士探索救国之法，从洋务运动到维新变法，从辛亥革命到五四运动，从中国共产党成立到新民主主义革命胜利，从新中国成立到改革开放，一次又一次的熵减运动奠定了今天我们繁荣与发展的基础。

金融市场的熵增与熵减

熵增定律也反映在金融市场中。在股市中，大部分参与者并不能赚到超额收益，投资者投资表现仅仅为一赚二平七亏。熵增定律使得投资者难以突破自身的非理性与认知盲区，可能做出错误的决策。优秀的投资者花费自己的时间与金钱，寻找无序市场中的有序，在混乱的均线中寻找规律，当熵减到一定程度，就能实现个人超额回报。因此，对抗熵增的核心就是熵减，乔治·索罗斯曾说，投资者根据资讯和对市场的理解来预测市场走势并进行交易，交易又反过来改变了市场走势，二者不断相互影响，信息永远是动态的。我们不可能在某一个时点上完全消除所有不确定性，但我们可以尽可能去了解，获得一些确定性，比如优秀的商业模式、龙头地位、定价权等都具有一定程度的确定性。

熵增定律使得金融系统的脆弱性逐渐增加。金融资源在内部运行时，逐利性导致资本趋于无序扩张，追求短期利益会使资产产生泡沫，庞氏骗局、击鼓传花等欺诈行为反而被认为是金融"炼金术"。企业利用资本杠杆快速扩大自身规模的同时，增大了自身的财务风险，甚至增加了系统性金融风险。这一过程破坏了正常竞争秩序与信用制度，忽视了市场主体的社会责任，易引发市场乱象。当这种无序性累积到一定程度的时候，金融危机就会爆发，最终危害到金融市场安全。股市泡沫、地产泡沫、P2P（个人对个人）网贷暴雷都是资本市场熵增的结果。一方面，金融体系的脆弱性是由其内部熵增引起的；另一方面，金融制度从有序到无序的变迁正是金融体系熵增的过程，所产生的金融风险构成了金融体系脆弱性的另一个动态因素，所以对金融脆弱性的治理要从引起熵增的因素着手。

　　加强金融监管与金融科技应用是熵减的重要手段。熵增的结果是混乱，强化监管可以帮助金融市场对抗熵增，实现金融市场的熵减。金融监管降低了金融系统的脆弱性，减慢了金融系统从有序向无序的蔓延，引导金融要素更加合理流动，减少了不必要的能量耗损。金融监管促进了资本市场的良性互动，降低了资本的不确定性，减缓了金融业的熵增趋势，不断优化资本市场的制度性安排，大大增强了资本市场的稳定性、长期性、安全性与韧性，有助于资本市场走上更加健康的发展道路。

　　金融科技则可以帮助金融市场打破原有的封闭系统。新技术的应用拓宽了金融市场的边界，提高了金融市场的运行效率，创新了金融市场的管理方式，促使资本市场实现更高效率与更高质量的发展。金融科技可以助推金融市场从低级向高级转变，金融市场通过科技进步打破原有界限，新系统与原有系统相互协调、相互补充，抵消内部熵增，实现熵减。技术可以帮助资本市场控制无序性，如人工智能的应用可以帮助减少人工操作失误，提高运算效率。

　　追溯历史，可以发现起源于热力学研究的熵理论研究逐步迁移进入了投资领域，许多人依靠建立在熵相关原理上的方法获得了丰厚的回报。香农做股票投资时创造了持续重新平衡组合策略，他认为通过不断高抛低吸可以获得超额回报，尽管当时因为技术不成熟，他本人投资没有用到这种策略，但进入 20 世纪八九十年代以后，这种策略被运用到许多量化高频对冲基金中，基金经理将该策略融合到了他们的投资策略中。后来很多人把通信理论应用到投资领域，有代表性的有约翰·凯利、爱德华·索普、欧文·伯莱坎普和汤姆·库沃等。

企业的熵增与熵减

熵增定律同样存在于企业中。熵增可以体现为企业的滞怠与衰败，熵增的存在，意味着企业趋于效率下降、能力丧失、远离市场、结构无效。企业的寿命是有限的，一家管理不善的企业很快会被市场淘汰。中小企业的平均寿命只有 7~8 年，而大企业的平均寿命也不过 40 年。随着职能部门增多，层级增加，组织日益复杂，内部结构性的摩擦系数增加，冲突日益增多，整合也变得愈加困难，而且由于组织变得复杂而庞大，所以信息通道延长，节点增加，这些都意味着熵的增加，系统运行效率下降。正如德国哲学家马克斯·韦伯所言：任何官僚机构都有不断自我繁殖、臃肿、官僚化的特征。组织中熵的增加不是无止境的，当熵增加到某种程度时就不会再变化，这时候组织就很可能会分崩离析，走向灭亡。所以，企业需要不断地对抗这种几乎必然的衰亡才能基业长青。

企业的熵减行为大体上可以分为两类：一是吸收外部能量，二是进行内部管理。企业需要不断地吸收外部能量，推动内部改革，增加势能。熵增是在封闭环境下发生的，企业如果打开与外部交流的通道，就可以吸收到外界的能量，这样企业便可能进入一个全新的稳定有序状态。外来能量包括外部先进的技术、经营管理方法、思想意识，外部能量进入内部后可以形成鲇鱼效应，减缓企业的衰败速度。内部管理主要包括调整方向与确立目标、引导创新和推动变革、组织团队与采取激励措施。内部管理可以帮助企业打破原有的平衡状态，特别是促使企业发现创新这种非线性的增长方式，帮助企业突破原有边界，为企业注入新的活力。所以企业只有将自身打造成一个开放系统，引导外界能量输入，形成能够在内部催生变革力量的耗散结构，找到和驱动那些促使熵减的因素，才能保证自身的生存和发展。

桥水基金创始人瑞·达利欧在《原则：应对变化中的世界秩序》一书中提到，个人在生活中不要封闭头脑，要保持极度开放的头脑，突破自己的思维盲点，吸纳新的知识；直面自身的错误、问题和弱点，并不断实现自我进化；训练"潜意识、情绪化的自我"，使较低层次的自我服从于较高层次的自我。还提到，在工作上，企业要建立透明的工作环境，大家可以开诚布公地指出问题和讨论分歧，同时在合理范围内对工作、会议进行记录；企业要实行有序管理，包括按照计划行事，并用明确的量化指标对进展进行评估，建立制衡机制等。这些都是个人和企业不断做功、对抗熵增的方法。正是这些方法造就了桥水的成功——管理超过1 600亿美元的资产，并得到世界不少外汇储备管理机构、主权财富基金等资产管理者的信赖。

第六章　非理性的人类社会

非理性总是潜伏在每个人的内心深处，随时等待着喷薄而出。你必须保持足够警惕，因为它总是会伺机伏击你。

——［西班牙］弗朗西斯科·加西亚·帕拉梅斯

人类管理社会运行的制度设计中，无论是经济政策、法律规范还是社会治理，主体框架都隐含着理性人的重要假设。但人类社会的运行、个人的决策行为与金融市场的运行一定是完全理性的吗？随着现代心理学的发展以及心理学、经济学、社会学和金融学的交叉融合，人们越来越深刻地认识到人类行为的复杂性，以及在特定情境下理性和非理性因素的相互作用。

德国哲学家弗里德里希·尼采曾说："我们内心的魔鬼将我们驱向疯狂，而我们内心的天使却难以让我们保持理智。"在人类用智慧所构建的复杂社会中，非理性的暗流无时无刻不在涌动。它潜伏于我们的决策之中，影响着我们的选择，甚至在我们不经意间引领着整个社会走向极端。从个体的心理偏差到群体行为的盲目性，从金融市场的泡沫泛滥与崩溃到社会运动的极端化，非理性——这一人类心理的双刃剑，既能开启创新与变革的大门，也能成为混乱与破坏的根源。西班牙的投资大师帕拉梅斯曾感言："非理性总是潜伏在每个人的内心深处，随时等待着喷薄而出。你必须保持足够警惕，因为它总是会伺机伏击你。"让我们一同揭开非理性的面纱，探寻人类社会的真相。

人类社会的非理性

为什么社会可能是非理性的？

首先，人会有从众心理，会由于群体的压力而改变个体自己的行为或信念。在社会心理学中有三大著名的实验都揭示了从众现象：第一，美国社会心理学家 M.谢里夫的"暗室光点"实验显示，当被试者被要求估计黑暗屋子中一个光点的移动距离时，单独的被试者会有自己的判断，但多个被试者之间就会互相影响，最后形成一个群体规范。这种群体规范可能完全错误，却能持续很长一段时间。这说明，人们对于现实的认识会受到他人判断的影响。第二，美国社会心理学家所罗门·阿施的"群体压力"实验显示，当要求被试者判断比较三条线段中哪一条与标准线段相同时，单个被试者都能给出正确的答案，但如果其他被试者给出一致的错误答案，有37%的人会从众选择错误的答案。这说明，即使人们对现实已经有正确的认识，但出于群体压力，许多人也会选择错误的答案。第三，美国社会心理学家斯坦利·米尔格拉姆的实验即著名的"电击实验"显示，当被试者被赋予"教师"的角色，可以通过电击这一方式惩罚在学习过程中犯错误的"学生"时，有相当一部分被试者会在实验者的命令下忽视"学生"的痛苦，将电击强度（电压）逐渐从15伏提高到450伏。这说明，人们可能因服从权威而做出极端错误、残忍的行为。以上实验都表明，在群体中的人会受到其他人的影响，并由此形成错误的认知和行为，这就造就了人类社会的非理性。

其次，总是有人会相信一些荒谬的信息，更有甚者会被邪教、极端主义洗脑。例如，有约20%的美国人认为太阳绕着地球转；有超过一半的美国人相信萨达姆参与了"9·11"袭击，有约80%的美国人认为伊拉克有大规模杀伤性武器，美国以此为借口入侵伊拉克；还有人否认纳粹大屠杀、否认全球气候变暖等。邪教和极端主义的魔幻案例也是不胜枚举：1978年，邪教组织"人民圣殿教"914名信徒追随吉姆·琼斯来到南美洲圭亚那，集体服下含有致命氰化物的葡萄汁自杀，造成了轰动世界的"琼斯镇惨案"；1997年，邪教组织"天堂之门"首领马歇尔·阿普尔怀特及他的38名信徒将安眠药掺在食物里服下，并将塑料袋套在头上自杀，以便自己能够"搭乘紧随哈雷彗星的飞碟通往天堂之门"；二战前德国的纳粹主义、当今新纳粹主义及恐怖主义则是极端主义的典型代表。从投资角度来看，这些怪异信念、邪教、极端主义的形成和一些人对它们趋之若鹜、深信不疑也值得深思，为什么无论文明多么发达，都会有极其异常的非理性行为出现呢？

再次，如果多人形成一个群体，会有诸多非理性行为出现。第一，群体会去个人化，使群体中的人失去自我。古斯塔夫·勒庞在《乌合之众》中指出，群体中的人是无意识的，有教养的个体也会变成受本能支配的动物。在群体中，人们会抛弃个人身份和道德约束，获得群体行动时独有的兴奋感和隐匿感，从而做出失控、极端的行为。例如，2003年美军到达伊拉克，萨达姆政权倒台后，许多人疯狂洗劫掠夺伊拉克，事后很多骚乱者都表示不知道自己为什么会在这场群体掠夺中如此失去理智。再如许多在楼下大规模集聚围观跳楼的群众和在互联网上匿名旁观自杀的人也会出现煽动自杀的行为。第二，在进行群体决策时，人们也会出现非理性行为。其一，人们往往会为了维护群体的和睦而压制异议，从而做出错误的决策。例如，1964—1967年，时任美国总统约翰逊及其顾问在讨论越南战争问题时，诸如约翰逊助理莫伊斯等人的异议受到了排斥和讥讽，使得群体最终屈于从众的压力，做出了将越南战争扩大化的决定，最终将美国拖入战争的泥沼。其二，勒庞认为群体没有推理能力，无法表现出任何批判精神，不能辨别真伪或对事物形成正确的判断，理性个体的丧失使得群体难以做出正确理性的决策。第三，群体会强化成员最初的意向，从而出现群体极化。有研究发现，在群体中的人做决策时会极端冒险或保持过度谨慎。例如，在股市中，人们都在讨论股市上涨时，就会制造信息瀑布，推动股市继续上涨，最终形成股市泡沫。此外，群体中的人们更倾向于收集、听取支持自己最初观点的信息，使得群体不断放大人们的态度倾向。社区、互联网都可能成为群体极化的场所。在美国，社区形成了政治回音壁。2008年美国总统选举中，美国89%的全食超市消费者支持奥巴马，62%的Cracker Barrel餐厅消费者支持其对手共和党人约翰·麦凯恩。在互联网中，社交媒体可以帮助人们更方便快捷地找到志同道合的人和信息，人们也更倾向于寻找自己感兴趣的、支持自己观点的信息，再加上因计算机应用系统之间不互联而形成的信息孤岛，就会让使用互联网的人们越来越多地只接触与自己偏好、兴趣相符的观点和信息，犹如把自己束缚在一个茧房之中，这就是信息茧房。社交媒体中的信息茧房会进一步放大人类的非理性行为，全球性投资咨询公司13D指出，脸书等社交媒体的算法和推荐系统会帮助传播、放大极端主义思想，助推愤怒、仇恨的情绪，从而使人们"走进自我强化的极端主义回声室"，最终使得以社交媒体为传播媒介的极端主义事件，如政治暴乱、大规模枪击等频发。

勒庞就群体心理给出了一句经典概括：群体只会干两种事——锦上添花和落井下石。

个人投资者的非理性

中国证券投资基金业协会的数据显示，2020年结构性牛市中，盈利率超过50%的股票型基金占该类基金总量的59.79%，而达到同样盈利水平的个人基金投资者仅有11%。在2022年全市场没有股票型基金出现亏损的情况下，有16.7%的个人投资者亏损0~20%。王立新等学者将这一"基金赚钱、基民不赚钱"的现象归因于个人投资者"往往成为直觉和情绪的奴隶"。

古典经济学的首要假设为人是理性的：人在实现效用最大化目标的驱动下会做出最有利于自己的选择，并在抽象的效用函数、生产函数、均衡理论指导下得出所谓的最优解。投资学中的定价模型也基于这样一套逻辑。传统金融学以市场有效性为基础，却忽视了其中的非理性因素。

在基金、股票投资中，个人投资者的非理性现象层出不穷。当基金从一块钱跌到八毛、六毛，投资者都不愿意赎回，因为这相当于承认自己过去的决策错误，基金管理人可以照常收管理费。而当基金从一块钱升到一块零三分、一块零五分，投资者便会早早赎回基金，从盈利中获得快乐，这就是"出盈保亏"；许多股票投资者喜欢在价格上涨时买入，期望以更高价卖出从而赚取利润，同时在价格下跌时卖出，以免被套牢，这就是"追涨杀跌"。追涨杀跌是个人投资者的典型操作风格，然而，销售火爆的基金往往业绩不佳，销售冷清、处于市场下跌调整期的基金，却能取得比较好的业绩回报，投资者追涨杀跌极易引发市场的大幅波动。每年的年度收益冠军基金总是受到追捧，吸引大量申购。然而，仅仅关注短期收益，购买上一年冠军基金，效果并不好。王立新等学者经过测算指出，每年年初买入上一年冠军基金，并在次年购买新的冠军基金策略的 10 年累计收益率仅为 101.04%，远低于同期偏股混合型指数基金 171.09% 的涨幅；个人投资者时有过度交易的情况，主要由于其容易高估自己的知识水平，低估风险水平。王立新等学者还经过调查指出，2020 年一年内，50% 的投资者对同一只基金操作了 3~5 次，26% 的投资者操作超过 6 次，操作频率 6 次以上的亏损（尤其是大幅亏损）比例相对更高。"羊群效应"体现了个人投资者典型的非理性心态。股市下跌时，投资者大多购入大体一致的防御性股票，因此有许多数量的股票跌破净值；股市上升时，投资者抱团购买部分股票，但是其业绩还是无法与大盘指数基金相比。个人投资者同样存在投资分散度不足的问题，大量研究表明，个人投资者的投资分散度低于传统投资组合模型所要求的程度，其易出现"家乡偏差"。

2020 年，游戏公司 GameStop 股票价格的戏剧性飙升成为金融市场上的传奇故事，它揭示了个人投资者非理性行为的力量。一群普通投资者，在社交媒体平台 Reddit 论坛上集结，决定对抗做空 GameStop 股票的对冲基金巨头。这场由社交媒体煽动的对抗，不是基于对公司价值的理性分析，而是受群体心理的影响，出于情绪化的反抗。他们以"到月球"为口号，大量购买 GameStop 股票，推高价格，迫使对冲基金为了避免更大损失而不得不以高价买回股票，用于平仓，这个过程中股价出现爆炸性上涨。这场股市史上前所未有的"散户反击"导致一些对冲基金面临巨额亏损，甚至接近爆仓。然而，这种非理性的集体行为也暴露了个人投资者行为的不可预测性，反映了情绪和群体行为如何在短时间内重塑市场。

金融市场的非理性

具体到金融市场当中，市场同样不是理性的。2013年诺贝尔经济学奖获得者尤金·法玛最著名的理论就是"有效市场假说"，但他的几个学生从事的对冲基金、量化基金等事业都与有效市场假说相悖。[①] 资本市场过去500年的历史中，大的崩盘出现了四五十次，小的崩盘出现了上千次，原因就在于资本市场是由人构成的，而人无论是作为个体还是群体都是非理性的，人的情绪往往会受到价格的影响。有时候，特殊的情绪会从少数人逐步蔓延到更多的人，个体运动逐步演变成群体运动，集体歇斯底里，形成群体性疯狂，最终就会导致市场崩溃。

历史上有无数惨痛的教训：

17世纪荷兰出现了郁金香泡沫。郁金香于16世纪末传入欧洲后受到追捧，而在荷兰，商人、文人等的推波助澜掀起了一波郁金香热，人们纷纷开始抢购郁金香球茎。17世纪30年代的几年间，荷兰人对郁金香的狂热追捧已经到了病态的地步，无论是富有的贵族还是底层的市民都争相在郁金香市场中逐利，郁金香价格持续暴涨，一株稀有品种的郁金香可以换得一辆马车或几匹好马。在这种情况下，为了方便人们交易，1636年，阿姆斯特丹证券交易所专门为郁金香开设了交易市场。相传，1637年一株名为"永远的奥

---

① 尤金·法玛的学生戴维·布斯是 Dimensional Fund Advisors 量化基金的创始人，而另一位学生克里夫·阿斯内斯是对冲基金 AQR 的创始人。

古都斯"的郁金香竟与阿姆斯特丹运河旁的一栋豪宅等值。然而，当渐渐意识到郁金香只是一种植物时，人们纷纷抛售郁金香，郁金香的价格出现暴跌，郁金香泡沫由此破裂。

18世纪初出现了南海泡沫事件；到了1929年、1930年，又出现了华尔街的大崩盘；20世纪90年代，日本房地产泡沫破裂，走进了"迷失的30年"。20世纪80年代，美元贬值，日本实行宽松的货币政策，使得大量资本流向了日本的房地产市场。随着房价的不断上涨，日本人纷纷拿出积蓄进入房地产市场进行投机，房价随之暴涨，日本地价涨到了非常荒唐的程度。随后，国际资本收紧，日本货币政策收紧，房地产泡沫被刺破，日本陷入"迷失的30年"。

2000年前后，美国出现互联网泡沫。20世纪末，人们对于互联网这一新兴事物的追捧以及美联储降息等因素使得流动资金大量涌入互联网公司。互联网公司股票市场出现了前所未有的繁荣，赚取暴利的诱惑使民众都陷入狂热的情绪当中，从而持续推高互联网公司的股价，纳斯达克指数于2002年3月10日达到5 048.62的高点，互联网泡沫此时也达到最大。在这之后，美国进入加息周期，资本逐渐撤离，多家互联网公司因此面临现金流枯竭，市场投资热情迅速退去，人们疯狂抛售手中的互联网公司股票，纳斯达克指数在一年多的时间跌至1 114.11点。

2008年爆发了全球金融危机。2015年，中国出现了整个股市的大崩盘，一两天内上千股跌停。

近些年虚拟货币的交易异常火爆，这是否会导致下一场泡沫破裂也值得警惕和关注。历史一再重演，但人们仍不断地重蹈覆辙，集体的、非理性的行动依然在不断上演，并带来整个市场的崩溃。美国经济学家罗伯特·希勒提出，金融市场中的信心是一个不断强化的正反馈机制。当市场中的信心丧失，市场就可能会出现持续性坍塌，正所谓信心比黄金重要。因此，应对非理性行为泛滥，市场对于信心和预期的管理尤为重要。

市场非理性的放大机制

在市场非理性的背后，还有两个极其重要的放大机制。第一个机制，称为反身性。著名投资家索罗斯在《金融炼金术》一书中阐述了一个核心的理论——反身性理论。他认为投资者与市场之间会相互影响，投资者根据市场动向做出反应，他们的行动反过来又会影响市场。举例来说，在股票市场当中，有一个影响股票价格的"基本趋势"，还有一个投资者对市场的认知，后者被称为"主流偏向"。市场投资者对基本趋势的认知会影响基本趋势，使其进入一个自我加强的过程，这会进一步加强市场的预期，使主流偏向发展起来，进而引起股票价格的同向变化。因此，高股价依赖于积极的主流偏向，同时也给基本趋势带来了影响。当股价无法维持主流偏向的预期，消极预期就会导致股价的下跌，同时上行基本趋势也被削弱，此时市场就进入矫正期。因此，索罗斯做出了"市场能够正确地预期未来事件"的判断。

索罗斯将这一套理论运用到了极致——他在当年的英镑狙击战中打败了英格兰银行，一举成名。索罗斯敏锐地观察到，英国经济已出现衰退，但英国却维持欧洲汇率体制下的英镑汇率不变，英镑被高估。同时他预期，欧洲汇率体系中的其他国家不可能令自己的货币贬值来拯救英镑。因此，他与其他投机者大量做空英镑，使得英镑汇率骤跌，虽然英格兰银行积极干预，但最后英国仍以英镑贬值、自己退出欧洲汇率体系告终。20世纪90年代亚洲金融危机时期，索罗斯使用同样的手段做空了泰国货币。彼时他认为，泰国等国的经济发展状况和币值不匹配，泰铢被高估，因此他大量做空泰铢，使得泰铢急剧贬值，随之而来的便是亚洲金融危机。事实上，在索罗斯提出反身性理论之前，凯恩斯也有过相似的领悟。凯恩斯的选美理论认为，投资股票就好比参加一场选美比赛，应该选得票最高、大家认为最美的，而不是自己认为最美的。换句话说，不但要考虑自己的标准，更要考虑别人的标准，这体现的就是跟市场之间的互动强化。

第二个机制是市场中的合成谬误，这个概念来自美国经济学家保罗·萨缪尔森。萨缪尔森认为，对局部而言对的东西，对整体而言未必是对的。仔细想来，很多微观层面的最优做法应用到宏观层面，并不能产生好的结果。举个例子：1999年，招商银行沈阳分行因为"原行长携款潜逃"的谣言遭遇挤兑。对于老百姓来说，最优的选择是取回自己的存款，所以大家都去排队取钱。但是，对于银行来说，其业务本身就存在高杠杆的特点，在保证资本充足率达到8%的情况下自然存在12.5倍的杠杆，如果所有用户都要把钱取走，银行流动性不足，就会发生挤兑，规模小的银行可能会因此面临倒闭风险。招商银行通过请老行长辟谣、24小时任储户取款等方法化解了危机。在企业竞争当中，合成谬误的现象也无处不在。当一个行业还处于群雄逐鹿的阶段，各家企业拼命降价，使得整个行业进入低盈利状态，便形成了合成谬误。2000—2004年，空调行业还处于发展初期，一些中小厂商为在高利润市场抢占份额发起了价格战，使得行业产品均价降幅达到40%。

公共选择理论中有3个经典的理论也揭示了合成谬误的问题。

第一,公地悲剧。公地悲剧最初由美国经济学家贾雷特·哈丁提出。哈丁设置了一个场景:有一群牧民在草地上放羊,每个牧民都想多养一只羊来赚取更多的收益,但当羊的数量超过了草地的负荷,草被吃光,草场退化,牧民无法再养羊,所有牧民都会破产。对于个人来说,最优的选择是多养一只羊,但是如果每个人都这么想,公地就成了寸草不生之地。第二,囚徒困境。假设将两个犯罪嫌疑人抓捕并分开进行审讯,如果一个人招供但另外一个人不招供,则没有招供的人被判处 5 年监禁,招供的人立功可以免受处罚。如果两个人都不招供,两个人都被无罪释放。如果两个人都招供,每人都被判处 2 年监禁。在这种情况下,对于每个人来说,无论另一个人招不招供,最优的选择都是招供,最后两个人便会一起招供,都被判处 2 年监禁。然而,这不符合两人都被无罪释放的集体最优解。两人不约而同地选择了一个看似对自己最优的实则对大家都不利的糟糕做法。第三,奥尔森困境。美国经济学家曼瑟尔·奥尔森在《集体行动的逻辑》一书中揭示,集体会向成员提供非排他性的公共物品,单个成员为集体做的贡献会由所有成员共享,使得所有成员都想"搭便车"——获得好的结果但不付出成本,这就会造成"奥尔森困境",也就是 3 个和尚没水喝。

  以上理论和案例都说明,看似对每个人最优的选择,对整个市场、社会是非理性的、非最优的。因此在投资当中,不要盲目相信市场是理性的,是不会出错的。

2

多元化的思维模式

> 决定人与人之间差异的不是天赋，不是勤奋程度，而是思维模式。
>
> ——［美］卡罗尔·德韦克

第七章　历史思维

你能看到多远的过去,就能看到多远的未来。

——［英］温斯顿·丘吉尔

唐太宗对朝臣曾感叹"以史为镜，可以知兴替"。历史是一面镜子，我们鉴古知今，学史明智，可知兴替。美国作家马克·吐温则说"历史不会重复自己，但会押着同样的韵脚"。人类发展的很多规律是不变的，对历史事件的分析和历史经验的总结有助于我们理解未来市场。历史思维本质上是对历史的认识和反应。实现以史为鉴的目的，还要透过复杂的现象，抓住本质和规律，揭示隐藏在真相背后能够指导现实的真理，并通过对规律的认识把握未来趋势。历史思维无疑可帮助投资者掌握时间维度的规律。相较于缺乏历史思维的普通投资者，拥有历史思维的投资者实质上多掌握了"降维投资"的强大利器。

建立历史思维

历史思维，简而言之是站在历史的视角看待问题、思考问题、分析问题。具备并且运用好历史思维，对投资者做出正确投资决策意义重大。当下学习历史、阅读历史著作的投资者越来越多，浩如烟海的历史典籍也呈现在投资者面前。在投资界非常有影响力的喜马拉雅资本创始人、查理·芒格家族办公室资金打理人李录便是精通历史的优秀投资人，他曾撰书《文明、现代化、价值投资与中国》，以历史的视角探讨中国未能及时实现现代化的原因、中国传统文化的复兴及其现代化的演进。了解历史并不是简单知道历史中发生的事件，历史文献阅读也不同于小说阅读，投资者学习历史，便可拥有分析问题的历史思维。

理解历史思维，一般要结合三个方面：历史研究的基本原则，历史研究的方法，如何建立起历史思维。尊重历史客观性、把握历史整体性、史论结合与批判性继承是历史研究的基本原则。史料考据、抽象概括与分类比较是历史研究的主要方法。史料考据是对历史资料的收集与考证，是进行历史研究的基础与前提。一方面，史料考据是对研究内容的收集整理；另一方面，史料考据也要求研究者对收集到的资料进行去伪存真。在史料考据基础上，抽象概括是对历史客观性与真实性的提炼。古今中外的历史相关文献浩瀚如海，我们如果缺乏抽象概括能力，便宛如盲人摸象，难以总结出核心观点。抽象概括是为了抓住事物本质，从感性认识到理性分析的提纯过程。分类比较是总结历史规律的重要方法，不同于在实验室进行的自然科学研究，历史研究没有假设，因而比较研究就成为历史研究的主要方法。通过古今事件、人物的对比，研究者可以更加清晰地判断历史发展趋势，汲取历史经验，把握前进方向。

如何建立历史思维？我认为应该遵循以下四个步骤：树立历史时空观念，挖掘史实资料，做出历史评判，把握历史规律。

树立历史时空观念是建立历史思维的第一步。历史是一门穿越时空的动态学科，研习历史，需要把历史中的年代与事件联系起来。

比方说我们提起1840年，一般都会联想到鸦片战争的爆发，同时它也是中国近代史的开端。再比如，1978年是改革开放的开局之年，等等。建立历史思维要求我们具有时序思维，如果都不清楚每一轮技术革命发生的大致时间、地点，何谈技术革命对当时社会产生的影响。

挖掘史实资料，进一步扩展时空脉络。历史脉络如果是大树的树干，史实资料则是这棵大树的繁盛枝叶，让我们对这段历史的了解更加具体。仅仅知道历史事件是不够的，我们还需要知道历史事件的爆发原因、过程与结果，以及其中历史人物的表现与影响等。例如，我们需要知道鸦片战争的爆发原因与过程，道光皇帝在整个战局中是如何做出决策的，主战与主和大臣的主要观点与实际行动，《南京条约》的签订过程与具体内容，等等。这些史料的收集帮助我们更加清晰地了解历史事件，而不是仅仅停留在时点上。

做出历史评判包括两个方面，一是在阅读大量史料的基础上形成自己的观点，二是理性综合分析其他人对历史事件的看法。能否给出客观公正的历史评判非常考验读者的水平，因为今天我们所能接触的史料都是经前人删选过的，换句话说，历史评判不仅需要我们具有归纳总结能力，更重要的是需要我们具有对史料本身的甄别与判断能力。如果研习历史时人云亦云，我们便不能很好地训练自己的历史思维。尧舜禹禅让制一直被儒家所称颂，然而在《竹书纪年》中却有着"尧幽囚，舜野死"的记载。研习历史这一过程好比断案，不仅需要找到证据，还需要考虑证据的可靠性。

把握历史规律是我们建立历史思维的最终目的。历史具有周期性特征，在足够长的时间维度里，历史会不断地重复，这种交替往复是我们把握规律的基石。把握历史规律有助于我们更好地判断事物未来发展趋势，在工作中掌握主动权。抚今追昔，我们会发现一些历史事件总是会重复上演。总结20世纪二三十年代经济大萧条与2008年全球金融危机，我们会发现两次危机有很多共性，如都发生在重大技术革命之后，危机爆发前都收入差距较大、经济繁荣、货币信贷政策宽松等。

运用历史思维的优势

具备了历史思维，投资者可以不断增强投资过程中的预见性、科学性、创造性和主动性。把握历史的规律性，能够帮助投资者形成开阔的视野，提高对事物的预判能力；把握历史的辩证性，能够帮助投资者形成批判性思维，以对立统一的视角看待问题；把握历史的发展性，能够帮助投资者建立逆向思维，通过微小细节探知事物全貌；把握历史的波澜壮阔性，能够帮助投资者以更加平和的心态去面对投资过程中的起伏波动。运用历史思维，投资者会收获以下优势：

一是视野开阔，前瞻性强。历史具有规律性，虽然古今中外千差万别，但是事物发展本身具有客观规律性，相似性质的事件在历史长河中可能反复出现。过去40余年中国改革开放取得巨大成功，今日的印度与改革开放初期的中国具有很多相似之处，因此很多投资机构加大力度布局印度市场。比如，国内一家知名的基金公司曾把印度互联网行业的龙头和中国的龙头做了估值对比，结论是中国所有的商业模式在印度都会出现，甚至已经出现，包括电商、本地生活、互联网出行等。它们的体量大约是中国公司的10%，甚至只有中国公司的千分之一二。在这种情况下，选择行业的龙头企业投资，大概率可以胜出。类似地，越南在20世纪90年代走上对外开放之路后，也吸引了大量外资，尤其是搜索引擎、聊天软件、电商等领域。因为从历史来看，人的基本需求无非包括信息获取需求、社交需求和购物需求等。

二是思维理性，辩证统一。辩证统一是唯物史观的重要研究方法。评价历史人物与历史事件，不能简单地将其归纳为对的或错的，脸谱化的研究不利于投资者认清事物的全貌。巴菲特曾说："别人恐惧时，我贪婪，别人贪婪时，我恐惧。"汉语中的"危机"是对立统一思想的高度体现，当危险来临的时候，往往也存在机遇，当全民狂欢时，往往也蕴藏着风险，所谓"祸兮福之所倚，福兮祸之所伏"。1965年香港发生了银行信用危机，很多地产商与民众开始抛售自己手里的房子，一时间香港房价断崖式下跌，房子无人问津。然而李嘉诚却反其道而行之，大规模地收购空地和别人贱价抛售的物业。结果，不到3年的时间，香港经济又恢复了以往的繁荣，房价开始疯涨，李嘉诚从此奠定了自己地产大佬的地位。

三是管中窥豹，见微知著。学习历史可以帮助我们克服"只见树木，不见森林"的自我局限性，提高洞察能力，透过某一微小事件，以小见大，全面考虑其所带来的政治、经济、文化、外交、军事、民族等方面的影响。一战爆发的导火索是塞尔维亚爱国者对奥匈帝国皇储弗兰茨·斐迪南的刺杀（史称"萨拉热窝事件"），如果孤立地看，一起刺杀事件很难与一战联系起来，但是结合当时各国的政治气候与时代背景，可以看出，在一系列政治人物的决策下该事件最终引爆了第一次世界大战。我们通过历史这扇窗，把当下发生的事与历史上类似的事件进行对照比较，不仅有利于我们判断事件走向，更重要的是有利于我们对整个事件进行全局性的认知与掌握。

四是穿越迷雾，保持定力。波澜壮阔的历史叙事帮助投资者形成宽阔的历史视野，不再拘泥于眼前"一城一池"的得失。万里长城今犹在，不见当年秦始皇。相较于短期收益，诸多大型机构投资者以追求资产的长期增值和盈利为基本目标。个人经历是有限的，通过了解历史中的投资经验与教训，熟知历史中的悲欢离合，我们可以更加心平气和地面对工作生活中的困难与挑战，不以物喜，不以己悲，做到每临大事有静气。

历史思维是缓解投资中的贪婪与恐惧情绪的最好工具。"树不会长上天"和"天不会塌下来"，这两句谚语恰巧佐证了投资中贪婪与恐惧情绪不足取。回想美国股市的上百年历史，其间经历了一战、大萧条、二战、越南战争、古巴导弹危机、"9·11"事件等。每一次市场大跌的时候，投资者都觉得天要塌下来了。但事实上我们看到，危机之后，美股创了一次又一次的新高。与之相反的是，在每一次市场极度亢奋，投资者认为颠覆性、革命性的技术改变了市场趋势，带来了公司超常规增长时，市场往往泡沫泛滥。例如，互联网泡沫放大时期，很多公司的估值用点击率来衡量。当站在历史的长河中用历史思维看待问题时，我们就能克服贪婪与恐惧。从资产配置的角度来看，历史思维让我们更加清晰地认识到，长期投资者坚持以股权为主的投资框架，是有内在意义的。因为从长期来看，股市能够跑赢债市，债市能够跑赢现金。因此，长期投资者能够穿越迷雾，保持定力，坚持以股权为主的股债组合配置模式。

"时光机理论"与"子宫彩票"

建立起历史思维后，运用历史思维是关键。横向看，正如软银创始人孙正义的"时光机"理论所言，不同国家的不同行业发展阶段不同，同时每个国家发展的梯度也不同，它们相互之间可以有所借鉴。纵向看，在同一市场中，不同时期市场结构、市场文化、市场参与者具有相似性与稳定性，过往历史是预测未来的基础。我们在评估公司价值时，经常运用这种纵向思维，即历史增长率是评估企业未来价值的重要参考。

运用历史思维的一个生动例子是孙正义的"时光机"理论。"时光机"理论认为，每个人都幻想能够穿越时空，这在现实当中做不到，但是如果我们熟知历史，就能够发现，不同国家、不同行业发展不平衡，存在错位。我们可以充分利用发展错位，先在发达市场开展业务，然后等待合适的时机回到新兴市场。尽管在三维空间中无法穿越时空，但由于存在发展错位，我们在此过程中就仿佛坐上了时光机，可以穿越到过去和未来。孙正义最早在美国投资雅虎，后来回到日本成立日本雅虎，然后又在中国下注阿里巴巴，最后又到印度寻求投资机会，就是基于这样的逻辑。

全球知名风险投资基金DST的创始人尤里·米尔纳也是"时光机"理论的实践者。在美国留学时，尤里看到了硅谷的发展，希望能投资硅谷的互联网企业。当时，他在硅谷一家企业一家企业敲门，希望有企业能接受他的资金，但没有人认可他。金融危机爆发后，他认为投资硅谷的最好机会来了，便在俄罗斯融了一笔钱，不谈价格、条款地给予处在危机中的硅谷企业资金支持，最终撬开了谷歌、脸书的大门，打入了硅谷最核心的互联网圈。投资硅谷企业之后，尤里又看到了中国互联网的发展，中国的互联网巨头，如字节跳动、京东、腾讯、阿里、滴滴，都成了他的"盘中餐"，原因就在于他认为中国必然会重走美国互联网发展的道路。

"子宫彩票"的意思是个人出生的时间、地点如何将影响其能否投资成功。沃伦·巴菲特的经历揭示了投资机会与大国兴衰总是极其一致的规律，投资的时间、地点是很多投资者成功的关键因素。巴菲特曾表示："我是1930年出生的，当时我能出生在美国的概率只有2%，我在母亲子宫里孕育的那一刻，就像中了彩票，如果不是出生在美国而是其他国家，我的生命将完全不同！"回看过去100余年，最好的投资地点就在美国。一战之后，美国逐步成为全球霸主，国力不断增强，众多投资机会随之而来，这也成就了巴菲特的传奇。出生地是个人无法选择的，却对一个人的成功起着非常关键的作用，所以说，出生在美国，就是巴菲特赢得的第一张彩票。

降维投资——东南亚"小腾讯"Sea

中国现在走过的道路，很多东南亚国家正在重复。越南、马来西亚、印度尼西亚当前阶段非常像中国的20世纪80年代到90年代。具备了历史视角，就如科幻小说《三体》中所说的具备了多维文明，多维文明可以向低维文明进行降维打击。"降维投资"能帮助投资者捕捉到一些新兴市场的投资机会。中国的互联网经济经过多年的发展已经进入相对成熟的阶段，难有快速增长机会，人口红利也正在逐渐消失，竞争越来越激烈。如今，海外的新兴市场特别是东南亚地区是互联网领域的一片蓝海。东南亚地区不但经济快速增长，处于人口红利期，而且与中国地理位置较近、文化背景相似、贸易往来频繁。东南亚一些发展中国家正在经历中国曾经经历的发展阶段。

阿里巴巴、腾讯等中国互联网巨头正纷纷选择出海东南亚，试图把已经成功的商业模式移植到新的市场。2017年，腾讯持股比例达39.7%的Sea（东海集团）成功在美国纽约证券交易所上市，这是东南亚首家在该交易所上市的互联网公司，也是东南亚目前最大的互联网公司。Sea是目前泛东南亚地区消费互联网行业的龙头公司。Sea的前身称Garena，于2009年5月成立，由在中国天津出生的华人李小冬在新加坡创办，最初只是一个网络游戏代理公司，在不断发展壮大、拓展电商和金融业务后，2017年上市前夕才正式更名为Sea，"Sea"的意思并非海洋，而是Southeast Asia的缩写，正对应着公司的使命——用技术为东南亚消费者和小微企业创造更好的条件。

李小冬曾表示，创办Garena对标的就是腾讯。目前的核心业务包括在线游戏平台Garena、电商平台Shopee以及数字金融服务平台SeaMoney，且每个业务板块都是东南亚地区的领先者，分别如下：

Garena：全球移动和PC（个人计算机）游戏平台，不但发布自主研发的游戏，还代理发布由第三方开发的游戏；Garena还有其他的娱乐功能，如在线游戏直播、用户聊天和在线论坛等。

Shopee：东南亚地区最大的C2C（顾客对顾客电子商务）平台，采用移动优先的方式，为用户提供便捷、安全、可信的购物环境，并以支付、物流等增值服务为支撑。为优化用户的购物体验，Shopee平台也有部分社交功能，同时为卖家提供各种服务支持，如直播和其他增值服务，让他们能更好地与买家互动。盈利方式包括：向卖家提供付费广告服务，收取基于交易的费用，就包括物流在内的某些增值服务收费，以及通过自营方式在平台上直接销售产品以赚取差价。

SeaMoney：东南亚领先的数字金融服务提供商。其主要通过

ShopeePay、SPayLater、SeaBank 和其他数字金融服务品牌来提供线下和线上移动钱包服务，保险和数字银行服务，以及网络信贷服务。

Sea 在东南亚的新兴市场上重复着中国互联网巨头曾经走过的道路。其三大核心业务，在线游戏、电子商务和数字金融，可分别对标中国的腾讯、阿里巴巴和蚂蚁金服。每个细分赛道，都拥有巨大的潜在市场。

量化研究——瑞·达利欧的大历史观

量化研究历史是新史学的重要内容。一般而言，通过量化分析，我们不仅可以更精确地进行跨地区比较，还能就同一区域不同时期的情况进行时序性分析，提高事物在不同空间与时间的可比性。随着大数据时代的到来，有效利用、处理历史数据，将量化分析法与传统分析方法结合起来，是历史思维应用的重要趋势，也是更好把握历史规律的重要方法。

美国桥水基金的创始人瑞·达利欧积极应用量化方法将历史与投资结合起来。桥水基金在 20 世纪六七十年代以撰写研究报告起家，在积累宏观数据和行业数据方面在业内极其领先。瑞·达利欧认为，基金关于以往变化机制的研究可以帮助投资者理解变化背后的因果，并有助于他们预测未来。在历史上，有很多同类事件，研究这些历史案例，可以帮助投资者深入理解变化的机制。因此，他利用丰富的数据和档案材料，对历史案例进行定性与定量分析，建立起事件发展的因果逻辑。当探讨一个事件影响下宏观环境、市场的变化时，瑞·达利欧总能从一个跨越上百年的数据库中找出在类似情景下,历史上它们是如何表现的。例如,当俄乌冲突刚刚发生时,瑞·达利欧就把历史上战争对于不同行业、不同资产类别风险收益的影响都呈现出来。他的分析已经不再局限于资本市场,而是从500年大国兴衰的角度探讨历史的规律,并试图找到其对投资的启发。例如,历史揭示,当巨大规模的债务货币化、巨大的内部冲突和大国崛起三大力量齐头并进的时候,高风险的环境就会形成,而这也正是当前国际社会所面临的环境。

  量化研究方法为历史研究提供了重要的分析工具,历史场景则成为检验经济学理论的"实验室"。经济学家之所以热衷于研究新兴市场,是因为在新兴市场中,历史高度浓缩,发达国家自工业革命开始后几百年的发展历史可以被浓缩到几十年中,这增强了历史研究的贯通性。甚至一些经济学者通过对历史的量化研究,构建出地缘政治风险指数、社会发展指数等指标,并将其与经济金融数据进行匹配、回归分析。当用历史思维来看待投资的时候,我们能够穿越迷雾,理解不同投资领域未来的机会,进而看得更远、走得更远。

第八章　周期思维

全则必缺，极则必反，盈则必亏。

——［战国］《吕氏春秋·博志》

中国《易经》里有这样一句话，"否终则倾，何可长也"，认为宇宙当中是存在周期轮回的。物极必反，否极泰来，盛极必衰，万事万物都不可能沿着一个趋势永远发展下去。《史记·货殖列传》曾记载春秋时期越王勾践的谋士范蠡的经商哲学："论其有余不足，则知贵贱。贵上极则反贱，贱下极则反贵。贵出如粪土，贱取如珠玉。财币欲其行如流水。"范蠡认为，研究商品过剩或短缺的情况，就会懂得物价涨跌的道理。物价贵到极点，就会返归于贱。物价贱到极点，就会返归于贵。当货物贵到极点时，要及时卖出，视之同粪土；当货物贱到极点时，要及时购进，视之同珠宝。钱币的流通周转要如同流水那样。这其实就隐含着对价格周期的朴素认识。在西方，同样存在类似的思想。格雷厄姆和多德著的价值投资经典图书《证券分析》的扉页引用了《诗艺》中的话："现在已然衰朽者，将来可能重放异彩；现在备受青睐者，将来却可能黯然失色。"这说的就是周期。

周期性波动是复杂适应性系统的典型涌现模式。钟摆的左右摆动、心脏的收缩与舒张、大海的潮起潮落都是周期性波动的典型例子。在经济金融领域，经济周期性波动、行业轮动、股价涨跌同样是经济系统内生的周期振荡特点。在经济学中，经济周期仍然是一个不解之谜。无论是亚当·斯密，还是凯恩斯都研究过这个问题。马克思甚至断言，资本主义的经济危机都是周期性的。在经济运行中，周期也无处不在。因此，周期思维是每一位投资者必须具备的。

那么经济系统内部如何产生周期振荡呢？从基于复杂系统理论的现有观察资料来看，周期性波动可能是人们在经济决策中使用的归纳规则与经济系统的动态结构之间相互作用的结果。

躲不开的经济周期

经济周期是最复杂的周期之一。由于宏观问题的影响面、涉及面太广，所以经济周期预测起来非常困难。如果把经济周期拆开，会发现它甚至不仅包含一个周期，而且包含许多周期，有长周期、中周期和短周期。我们所熟知的几种经济周期有：

技术创新周期。经济学家康德拉季耶夫在20世纪20年代提出了长波理论，认为由于技术的更替，发达商品经济中存在着平均长度约50年的周期性波动。在国内，这个周期通常被称为"康波周期"（"康德拉季耶夫波动周期"的简称）。有人说，人生就是一轮康波周期。一个人如果在合适的人生阶段遇上一轮康波周期的上行期，抓住技术快速发展的机会，就可能实现财富自由。技术创新的周期极其重要。人类历史上所公认的技术创新周期有5轮，后文会展开详谈。

房地产周期。房地产行业上下游关联度非常高，产业链辐射极广，所以房地产周期在经济周期当中也是极其重要的一个主导性周期。美国经济学家库兹涅茨发现，房地产行业存在 15~25 年的周期。另外，美国经济学家彼得森也对美国建立以来的房地产周期做过研究，发现美国的典型房地产周期时长约为 18 年。而房地产周期跟人口有很大的关系。美国经济学家哈瑞·丹特在《下一轮经济周期》一书中提出基于人口的变动研究房地产周期。人在出生并成长到 18 岁后，需要结婚、抚育下一代，便有了住房需求，所以房地产周期与人的成长有很大关系。也就是说，房地产周期短期看货币流动性，中期看行业政策，长期看人口变动。

设备投资周期。在早期工业化时期，人们发现机器设备、厂房都有折旧，尽管折旧期不同，但中位数基本是 8~10 年。企业设备更替会带来经济的周期性波动，这是法国经济学家朱格拉发现的，因此，大家又把设备投资周期称为朱格拉周期。

库存周期。法国经济学家基钦发现，尽管库存的调整是企业微观主体的行为，但是它实际上会导致宏观经济周期性波动。人们就把 3~3.5 年库存调整所带来的经济周期性波动称为基钦周期。如果把整个经济的波动划分为 4 个阶段——衰退、复苏、繁荣、滞胀，那么可以看出：当经济衰退时，企业会把原材料和产成品库存压到最低；而当经济好转、复苏时，企业产成品库存不断下降，企业开始逐步增加原材料库存并进行生产；随着企业大量增加原材料，经济便开始慢慢走向繁荣；到了经济滞胀期，企业原材料库存不断增加，产成品的库存也持续增加。相对来说，库存的变动会导致产生宏观层面的经济周期效应。

美籍奥地利裔经济学家熊彼特在《经济周期》一书中综合前人研究成果，认为每个长周期包括 6 个中周期，每个中周期包含 3 个短周期。其中，短周期约为 40 个月，中周期为 9~10 年，长周期为54~60年。当长中短周期嵌套在一起，特别是长中短周期阶段不一致时，投资者的预测判断就会存在困难。对于企业家来说，加强对周期的理解并在周期内做出合适的决策非常重要。

挪威资深金融从业人士拉斯·特维德在《逃不开的经济周期：历史，理论与投资现实》一书中指出，经济周期的发生主要受到5个因素的影响，分别是利息支付、资产价格、房地产建造、资本性支出、存货。在这些因素中，利息支付又被称作"货币因素"，而其他4个则被称为"经济因素"。在所有的驱动因素中，他特别强调了房地产的作用，甚至把房地产市场称作"周期之母"。关于这些因素如何对经济周期产生影响，拉斯·特维德打了一个比方：将世界经济比作一部正在运行的机器，5个因素就像驱动机器运转的5个巨大的活塞，它们按照各自的速度往复运动。在某一时刻，这5个活塞将会同时抵达动能的最低点，产生一股强大的冲击力，使整个经济系统发生剧烈的震荡，进而引发经济危机。随后，5个活塞又会各自运动起来，引导着世界经济进入新一轮的周期。

若将经济周期比作一辆蒸汽机车，货币因素的主要功能就是为机车提供蒸汽；另外4个经济因素则把货币提供的蒸汽转化为机车动力。因此，货币是最关键的要素，一旦出现问题，经济就会停摆。

均值回归的市场周期

回到投资本身，对于市场来说，其同样存在市场周期。许多有意思的理论试图描述市场周期的变动，其中一个理论发现，世界市场始终处于均值回归（围绕市场均值周期性震荡）的运动中，任何一种趋势都不可能永远持续下去。

投资者永远不要对市场太乐观，一定要认识到物极必反，时刻保持坚守价值投资的投资纪律。对于机构投资者而言，投资的关键就是遵守再平衡投资纪律。什么是再平衡？举个例子，如果一个机构管理着10亿元资产，其中7亿元投资股票，3亿元投资债券，在市场波动情况下，7亿元的股票涨到10亿元，3亿元的债券跌到2亿元。原来7∶3的组合结构就变成了10∶2，整个组合当中股票的配置比例已经远远超过了70%。在这种情况下，对于投资者而言，其基于再平衡的投资纪律必须将组合结构调整回7∶3，所以需要卖出股票、买入债券。我们发现在大部分时候，这种投资纪律在市场中都是很有效的。

以我国全国社会保障基金为例，它成立之时就确立了资产配置的比例。我们假设组合持有60%的股票，40%的债券。在2005年、2006年上证综合指数从1 000点左右涨到6 000多点的时候，全国社会保障基金不断卖出股票，大量买入债券。随后，上证综合指数从6 000多点一路狂跌。事实上，全国社会保障基金也是基于公开信息进行投资的，无法预知市场和政策的未来走势，但其所相信的是市场的均值回归，坚守的是再平衡的投资纪律。2008年金融危机爆发后，上证综合指数在该年12月探底至1 664.93点，此时全国社会保障基金大量增持股票。其决策还是源于对均值回归这种周期思维的理解和对再平衡投资纪律的坚守。

相似的例子还有很多，比如，中国市场中有基金排名，如果一只基金排到第一名，基金经理身价立马达到上千万元，所以大家都会拼命去争第一名。第一名需要有过人之处。第一，要猜得中当年的行业热点并提前在赛道上布局，比如2021年的热点行业有半导体、新能源汽车等。第二，下重注，例如50%的仓位放在半导体，

50%放在新能源汽车。基金经理如果只是盯着指数并平衡配置是无法获胜的。但遗憾的是，没有常胜将军，今年的冠军在明年可能就会垫底，因为市场热点总是在变化。虽然半导体行业有政策支持，其股价也不可能无限上涨；即使新能源汽车普及和创新是全世界的发展趋势，其今日股价也不可能反映未来20年、50年的增长趋势。没有人能准确预测50年后世界会变成什么样。此外，人性的弱点之一便是容易过度自信，当一位基金经理获得第一名后，往往过度自信，认为自己不会犯错了，那么他大概率会在第二年折戟沉沙。认识到市场的均值回归，适应市场并不断纠错，这也是市场周期思维的核心要义。

美国橡树资本的创始人霍华德·马克斯曾提出"钟摆理论"。他认为，市场估值的中值是钟摆的中心，价格总会围绕中心左右摆动，但摆动的方向和力度是很难预测的。当情绪钟摆摆到最左端时，股价偏离正常价格到达最低点，投资者大多会悲观、恐惧、怀疑、规避风险；与之相反，当情绪钟摆摆到最右端时，市场情绪到达最亢奋的时期，投资者开始乐观、贪婪、轻信、容忍风险，这时他们就需要警惕了。

德国的投资大师安德烈·科斯托拉尼，用了一个更风趣的词，叫"遛狗理论"。他认为股票的价值和价格，就像遛狗时主人和狗的关系，狗要么跑到主人前面，要么在主人后面，就是不肯与主人同步。总之，不管什么样的理论，归根结底都指向均值回归的周期思想。投资者要时时敬畏市场，认真分析世界所处的经济周期、市场周期的位置以及应该采取什么样的行动。同时，钟摆理论还提到，方向和力度是很难预测的，有时候市场的疯狂程度会超出人的想象，有时候市场的悲观程度也会超出人的想象。股价的下跌没有底线,这正是在实际投资中投资者难以决策的原因。以市场对石油价格的认知举例,过去我们认为石油价格跌到 10 美元 / 桶,已经低于开采成本,不会再低了,没想到原油宝的最终交割价是负的,这超出了所有投资者的认知和想象。牛顿之所以亏钱,也是因为这一点。在市场第一波行情中他赚了钱,第二波他又冲了进去,第三波他干脆把自己所有的家当都放了进去,最后血本无归。股市背后的这种均值回归周期,永远都在起作用,尽管我们无法知道什么时候拐点会出现,但我们要知道它迟早会出现,并应该提前做好应对。

资产轮动周期:美林时钟

经济周期驱动资产轮动。资产价格波动同样具有周期特征。资产轮动周期最早是由美林证券的全球资产配置分析师特雷弗·格里瑟姆发现的,因此也被称为"美林时钟"。美林时钟的核心在于,把经济增长和通货膨胀两个维度组合起来。美林时钟以经济增长率(以 GDP 增长率来表示)和通货膨胀率(以消费价格指数 CPI 来表示)这两个宏观指标的高和低组合出了 4 种可能,它们分别位于 4 个象限。经济在这 4 个象限中轮动。利用美林时钟模型,投资者能根据经济周期位置做出相应的大类资产投资决策,获得投资收益。

复苏期:为刺激经济增长,央行会释放流动性,在逐步宽松的货币环境下,经济开始由衰退转向复苏,这一时期企业整体的盈利可能依然处于探底状态。但股票对经济复苏的预期更加敏感,相对债券与现金能够带来更明显的超额收益,大宗商品表现可能仍然较弱。

过热(扩张)期:经济由复苏期过渡至扩张期,高增速的 GDP

推高 CPI，此时通胀压力上升，在这种宏观环境下，大宗商品抗通胀能力更强，而股票、债券、现金无法有效抵御通胀，不是好的投资选择。

滞胀期：为维持物价稳定，央行开始采取紧缩的货币政策，GDP 增速会首当其冲，受到影响。而 CPI 仍居高位，紧缩的货币政策将持续一段时间。紧缩过程中，股票、债券、大宗商品的投资价值会迅速降低，这时候持有现金（或大额存单、货币基金等现金等价物）是不错的选择。

衰退期：紧缩的货币政策终将 CPI 拉到低位，此时 GDP 处在下行通道，需求疲软。由于盈利预期减弱，流动性预期无改善，此时的股市基本上涨无望，通胀下行使大宗商品表现较差。由于利率下行，债券会成为相对优质的大类资产。

经典的经济周期是经济在复苏、过热、滞胀、衰退 4 个阶段间依序轮动，但在现实中，经济可能并不会简单按照这种周期有序轮动，在某些特殊情况（比如新冠疫情）下时钟会向后转动或者向前跳过一个阶段。政府的干预可能引起时钟跳转或逆转。

行业轮动周期

行业轮动同样存在着一种典型的从下游到上游需求逐次传导的现象：经济复苏阶段以对利率敏感的下游行业复苏为主要特征，繁荣阶段以占经济主要比重的中游重化工行业崛起为主要特征，经济周期的过热阶段以上游能源及原材料行业和其他瓶颈产业的过热为主要特征，经济萧条阶段以绝大部分行业景气度下行和防御类行业相对景气为主要特征。

美国投资技术分析大师马丁·普林格对美国的行业板块轮动进行研究，发现了轮动的规律：由以利率敏感型和防御型板块为代表的经济周期早期的领导行业，逐步过渡到像可选消费、医疗保健和技术（主要指计算机、电子元器件行业等）这样的经济周期中期的领导行业，而像工业、原材料和能源这样的收益驱动型的行业出现在经济周期后期。同时，普林格也强调，该行业轮动规律只是基于历史数据得出，并不是对于未来预测的保证，并且更多是从相对视角而不是从绝对视角得出的。

美国行业轮动规律的背后逻辑来源于经济周期的波动。在不同的经济周期阶段总有相应的适合的行业板块，每个板块都能让投资者在经济周期的特定阶段受益。

普林格把经济周期分为六个阶段：

阶段Ⅰ：发生于经济周期开端的时候，此时利率和股票价格都处在下行阶段，也就是处于我们说的"债牛股熊"阶段。然而，利率敏感型和防御型板块的股票在这个阶段会带来相对较高的收益。公用事业板块、银行以及房地产板块就属于利率敏感型，而日常消费板块就带防御性质。

阶段Ⅱ：对于股票市场而言，阶段Ⅱ可谓是个黄金阶段。经济周期中期的领导行业相比于其他行业表现得更为出色。可选消费、技术板块在该阶段相较于在阶段Ⅰ有质的飞跃。投资者在此阶段应该对这些板块予以更多的关注，其在阶段Ⅰ的时候就应开始着手准备在这些板块投入高于平均水平的头寸，直至阶段Ⅱ到来。

阶段Ⅲ：对于所有行业来说，该阶段都是个可获利的阶段，但是开始呈现出收益驱动型板块表现逐步增强的趋势。技术、工业以及基于资源的板块被称为经济周期的后期领导板块或者收益驱动型板块。

阶段Ⅳ：该阶段收益向经济周期中后期领导行业倾斜。技术、可选消费、原材料、能源板块表现比较突出。

阶段Ⅴ：该阶段属于轻指数、重结构的阶段。原材料、能源等上游板块是经济周期后期的领导行业，能获得较高的超额收益。除了日常消费板块之外，对于大多数经济周期早期的领导行业来说，阶段Ⅴ都是可能遭受损失的阶段。

阶段Ⅵ：该阶段股市处于熊市，建议整体降低股票仓位。在这个阶段整体上损失最小的经济板块有经济周期早期领导行业中的公用事业板块和电信板块以及经济周期后期领导行业中的能源板块。

我国的行业轮动规律如何？和美国有哪些相同点与不同点？我国行业轮动的基本规律可以概括为：在经济上行阶段，汽车、房地产等先导性行业的上升，将逐步带动机械装备制造、钢铁、化工、建材等中游行业的兴起，并将传导到煤炭、石油等上游行业，最后传导到防御型板块后再开始新的一轮周期。和美国行业轮动规律相比，我国行业轮动大体的规律是一致的，都是从下游逐渐传导到中游再到上游。就板块而言，医药板块的表现相似度很大，都是在各阶段有不错的超额收益表现，但是其在美国权益普涨的阶段Ⅲ相对收益反而最低。美国能源板块更加聚焦于上游，而我国能源板块更偏中下游。美国的公用事业板块是利率驱动型，而我国公用事业板块明显更偏向防御型。另外，我国的食品饮料行业更偏向可选消费，美国食品饮料行业偏向日常消费。

行业轮动背后的驱动力是什么？

一是利率主导的资源产业链传导。商业周期波动的最关键推动力之一是利率（资金成本）的变动。利率的下降，会使可支配收入相对提升，从而刺激可选消费需求，这种上升的趋势会沿着产业链向上不断延伸。贷款利率降低，会在一定程度上刺激汽车、房地产等具有可选消费性质的行业，这些也被称为利率敏感型行业。这些行业可以带动中游的一些行业如钢铁、化工等，继而又带动上游的采掘、煤炭、石油等行业。房地产行业可带动的中上游行业则更多。其影响的产业链中最临近的行业包括建筑材料、建筑施工、工程机械、耐用品等，进而也可以带动中上游的行业如钢铁、化工、采掘、煤炭等。

  二是财政政策的调控是重要的逆周期调节手段，作用到具体的行业上也是重要的驱动力。扩张性的财政政策是政府调控经济的重要手段。财政政策对行业发展的直接支持或鼓励手段通常包括：通过增加财政支出与发行专项债支持固定资产投资，通过财政补贴或税收政策鼓励某些领域发展与创新。

第九章　长期主义思维

大部分人都高估了自己在一年里可以做到的事情，同时又低估了自己可以在 10 年里完成的事情。

——［美］比尔·盖茨

投资中，为什么要坚持长期主义？因为投资天然就会牺牲当前的消费，它追求的是未来更高的收益。

投资大师格雷厄姆有一句经典的名言，他说"股市短期是投票机，而长期是称重机"。这句话的隐含之意就是短期的资本市场可能是非理性的，公司的股票可能大幅偏离其内在价值。即使投资者对价值的判断是对的，经济与市场也可能在非理性的轨道延续相当长一段时间。但长期而言，公司的股价与公司内在价值是一致的。

长期投资的内在经济逻辑

根据美国银行全球研究数据，如图9-1所示，投资股票一天之内赔钱的概率（46%）比猜中抛硬币结果的概率（50%）略低，但若以自1929年以来每10年为一个周期，这一概率降至6%，每个周期内出现负收益的情况非常罕见，21世纪之初的10年的一系列危机使得这10年成为除20世纪30年代以外唯一一个总投资收益率为负的10年。历史的另一个重要教训是，在过去的一个世纪里，在一轮又一轮的不稳定和市场抛售行情之后，迎来的是经济重新调整和重新形成企业盈利增长的新周期，出现的是多年的不间断上升的投资回报。

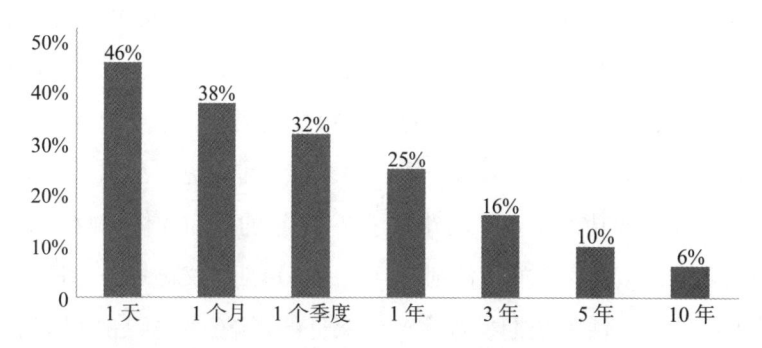

```
50%  46%
40%       38%
30%            32%
                    25%
20%
                         16%
10%                            10%
                                     6%
 0
    1天  1个月 1个季度 1年  3年  5年  10年
```

图 9-1　随着投资周期延长，投资股票的亏损概率

奥地利经济学派从另一个角度给出了坚持长期投资的理由。奥地利经济学派指出，生产不是瞬间完成的，生产是一个过程，这个过程需要分阶段进行，从土地、天然气等基本材料的使用到链条末端被消费的最终产品上市，是一个阶段一个阶段完成的。因此，我们的投资流程应着重于长远结果，忽视当前消费所带来的直接满足感，以及相应的必要投入（如时间等）。在刚开始投资时，我们应该节流并能够牺牲眼前的回报。只有把目标看得长远，超越投资的初始时刻，我们才能获得回报。健康的生产过程与投资过程之间的相似之处在于"牺牲"，牺牲是投资过程的一个关键，尽管牺牲与人的本性相违背，我们的自然行为往往是远离牺牲的。对经济运行以及人的行为方式的深刻理解将有助于我们克服本性，尤其是在投资界通常极度短视的情况下，我们更应该学会牺牲眼前利益。

从宏观角度讲，长期投资之所以重要，是因为它服务于资本的最终所有者即储蓄者的利益。这些人有着长期目标，如保障财富安全、获取优质教育或做慈善等。长期投资策略允许投资者捕捉长期趋势，以获取非流动性溢价，实现长期复合回报。与此同时，追求长期主义的公司为社会创造了更多的长期价值，在收入、研发支出、盈利表现等方面更突出。据麦肯锡统计，2001—2015 年，具有长期视野的企业利润率比短视的企业高出 81%，研发投入更高，平均创造的就业岗位更多，并且更容易获得商业成功。以外资企业在中国的投资为例，宝洁、可口可乐、欧莱雅、星巴克、沃尔玛等获得了巨大商业成功的企业平均花费了 7~11 年的时间才做到收支平衡。相比之下，短期主义的代价则是巨大的。短期主义破坏公司投资和发展潜能，不注重长期投资将产生深远的影响，包括 GDP 增长放缓、失业率上升、投资回报率（同"投资收益率"）下降。麦肯锡的一项研究显示，短期主义可能导致美国就业岗位减少 500 多万个、GDP 下降 1 万亿美元以上、资产价值损失 1 万亿美元以上。因此，短期主义不仅会损害储蓄者的长期财富积累，还可能危及社会增长和繁荣。

2008 年全球金融危机之后，麦肯锡和加拿大养老金计划投资委员会（CPPIB）对全球超过 1 000 名的董事会成员和公司高管进行了问卷调查，它们发现：63% 的受访者表示短期业绩压力在过去 5 年有所增加；79% 的受访者感受到了需要在 2 年甚至更短时间内证明强劲财务表现的压力；44% 的受访者表示在制定战略时，时间维度小于 3 年；73% 的受访者表示应当采用 3 年或者更长期的时间维度；86% 的受访者认为采用更长期的时间维度进行商业决策能够在若干方面助推公司发展，包括财务回报更高、创新力更强等。

受访者认为，帮助公司重新专注于长期策略的办法包括：建立专注于策略的董事会，确保董事会至少将50%的时间用于讨论长期问题，改进基于长期策略的报告体系。这意味着，如果投资者能够与被投公司达成长期的密切合作，并按照上述方式推动公司变革，就很有可能获得超额收益。可喜的是，这一结论已经被学术研究证明：1999—2009年，美国股票市场中达成此类密切合作的成功率是18%；一旦达成密切合作，此后一年被投公司的超额收益率达到7%，如果未达成密切合作，被投公司并未受显著负面影响。

当讨论非线性增长时，我们可以看到，一个趋势的形成需要时间，而一旦形成，便难以改变。趋势形成的过程是折磨人的、漫长的。因此，投资需要坚持，不要光想着赚快钱。长期主义本身也是一个价值观。如果以5~10年的视角来做投资（而非以天为单位），投资者一定能够穿透小周期、看透大周期，得到指数级的回报。

典型长期主义者——巴菲特

巴菲特是典型的长期主义者。他投资风格不温不火，但是非常坚定执着，持有很多股票长达十几年、几十年。当然，这并不意味着巴菲特在这个过程中没有做任何思考或者研究。重要的是，他秉承价值投资理念的同时，能够坚持追求长期回报，从而获得了指数级收益。对于长期主义的实践，巴菲特有几点体会：

第一，人生就像滚雪球，重要的是找到厚雪和长坡。巴菲特用滚雪球来比喻通过复利的长期作用实现巨大财富的积累，"厚雪"比喻企业具备较强的盈利能力，能够在经济周期的不同阶段保持稳定甚至提升利润水平；"长坡"比喻企业所处的行业发展空间巨大，企业发展的天花板还远未到来。巴菲特强调只有找对了雪地才可以滚雪球，要度势定向，同时要了解什么地方的雪是最厚的，只有具备广阔发展空间的盈利能力强的企业才能让投资者实现财富滚雪球。

第二，**要懂得延迟满足**。这是投资者需要具备的素养，他们要有为有价值的长远结果而放弃即时满足的自我控制力和忍耐力。简单来说，这就是用当下的快感来换取未来的收益。心理学中有很多关于延迟满足的研究，最著名的研究之一是棉花糖实验。棉花糖实验是斯坦福大学心理学教授沃尔特·米歇尔博士于20世纪70年代前后在幼儿园进行的有关自制力的一系列心理学经典实验。在这些实验中，小孩子可以选择立刻得到一份奖励（有时是棉花糖，有时是曲奇饼干或巧克力），也可以选择等待一段时间，在实验者返回房间后（通常为15分钟后）得到相同的两份奖励。在后来的研究中，研究者发现能为所偏爱的奖励忍耐更长时间的小孩通常具有更好的人生表现，如更好的SAT（学业评价测验）成绩，或更高的学习成就、身体质量指数等。践行长期主义很重要的一点就是要懂得延迟满足，坚定地追求指数级回报，而非眼下一时的回报。很多成功的企业家，都把这一点做到了极致。例如字节跳动的创始人张一鸣，尽管他提供的产品可满足用户的即时快感，但是他本人特别懂得延迟满足。张一鸣说："一生碌碌无为的人，大多是因为没有延迟满足感。延迟满足感具体到公司运营上，可以体现为一些不着急赚钱的公司，继续烧钱去做大用户量，扩大规模，会有更大的成就。"

第三，**要深耕行业**。每个行业和公司都是独一无二的，投资者很难对其投资的行业及公司进行全面、深入和专业的分析。作为非专业的通才，其应该找到值得关注的行业，并将大部分资源，特别是时间，用于最具吸引力的行业。畅销书作家马尔科姆·格拉德威尔曾在《异类：不一样的成功启示录》一书中提出著名的"一万小时定律"，说的是把任何一个行业钻深钻透都需要持续花时间，一个人在经历了一万小时的努力后，就可能成为行业专家。人们往往高估短期可能获得的成就，但是低估长期能够达到的高度，所以需要去深耕、坚持。

第四，**系统思考**。格雷厄姆在其《聪明的投资者》一书中展示了如何对股票进行定量估值，他认为投资应该是系统化行为。站得高，才能看得远。只有建立起系统性思维，才能在市场低迷时想到"更大的大局"。我们投资一家企业，要想避免"一叶障目，不见泰山"的短视，也必须具有系统性思维。只有具备系统性思维，才不会为企业一时的经营波动或交易价格的涨跌所动摇。对于长期主义者而言，对整体的布局也是成功的关键要素之一。

华为的"乌龟"精神

华为是一家典型的追求长期主义的企业。从30余年的成长与发展轨迹来看，华为从来都没有转型。中国人民大学教授、华为研究专家吴春波指出，华为就是这么有个性，就是一只"小土鳖"，长在村里，然后慢慢往外爬，爬到三线城市、二线城市、中心城市，然后再爬到全世界。可以说，华为由"像龟"变成了"大象龟"。乌龟有三个特点：一是四脚着地，紧贴地面，接地气。华为从来没有梦想找到一个风口，从来没有梦想长出一双隐形的翅膀，而是坚持着自己的选择，执着地走下去。二是高昂着头。华为认定自己的目标，响应内心的呼唤，在自己选定的道路上坚持走下去，经得起诱惑，耐得住寂寞，跟着客户一步一步走下去，一步步地赚着小钱，一步步地做大。三是长寿。

"不积跬步,无以至千里",华为就是依靠一步步累积,厚积薄发,久久为功,把"兔子们"甩在身后的。这就是华为式的"积跬(龟)步而至千里"的发展模式。任正非曾说:"我们要持续不懈地努力奋斗。乌龟精神被寓言赋予了持续努力的精神,华为的这种乌龟精神不能变,我也借用这种精神来说明华为人奋斗的理性。我们不需要热血沸腾,因为它不能点燃为基站供电。我们需要的是热烈而镇定的情绪,紧张而有秩序的工作,一切要以创造价值为基础。"

30余年来,华为确实像乌龟一样。第一,它经得起诱惑;第二,它耐得住寂寞;第三,它在自己认定的路上一路艰险,跟着别人跑,响应内心的呼唤,实现自己的目标。目标是什么?追上别人。因为这条路上有很多同行者都是兔子,乌龟很难追上兔子。而且,华为的同行者——这群"兔子"许多在19世纪末都已经起跑了,20世纪末华为才走到起跑线上。但是华为没有想去改造自己的基因,把自己变成"兔子",或者找一个风口,或者弯道超越、变道超越,或者造道超越。华为只认一点,坚持爬!把兔子们打盹的时间用来爬,一步一步缩短距离。华为坚持了30多年,从和"兔子"的距离越来越短,到和"兔子"肩并肩,最后超越了"兔子",进入无人区。

长期主义作为一种管理哲学也体现在华为的价值评价和价值分配上。《华为基本法》里明确提到,对员工和干部"工作态度和工作能力的考评侧重在长期表现上",以及"我们不会牺牲公司的长期利益去满足员工短期利益分配的最大化"。公司考虑的是长远利益,是不断提升企业的长期竞争力。员工主要考虑的是短期利益,因为他不知道将来还会不会在华为工作。解决这个矛盾就是要在长远利益和眼前利益之间找到一个平衡点。因此,华为实行了员工虚拟股权激励计划，员工从当期效益中得到工资、奖金、医疗保障，从长远效益中得到股权激励，这避免了员工做出短期行为。

对于企业来说，长期主义是当今稀缺而又宝贵的思维方式，很多大公司往往以追求短期利益为目标。大公司有着很长的委托代理链条，所以它们需要多种指标来评估链条中的员工是否表现良好。然而，这些指标会刺激员工做出短期行为。企业应该构建一种重视长远利益的企业文化，不要总强调短期绩效指标，这样做将有助于其避开金融市场的波动和情绪影响。企业可以通过区分过程和结果，以及通过对奖励、任务、评价标准的设计和内部沟通来做到这一点。

波浪式前进的长期投资

根据1950年以来美股数据统计，在10年滚动窗口内，复合收益率最高的100只股票在其"辉煌10年"内平均经历了10个月的下跌，平均下跌幅度为32.5%。而在此之前的10年中，这些龙头股平均下跌22个月，平均累计下跌51.6%。

即便是市场上最成功的公司，在长周期内也出现过股价从局部高峰到低谷的大幅下调。以苹果公司为例，苹果在1980—2019年为股东创造了1.64万亿美元财富，其中有1.47万亿美元是在2019年前的10年中积累起来的。然而，苹果公司遭遇了多次股价跌幅超过70%，包括1983年5月至1985年8月下跌74.0%，1992年2月至1997年12月下跌79.7%，2000年3月至2003年3月下跌79.2%。另一个长期投资的典范亚马逊也有类似情况，市值的长期攀升夹杂多次大幅下行。

对投资者而言，所谓的长期投资不是走一条直线，一路冲向终点，其可能会经历各种坎坷，面临各种危险，甚至有时会摔得鼻青脸肿。只有坚定地朝着最终目标奋力前行，才可能获得长期的成功。

如何判断一个公司、资产管理者或者资产所有者是否具有长期主义思维呢？一个原则便是看其是否把时间花在了正确的事情上，即判断其目前关注的领域，以及做出的决定是不是合适的。具体来说：公司是否专注于自身经营战略和竞争优势，是否在资本配置、团队人才和文化建设等相关决策中有所行动；资产管理者是否专注于自身投资理念和流程，以及投资决策在逆境中如何维持；同样，资产所有者是否关注自身承担风险的能力以及与投资经理一起长期投资的能力，这反映在战略资产配置、外部资产管理机构选择和对危机的应对上。

个人投资者的视角

对于长期投资者而言，多元化投资与注重权益（即股票）投资是重要的原则。多元化投资为投资者提供了改善风险和收益结构的"免费午餐"，而注重权益投资为投资者提供了积累更多财富的可能性。耶鲁大学捐赠基金首席投资官大卫·F.史文森认为，倾向于权益的多元化配置策略是一种适合多数投资者的长期配置策略。这里的长期并不是简单长期持有，而是正确对待各类资产收益和风险特征的长期视角。然而，一个关键的问题是理论和实践之间存在巨大差距。虽然很多人都知道长期投资的重要性，但短期决策仍然很普遍。这就是为什么贯彻长期主义，需要延迟满足和不断进行自律修行。

个人投资者目前仍是中国股市的主要参与群体之一。然而，我国个人投资者股票投资期限普遍较短，不仅直接投资股票呈现持股时间较短的特征，即便是采用基金投资即间接投资股票方式，个人投资者持有时间也相对较短。另外，个人投资者在股票市场中的投资行为呈现出投机性强、频繁交易、追涨杀跌等短期化特征，短期的股价可能因受突发事件和市场非理性情绪影响而波动。从长期视角来看，投资关键在于寻找更可持续的、可预测性更强的增长驱动力，即标的公司和资产的经营基本面的改善。

根据2021年支付宝理财平台联合10家基金公司发布的基民报告，截至2021年第一季度的15年中，我国股票类主动管理基金业绩指数累计涨幅高达910.7%，年化收益率为16.7%。而在同一时期，个人投资者的平均年化收益率仅为8.9%。调查发现，个人投资公募基金的盈利水平和持仓时间呈正相关。持有基金短于3个月的用户中，超九成是亏损的，而持仓超过1年的用户中，近九成是盈利的。除了市场行情波动外，个人投资者追涨杀跌、频繁交易也是造成"基金赚钱、基民不赚钱"的主要原因。个人投资者在投资金融产品时的短期化行为（例如频繁申赎基金）会导致资产管理者为满足流动性需要而采用短期投资策略。许多基金保持较高的换手率以应对投资者频繁申赎，难以践行长期投资和价值投资的理念。另外，基金的波段操作导致大量资金短期内涌入某一热门板块，迅速推高板块整体价格，为市场稳定留下隐患。

资产管理者的视角

资产管理者，也就是接受资金并进行投资，为投资者创造回报的专业投资机构。自2015年起，CVC、Carlyle、BlackRock、KKR等头部大型私募投资机构相继发起设立了长期基金，认为拉长对成长性较强的企业的持有期，可有效降低投资组合变动和再投资风险，更好地保护投资者利益。同传统私募基金 10 年左右的存续期相比，长期基金的存续期一般超过 20 年。传统的私募基金必须通过大规模的业务转型和密集的增值活动来提升企业估值，为退出创造条件；而长期基金的投资标准更高，投资于现金流可预测、非周期性行业的优质企业，私募投资机构能与优质企业共同成长，具有更加灵活的管理费架构和较强的获得复合回报的能力。

对于公募基金而言，基金经理面临着每年甚至每个季度都要超越市场的压力。市场上关于"明星基金经理"的报道，让短期胜出的基金经理受到大众的关注甚至追捧。不过，事实证明短期成功往往只是昙花一现。在拥挤的短期赢家市场中，基金经理面临着巨大的压力，股票的错误定价在短期内要得以回归，而且很快就要卖出的股票必须为另一只股票所取代。通过延长投资换手的时间，基金经理可以增加一系列投资机会。随着短期参与者的减少，不仅长期投资的可能性会增加，而且识别错误定价股票的竞争也会减少，成功投资的可能性也就越来越大。

近些年来，中国公募基金快速发展，2021 年资产管理规模同比增速达 28.51%，公募基金行业进入优化转型阶段。一方面，公募基金对外创造长期投资价值，发挥专业性。基金公司积极传播价值投资和长期投资理念，提升投资者教育水平。根据《全国公募基金市场投资者状况调查报告（2020 年度）》的数据，超六成（63.3%）投资者在购买基金后比较重视长期收益。以长期业绩表现来彰显自身专业的投资和研究价值，赢取投资者的长久信赖，改变"基金赚钱、基民不赚钱"的现象将是基金公司未来发展的重要使命。另一方面，公募基金对内构建长期激励机制，实现各方长期利益一致。基金公司通过强化中长期考核，鼓励投研团队在投资运作中更重视业绩的长期稳定性与持续性。自 2014 年某头部公募基金公司率先起步探索股权激励起，截至 2022 年，前十大公募基金管理人已过半数实施股权激励。构建长期激励机制、提升业绩规模、实现注重长期价值的激励效果将成为未来公募基金公司的重要任务。

资产所有者的视角

资产所有者指持有大量资金的机构。世界上最大的资产所有者包括养老基金、保险公司、主权财富基金和共同基金（直接或通过美国企业养老金计划等产品汇聚个人投资者的资金）。其代表长期储户、纳税人等投资。在许多情况下，其对客户的受托责任时间跨越几代人，因而其有足够的资金规模和时间跨度聚焦长期资本投资。这些大型机构投资者也普遍认同"注重价值投资，设定长期目标"的投资理念。例如，在新加坡淡马锡公司宪章中，淡马锡的首要目标就是发扬企业价值观，提高股东长期投资回报。

目前，已有不少大型投资机构对公开市场股票实施长期策略。实践中主要有两种方式，一种是采用系统化的方式行使股东权利，通过改善公司治理提升长期业绩，其中有代表性的机构是美国加州公共雇员养老基金（CalPERS）；另一种是采用类似私募基金投资策略的关系投资方式，投后积极参与公司管理，其中有代表性的机构是加拿大养老金计划投资委员会（CPPIB）。

大型机构投资者的中长期投资策略也与风险投资趋势相吻合。近年来，风险投资基金所投公司上市的时间轴越来越长。2000 年以前的风险投资基金所投公司，如互联网公司 Ebay、Salesforce 和 Google 从起步到公开上市时间是 6~8 年，Amazon 仅用了 3 年。而之后投资的互联网公司如 Uber、Airbnb、Lyft、Dropbox、Eventbrite 上市花费的时间则延长到 10~12 年。

此外，要践行长期策略，机构投资者还需要确保内部投资人员和外部基金经理都致力于长期投资。投资基金常见的收费结构，如每年 2% 的管理费用和 20% 的绩效费用，几乎不能促使基金经理致力于长期投资。安永会计师事务所的调查发现，尽管受访机构投资者希望年度现金支付只占基金经理年薪的 38%（其他以股票、延期现金、股票期权等形式兑现），但实际占到 74%。近些年来，许多机构致力于减少固定管理费用，鼓励投资人员坚持长期投资。CPPIB 已经尝试了一系列新颖的方法：允许公开市场股票基金经理锁定资本至 3 年或以上；支付更低管理费用，但更高的绩效费用；推迟相当一部分基于绩效的现金支付，以便建立更长期的业绩记录。

新加坡政府投资公司（GIC）是践行长期投资的典范。根据 GIC 的年报，在过去 20 年和过去 10 年中（截至 2022 年 3 月 31 日），GIC 的名义年化投资回报率分别达到 7% 和 6.4%，资产组合收益的年化波动率分别为 8.7% 和 6.6%，是亚洲乃至全球大型机构投资者的典范。GIC 自 20 世纪 80 年代成立之初，就肩负着使新加坡的外汇储备保值升值的使命。投资目标方面，GIC 非常清晰地表达了价值投资和长期投资的取向，其内部模型以 20 年预期收益率作为关键指标。公司治理方面，顾问委员会关注持续几十年的长期趋势，业绩评估与 5 年、10 年和 20 年的预期回报紧密相关。内外沟通方面，GIC 积极参与被投企业管理，关注其长期战略，并在与投资者沟通的过程中淡化短期业绩考量。

CPPIB 的前首席执行官马克·威斯曼和麦肯锡公司前董事长多米尼克·巴顿是聚焦资本长期表现的积极倡导者。根据 CPPIB 公布的 2022 年年报，过去 5 年 CPPIB 年化净收益率达到 10%，过去

10年年化净收益率更高达10.8%，业绩表现亮眼。CPPIB重点配置长期的具有收益优势的权益投资，同时大量引入长期限的房地产、私募股权基金、基础设施等另类资产。

长期投资的优势

在长期主义思维指导下投资者进行长期投资，具有以下优势：

第一，可以有效化解投资风险。短期内，优质公司股票价格也可能大幅波动，但如果从长期来看，这只是上涨中的小冲击，因为对于长期投资来说，优质公司股票价格总是会回归到它的内在价值。

第二，有助于抵御价格波动。长期持有一家优秀企业的股票，甚至长期进行固定投资是一种习惯，外部股市波动不会影响企业的内部价值。从长远来看，所投企业的长期经济利益会弥补短期价格波动给投资者带来的损失。

第三，有助于避免投机。长期投资可以远离投机炒作，使投资者更加关注投资对象本身的成长性，减少投机心理，不为眼前利益而决策，避免选时失误造成的损失。

第四，有助于了解投资对象。投资者在做长期投资决策时，会花更多的时间去全面了解行业发展状况、公司前景和投资产品，会让投资决策更加谨慎。

第五，有助于分享企业的成功。长期投资的最大优势在于投资者可以从不断发展的企业中持续分享发展成果，促使资本市场良性健康运转。

不少研究认为专注长期策略的公司能够获得更好的业绩，这类公司的管理层通常着眼于未来3年、5年甚至10年的价值创造。

咨询公司 Willis Towers Watson 研究发现，2001—2014 年，专注长期策略的公司相比其他公司表现更优：收入增幅平均超出 47%，利润增幅平均超出 36%，市值增长平均超出 70 亿美元。长期主义思维对我们的人生规划同样有巨大的影响，它能够使我们摒弃短期思维，用更加长远的目光去看待事物发展，不被短期的一时利得影响，进而在这不断变化的世界中找到相对确定与相对正确的事物。做一个长期主义者，拥抱长期主义思维，才能成为最后的赢家。

第十章　网络思维

如今，我们逐渐认识到，没有什么事情是孤立发生的。大多数事件和现象都与复杂宇宙之谜的其他组成部分或相互关联、或互为因果、或相互作用。我们生活在一个小世界，这里的万事万物都相互关联。我们开始领悟到网络的重要性。

——［美］艾伯特-拉斯洛·巴拉巴西

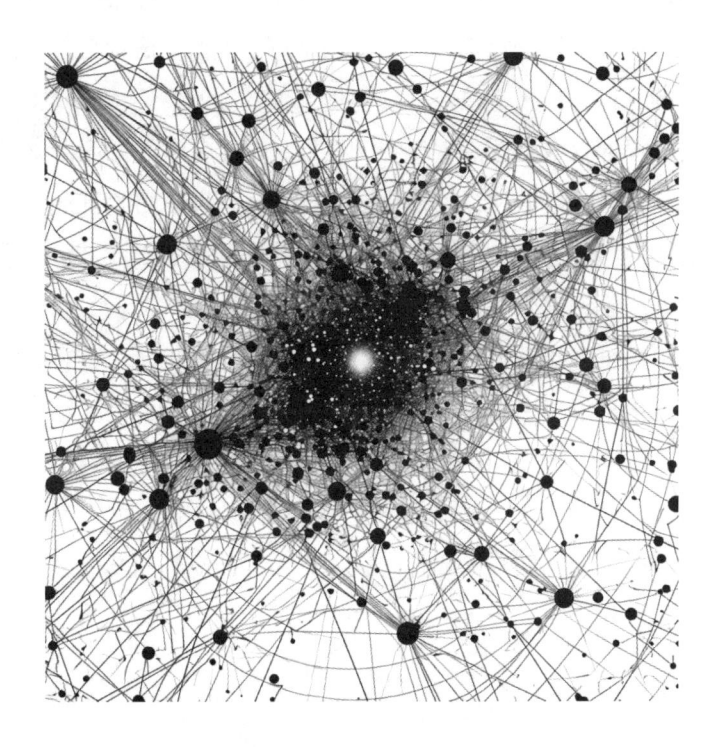

"网络"是一个随着计算机的诞生而被广泛使用的词语，它是由若干节点和连接这些节点的链路构成的，表示诸多对象相互联系。随着互联网的发展，网络开始进入大众的视野与生活，目前人们谈及的网络，不单指互联网，更是指各种各样的社会形态，包括贸易网络、供应链网络、社交网络等。网络对于我们理解社会关系是十分重要的，过去由于科技条件、地理条件的限制，网络难以得到扩展，仅能局部存在；伴随着科技的发展，一个又一个的限制被打破，网络也从最初的局域网，发展到今天的万人互联、万物互通。当下许多的社会活动与经济活动都可以通过网络实现，因此，运用网络思维与网络模型来分析这些活动是有现实价值的。

　　网络思维是指基于一个中心节点，向外扩散思考，将有关的内容连接起来，形成一个巨大网络的思维模式，常见的网络结构包括随机网络结构、地理网络结构、幂律网络结构和小网络结构。网络思维在生活中很常见，例如在社会网络中，一个人的行为或信念，通常会影响他朋友的行为或信念，他本人亦能受到朋友的影响，他们之间相互作用。

网络思维随着互联网浪潮的兴起逐渐进入大众的视野。最初，网络思维描述的是利用互联网的模式进行思考，后来，网络思维一词用途越来越广泛，已经渗透到各个学科和产业当中，包括但不限于贸易网络、社交网络、供应链网络等。在投资学中，也有网络思维的应用：在寻找投资机会时，利用网络思维进行思考，可以找到新的机会和增长点；在做投资决策时，利用网络思维进行思考，可以推演出某一事件对市场的影响，以判断是否进行投资。

过去几十年以来，社会学家和复杂科学专家逐步探索，并揭示了网络世界隐藏的五大核心法则。

网络法则之一："六度分隔"法则

人类社会是世界这个巨大的动态网络系统的一部分，每个人都是社会系统中的一个节点，而人与人之间的关系和互动形成了一个巨大的社会网络。人们吃穿住行、生老病死，在此过程中与自然形成索取、回馈关系，置身于大自然循环的大网络中，万物互联。没有一个群体能够脱离这个网络而生存。

试想一下，一个人独自生活在一万年前的欧亚大陆上，捡树枝、摘浆果、打野兔，过着风餐露宿、食不果腹的生活。凛冬降临，他不幸染病，孤独死去大概率是他唯一的结局。人无法离开群体生活。作为社会性动物，脱离群体后，个体抗风险能力极差。随着时间推移，物竞天择，部落、城邦、民族、国家等社会形态自然而然会出现。

然而，社会学家经研究发现了一个惊人的法则——无论人类社会有多么大，其实，任意两个人都可以通过6个或更少的中间人取得联系，这就是所谓的"六度分隔"法则。1967年，美国社会心理学家斯坦利·米尔格拉姆设计了一个明信片邮寄实验。米尔格拉姆首先随机选择了一些居住在内布拉斯加州和马萨诸塞州的人，将他们分别作为起始点，然后请他们通过自己熟识的人，将一张张明信片传递给一个指定的股票经纪人。这些被选中的人并不知道股票经纪人的具体信息，他们只能依靠自己的人际关系网来寻找可能认识该股票经纪人的人，然后将明信片传递下去。实验的目的是观察这些明信片最终需要通过多少中间人才能送到指定的股票经纪人手中。经过对实验数据的分析，米尔格拉姆得出一个惊人的结论：平均来说，每张明信片只需要通过6个中间人就能送到目标股票经纪人手中。这一发现揭示了人际关系的奇妙连通性，即尽管世界看似庞大而复杂，但人与人之间的间隔距离却比我们想象的要近得多。

互联网技术的兴起进一步缩短了人们之间的间隔距离。2016年2月，脸书研究团队分析了近16亿用户的数据，发现任意两个人的平均间隔为3.57人。如果仅考虑美国使用者的话，这个数字会降到3.46。追踪研究发现，这个"间隔"从2011年开始有持续下降的趋势。大家可能会感叹，地球村越来越小。

"六度分隔"法则对我们的现实网络有什么影响呢？

随着连接概率的增加，集群的数量也会随之增长。当众多独立集群相互连接，达到一个临界点时，系统将实现全面互联。

这就是为什么有的公众号没有什么人看，有的公众号却拥有超大流量。只要通过努力让连接的节点和集群越来越多，后面就会出现关注度和阅读量的指数级增长。在物理中，连接是以相变的方式呈现的，比如到了零度的时候，液态的水变成固态的冰。在网络中，我们也能看到这种相变，很多孤立的点变成了团。

网络法则之二：强关系与弱关系法则

美国斯坦福大学社会学系教授马克·格兰诺维特提出了人际关系强度的概念，并通过互动频率、感情力量（情感纽带）、亲密程度、互惠交换4个因素测量联系强度。根据这4个因素，人际关系强度可以被划分为强关系、弱关系和无关系。

强关系通常代表两个人经常互动，可能产生于个人与核心家庭成员、挚友、工作搭档、事业合作伙伴、主要客户之间。而弱关系是指通过交流和接触产生，但联系较弱的人际关系。弱关系通常表现为互动次数少、感情较淡、亲密程度低、互惠交换少等。

20世纪60年代末期格兰诺维特研究发现，人们在找工作的过程中，平时很少联系甚至不太熟悉的人反而更能够发挥作用。这是由于强关系群体往往具有高度重合的交际网络，因此，他们透过强关系所了解的信息通常也是重复的。强关系群体容易形成一个自我封闭的系统，强化原本的认知，形成信息茧房，降低接触其他观点的机会。而那些久不见面的朋友可能掌握了很多你并不了解的信息。由于弱关系的分布范围较广，它比强关系更能充当社会网络中信息流动的桥梁。正是由于这些"弱关系"的存在，信息才能在不同的社会圈子中流动，进而创造出更多的社会资源流动机会。这就是"弱关系的力量"。后续的更多研究发现，弱关系形成的团队往往具有更强的创新能力。弱关系团队的创新能力差不多是强关系团队的1.18倍。更进一步，如果这个团队成员在团队成立之前从来不认识，那么这个团队的创新能力还可以更高一点儿。

在阐释"弱关系"时，《链接：商业、科学与生活的新思维》的作者巴拉巴西给出了一种解释：当找工作的时候，你一般要通过弱关系，因为通过强关系你往往找不出新信息，但通过弱关系你可以获取来自其他圈子的新信息。人们从弱关系中获得了更丰富的信息，弱关系是合伙创业的最佳选择。社交网络是弱关系的集大成者。社交网络平台如 Twitter 是以信息作为连接点，让人与人之间形成一种弱关系，人们通过信息建立联系，这种方式可以让信息传递得更加快捷和广泛。互联网为原本素不相识、地理距离和社会距离都很遥远的人们提供了互相交谈和结识的机会，非常适合弱关系的建立，对于强化整个社会的信息共享精神具有非常积极的意义。因此，应进一步挖掘网络社交在信息分享上的潜力，通过提升网络诚信水平等手段积极为各种网络弱关系的建立创造条件，另外，对于那些有利于开展网络社交、构建各种新的社会联系的网络平台、网络工具，应给予政策、资金、技术上的支持。

分布式网络中的弱关系，已经和真实社会关系交相辉映。我们常常说"得强连接者得天下"，但当下，在社交网络越来越受到人们关注之时，我们已经进入"得弱连接者得天下"的时代。

网络法则之三："结构洞"理论

美国芝加哥大学社会学教授罗纳德·S. 伯特在《结构洞：竞争的社会结构》一书中提出了"结构洞"理论。他提出，"结构洞"就是指社会网络中的空隙，即社会网络中某个个体和另一些个体发生直接联系，但与其他个体不发生直接联系，即无直接关系或关系间断，从网络整体看好像网络结构中出现了洞穴。如果两者之间缺少直接的联系，而必须通过第三者才能形成联系，那么第三者就在关系网络中占据了一个"结构洞"。

那么"结构洞"的本质是什么？伯特认为，个人在网络中的位置比所拥有关系的强弱更为重要，其在网络中的位置决定了个人的信息、资源与权力的多少。因此，不管关系强弱，如果存在"结构洞"，那么将没有直接联系的两个行动者联系起来的第三者便拥有信息优势和控制优势，这样他能够让自己获得更多的服务和回报。一个具有企业家精神的聪明人，会在位于空隙两端彼此没有直接联系的两个人之间，担当联系人的角色，从而占据一个"结构洞"。伯特认为，经济实践中的个体都置身于一个特定竞争环境中，在市场竞争中他们的目标就是利润最大化。利润从市场生产函数角度可以通过"利润＝投入×收益率"计算。假设你投资10万元，收益率是10%，则获得利润1万元。所以竞争的焦点就成了"收益率"的高低。竞争个体进行"结构洞"桥接时，就相应获得更多的信息掌控权和进程控制权。竞争个体拥有越多的"结构洞"桥节点，便拥有越多参与竞争的机会，其获得的收益率也会越高。所以"结构洞"玩家获得最大社会资本收益率的法则，就是把有限资源精准投到关键社会资本当中。

在现实生活中，关于"结构洞"理论中"第三者"的例子有很多，如银行、咨询公司、猎头公司等。银行的市场价值源于其在市场中所处的特殊位置。正是由于银行拥有"特许经营权"，并且这种经营权在市场中具有稀缺性，所以它就在储蓄需求方和信贷需求方两个庞大群体之间拥有了"结构洞"。一方面，银行可以从分布在市场中的无数个人或者组织源源不断地获得储蓄资金；另一方面，又可以自主决定将这些资金贷给市场中数量众多的企业或者个人，而贷款人之间、贷款人与存款人之间、存款人之间都不发生任何直接的联系，银行只要在市场中建立起足够的"自信用"，就可以让存款人和贷款人通过这个"结构洞"方便地实现各自的目标。随着时间的推移,银行作为"结构洞"的载体所拥有的各类存贷款人的信息和资源越来越多,从而形成以存贷金融业务("结构洞")为核心的生态体系,其拥有的信息、资源越来越多,主动配置资源的能力越来越强,自己获得的服务和回报也会呈指数级增加。

因此,一个组织所占据的"结构洞"越多,在市场中的地位就越重要,调动人际关系提供服务的能力也就越强。通过人际关系网络"结构洞"的设计,组织可以改变人员的习惯以提高落实想法的效率,同时这些"结构洞"可以提高人员偶遇的机会,促进跨界交流,从而激发整个组织的创意思考,提升每个人的创造力,最终促使整个组织形成竞争优势。"结构洞"的重要性让我们意识到:能否成功不取决于你知道什么,而取决于你认识谁。所以一个人是否能够通过社会资本网络获取准确有用的信息,是否能优先传递信息,是非常重要的。

资本和知识的深化使产业链呈现网络化趋势,而作为重要节点的企业,可从价值、知识和创新三个层面对产业链进行整合,占据及跨越产业链中的"结构洞",形成核心竞争力,并在产业链价值分配中获得主动权,推动产业链的升级及产业链间的耦合,增强链优势,实现价值最大化并获得快速成长。

网络法则之四:无标度网络

研究复杂网络的学者发现,现实世界中的许多复杂网络,如互联网、社会网络等,各节点拥有的连接数(又称为"度")服从幂律分布。也就是说,大多数"普通"节点拥有的连接数很少,而少数"热门"节点拥有的连接数极其多。它们相连接形成的网络称作无标度网络，网络中的"热门"节点称作枢纽节点。

例如，社会网络中，大多数节点的度很小，而少数节点的度很大，微博上一些大V的粉丝量巨大，他们在信息传递中具有相当高的话语权。又如在互联网中，各个网站通过页面链接相互关联。绝大部分网站只有少数站外链接，而少数网站有相当多的站外链接，例如一些门户网站。

巴拉巴西发现，真实网络由生长机制和偏好连接两个定律支配着。每个网络都是从一个小的核开始，通过添加新的节点而扩大。然后，这些新节点在决定连向哪里时，会倾向选择那些拥有更高连接数的节点。生长机制让资历老的节点具有明显的优势，让它们拥有更高的连接数。偏好连接也存在"富者越富"的现象，帮助连接数较高的节点连接数进一步增加，而后来者的连接数会相应减少，这就导致网络中节点连接数呈幂律分布。

网络法则之五：梅特卡夫定律

梅特卡夫定律，是一个关于网络价值和网络技术发展的定律，其内容是：一个网络的价值可用该网络内节点数的平方来表示，而且该网络的价值与联网的用户数的平方成正比。用公式表述就是：

$$V=KN^2$$

其中，V代表一个网络的价值，N代表这个网络的节点数，K代表价值系数。这个看似极其简单的公式在互联网时代受到人们高度推崇。

罗伯特·梅特卡夫1946年出生于纽约市布鲁克林区。年轻时的梅特卡夫是一个标准的学霸，在麻省理工学院获得了工程学和管理学的双学士学位，后来又在哈佛大学获得了博士学位，博士毕业后他加入当时的科技巨头施乐公司。在施乐工作期间，他发明了当今局域网使用最广泛的协议之一——以太网，这让他年纪轻轻就一跃成为"计算机先驱"。在33岁时，梅特卡夫便把自己掌握的技术转变成商业产品。1979年，他创办了著名的3Com公司，主营通信基础设施服务。

后来，马克·安德森创立了Netscape（网景）通信公司，发布了网景浏览器，用户数一路狂奔，安德森在总结网景的飞速发展时，称"梅特卡夫定律是一盏明灯"。之后随着互联网在美国强势崛起，这个起初描述硬件网络价值的定律逐渐外延到了整个互联网领域。无数网站的创始人将梅特卡夫定律写进了他们的商业计划书，它在一定程度上成为互联网领域无数创业者和从业者的信念灯塔。

网络思维在公司发展中至关重要。通过网络思维，公司能够更好地解决供应链中的问题，更快地向供应商传递公司的信息，提高公司影响力，整个行业的供应链也会随之得到重组，变得更加高效；通过网络思维，不同行业能够搭建不同的合作网络，使得行业间的合作增强，进而扩展行业间的合作，使行业间的交集越来越多，更好地促进各行业的发展；通过网络思维，公司可以不断扩展业务范围，打破各项业务之间的技术壁垒，更好地促进产品的开发，最终促使整个行业以全新技术开发产品，使得未来产品可以更好地满足用户需求。

网络思维既可用于投资活动中的宏观金融风险分析，以使金融体系的整体风险得到控制，也可以用于产业链分析和企业竞争位势分析，以使企业做好投资决策，还可以用于企业经营管理与战略分析。

第十一章　心理学思维

心外无物，心外无事，心外无理。

——［明代］王阳明

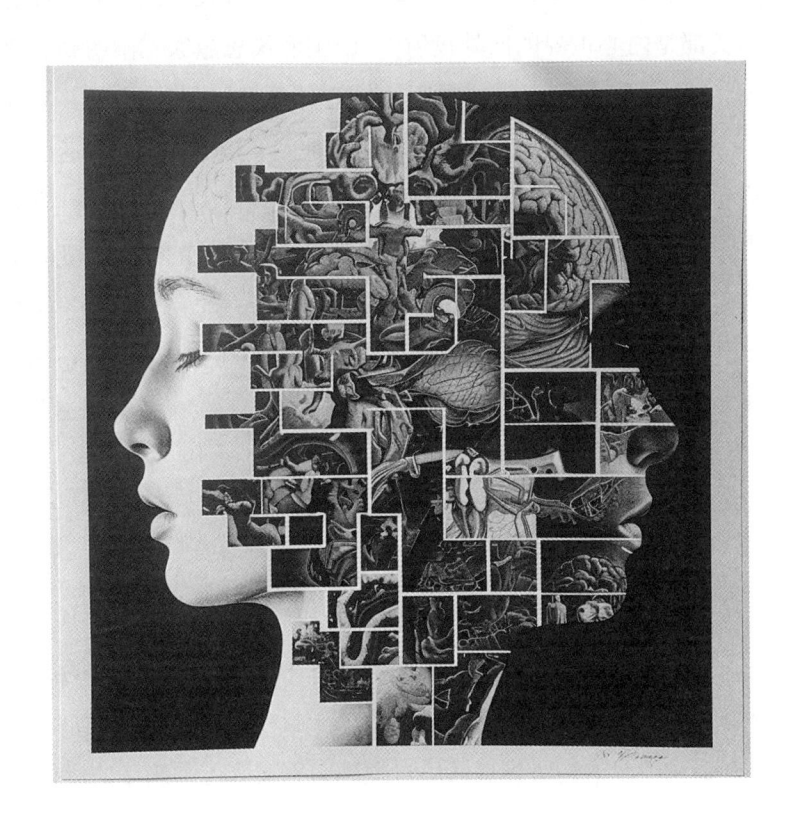

瑞士著名心理学家卡尔·古斯塔夫·荣格曾说"我们的外部境遇其实都是内心世界的向外投射"。中国明代思想家王阳明则走得更远，提出"心外无物、心外无事、心外无理"。两位大师其实都指向一点：在个体心中，客观世界其实是人类接受外部信息后的主观感受。这就意味着探究人类心理与认知客观世界具有同样重要的作用。那么，在投资世界中，人类是不是完全理性的呢？大量的实证研究和实验证据都表明，现实世界的投资者并非完全理性，他们最多是有限理性的。市场也不是完全随机游走的，市场具有复杂适应性系统的所有典型特征。

卡尼曼的系统 1 与系统 2

美国心理学家丹尼尔·卡尼曼认为，在人类漫长的进化中，人类的大脑形成了两套思维模式，即系统 1 和系统 2。系统 1 的运行是无意识且快速的，不太费脑力，它处于自主反应状态。例如，回答"2+2=？"，人们听到提问后自发确定答案等。系统 2 的运行需要人类将注意力集中到大脑活动上来，比较费脑力，因此往往会屏蔽其他的事情，通常与行为、选择和专注等主观体验相关联，例如，进行复杂的运算。系统1和系统2高效分工，各司其职。当人们遇到系统1无法解决的问题，或者需要控制自主反应或纠正直觉错误，抑或要按规则执行多重任务时，系统2就会发挥作用。系统2是耗能的，因此在大多数时间人们会使用系统1思考，这就导致人们会跟着直觉做出非理性决策，从而产生锚定效应、心理账户、禀赋效应等行为偏差。

行为金融学中的两种偏差：信息处理偏差与行为偏差

正是因为投资者的行为在很多情况下并不符合完全理性的假定，行为金融学便应运而生。行为金融学在传统金融学的基础上，融合了心理、行为等因素。行为金融学认为，金融市场很多现象只能用参与者的非理性来解释，也就是说金融市场不是有效的。这里面包括很多特征，如存在心理账户与沉没成本、损失厌恶，相信投资经历、记忆偏差，过度自信与频繁交易，羊群效应等。行为金融学将这些特征分为两种，一种是信息处理偏差，另一种是行为偏差。

信息处理偏差，说的是人们有易得性偏差，即更有可能提取容易被记住的信息，并信以为真，例如，投资者在选择股票时往往会从自己熟悉的几只股票中选取。另外，在信息接触阶段，人们易受首因效应和近因效应影响，会有先入为主或后入为主的倾向；在信息加工阶段，会出现代表性偏差，即在不确定条件下，人们会根据已有的代表性特征做判断，历史信息引起的代表性偏差就是追涨杀跌的原因；在信息输出阶段，人们往往会过度自信，过度自信使人忽略风险，引发过度交易；在信息反馈阶段，人们也很难纠正前面阶段出现的偏差，主要是由于自我归因、后见之明、认知失调、确认性偏差、神奇式思考等原因。自我归因使投资者把好的投资结果归因于自己，把不好的结果归因于市场等外界因素，这使得投资者很难发现投资失败的真正原因。后见之明使投资者只记得自己正确的预测，而不记得错误的预测。认知失调使投资者曲解、规避与自己预想不一致的信息。确认性偏差使投资者只筛选对自己观点有利的证据和信息。神奇式思考使投资者误将某些相关性理解为因果关系，并依此做出决策。

行为偏差包括：

一是锚定效应，即决策者受到参考点的影响。在锚定效应下，投资者往往会以初始买入价作为参考值，更倾向于做出"出盈保亏"的操作。例如，投资者对风险的看法，是"面临有风险的可能损失"还是"面临有风险的可能收益"，可能会影响到投资者的决策。再举个简单的例子，去麦当劳的时候如果店员问要鸡腿汉堡还是牛肉汉堡，可能顾客自然就会选择其中一款；如果店员问要汉堡还是可乐，可能本来只想买杯饮料的顾客也会被锚定而选择购买汉堡。这实际上就来自人的框定偏差。

二是损失厌恶。"吃到嘴里的肉吐出来"和"吃不到葡萄说葡萄酸"，哪一个让人更痛苦？心理学试验表明，损失带来的痛苦值大约是同等盈利带来的快乐值的两倍。在这种情况下，投资者会过度关注短期的盈利可能性，同时夸大损失的可能性，使得投资决策趋于保守。同时，损失厌恶的心理也会使投资者在发生损失时难以及时"割肉"止损。实验显示，许多参与者更愿意选择无风险（也就是100%的概率）获得 7 000 元，而不会选择有 80% 的机会赢得 9 000

元的赌博,尽管选择获得 9 000 元的期望值为 7 200 元,高于 7 000 元。例如,基金投资中有一个有意思的现象。投资者如果亏钱,一般不会赎回,即使一元钱的净值跌到了六七角,他们也不会赎回基金,但当净值涨到 1.03~1.05 元时,绝大部分的投资者都跑了。

三是将小概率事件扩大化,例如买彩票、投资绝对收益高但发生概率低的产品。卡尼曼教授认为,过度自信导致投资者对概率事件产生错误估计。人们对于小概率事件发生的可能性产生过高的估计,认为其总是可能发生的;而对于中等偏高概率的事件,易产生过低的估计;但对于概率在 90% 以上的事件,则认为肯定会发生。许多事件的发生完全是运气和偶然因素导致的结果,而我们却总是凭借一些数据的表面特征,靠直觉推断其内在的规律,结果产生认知和判断上的偏差。

四是框架效应,卡尼曼和阿莫斯·特沃斯基的研究表明,正面的信息描述框架引发投资者积极正面的反应,从而产生正框架效应;负面信息描述框架引发投资者消极负面的反应,从而产生负面框架效应。投资中的框架效应也随处可见。例如,两只基金,条件类似,假设我们使用蒙特卡洛方法计算得出,A 基金未来盈利的可能为 80%,B 基金未来亏损的可能为 20%。人们通常愿意选择 A 而非 B,尽管两者的盈亏比例是完全一样的。

五是存在心理账户,投资者在做决策时,除真实账户外,还会建立一个心理账户。很多人会将不同收入来源的资金,如工资收入、理财收入等放入不同的心理账户,并赋予不同的风险容忍度,例如,对工资收入处置更为谨慎,对意外之财或理财收益处置更随意等。

期望理论是行为金融学中影响力较大的理论模型,它把两类偏差结合起来,以分析金融市场的决策行为。它认为期望选择所遵循的是特殊的心理过程与规律，而不是预期效用理论所假设的各种公理。期望理论将金融市场的异象归因于确定效应、反射效应和分离效应。确定效应指相对于不确定的结局，人们对结果确定的结局更加重视，这导致人们更加倾向于接受确定性盈利。反射效应指个人在面对损失时有风险偏好的倾向，而对于利得则有风险规避的倾向。分离效应是指在决策过程中，一组期望可以被分解为不同的因子，而这可能导致决策者在不同情况下做出不一致的选择。这种现象最终可能导致框架效应，即决策结果受到问题呈现方式的影响。

总结起来，人有林林总总的认知偏差。有的与行为模式相关，如非线性概率权重、理想化、损失趋避等；有的与思考习惯相关，如后视偏差、选择性记忆等；还有的与见解相关，如过度自信、逞强、心理账户、保守主义等。在这些偏差的影响下，投资者往往会做出非理性决策。

动物精神

动物精神是一个与"人类精神"相对的概念，是指那些"导致经济动荡不安和反复无常的元素"，是经济活动中人们的非理性动机和行为。诺贝尔经济学奖获得者乔治·阿克洛夫和罗伯特·希勒认为，"动物精神"是人类经济行为的根本动机。"动物精神"的五大因子——信心、公平、欺诈、货币幻觉和故事，会对人们的经济活动产生重要而深远的影响，进而引发经济"非理性繁荣"。这当中的影响路径具体如下：

一是由于人们通常对经济比较有信心，以及信心带来的放大效应，在宏观经济的发展过程中，多数微观经济主体对宏观经济都存在不确定性认识误差带来的盲目乐观,虽然也会有不同的声音提醒他们要警惕风险和泡沫,但是这种声音往往被他们选择性忽视,从而形成了整个社会都在不断加大消费和投资的局面,使宏观经济表面看起来更加繁荣——恰如人们之前预期的那样。

二是公平会导致人们弱化甚至放弃理性因素。在现实世界中,对人们来说,出于公平因素考虑的非理性经济动机远比理性的经济动机重要,这就使得工资水平会朝着人们认为公平的方向变化,而不是根据经济发展等其他客观因素来进行调整。

三是腐败和欺诈在实际生活中往往是在事后才能被发现,导致腐败的原因更多是不健全的制度和未理顺的机制,欺诈行为更多源于投机、"钻空子"。虽然事后总是能够发现,导致经济风险的因素中有诸多腐败和欺诈的行为,但是在经济危机爆发前,宏观经济中累积的矛盾在腐败和欺诈行为干预下得到了"维稳"式的缓解。

四是动物精神理论的一大基石——货币幻觉,让人们难以认清名义货币的实际购买力,忽视了通货膨胀和通货紧缩对经济生活的巨大影响,无法理性地根据经济发展的实际状况做出正确的经济决策,进而无法有效地管理和控制自身的经济行为,所以会非理性地增加消费和投资,推动整个经济"非理性繁荣",最终造成经济和金融的异常波动。

五是经济生活中的故事往往变成决定人们经济决策的基础。在金融市场上往往流传着许多"成功者"的励志故事,刺激着人们超出理性判断进行投资。在宏观层面上,人们往往会对发达国家高福利的故事青睐有加,发展中国家如果不切实际地以盲目扩大赤字来提高人们福利水平,在短期内有可能会使人们的生活状况有较大改善,但这是无法持续的。财政赤字的过度增加会带来发展中国家的非理性繁荣，同时经济的不确定性也会增加。

如果宏观经济受上述动物精神五大因子持续影响，当社会经济资源达到极限、难以为继的时候，人们将会遭遇许多经济问题，甚至遭遇金融危机。

"乌合之众"的群体心智

除了个体心理，群体心理也会呈现出一定的非理性特征。群体心理偏差在投资当中更致命。中国有句谚语，"三个臭皮匠，赛过诸葛亮"。事实上，三个诸葛亮在一起的时候还不如一个臭皮匠。群体心理学经典之作《乌合之众》概括了群体心智的内在规律，其中最为重要的发现就是群体心理的一些非理性特征，它们是匪夷所思、超乎想象的。

第一，群体存在精神统一性。聚集在一起的人们，他们的情绪和思想不约而同地指向同一个方向，原本自觉的个性会逐渐消失。人群中会形成一种集体思维，这种思维是短暂的，但是会展现出非常显著的特点。可以想象，某一个体在群体中不会希望自己表现得与大家不一样，因为觉着若自己太特立独行，最后容易被孤立。这也是运用群体思维不见得是好事的原因。实际上，一个投资公司如果强调精神思想的统一，基本上离失败就不远了。瑞·达利欧强调，要有教士般的热忱和杀手般的冷酷，要坦诚，直言不讳地说出自己的观点并努力说服别人。在一个投资机构里面，大家能够坦诚相待，即使观点不同，也能把分歧点摆在桌面上，然后保持自己的独立性，这无疑是非常重要的，也是很多群体所缺失的。

第二，群体智能低下。在群体中，由于个体理性的丧失，群体成员无法把由理性个体所拥有的智慧叠加或组合。这可以解释大家争相模仿别人的做法，比如抢购，实际上大家并不知道囤货到底好不好，但当一个人囤货的时候，许多人都会这么做。这也可以解释前面所说的合成谬误，对个人来说最优的是多抢购一点，但对整个社会来说，这种选择却可能造成供应不足等问题。

第三，在群体当中，激发、传递和接受的机制会形成。群体中的个体被某一情绪所激发并最终被情绪控制，然后情绪相互传递，最后控制了整个群体。大家被这一情绪控制后，便极易受到外部建议的控制并受其指挥参与行动。金融市场往往也是如此，当出现一个新概念，并为越来越多人所接受时，大家就都往这个方向冲，市场泡沫就迅速膨胀。

第四，群体当中易催生三个特征：冲动性，服从性和极端性。冲动性，是在某一个外界强刺激因素激发下迅速发动。服从性，是自愿服从外来指挥、追随他人的特性。极端性，是会出现过激的行为。

第五，在群体当中，整个思维模式是非常表象化、形象化的，有极高的想象力。受这种形象思维的影响，社会中会出现一个被编造出来的故事任由大家去想象，于是一群人就群情亢奋，付诸行动，游行、示威、暴乱，都跟这种群体思维有关。一些企业在产品营销中也很喜欢利用群体思维，所以出现了很多收"智商税"产品。投资同理，在市场宽松的时候，大家喜欢听故事，如投行在公司上市时所讲的投资故事。故事越表象，越能够占据群体的心理。很多广告故事都是简单、直接的，网络上的许多视频也有这样的特点，实际上就是迎合了这一群体心理的特征。

威廉·伯恩斯坦在其著作《群体的疯狂：人类3000年极端信

仰与资本泡沫狂热史》中指出，人类的群体非理性行为尽管在表象上变化万千，但都依赖于共同的社会与心理机制。首先，它们之所以会出现并长期存在，源于人类普遍怀有希望改善今生或来世福祉的愿望。更为重要的是，这些非理性行为能够在社会中传播并扩大，离不开人类长期进化生成的四个基本行为倾向：一是相信叙事胜于事实和数据的倾向；二是幻想本不存在的某种"模式"存在的倾向；三是确认偏见，即将事物合理化，使其符合个人价值或情感取向的倾向；四是模仿他人的倾向。由于这些行为倾向早已在人类几万年的进化进程中深深地镌刻在我们的基因中，无论社会如何发展和进步，各种各样的群体狂热行为总会不断出现。

第十二章　价值思维

股票市场上充斥着一群人,他们知道所有东西的价格,却不知道它们的价值。

——[美]菲利普·费雪

消费者在商场购买商品的时候，会关注商品价格，进一步地，一些消费者会思考，它值不值这个价呢？我们知道，价值是价格的基础，价格围绕价值上下波动。我们购买一件商品，核心是拥有这个商品的价值，价值的生命力很长，价格只不过是价值的货币表现形式。一本书的价格可能我们早已忘记，但是一本好书带来的价值却让人念念不忘。因此，很多投资人都在投资实践过程中自觉建立起价值思维，理解价值的含义是每一位投资者的必修课。

静态与动态价值思维

价值思维，本质上是指投资时要选取现有价格或未来价格低于现有内在价值的公司。因此，价值思维可划分为两类，即基于当期价值的静态价值思维和基于未来价值的动态价值思维。前者考察市场价格与内在价值孰高，关注企业当期价值；后者考察企业未来主动创造价值的能力，关注企业未来价值。

静态价值思维

价值思维在时代变迁中不断创新与发展。早期的价值投资是基于企业资产负债表，通过计算企业资产价值，发现被价值低估的企业。通常金融危机爆发后，由于悲观情绪的蔓延，不少企业的股票价格低于实际账面价值。此时静态价值思维者从企业资产负债表入手，通过研究企业账面资产，分析销售收入、净利润、现金流等核心财务指标，计算公司的投资价值，并将其与当前股价进行比较。运用静态价值思维的投资者希望在市场出现错误定价时买入，即以低于实际价值的价格投资较高质量的企业。巴菲特早期投资遵循的就是静态价值思维，它也被称作"捡烟蒂"的投资方法。运用静态价值思维的投资者更加关注企业的当期价值，认为企业未来价值难以判断，甚至在一定程度上无法估计。在当前股价基础上发现被价值低估的企业是静态价值思维的关键。

事实上，基于静态价值思维的投资可获得的收益是非常有限的。第一，股票价格显著低于企业内在价值的投资机会较少。第二，投资者赚取的是实际价值和股票价格之间的差价，没有更多的空间。进入20世纪80年代，随着美国经济复苏，这种寻找被市场低估的企业的做法与当时高速发展的经济形势并不匹配。此外，伴随金融市场日益规范与计算机的应用，这种被价值低估的公司越来越少，发现难度也越来越大。因此，价值投资的理念也随着时代发展逐渐发生了演变。购买估值合理、稳定成长的优秀企业并与被投企业一起成长，成为价值思维的新内涵。

动态价值思维

如果说静态价值思维是考察市场价格与内在价值孰高，关注企业当期价值，那么动态价值思维就是考察企业未来主动创造价值的能力，关注企业未来价值。与静态价值思维者不同，动态价值思维者认为未来是可知的，应该关注企业的未来价值而非当期价值。动态价值思维者选择与具有长期成长性的企业共同成长，发现企业价值，协助企业创造更大的价值。巴菲特对动态价值思维从四个方面进行了高度提炼，这四个方面具体是：

第一，股权思维。股权思维的重点是"股票是企业所有权的一部分"，强调每一个投资者股东地位的重要性。巴菲特曾在致股东们的一封信中写道："一个投资者，哪怕他持有的股票仅仅是一家杰出公司的一小部分，他也应该同样具有坚韧不拔的精神，就像一个企业家拥有整个公司一样。"他所想表达的是即使股票投资者是在二级市场做投资，也应该如同在一级市场一样去做研究，股价只是一个数字、一个公司经营状况外在的表现形式。投资者只有能够做到忘记股价，才能超越其他大多数的投资者。除此以外，巴菲特还曾打过一个比方，"一匹能数到10的马是一匹不凡的马，但绝非一个卓越的数学家"，强调了在选择投资对象时不应把目光聚焦在个股上，要同时注重行业选择的重要性。

第二，安全边际。企业运营效率高于行业平均值之值可以称为安全边际。安全边际既考虑了内生价值和市场价格之间的量差，也考虑了实际资产的质量，还考虑了盈利能力的大小。此外，管理层的特性和企业文化，决策者的学习能力，决策者对公司未来发展的预测能力，等等，都应考虑在内。安全边际一般以现有销售额和盈亏平衡销售额的差额进行计量，它反映出公司管理的风险水平。一个企业的安全边际越大，其对市场衰退的抵御能力就越强，其生产经营的风险也就越小。巴菲特非常关注投资对象的安全边际，曾说道："我们坚持买入时的安全边际，至于通过巨额举债从事并购的企业，我们毫无兴趣。"巴菲特相信证券的内在价值仅仅是一个毛估值，既然是毛估值就必然产生误差，任何投资都需要建立在适当的安全边际基础上。而高风险杠杆产品从不是巴菲特所心仪的投资对象，他认为杠杆只会加速事物的变化，而不管多大的数字只要乘以零，结果必然是零。

第三，市场先生。巴菲特并不相信有效市场理论，认为如果他的竞争对手完全相信有效市场理论且判定思考纯属浪费时间的话，那么这将是他最大的优势。针对金融市场的波动性，巴菲特曾提出："成功投资的关键是在好企业的价格远远低于其市场价值时出手。只有那些正准备在近期卖掉公司股票的人才应该看到股价上升而高兴，未来的潜在购买者更应该欢迎股价的下跌才对。"巴菲特认为，市场波动是投资者情绪波动所表现出来的正常现象，投资者不会永远是理性的，故而市场不可能是一直有效的，正因如此，聪明的投资者会以平常的心态抓住价格低于价值的投资时机。

第四，能力圈。能力圈是巴菲特非常看重且反复强调的一个投资原则，其核心是围绕自己最熟悉的领域进行投资，也就是清楚自己的能力范围并能始终保持自己的优势。巴菲特提出，"集中投资能够很好地降低风险"，"我们会坚守在一些容易了解的产业"，这些都体现出能力圈这一投资思维。另外，巴菲特还指出，某个人的专业知识和经历注定是有限的，即便他在某个特殊时期，能充满信心投资的企业也最多有三家。一般投资人若能潜心研究自身所擅长的产业，也就是研究自身的能力圈，便一定能够做到以较高的精准度衡量投资风险。

企业价值创造

企业价值创造的财务特征是：投入资本收益率（ROIC）持续高于资金成本。企业价值可持续创造的财务特征是：企业 ROIC 持续高于行业平均成本和资金成本。实现 ROIC 高于资金成本和行业平均成本的核心是企业在产品、渠道和品牌等方面拥有竞争优势。企业的竞争优势可以分为先天竞争优势与后天竞争优势，具有先天竞争优势的企业往往具有自己独特的禀赋资源，如形成了自然垄断或拥有特许经营权。而后天竞争优势往往是企业凭借技术优势、经营优势、产品创新等在日常经营中形成的。在拥有竞争优势的基础上，企业保持竞争优势越持久，其投资价值越高。

企业价值创造的财务表现

企业价值创造反映在财报上，主要表现为"两高"，一是企业的 ROIC 高于加权平均资金成本（简称 WACC），二是企业 ROIC 持续高于行业平均投入资本收益率。WACC 是企业股东投入和借债的成本，是衡量企业资本成本的重要指标。如果一家企业的 ROIC 低于 WACC，那么意味着企业给股东和债权人的回报低于企业资金成本，这家企业显然不值得投资。从同业比较的角度看，如果一家企业的 ROIC 高于行业平均水平，便表明企业有持续性价值创造的财务特征，具有持久性竞争优势。因此，ROIC 与 WACC 是判断企业内在价值的重要指标，当 ROIC 高于 WACC 时，企业获得了真正的自身价值增长，该企业才具有投资价值。那么，如何实现 ROIC 高于 WACC 呢？关键在于保持企业的竞争优势。

先天竞争优势

企业竞争优势分为先天竞争优势与后天竞争优势。先天竞争优势的形成主要是基于自然垄断、监管需求以及国防安全等要素。当大量固定成本与少量边际成本并存的时候，企业容易形成自然垄断。自然垄断企业多分布在能源、电力、管道等基础设施领域，主要提供社会公共产品。在这种情况下，如果企业按照边际成本定价，可能难以弥补前期大量的固定成本投入。但是如果按照平均成本定价，虽然可以弥补前期投入，但会因产量过低而无法满足百姓对公共产品的日常需求，降低百姓生活福祉。因此，自然垄断企业往往会存在大量政府补贴与管制，甚至是由政府直接经营。政府帮助企业扩大生产规模、实现行业垄断，通过规模效应降低企业生产成本。

类似地，政府基于监管与安全需要，往往以发放牌照、赋予特许经营权等方式加强企业管理，以保证国家安全与经济社会稳定。例如，金融行业的"特许经营权"主要涵盖银行、保险、基金、券商、期货、金融租赁等领域，由金融监管部门核准。金融业务准入制度是我国金融监管的重要组成部分，有利于规范金融市场。此外，涉及国家安全以及重大国计民生等领域的企业，如国防军工企业、血液制品企业，也都存在着先天竞争优势。

后天竞争优势

这是企业在日常经营中形成的竞争优势。与先天竞争优势不同，后天竞争优势所形成的垄断是相对的，市场中既有垄断，又有企业之间的相互竞争。企业为争夺消费者而生产差异化的产品，对于消费者来说，同类不同产品又是可以相互替代的。后天竞争优势主要来源于三个方面：产品、渠道与品牌。

产品优势是企业后天竞争优势形成的前提。优质产品或服务可以精准满足用户需求、高效通达用户、完全占据用户心智。产品优良品质、创新力、高性价比、良好的用户体验都是优秀产品的主要驱动因素。自 2007 年苹果发布首款手机机型以来，其以极致的用户体验与技术创新迅速占领手机市场，成功赢得广大消费者喜爱。优质的产品可以帮助企业建立起自己的不可替代性。全球诸多国家想要发展自己的民用大飞机项目，但是该市场长期以来只有波音、空客两家企业，其余航空公司只能生产支线中小型民用飞机，无法与波音、空客展开竞争。

渠道优势是企业后天竞争优势的保障。好的供销渠道可以帮助企业迅速推广企业产品。在消费品日新月异的时代，酒香也怕巷子深。以娃哈哈为例，销售渠道是娃哈哈的核心竞争力之一。娃哈哈依靠著名的"联销体"模式，深度绑定经销商利益，通过预售定金、年底返利、制定销售目标等方式，在全国深耕了近一万家经销商、几十万家批发商，可以在一周内把新品铺到偏远农村的每一个小卖部。进入互联网时代，去中间商、垂直电商、链生态等方式又成为新的渠道潮流。格力电器曾经编织了一张与经销商互利共赢的销售网络，然而从 2019 年开始，格力逐渐去掉省级经销商，格力 CEO 董明珠甚至亲自下场直播带货，鼓励一线销售企业直接从格力拿货，通过去中间商建立新的销售渠道。

品牌优势是企业后天竞争优势的根基。品牌是消费者对企业的直接感知，是企业对消费者的承诺，也是企业文化的高度彰显。不同于特定产品，品牌可以满足消费者的心理需求，建立起消费者与企业的情感联结。以奢侈品为例，消费者对特定奢侈品品牌的追求，不仅是对其品牌价值的认可，也是自我个性展示、自我情感表达的一种方式。举例来说，香奈儿的受众群体往往更具时尚活力，而爱马仕更偏重于经典传统。可口可乐拥有近140年历史，几乎要成为饮料的代名词，陪伴了几代人的成长，承载了消费者的经典回忆。品牌一旦占领消费者心智，产品的价格需求弹性就会变得更低，产品单位价格波动对需求量的影响就会更小，这样可以保障公司获得更为持续稳定的收益增长与现金流。在榨菜领域，面对毛利下降与成本上涨，龙头企业涪陵榨菜多次提价，以80克包装为例，已经从2008年0.5元提价到如今的3元左右。毫无疑问，品牌是涪陵榨菜面对激烈市场竞争依然敢于提价的底气。

竞争优势的持久性——护城河理论

巴菲特的核心观点是：价值投资的关键是判断这家公司的竞争优势和竞争优势的持久性。而竞争优势的持久性主要来源于企业宽广的护城河，它保障企业实现出色的资本收益率。巴菲特有句名言："对我来说，最重要的是弄清楚公司周围有多大的护城河。当然，我最喜欢的是一座大大的城堡，环绕着一条有食人鱼和鳄鱼的护城河。"

那么到底什么是护城河？护城河指企业的竞争优势和防止对手进入市场的壁垒，它们保证企业能持续创造价值或收益。护城河可能是行政优势，公司与其竞争对手不同的地方，也可能是服务品质或者低价，产品独特口味或产品在消费者心目当中的独特性。所有的护城河都在加宽或者变窄，尽管你看不见它。

护城河主要来源于5个方面：第一是无形资产，包括品牌和专利，比如可口可乐和苹果手机。第二是成本优势，是能够以低于同行业其他公司的成本生产产品或提供服务，从而赚取更多利润，比如说格力电器。第三是转换成本，也叫用户的黏性，指让用户舍弃一个品牌的产品或服务而选择另外一个品牌的成本。用户黏性越强，那么转换成本就越高，比如说微软。第四是网络效应，随着用户数量增加，用户本身获得的价值也同步增加，像即时聊天软件QQ、微信都是这样的。第五是有效规模，在细分市场中现有厂商能赚取合理利润，但新的竞争对手加入利润就会下降，从而降低了新参与者的兴趣。20世纪八九十年代，我国彩电制造业曾吸引大批企业加入，然而随着互联网时代的到来与居民消费结构的改变，电视业整体利润率不断下降，越来越多的企业没落甚至退出。在过去20年中，已经有众多研究分析了企业护城河与企业价值、财务表现、投资回报间的关系。大量的研究结果表明，护城河越宽，公司业绩越好。

价值思维的践行

一千个读者眼里有一千个哈姆雷特。无论是格雷厄姆还是费雪，抑或是巴菲特或方舟投资的"木头姐"凯茜·伍德，每个人对价值思维的理解不尽相同。在价值思维的实践中，投资胜出的方式并不拘泥于一格，不同投资者的价值观决定了其秉承的投资思维，理解和掌握投资方式背后的投资思维远比了解投资方式本身更重要。时代在发展，科技在进步，价值思维在内核不变的情况下不断被赋予新的内涵，这就是价值思维永葆活力的本质。

费雪的成长型投资
菲利普·费雪是成长股投资的倡导者，被称为"成长型价值投资之父"。巴菲特早年信奉"捡烟蒂"式的投资，后来受到费雪与搭档查理·芒格的影响，形成了今天的护城河理论。费雪非常重视对企业内在价值的分析，与格雷厄姆发现价值低估企业不同，费雪投资的风格是发现"好的企业"并长期持有，特别关注企业的成长逻辑、发展前景、商业模式等，通过企业的高成长性获得超额回报。终其一生，费雪并没有持有太多只股票，他一旦锁定一只股票，往往持有十几年，费雪从20世纪60年代开始持有摩托罗拉股票，坚持持有21年，股价上涨了20倍。

费雪的投资思想引出了价值思维的两个核心要义，一是长期持有，二是研究驱动。费雪认为，一方面，企业成长需要时间，投资者只有长期持有企业股票才能享受到企业高成长所带来的回报，同时时间可以产生复利；另一方面，短期内股价容易受到经济环境、市场情绪等因素冲击，短期价格难以预测与琢磨，短期波动并不能产生长期回报。然而，挑选出一家高成长性的优质企业难度非同一般，所以费雪强调在投资前需要对企业进行细致、详尽的调查研究，与管理层进行深入的交流，只有进行充分翔实的研究才能做出正确的选择。

巴菲特的持股特征

观察巴菲特的持股情况，我们可以发现以下特征：持有需求永无止境的快消品公司股票，买大不买小、买老不买新、买垄断不买竞争、买轻资产不买重资产，买商业模式简单易懂的或日常可随时接触到的或产业链关系简单的公司股票。巴菲特的持股理念在一定程度上体现了价值思维和需求思维的特点。巴菲特早年师从格雷厄姆时，秉持静态价值投资思维，后来受到芒格和费雪的影响成为成长股投资者。在这期间,巴菲特-芒格价值投资理论逐渐形成,该理论中的几个重要概念值得关注,包括前面提及的安全边际、护城河、非连续性、专注于自己的能力圈、集中投资等。

巴菲特的选股标准使他排除了容易发生快速连续变化的行业。历史上巴菲特很少投资高科技行业,因为这个行业是符合摩尔定律的,在不断地快速迭代。可能在巴菲特看来,早期的苹果公司并没有宽广的护城河,所以在前几十年他都没有投资苹果以至于错过了苹果蓬勃发展的成长期。但他错了吗?他没错。早期苹果并没有定型,也许其产品会像诺基亚、摩托罗拉手机一样,尘封于记忆之中,但是苹果发展到现在已经不仅代表一部手机了,它代表了一个平台,该平台连接着无数上下游企业,有各种服务商,它们拥有自己的苹果商店。所以巴菲特如今投资苹果并不是在投资高科技企业,而是在投资消费品行业。尽管巴菲特也认可所谓创造性的破坏对社会有利,但是他认为这妨碍了投资的确定性。所以比起其他企业,他更愿意投资可口可乐。因为可口可乐不需要创新,不需要变化,口味不会改变,它不需要重建。这就是巴菲特最核心的投资理念之一。

"木头姐"的颠覆式创新

方舟投资 CEO 凯茜·伍德把动态价值思维发挥得淋漓尽致。与巴菲特不同,她非常信奉颠覆式创新与指数级增长,坚持做多科技股。方舟投资的网站首页醒目地写着"我们只投资颠覆式创新"。2015 年公司成立后,方舟投资投资了八九只 ETF(交易所交易基金),横跨生命、医药、太空、人工智能、自动出行等颠覆式创新领域,最成功的投资案例是重仓比特币和特斯拉股票,这也使得方舟投资在短时间内大放异彩、一举成名。

凯茜·伍德认为应该长期持有一家企业的股票，因为实现颠覆式创新需要时间，一项新的技术从发明到应用一般需要7年甚至更长时间，投资者需要有更好的耐心去持有这家企业的股票。理解时间的价值是动态价值思维的重要底色。做长期投资是价值思维区别于其他投资思维模式的重要特征，有效理解时间的深刻内涵有助于投资者抓住价值思维的核心要义。曾经有人把凯茜·伍德称为"女版巴菲特"，但显然，她和巴菲特遵循着不同的投资逻辑和投资哲学。遗憾的是，随着近年来周期轮动、经济增长放缓、政策收紧，成长股股价开始巨幅下调。但从长期来看，毫无疑问，坚持寻找最具有创新价值的少数公司是正确的。

柏基集团的长期全球增长股票策略

柏基集团一直信奉长期全球增长股票策略，认为真正的投资是长期投资于少数最具竞争力、创新性的优质企业，并且柏基集团鼓励引领企业改变世界。柏基集团已有100多年历史，曾经历多次股灾、两次世界大战，目前依然保持投资的敏锐性与前沿性。相对于赚取短期利益，柏基集团更愿意陪伴被投企业一起成长，实现价值创造。平均来看，柏基集团持有单一股票的时间达到5~10年，短期内的业绩爆发并不是柏基集团的目标，可持续的业绩增长、恒久的品牌价值与创新驱动力才是其所关注的。

柏基集团认为，投资失败损失的仅仅是本金，但是成功挖掘一只成长股，带来的回报是无限大的。这种对投资"不对称性"的信奉，使得其重仓亚马逊、特斯拉、阿里巴巴等高成长股。这一投资思维与二八定律相吻合，即关键少数人群或事物可以产生主要的、重大的影响，整个社会的产业进步是由少数人或企业推动的。因此，柏基集团的价值思维是找到最具价值创造潜力的关键少数，并以合理的价格进行投资。

私募基金的价值创造"百宝箱"
如果说价值思维的出发点是发现价值，那么落脚点便是价值创造。价值创造是指充当企业成长路上的孵化器，和企业一起成长，以创造更大的价值。投资一个公司不仅要关注它的当前价值和未来价值，更重要的是参与公司未来价值的创造。

目前，全球私募股权基金在投后管理、价值创造等方面已逐步形成了系统化的方法，其不再像20世纪80年代时那样仅仅依靠杠杆或者"贱买贵卖"赚取收益，而是通过持续帮助企业创造价值换取最大收益。在准备投资企业时，从尽调阶段就开始寻找帮助企业创造价值的方法。在持有阶段，制订100天计划、年度计划等投后管理计划，定量化衡量企业绩效，以此来推动企业价值的提升。在价值创造上，则有一套系统的打法，在人力资源、数字化转型、降本增收、资产负债结构优化、转型变革等方面帮助企业实现增值。价值创造的具体方法可概括为六大模块：

第一，人力资源赋能。私募基金，特别是风险投资基金投后管理的头等大事就是协助被投公司补足人力资源短板，招揽、培养优秀人才。因此，一些投资经理常常戏谑自己是被投公司的"首席猎头"。当被投公司出现人才告急时，一些基金甚至派出投资经理到被投公司参与经营管理。此外，不少初创公司或者家族企业都不同程度存在管理架构的职能缺失或职能重叠等问题，私募基金就必须手持"手术刀"，大刀阔斧地调整优化这些企业的组织架构。

第二，数字化赋能。企业的数字化变革不只能提升运营效率、降低经营成本与防范化解风险，甚至能带来公司商业模式的重大革新。不少传统的企业插上"数字化"的翅膀后走上了成长的"第二曲线"。2015年，老牌"鞋王"百丽公司曾一度陷入业绩下滑、持续关店的困境。而高瓴资本的数字化赋能让百丽重装出发。百丽的数字化变革是全方位、全流程的。你走进任何一家百丽专卖店，你在哪一双鞋面前驻足良久，试穿了哪一双鞋，这些非结构化数据都被及时采集、汇总并传输到后台，用于深度分析消费者偏好，并指导下一步的研发设计与生产供货。百丽完成了库存管理、生产管理与物流管理的数字化转型，因此得以走得更远。在设计环节，百丽通过综合分析上万个女性足部3D扫描数据研发设计出最贴脚、最舒适的女鞋。同样，不少传统线下零售商也通过布局平台电商、垂直电商和O2O等开发出了新商业模式、新业态。

第三，成本控制赋能。在私募股权投资领域，把成本控制做到极致的，是巴西3G资本创始人豪尔赫·保罗·雷曼。3G资本花了30多年时间，通过不断优化整合、并购重组，把巴西的一个啤酒厂成功打造成百威英博这家世界级的头部企业。3G资本成功的秘诀就在于在成本控制上有一招"撒手锏"——在收购任何一家公司之后，都会实行零基预算，即针对每一笔钱都要复核其是否应该支出。最极端的时候，多少人合用一台复印机，每人每年用多少打印纸，3G资本都要进行核算。其通过每笔支出的合理性复核，最终成功地控制住了所投公司成本。极致的成本控制赋能在哪怕大家都不看好的行业也是奏效的。航空业历来是投资者不太偏爱的领域，但廉价航空公司打破了航空业不盈利的"魔咒"。与传统航空公司不同，廉价航空公司除了必须提供的服务外，不提供其他任何免费的服务，以最大限度降低成本。廉价航空公司的生存法则就在于成本控制，例如，采用单一类型的机队以节省维修保养费用和灵活调度飞机，以点对点的中短途航线网络为主以降低重复学习成本和培养用户黏性，提供最简单的服务以节约额外支出，采用机票直销以节省销售费用，实行低人机比、高频次使用飞机等高效率运营模式。

第四，提升收入赋能。提升收入赋能包括帮助被投公司推行市场营销、渠道管理、产品定价、交叉销售、客户拓展、地域扩张、产品创新、产品延伸等一系列提升产品销售收入的举措。不少被投公司在由家族负责经营管理时，比较粗放，也缺乏产品定价能力。私募基金可发挥其专业优势，协助被投公司进行产品的合理定价，并协助其开发新的产品。私募基金本身的生态圈及跨区域投资的优势也可帮助被投公司进行地域扩张和拓展新的客户群体。

第五，资产负债管理赋能。私募基金擅长财务管理，能协助被投公司实现运营资金的优化管理、资产负债结构的优化、税收规划以及养老金规划等。

第六，转型赋能。私募基金在战略管理上，甚至可协助被投公司改变商业模式，进行后续并购整合等。例如，商业模式上，把线下业务变为O2O业务，把B2B（企业对企业电子商务）业务变为B2C（企业对顾客电子商务）业务等。后续的并购整合不但能带来收购的估值套利，还能带来规模经济效益。例如，爱尔眼科通过其产业基金，在上市公司体外孵化和低价收购眼科诊所，再将这些诊所以更高估值水平装入上市公司。同时，随着规模的扩大，其单店运营成本和采购成本也不断下降，有效实现了规模经济效益。

第十三章　需求思维

优秀的企业满足需求，杰出的企业创造市场。

——［美］菲利普·科特勒

结婚为什么一定要拍婚纱照？洗头为什么要用护发素？已经有香皂了为什么还要买沐浴露？鸡精和味精有多大区别？不知道消费者在日常生活中是否有上述疑问，可能我们耳边只充斥着商家广告的声音——"买下它"。无疑，我们的很多消费习惯中充斥着商家的身影，商家不断地创造出新的产品并销售给人们。迎合消费者需求是每一家企业的必修课，满足消费者需求是企业生产的前提条件，但是能够挖掘消费者需求、创造消费者需求的企业却不多见。

伟大的企业需要建立起需求思维，满足消费者需求，引导消费者需求，建立新的消费市场。奥地利经济学派的精神领袖与理论大师路德维希·冯·米塞斯在《人的行为》一书中指出，在市场经济中，要获得并保有财富，除了成功地为消费者提供服务外，别无他法。一个人为消费者提供服务越是成功，他挣的钱就越多。资本家、企业家和农场主，都不能决定必须生产什么，这是由消费者决定的。企业生产产品不是为了自己消费，而是为了将产品投向市场，卖出自己的产品。米塞斯对"生产与消费"的精辟阐释把消费者需求放到了市场经济的核心位置。作为投资者，其核心工作就是寻求满足消费者需求的伟大企业，并长期伴随这些企业成长。

消费者需求是经济运行的基石

消费者需求理论是经济学理论中的重要内容。研究消费者需求理论，对于我们了解经济运行、指导企业生产有着十分重要的意义。消费者需求，是指在一定的价格条件下，消费者愿意购买的商品数量。具体包括两个方面的内容：一是消费者的实际需要，二是消费者愿意支付并有能力支付的货币数量。前者取决于消费者实际需要的商品的价格，后者取决于消费者的实际收入水平。因此，我们可以把消费者需求函数记为：

$$x=x(p, m)$$

在上式中，p为消费品价格，m为消费者收入。在微观经济学中，消费者的最优选择取决于消费者的收入与商品价格。所有消费者需求加总就是市场的总需求，由于每个人对每种商品的需求取决于商品价格和他的收入，所以总需求取决于商品价格与收入分配。

消费、投资与出口，是拉动经济增长的三驾马车，是GDP的重要组成部分。消费需求作为最终需求，对经济增长起着最终的决定性作用。需求决定生产规模，消费是社会再生产的终点和新的起点。需求增加会带来投资扩张与就业增加，社会就业增加有助于提高居民可支配收入，居民可支配收入增加又会促进消费增长，从而不断推动经济向前发展。马克思认为，一切生产的最终目的都是消费。没有消费，也就没有生产。因为如果没有消费，生产就没有目的。正是消费者花费的每一分钱，决定了生产的方向和所有商业活动的细节。这曾经被称为市场民主，即每一分钱都代表一份投票权。

拉动内需是促进经济增长强有力的手段。一直以来，投资驱动与出口拉动是中国经济增长的主要方式，相较于发达国家，中国消费者需求占GDP比例较低。面对全球动荡与变革的新格局，未来，拉动消费者需求应扮演更重要的角色。扩内需、促消费是未来中国经济增长的主要抓手，也是践行"双循环"战略的重要力量。消费者需求的持续释放有利于增加就业机会，畅通国民经济循环，打通生产、分配、流通、消费各环节，有助于促进新冠疫情后国民经济的稳定增长。因此，拉动消费者需求是国民经济运行的客观需要，也是促进经济增长与产业发展的有力手段。

消费者需求转变决定行业变迁

20世纪50年代，美国著名心理学家马斯洛提出了人本主义心理学体系，开创了现代心理学的第三思潮。[①]马斯洛需求层次理论认为，人的需求有一个从低级向高级发展的过程，在不同阶段，不同需求会占据主导地位。在消费者需求跃迁的过程中，满足消费者最主要需求的行业会获得更快的发展。马斯洛需求层次理论是关于需求结构的理论，其基本前提包括：第一，人类行为是由动机引起的，动机源于人的需要；第二，人的需要是分层次出现的。马斯洛需求层次理论不断发展演化，目前已扩展为8个层次，包括生理需求、安全需求、归属与爱的需求、尊重需求、认知需求、审美需求、

---

① 弗洛伊德提出精神分析理论，开创了心理学第一思潮；华生提出行为主义，开创了心理学第二思潮。

自我实现需求和超越需求。

从宏观角度看，消费者需求转变决定了行业变迁及其对经济周期的主导作用。消费者需求总是从无到有、从有到优、从优到特、从特到简逐渐变化的。通俗地说，消费者起初只考虑产品有无，然后逐渐开始注重品牌，进而要求个性化、定制化，最后升级为简单化、健康化。所以，如今"新消费"正在向个性化、健康化、简单化的方向发展。纵观历史，在20世纪80年代中国改革开放初期，保障温饱是人民生活的头等大事，所以纺织品、食品等基础消费行业是主导经济周期性波动的重要行业。到了90年代，"三大件""五大件"开始盛行，主要包括冰箱、洗衣机、自行车等耐用消费品，同时中国开始鼓励出口，因此，家电、电子行业的上市公司市场表现较好。1998年，中国实行住房商品化改革，2001年，中国加入世界贸易组织，此后改善居住环境和提高出行效率等成为消费主流，汽车、房地产、煤电、冶金、化工等行业蓬勃发展。2005年，股市"五朵金花"①就来自这些行业。万科等一批优秀的房地产公司也是在这个时期涌现的。2010年以后，内需开始在更高层次的精神需求、健康需求、休闲需求方面持续增长，医疗行业出现了恒瑞医药、迈瑞医疗等一批新兴企业，休闲旅游、通信服务等行业涌现了一批互联网巨头。消费需求的升级决定了主导行业的变迁，未来，医疗、生命科学、新材料、半导体等领域的升级和发展可能进一步引领产业升级。

此外，在选择行业赛道时，投资者可以结合时代背景与马斯洛需求层次理论考察产品对标什么层次的消费者需求。高端消费品往

---

① 股市"五朵金花"包括钢铁、汽车、石化、电力及金融板块。

往用于满足尊重需求、自我实现需求等较高层次的需求，例如名表、豪车等。精神、文化类产品更多服务于认知需求、审美需求等精神层面的需求，例如音乐剧、脱口秀演出、电影、书籍等。而普通物质属性的产品则更多用于满足生理需求、安全需求等较低层次的需求，如空调、食品、自行车等。

满足消费者需求是企业成功的前提

对于厂商来说，产品生产是建立在消费者需求基础之上的。脱离了消费者需求，厂商所生产的产品可能会失去市场。20世纪以来，越来越多的女性加入妇女解放运动，争取女性权利以及男女平等。20世纪20年代，可可·香奈儿设计的小黑裙贴合时代背景，把女性从紧绷、复杂服饰的束缚中解放出来，满足了当时女性追求独立与解放的需求，赋予女性全新的自由魅力，推出以后终成跨时代的经典。

以中国的传音控股为例，其在非洲获得巨大成功的原因在于满足了非洲消费者的使用需求。第一，针对大众化的手机中照相机的对比度不适合黑人问题，传音手机开发了黑肤色人群影像技术，优化调整照相机对比度功能，使得黑人影像对比度鲜明，立体感强，满足了非洲用户的照相需求。第二，传音手机可以支持一机四卡，解决了非洲电信公司众多导致的用户跨网络通信费用高的痛点。第三，传音手机喇叭采用重低音保真音质。在非洲，大家空闲时喜欢围在一起载歌载舞，传音手机优越的音质满足了用户日常歌舞配乐的需求。第四，传音手机超长待机续航，传统功能机电池甚至可以用上一个月，解决了非洲电力供应不稳定、时常断电的用户痛点。第五，传音手机有防汗液USB接口，解决了非洲天气炎热导致的用户汗液损坏接口的痛点。基于以上5点，传音手机将对用户需求的满足发挥到了极致，使其在非洲市场上所向披靡，占有50%以上的市场份额。

美国亚马逊公司一直把满足顾客需求摆在第一的位置，并且在顾客体验、构建、传递、聚焦等各个环节都始终坚持以顾客为导向、以顾客为中心，并在此基础上来发展公司业务。在纪录片《亚马逊帝国：杰夫·贝佐斯的崛起与统治》中，就有亚马逊高管指出，在召开高层会议时，亚马逊总会留一把空椅子，这把椅子代表了客户，不管是创始人贝佐斯还是整个团队都是用这样的方式来提醒自己，要将顾客视为北极星、视为商业发展路上的引路人。在创业初期，贝佐斯就认为，只有通过互联网平台才能让客户做到无限选择，才能真实地反馈客户的需求以及提供终极个性化的服务。因此，贝佐斯成立了线上图书销售平台，创新了一系列功能，如一键下单、愿望清单分享、个性化推荐、订单实时更新、图书在线试读等功能，满足了客户多样化、个性化的购物需求，亚马逊很快成了图书销售领域的龙头。贝佐斯一直坚持以客户为中心这一经营理念，认为整个亚马逊的业务能够发展都是因为客户在发挥作用。互联网能够发挥其双边作用正是因为有着广大的消费者和生产厂商，他们各自的需求在平台上得以汇集，而离开了消费者，平台将一无是处。

需求特性决定投资前景

对于投资者而言，从产品的需求特性角度理解产品受众及其满足的需求层次至关重要。第一，终极需求是消费者的时间和购买力。本质上不同品类的商品间存在替代关系，而人的时间和购买力是有限的。例如，刷抖音就不能刷微信，增加运动可能就会减少逛公园的时间。第二,不同需求层次对物质性和精神性商品要求的权重是不同的。通常精神属性越强的商品价格敏感性越低,特别是存在生理依赖的精神性消费品,其生命周期往往更长,如酒精、香烟、游戏等。换句话说,在某种程度上,能够让人产生多巴胺从而上瘾的商品就是最好的投资项目。过去60年,从投资回报的角度考察,烟草公司菲利普·莫里斯是全世界投资回报表现最好的公司之一。第三,个性化与普适性。显然,普适性越好,投资风险越小,而个性化品类需要更高的平均售价或利润率支撑。例如,优衣库走大众化路线,具有很强的普适性,而香奈儿是面向小众群体的高端品牌。通常,规模最大的生意往往都是面向大众的生意,企业创新是实现更高利润的关键。例如,苹果公司以科技感引领的精简SKU(存货单位)给公司创造了极高的利润率。第四,重决策与轻决策。对于重决策的行业和产品,消费者一定会形成对品牌的依赖,以及对口碑、认知度、美誉度的关注。例如,教育和家装属于重决策行业。第五,客户黏性和转换成本。通常,学习成本高的行业客户黏性更强。例如,由于转换成本高,二级市场用户对彭博、万得终端有很强的黏性。第六,消费者的认知度、忠诚度和美誉度。在这方面,白酒赛道一骑绝尘,显著强于红酒赛道。第七,高频与低频。低频商品通常需要更高的平均售价与利润率支撑,消费者对品质、体验和服务的要求更高,容错成本更高。

兼具物质性和精神性的产品通常是较好的投资项目。精神属性越强的商品,壁垒也越高。当同一个品类具备多重属性时,投资者需要分析哪个属性更强。具体而言,高端白酒既满足了客户的生理需求,也满足了客户的精神需求——社交需求,而后者通常更为重要,这就是高端白酒价格一涨再涨的核心原因。与此类似,奢侈品价格受品牌驱动，品牌的认知度、美誉度使其具有较强的精神属性，消费者希望通过奢侈品获得社交中的认同和尊重。正因为奢侈品兼具精神属性和物质属性，才成就了 LV、爱马仕等庞大的奢侈品商业帝国。因此，需求思维是企业家和投资者都应该具备的思维。

需求缔造伟大的商业传奇

优秀的商家满足消费者需求，而卓越的商家创造消费者需求，能够合理引导消费者需求的企业往往能够缔造伟大的商业传奇。我们每天使用肥（香）皂其实就是企业家不断地引导所培养出的生活习惯。19世纪化学工业的进步使得厂商可以廉价大规模生产肥皂，但是当时大部分人并没有使用肥皂的习惯。为了打开市场，一方面，厂商投入大量的营销广告，强调"日常生活中我们每个人都会接触大量病菌，需要使用肥皂进行清洁"，甚至宣传使用肥皂是文明的象征。另一方面，厂商成立各种清洁协会，发起各种洗手活动等，还与学校进行合作，鼓励学生饭前洗手。此外，为了进一步推销肥皂，一些大的日化用品企业如宝洁、高露洁等针对家庭主妇群体投资拍摄电视剧，并在播放电视剧时插播大量广告，这就有了"肥皂剧"的说法。总体而言，这些广告都在强调，日常生活中我们需要清洁，而清洁的核心就是肥皂。舒肤佳进入中国之前，中国香皂市场已经面临比较激烈的竞争，当时销售冠军是力士。面对竞争红海，舒肤佳敏锐抓住"除菌"这一理念，提出"有效除菌护全家"，此外还通过"中华医学会认证"等方式增加权威性。舒肤佳以"除菌"为宣传核心，引导消费者建立新的清洁理念，创造出新的蓝海市场。

一方面，企业应学会挖掘消费者未被满足的需求，消费者需求永远不会被全部满足。亚马逊创始人贝佐斯利用大数据长期追踪消费者习惯，从而引导消费者消费。在大数据时代，数据的重要性不言而喻，贝佐斯用他独特灵敏的商业嗅觉走在了数据抢夺战的前列。早在2006年他就发展数据收集业务，通过跟踪客户浏览的记录、个人信用情况、购买记录等，分析预测客户需要什么、想买什么以及能够消费得起什么，在此基础上结合消费者的偏好来精准推荐产品，引导消费者购买商品，不断改善产品及服务，进而给消费者带来良好的购物体验，吸引更多的消费者进入平台消费。不管是平台的存量还是新的商业模式带来的增量，都离不开亚马逊对客户的重视。在不同业务板块，无论是Prime会员订阅制度、亚马逊的云服务收费模式还是基于不同卖家提供的不同物流模式等，都可以看出亚马逊始终以用户为中心，尽可能挖掘不同客户的需求，致力于提高所有客户的消费体验。

中国的互联网企业同样在捕捉和挖掘消费者需求方面做到了极致。抖音的成功，源自其对人深层次需求的极致探究与极致满足。大家可以看一看抖音：可全屏幕播放——更让人沉浸，更令人沉迷；打开抖音立刻播放短视频——提供直接、即时的满足感；默认推荐模式——投其所好，人只喜欢自己喜欢的；一划就走——符合人性的懒惰；永远有下一个——满足人的好奇心，你难道不想知道下一视频是什么吗？只要轻轻一划，就能知道。拼多多也深度捕捉了人性需求，且更不易被察觉，以至于直到拼多多成功，许多人才发现：哇，原来人还有这一面！比如，图便宜其实和贫富无关。就算住别墅、背爱马仕，照样会因买到9.9元的杧果，不亦乐乎。比如，66元对月入过万的你绝对是小钱，占66元的便宜，投入产出比似乎并不划算。但是当拼完一单，软件立刻提醒你，只要再拼几单就能提现66元，你心里是不是也想省下这笔钱？新一代的企业家无一不是拿着显微镜去测度人性需求的。只有当企业家真正置身于客户的位置，以客户的情感视角来理解产品时，产品才能真正被消费者所喜爱和接受。

另一方面，消费者会不断提出新的消费需求。即使没有供给，需求也仍然存在。在发明汽车以前，并不是人们没有快速、便捷出行的需求，而是当时的生产力与科技不能满足人们的这种需求，所以在农业时代，人们出行以走路、乘坐马车为主。进入工业时代，伴随技术进步，火车、汽车被发明出来，极大改善了人们的出行条件。但是，人类对于更加便捷出行的需求并没有停止，人们总是想再快一点、再舒适一些，所以，飞机也被发明出来。未来，一定会有速度更快、更为便捷的交通工具被发明应用。人们对于出行更便捷的需求始终存在，并不会因为某一产品的发明而停止这种需求，发生改变的只是不同时代满足这种需求的不同产品，所以我们看到了从马车到汽车的进步，从普通火车到高速列车的跨越。需求是消费者根据自身需要自发形成的，无论厂商是否提供相关产品，需求一直存在。再比如香皂发明以后，其实就已经满足了人类的基本清洁需求，然而面对日益激烈的竞争，日化用品公司不断发明新的产品去细化并满足人类的清洁需求，如洗脸需要用洗面奶，洗衣需要用洗衣液，洗头需要用洗发露，洗身体需要用沐浴露，等等，香皂好像只剩下洗手这一个功能，还面临洗手液的不断蚕食。人们很少会满足于当下的消费现状，总是希望有更优秀的产品满足自己更高的需求，所以厂商需要拿着显微镜不断把消费者内心的需求图像"挖"出来，更好满足客户的需求，进而实现自身发展。

3

投资世界的宏观范式转换

> 范式一改变,这世界本身也随之改变。在范式革命之后,科学家们所面对的是一个不同的世界。
>
> ——[美]托马斯·库恩

第十四章　大国兴衰的周期大变局

其兴也勃焉，其亡也忽焉。

——［春秋］《左传·庄公十一年》

在人类历史的浩瀚长河中，大国的兴衰如同潮汐，此起彼落。"其兴也勃焉，其亡也忽焉"，这句话精妙地描绘了大国兴衰的瞬息万变。它们在时代的浪潮中崛起，又在历史的尘埃中悄然落幕。

大国兴衰，是历史发展的常态，是时代变迁的见证。从雄伟的古罗马帝国，到盛极一时的大唐王朝；从横跨欧亚大陆的蒙古王国，到海上霸主大不列颠王国；从苏联的辉煌，到美国的崛起……大国兴衰的历史永远不会停止，它如同一部波澜壮阔的史诗，不断上演着兴替更迭的宏大叙事。

辉煌与衰落的周期变局

晚清名臣李鸿章曾在奏折中写道："臣窃惟欧洲诸国，百十年来，由印度而南洋，由南洋而中国，闯入边界腹地，凡前史所未载，亘古所未通，无不款关而求互市。我皇上如天之度，概与立约通商，以牢笼之，合地球东西南朔九万里之遥，胥聚于中国，此三千余年一大变局也。"三千余年未有之大变局其实是中国面临西方海洋文明冲击，国力逐步衰落的历史转折期。美国政治学者保罗·肯尼迪也曾提出："大国兴衰的历史永远不会停止，领先国家的相对力量从来不会一成不变。"从长周期来看，大国的兴衰是主导投资世界宏观范式最为核心的主线。

美国桥水基金创始人瑞·达利欧在从事全球宏观策略投资时也惊人地发现了历史事件、大国兴衰背后的世界秩序演化规律，于是开启了他对国家兴衰的历史探究之旅。他在《原则：应付变化中的世界秩序》一书中提出，大国起落兴衰的切入点是时间周期。大国通常延续250年，经济、债务和强势的政治周期则持续50~100年。瑞·达利欧试图量化国家综合实力，提出教育、竞争力、科技水平、经济产出、贸易份额、军事力量、金融中心实力和储备货币地位是决定大国兴衰最重要的八大因素。这八大因素决定"典型国家兴衰周期"。国家崛起伊始都伴随着对教育的高度重视，从而带来科技创新的兴起；科技创新提升国家竞争力，带来尖端科技产品，推动贸易，武装军队，提高经济产出，促进重要金融中心建设；最后，该国家货币拥有储备货币地位。

在过去500年的历史长河中，中国、西班牙、荷兰、英国、美国先后登上人类历史舞台中央。在过去100多年的人类历史中，从国力来看，尽管美国始终位处世界舞台中央，却先后相伴出现苏联的崛起与崩溃、日本的兴起与衰落以及中国的崛起。

16世纪初，西班牙成为世界上最强大的国家之一。其殖民帝国跨越拉丁美洲和部分欧洲。然而，由于财政不稳定、贪污腐败和军事压力等因素，西班牙逐渐衰落，并在17世纪后期失去世界主导地位。而在十五六世纪即明朝早期中国经济发展和文化繁荣使中国成为当时世界上最强大的国家之一，但明朝后期的内忧外患、政治腐败和社会动荡导致国力衰落。清朝时期，中国经历长期的封闭和压迫统治，导致经济和科技持续落后。

16世纪末，荷兰爆发宗教改革运动，带来社会稳定和思想繁荣。同时，荷兰的地理位置促使其成为贸易枢纽，荷兰致力于海上扩张，建立了庞大的殖民帝国。

18世纪与19世纪，英国成为全球经济和军事强国。工业革命的兴起使英国在技术和制造业方面占据领先地位。它建立了庞大的殖民帝国，并通过海军力量维持全球贸易优势。但两次世界大战后，英国的经济和殖民帝国地位逐渐衰退。

20世纪初，美国逐步崛起，以强大的经济实力、军事力量和科技创新成为世界最为强大的国家。美国的教育体系也为其提供了人才储备。美国作为全球金融中心之一，其金融体系在国际经济中起着重要作用。在20世纪60~70年代，苏联的军事实力对美国形成潜在威胁，而美苏争霸赛最终以苏联的解体宣告结束。20世纪80年代，日本经济实力日益强盛，再次对美国的地位形成潜在威胁，日美贸易战、金融战与技术战前后持续近30年。随着日本在所谓"失去的30年"中经济持续低迷不振，在世界舞台上，中国逐步成为第二大经济体。世界经济再度走到了十字路口。

大国兴衰的驱动力

回望世界各国此起彼伏的历史可以发现，大国的兴衰总是经历萌芽冲突期、崛起壮大期与衰落动荡期等阶段。国家的兴衰是历史现象，但不止于历史现象，同时也是生物现象、地理现象、社会现象、经济现象和政治现象。

美国政治学者保罗·肯尼迪在《大国的兴衰》一书中提出，自16世纪以来，西班牙、荷兰、法国、英国、苏联与美国等第一流强国的兴衰史表明，在国家生产力（其取得收入的能力）与军事力量之间，从长期看有一种非常重要的相互依存关系。对霸权国家而言，长期的对外扩张必将导致国力的削弱和霸权的旁落。对新兴国家而言，国家经济力量和军事力量的增减并非同步进行，大量历史事例表明，二者存在"时滞差"。

另一位美国政治学者金德尔伯格在《世界经济霸权1500—1990》一书中，尝试用达尔文的进化论来看待国家的兴衰，认为"物竞天择，适者生存"，国家跟个人一样，都存在从朝气蓬勃到衰老死亡的生命周期，导致国家衰败的内部原因包括规避风险、过度消费、创新能力下降、生产率降低、政府和公司官僚增多、既得利益集团不愿意适应并抵制改革等；外部原因包括战争、过度扩张、残酷竞争等。但国家跟人不一样的是，在受到适当的外部刺激之后，国家通过有效的内部反应，生命可以重生。

以《大棋局：美国的首要地位及其地缘战略》一书奠定地缘政治学地位的美国战略思想家兹比格纽·布热津斯基则从地理因素出发，提出了各国政治博弈的逻辑。地缘政治派认为，地理因素是影响甚至决定国家政治行为的一个基本因素，并形成了"大陆均势说""心脏地带说""边缘地带说""陆权海权空权""高边疆理论"等分析世界各国地缘政治博弈的方法论。地缘经济派认为，从地缘的角度，每个国家在国际竞争中都会保护自身利益，通过经济手段或经济谋略参与国际竞争并处理国际关系。人类历史上，世界主要经济强国基本处在同一纬度区域。因此，国家的兴衰很大程度上取决于地理位置。

美国著名政治学家亨廷顿另辟蹊径，创造性地提出文明先进程度高低是决定一国兴衰的关键。文明冲突论认为，"冷战"后的世界由8个主要文明板块构成，国家日益根据文明来确定自己的利益，其与和自己有共同根源和文化的国家合作或结盟，并常常同有着不同文化的国家发生冲突，"冷战"后发生冲突的原因不再是意识形态不同或经济因素，而是文化差异。

从经济学角度看，近现代经济增长理论把一国的经济增长归因于人口、技术创新、投资、制度、财产权、社会分工、教育（人力资本投资）、比较优势、产业政策、发展规划、财政货币政策、公共物品的供给、知识产权保护、对待冒险的态度、竞争与垄断等多个方面，并形成了重商主义、古典主义、凯恩斯主义、结构主义、新自由主义等不同的经济学流派，归纳出了经济起飞、重工业赶超、进口替代、出口导向、"华盛顿共识"和"北京共识"等经济发展模式。美国新制度经济学家诺思提出，经济增长不仅受到资源、技术和投资等因素的影响，还受到制度环境的影响；制度环境影响着个人和企业的行为选择，决定了创新以及资源配置、市场运作等方面的效率和效果。制度的形成和变迁归因于利益相关者的相互作用和权力博弈。政府、法律体系、社会组织、文化传统等因素都对制度的形成和演变产生重要影响。一些制度安排可能阻碍经济增长，而其他制度安排可能促进经济增长。因此，制度变迁对经济发展与国家兴衰至关重要，改变制度环境，可以激发经济活力，提高资源配置效率，促进创新。

政治学则试图研究促进社会稳定与经济发展的政治制度安排，这涉及一系列问题：谁得到什么，谁有支配权力，权力如何配置，谁来监督，等等。美国经济学家德隆·阿西莫格鲁和詹姆斯·A.罗宾逊在《国家为什么会失败》一书中提出，制度决定命运。一个国家的制度，包括政治制度、经济制度和社会制度，是决定国家发展进程的关键因素。他们将制度分为两种类型：包容性制度和剥削性制度。包容性制度允许人们参与经济和政治活动，保护产权，鼓励创新和竞争，并提供平等的机会。这种制度为广大民众提供发展的机会，激发经济活力和社会创新。剥削性制度则与之相反，限制人们的参与权利，损害产权保护，存在权力集中和腐败现象。这种制度会导致资源的不公平分配和经济的衰退。国家的发展进程是由制度的性质决定的。通过改善制度环境和实施政治经济改革，国家可以转变命运，实现可持续发展。

瑞·达利欧综合各学派提出的驱动力，认为国家兴衰的决定因素有两类：一是先天性的决定因素，二是人力资本决定因素。其中，先天性的决定因素包括国家地理位置、自然资源、气候以及人种特征。例如，两大洋（太平洋、大西洋）将北美大陆和欧亚大陆隔离开来，美国有着得天独厚的发展优势。美国同时还坐拥各种自然优势，拥有丰富的金属矿石、油气资源等。这种优越的先天条件为美国成为世界霸主提供了最有力的自然条件支撑。如果一个国家的先天条件为其未来发展只提供了有限支撑，那人力资本在很大程度上决定了这个国家发展的上限。人力资本因素可定义为"人们对待自己和别人的方式"，这是人性和文化差异等因素驱动的。

瑞·达利欧从国家兴衰的周期循环中进一步细化出三大周期。第一个周期是有利和不利的金融周期（例如资本市场周期）。第二个周期是内部秩序和混乱周期，这取决于一国内部的合作程度以及围绕权力与财富进行的斗争，该斗争主要源于该国财富和价值观差距。第三个周期是外部秩序和混乱周期，这取决于现有各大国在财富与权力斗争中的竞争力。而大国之间进行的斗争主要包括经济战、技术战、地缘政治战、金融战和军事战五类。

大国兴衰对金融市场的影响

大国的兴衰对资本市场、汇率市场的影响是直接而长期的。从过去 500 年间各国金融市场资产价格的变化可以发现：

从 16 世纪至 17 世纪西班牙强盛时期，西班牙的货币大幅升值，黄金和白银持续流入该国。

从 17 世纪至 18 世纪，荷兰取代了西班牙的世界霸主地位，其间荷兰盾大幅升值，荷兰股票市场涨幅同样巨大。

从 18 世纪至 19 世纪，英国逐步成为世界霸主，其间英镑大幅升值，英国股票市场涨幅同样巨大。

自 20 世纪初起至今，美国逐步成为世界头号强国，其间，美国股票市场涨幅巨大，美元相对于英镑持续升值。

由此可见，在大国兴衰的长周期中，金融市场资产的表现和国家综合实力的增长是高度一致的。

第十五章　全球财富分配的周期转折

所有的经济史都是社会有机体缓慢的心脏跳动。财富的集中和强制再分配，便是它巨大的收缩与扩张运动。

——［美］威尔·杜兰特

人类社会中，财富是社会发展的血液。财富的集中与再分配，不仅仅是数字的增减，更是社会有机体自我调节与平衡的必然过程。这正如美国历史学家威尔·杜兰特所言："所有的经济史都是社会有机体缓慢的心脏跳动。财富的集中和强制再分配，便是它巨大的收缩与扩张运动。"这一比喻，深刻揭示了财富分配与社会变迁之间的内在联系。在这一过程中，财富的过度集中往往导致社会阶层矛盾突出，而随后的再分配，无论是通过政策调节还是通过社会运动，都是对财富分配不平衡的修正，以重新激发和释放社会活力。

美国社会历史学家威廉·斯特劳斯和尼尔·豪在《第四次转折：世纪末的美国预言》一书中把社会的变迁划分为四个阶段，认为四次转折构成一个由生长、成熟、熵增与消亡（或再生）构成的四位一体的社会循环周期。在春天般的高涨期，社会不断强大，沉浸于希望之中。在夏天般的觉醒期，社会充满了畅想，在幸福与欢乐中悟道。在秋季般的解体期，社会开始收获与消费，然后在焦虑中走向分离。在冬季休眠般的危机期，社会为生存而挣扎，并做出牺牲。

在任何历史循环中，财富分配都扮演着重要的角色。在生长阶段，社会财富的增长主要来源于新兴产业的发展和扩张，这些产业往往为新兴的阶级或群体所掌握。在这个阶段，财富分配可能呈现出较为平等或相对公平的状态，因为社会的主要目标是实现整体的繁荣和发展。随着社会的进一步成熟和稳定，财富分配开始逐渐出现不平等的现象。在成熟阶段，社会内部的竞争日益激烈，资源和机会的分配逐渐集中在少数人手中。这些人往往通过掌握更多的资本、技术和信息等资源，获得更多的财富和权力。进入解体阶段后，社会的不平等现象进一步加剧，社会内部的矛盾和冲突逐渐暴露出来，各种社会问题层出不穷，财富分配的不平等程度达到顶点，少数人掌握了大量的财富等资源，而大多数人则处于贫困或困境之中。到危机阶段，财富分配的转折点可能导致社会动荡与变革，从而打破原有的财富分配格局，为新的财富分配方式创造机会。政府被迫采取政策调整财富分配的方式与格局。与此同时，社会内部的矛盾与冲突可能导致人们的觉醒和行动，促使政府与企业改善财富分配状况。

当前，全球贫富差距拉大、社会阶层固化、资源分配不均等问题日益凸显，成为社会稳定与繁荣的重大挑战，我们正处在全球财富分配的周期转折点。

财富分配周期的变化特征

人类社会的发展伴随着财富的集中与再分配。20世纪初至今，世界各经济体收入与财富分配不均大体经历了加剧、缓解、再恶化的过程。今天，人类正在面临从财富积累向财富分配的"第四次转折"。从1820年至1910年，全球不平等程度明显上升。全球收入最高的 1% 人群的收入占世界总收入的比例从 1820 年的 20% 上升到 1910 年的 26%，然后在 1970 年下降到 16%，并在 2020 年再次上升到 21%。从 1880 年到 2020 年，全球收入最高的 1% 人群收入份额通常是收入最低的 50% 人群收入份额（6%~9%）的 3 到 4 倍，后者与收入最高的 0.1% 人群所占份额处于同一数量级，底层 50% 人群的收入和顶层 0.1% 人群的收入在 2020 年均占总收入的 8% 左右。这说明了全球收入不平等的极端程度。

20 世纪 80 年代以来，许多国家实施了一系列放松管制和自由化政策，收入和财富分配不平等现象在世界各地日益加剧，不同的国家程度不同，体现的形式也不同。有的国家不平等程度显著恶化，如美国、俄罗斯和印度等，而有的国家不平等程度增幅相对较小，如欧洲多个国家（除俄罗斯）和中国。虽然大多数国家内部的不平等现象有所加剧，但在过去 20 年里，全球国家之间的不平等现象有所减弱——最富有的 10% 国家的平均收入与最贫穷的 50% 国家的平均收入之间的差距从 50 倍左右下降到略低于 40 倍。与此同时，国家内部的不平等现象显著加剧，一些国家最富有 10% 人群和最底部 50% 人群间的平均收入差距几乎翻了一番，从 8.5 倍增加到了 15 倍。这种国家内部不平等程度急剧上升表明，尽管经济增长势头良好，但当今世界仍然存在特别严重的不平等，国家内部的不平等甚至比国家之间的显著不平等更令人忧心。

在这些国家中，最引人瞩目的是美国贫富分化状况的持续恶化。20 世纪 60~70 年代，美国收入差距处于相对稳定的水平，不同收入阶层具有大致相同的收入增长幅度，低收入人群和高收入人群之间收入差距几乎保持不变。但从 20 世纪 80 年代以来，美国收入分配不平等程度出现了持续上升的趋势。美国人口普查局指出，美国反映收入差距的基尼系数已经从1968年的0.386上升到2022年的0.464，超过基尼系数的国际警戒线（0.4）。2022年其他发达国家基尼系数基本在0.35左右，甚至0.3以下。

美国的收入与财富分配的不平等呈现以下特点：一是工资收入水平差距大。根据美国研究机构伊奎勒统计的数据，2021年美国上市公司CEO收入的中位数达2 000万美元，较2020年增长31%。而普通员工收入的中位数从2020年的6.9万美元增至2021年的7.2万美元，增长了约4%。根据美国经济政策研究所的数据，1978年至2020年，CEO收入增长1 322%，而同期普通员工收入仅增长18%。

二是富裕群体的收入增速远高于低收入群体。根据美国人口普查局数据，1970—2020年，收入前20%家庭的平均收入增长182%，到2020年达25.3万美元，而中等收入和收入后20%家庭的平均收入分别仅增长133%和113%，到2020年仅分别为7.2万美元和1.5万美元。1975年，收入前20%家庭平均收入是后20%家庭平均收入的10.3倍，到2020年升至17.4倍。

三是富裕群体收入占全社会总收入的比例显著上升。美国人口普查局数据显示，无论是收入前20%群组还是最高5%群组，家庭收入占全社会总收入的比例都呈上升趋势。1970年此比例分别为43.3%和16.6%，2020年已升至52.2%和23.0%。中间阶层和低收入群组的收入占比均有所下降。中间阶层收入占比从1970年的52.7%降至2020年的44.7%，收入后20%的低收入群组的收入占比则从4.1%降至3%。1993年以来，占总家庭数60%的中间阶层群组的收入占比始终低于前20%的群组，且程度日益加剧。超级富豪的收入占比水平创下二战后新高。世界财富与收入数据库显示，20世纪初以来，美国前1%超级富豪的收入占比经历了先降后升。1928年这一比例一度高达22.3%，二战后随着机会平等、经济平等价值理念的发展，累进税、遗产税、强势工会和金融管制等经济制度抑制了财富集中，到1970年前1%超级富豪的收入占全社会总收入的比例降至10.7%。此后这一比例逐步升高，到2021年已升至19.1%，50年间几乎翻了一番。

四是财富悬殊程度日益加剧。美联储数据显示，前1%的最富裕家庭拥有超过20%的家庭总财富，这一比例在近年来还在显著增加。据美联储2021年的统计，前1%家庭拥有的财富比例达到创纪录的32.3%，而在1989年这一比例仅为23.6%；后50%家庭（约6 300万个家庭）仅拥有2.6%的财富，而在1989年这一比例为3.7%。

五是中产阶层萎缩。从二战结束到1970年的20多年间，美国培育了一个数量庞大的中产阶层。此后，尽管美国经济继续增长，但中产阶层规模不仅没有扩大，反而显著下降。生活在中等收入家庭的美国成年人占比从1971年的61%下降到2019年的51%，高收入阶层比例从14%上升到20%，低收入阶层比例从25%上升到29%，中等收入家庭规模持续萎缩。

六是阶层固化严重。据美国经济学家拉杰·切蒂的研究，收入高于父母的美国人比例从20世纪40年代的超过90%下降到20世纪80年代的约50%。其中，中产阶层家庭该比例降幅最大，年轻人增加收入的机会越来越少，主要原因不是经济增长放缓，而是财富分配不公。奥巴马政府时期白宫经济顾问委员会主席阿兰·克鲁格认为，美国社会的高度不平等造成了代际流动水平较低，形成了一条"了不起的盖茨比曲线"，个人经济状况更多由父母经济地位决定。

七是贫困问题未得到有效解决。1959—1969年，美国总体贫困率下降了10个百分点以上，此后一直在12.5%左右徘徊。根据美国人口普查局数据，2010年美国贫困人口达4 620万人，贫困率高达15.1%，为1959年以来最高。2020年的贫困率达11.4%，比2019年的10.5%上升了0.9个百分点。目前，美国仍有3 700万人生活在贫困线以下。

中国同样存在财富集中与再分配的问题。改革开放以来，随着我国经济体制改革的不断深入，以及产业结构的快速转型和经济的持续快速增长，人民收入水平日益提高，但与此同时，收入差距也在不断扩大。20世纪90年代初，我国基尼系数开始超过0.4的国际警戒线。进入21世纪，我国居民人均可支配收入基尼系数仍居高不下，在2003—2008年，平均值超过0.48。自2009年开始，基尼系数虽有所下降但仍处于较高水平，在2009—2020年，基尼系数平均值达0.47。为缓解不平等现状，党的十九届五中全会通过了《中共中央关于制定国民经济和社会发展第十四个五年规划和二〇三五年远景目标的建议》，提出要改善人民生活品质，扎实推动共同富裕。中国的收入与财富分配的不平等呈现以下特点：

一是收入差距方面，中国基尼系数和高低收入比处于较高水平，但近年来由于扶贫攻坚等有所缩小。中国基尼系数从2008年的峰值0.491见顶回落，近年来维持在0.46~0.47。据国家统计局统计，2013—2020年高低收入比的均值为10.64，在较高水平区间波动，中等收入群体收入增速落后于高、低收入群体。2020年的人均可支配收入和2014年比较，最低的20%低收入组增长了65.75%，20%的中间偏下收入组增长了51.03%，20%中间收入组增长了48.88%，20%中间偏上收入组增长了52.84%，20%高收入组增长了57.54%。可以看出，最贫困的群体与最富裕的群体收入增长最快。

二是财富差距比收入差距更显著。由于积累效应，财富差距往往比收入差距更为显著，中国也是如此。据瑞士信贷统计，中国财富基尼系数从 2000 年的 0.599 持续上升至 2015 年的 0.711，随后有所缓和，降至 2019 年的 0.697，但 2020 年在疫情冲击下再度上升至 0.704。2020 年中国财富排名前 1% 居民占总财富的比例升至 30.6%。

三是社会阶层流动放缓，财富代际传递加强。21 世纪以来，社会阶层流动开始放缓，财富的代际传递加强，机会不平等对收入分配的影响凸显。低收入群体翻身成为高收入群体的可能性在降低；相比于中间收入群体，最低收入和最高收入家庭的固化现象更为明显。

四是城乡差距、地区差距和行业差距均存在。城乡差距解释了中国收入差距形成的绝大部分原因。2021 年，城镇居民人均可支配收入达 47 412 元，是农村居民的 2.5 倍。不过随着脱贫攻坚各项政策和乡村振兴战略的纵深推进，农村居民人均可支配收入增速快于城镇居民。2021 年，城镇居民人均可支配收入比 2012 年增长 96.5%，农村居民人均可支配收入比 2012 年增长 125.7%。2013 年至 2021 年，农村居民年均收入增长幅度比城镇居民快 1.7 个百分点。此外，地区差距显著，东部与西部差距较大；行业收入差距带来的收入分配问题明显，信息技术行业人均收入最高，农林牧渔行业人均收入最低，非私营企业比私营企业的行业收入分化程度更大。

财富分配集中的原因

美国历史学家威尔·杜兰特从历史学的角度追溯财富分配周期。他在《历史的教训》一书中提出：从人类社会的发展角度来看，财富的集中是自然的和不可避免的；人与人在禀赋要素、基因和其他方方面面都不一样，在一个竞争的市场环境下，财富就会不断集中。美国布鲁金斯学会的学者爱泼斯坦和阿克斯特勒利用模拟实验"糖域实验"，也得出类似的结论：贫富差距是"天赋、位置、运气、选择"综合的结果。杜兰特认为，当这种（财富的）集中到了极限，就一定要寻求一种缓解的方式，要么是借助暴力，要么是以和平的方式再分配。比如，古希腊时期长老院通过和平谈判缓解了贵族与平民之间的矛盾，而法国巴黎公社则由于谈判失败而借助暴力来缓解矛盾。中国的历史同样如此，每一次社会矛盾、财富分化到了极端的时候，就会爆发农民起义、革命，开始改朝换代。也可以说，社会发展的原动力就来自财富的集中和再分配。

根据古典经济学理论，经济增长依赖于资本积累与劳动投入。经济增长的成果一部分划分给劳动者，另一部分由资本所有者享有。但托马斯·皮凯蒂在《21世纪资本论》一书中指出，资本的投资回报率高于经济增长率，高于劳动收入增长率，因此，收入差距的扩大是必然趋势。顶级富豪的财富年增长率为7%~8%，而世界GDP年增长率为2%~3%，平均收入年增长率仅为1%~2%，这就使得有钱的人会越来越有钱，穷人会变得越来越穷。从过去几十年来看，美国收入越靠前的人，收入的增长速度越快，前0.001%人群的收入增长率在6%以上。现实生活中，有钱人往往有更好的投资渠道，而普通人却没有钱投资，或者只能将存款放在银行，利息甚至都无法抵御通货膨胀，收入差距就变得越来越大。

20世纪80年代以来，大部分国家收入差距的扩大主要是由顶层人群收入激增造成的，而全球化和金融化共同为精英阶层带来了超额收益。在全球市场竞争不断加剧的情况下，各国政府采取了一系列吸引外商投资的措施，包括关税竞争、放松对经济活动的管制、依赖市场定价、将公有产权私有化等。随着贸易边界的削弱，企业向国外开辟新的市场成为可能。为了追求更廉价的劳动力、更宽松的税收环境和监管环境，发达国家的一些企业选择放弃在国内生产，转而向海外直接投资，导致这些国家"资本外逃"。其结果是，去工业化进程削弱了这些国家工人的议价能力，造成工人平均工资的下降。而这些国家的跨国企业在全球雇用了更廉价的劳动力，享受了更优惠的税收政策，甚至获取了全球市场的垄断地位，它们的股东和高管受益颇丰，成为经济全球化的"赢家"。

商品和资本频繁跨境流动促进了各国更高程度的金融开放。金融化影响收入差距有四个途径。第一，金融化改变了公司治理理念。公司管理者不再重视生产投资和创新，而是专注于短期内提升公司股价。为了实现这一目的，管理者倾向于削减生产成本和回购股票，比如裁员或降低员工工资。这样一来，受益最多的是企业的所有者。第二，在工资固化的经济体中，金融化为中上阶层进行投资开辟了新的道路。他们开始从事股票交易、出租房屋等进行财富积累，进一步扩大了与底层民众的收入差距。第三，尽管小部分投资者可以从股票的剧烈波动中收获大量财富，但金融危机的代价却由政府与公众承担。在高度金融一体化带来的危机中，受损的主要是工人与中小企业。在经济衰退的时候，大量中小企业倒闭，工人面临着低工资与高失业率的双重打击。陷入经济危机的国家不得不低价出售资产。第四，金融化与全球化交织在一起，限制了政府对富人和资本利得征税的能力。根据经济合作与发展组织（OECD）发布的报告，尽管OECD成员国中顶层人群的收入占比不断增加，但其针对顶层人群的有效税率从1981年的66%下降到2018年的43%。

一方面，由于跨国企业的存在，商品生产变得更加分散，对企业利润和资产的审计对各国政府来说更加具有挑战性；另一方面，与劳动收入相比，资本收入对税收更加敏感。顶层富豪不仅可以雇用法律和税收专家为其合理避税，还可以转移资产使政府难以征税。

  高科技的加速进步是导致财富分配不平等加剧的另一个因素。长期来看，科技进步对经济和社会的发展有积极影响。然而，在短期内，科技进步对就业和工资增长的影响存在不确定性。特别是在一些发达国家，科技进步对劳动力市场造成了明显的冲击。发达国家通常拥有较强的科技创新能力和雄厚的资本，因此其科技进步更容易对经济和社会产生影响，并改变收入分配格局。一些新兴产业的快速发展尤其依赖于高科技人才和新技术支持。这些产业不断提高工资水平和运用激励手段，以吸引人才并提升人力资本水平。与此同时，新兴产业的迅速发展也不可避免地影响传统行业的就业和工资增长，传统行业工资增长缓慢甚至下降。劳动力市场的结构无法及时调整以适应产业结构的急速变化，这对传统产业工人的就业和工资水平产生了不同程度的影响。另一方面，由新技术进步带来的冲击是机器替代劳动力。那些容易被采用新技术的机器替代的劳动力往往包括在流水线上工作的工人、办公室的文职人员以及从事重复性和常规性劳动的员工等，而这些人多数属于中等收入群体。他们一旦失去工作，即使重新就业，工资水平和就业稳定性也无法与之前相提并论。这导致就业岗位出现了"极化"现象，与此相对应的是中等收入群体规模的萎缩。

  此外，每一次经济危机的发生都伴随着贫富差距的进一步扩大，以及阶层分化问题的更加突出。美国经济学教授特摩斯·斯密丁认为，在经济危机期间，最富裕阶层损失的财富必然是最多的，但是，从损失比例上衡量，工薪阶层的经济损失其实是最大的；出现这种状况的主要原因是经济危机对房地产市场的冲击。2008年的经济危机严重打击了工薪阶层。到2013年，美国失业率仍达8%，独栋别墅的房贷拖欠率依然高达10%。反观股票市场（那些富人财富最集中的地方），2013年完全恢复。在2008年全球金融危机爆发过后的10年，股票市场从2008年低点回升316%。对于工薪阶层而言，经济危机最直接的表现莫过于消费需求的下降、企业倒闭、大规模裁员和减薪。2008年全球金融危机过后，就业市场发生了巨大改变。创新技术颠覆个别产业，必然导致企业减员，大量无技术含量工作消失。工程、商业和技术类工作机会增多，技术含量低的工作机会减少。需要大学学历的工作增加了，相应薪水也增长了。相比之下，不需要大学学历的工作机会不断减少，相应收入总体下降。疫情的发生同样加剧了贫富分化。新冠疫情引发的经济衰退导致大量失业，低收入者经济状况进一步恶化。同时，货币超发和大规模财政支出助推股价和房价猛涨，使拥有更多资产的富人爆发式受益。美联储关于家庭财富的报告显示，2021年第四季度，美国最富有的1%人群总财富达到创纪录的45.9万亿美元，其财富从2020年初至2021年底新冠疫情较严重时期增加了12万亿美元以上，增长了30%以上。

财富分配周期对经济增长的影响

收入与财富分配不平等的加剧会降低经济增长速度与经济效率。OECD研究表明，收入不平等对于中期增长会产生显著的负面影响。据估计，在诸如美国、英国和意大利等发达国家，如果收入不平等的情况没有加剧，那么整体的经济增长在过去的20年里会高出6~9个百分点。国际货币基金组织（IMF）的实证研究发现，当收入不平等程度增加时，经济增长的持续时间趋于更短。当其他决定经济增长持续时间的因素（如外部冲击和宏观经济状况）被纳入考量后，这一结论依然成立，平均来看，不平等水平下降10个百分点，则预期的持续增长时间会增加50%。

不平等对经济的破坏，体现在多个方面。首先，不平等导致总需求的疲软。在经济学框架里，边际消费倾向随收入增加而递减，当将财富增值部分也算作收入时，这种递减会更加明显。从一个最简单的情形出发，假设一个经济体人群分成富人和穷人两类，富人的边际消费倾向为0.4，穷人的边际消费倾向为0.8，随着富人获取的收入份额增加，整个社会的消费倾向就会降低。当富人获取收入的比重从10%增加到90%时，整个社会的消费潜力指数会从0.76下降到0.44，下降幅度高达42.1%，贫富分化导致经济增长潜力被不断压缩。此外，货币当局应对疲软需求的方式不当，也可能会加剧这个问题。通过降低利率同时放松管制，货币政策非常容易催生资产泡沫，而这些泡沫的破裂反过来会导致经济衰退。其次，不公平的薪酬制度在扩大收入差距的同时，也会降低普通员工的工作效率。诺贝尔经济学奖获得者斯蒂格利茨认为，如果工人的工资低到只能勉强维持基本生活开支，他们的工作效率会进一步降低。这是因为这些工人投入了部分精力来处理物资匮乏的问题，而这些精力原本可以用于工作中。再次，财富集中不利于社会创新。财富集中导致资源和机会的不均衡分配，富人更容易获得创新所需的资源和机会，而穷人则面临着机会上的限制。这种机会不平等可能导致低收入群体无法充分发挥其创新潜力，进而限制了整个社会创新的广度和多样性。最后，收入和财富分配的不平等会导致更多的寻租行为。在经济高度不平等的社会中，富人的话语权和对政治决策的影响力会越来越大，他们会利用自身的社会地位和影响力对政府部门和官员进行游说，说服政府引入一些更加有利于其经济利益的政策和干预措施，或者说服政府放松管制，从而获得超额利润和额外利益。寻租行为不仅会带来社会不公平问题，也会导致经济效率降低。

收入与财富分配不平等的持续恶化还会对社会发展和稳定带来冲击，不利于经济社会的长期可持续发展。贫富分化加大了社会各阶层的矛盾，导致民粹主义盛行、逆全球化浪潮愈演愈烈、极端主义政党上台，影响国际和国内政治经济的稳定性，甚至使得一些国家频繁出现社会动乱。社会贫富悬殊带来的最直接后果是社会分裂。这种分裂先是表现为收入和财富上的差距，然后是不同人力资本上的差异，接着是生活方式的不同，最后是价值观的差异。这时社会将进入一种易发生社会冲突的状态，而且会是持续冲突。从2008年全球金融危机爆发开始，在美国等发达国家，抗议财富分配不平等的游行示威接连不断。例如，2011年始于美国而后在全球蔓延的"占领华尔街"运动，发出了反对社会财富分配不公，不满政府补贴大企业的呼声，呼吁政府增加民生支出，加大收入再分配的政策力度。又如，2020年美国警察暴力执法事件引发的"黑人的命也是命"的全美抗议运动，不仅是一场反对种族歧视的抗议运动，也是底层民众对长期社会财富分配不公的抗争。当一个社会存在过大的财富差距，存在制度层面上的分配不公，一些社会矛盾就会更加突出，小规模的冲突很容易升级为大规模冲突。

如今，贫富分化导致的恶果慢慢开始显现。在美国前总统唐纳德·特朗普参加竞选之后，市面上有一本很畅销的书，叫《乡下人的悲歌》，它讲述了社会、地区和阶层衰落给一生下来就深陷其中的人带来的影响。这本书反映的正是美国社会的分裂，大家忽然发现，美国中西部地区的人民生活也很糟糕，像书里一样成功脱离贫困向上流动的案例屈指可数。《乡下人的悲歌》里面反映出来的失业、酗酒、吸毒等场景在美国中西部地区普遍存在，哪怕在芝加哥这样的大城市，安全问题也非常严重。所以在这种情况下，沉默的大多数人用选票说话，选择了民粹主义派的特朗普。在英国，人们用选票选择了"脱欧"，把怨恨归结于加入欧盟后，其他国家的劳动力挤占了英国老百姓的工作机会。法国则出现了"黄马甲运动"。所以，财富分配不平等正在借助民粹主义、逆全球化、极端主义甚至是战争来缓解。面对财富分配不平等这样一个根源性的社会问题，中国试图通过共同富裕、精准扶贫来缓解。而在西方国家，除了选举，政府还通过征收富人税等方法来尝试解决，美国曾有人提出要征巴菲特税，法国也曾经动议针对收入在100万欧元以上的人就超出100万欧元的部分征收75%的税。但征税也是一个非常困难的过程，当法国的富翁们听到会被征税后，纷纷移民到比利时、英国，法国最后不得不放弃激进的税改方案，采用一套相对缓和的方案。

总而言之，财富分配是一个世界性的大问题，这个问题与全球经济的演变、地缘政治等都有很大的关系。尤其是新冠疫情后，全球贫富差距加大，给全世界都带来了隐患。

财富分配周期对金融市场的影响

不平等的扩大在一定程度上会引发国家金融不稳定。财富分配不平等对金融稳定的影响主要包括以下两个方面：

一方面，由于工资增长缓慢，中低收入阶层更倾向于通过债务融资满足消费需求，而富人过剩的储蓄为他们提供了债务融资资金来源并引致他们杠杆率攀升。如果经济发生不利变化，如失业率上升或利率上升，他们可能无力偿还债务，导致债务违约风险增加。这将对金融机构的资产质量产生负面影响，并可能引发金融危机。另一方面，富人日益增长的资产增值需求促进了结构性信贷市场的快速发展，大规模的资产证券化加剧了金融市场的不稳定性。此外，富人在追求高回报时可能会参与高风险投资，导致市场过热和泡沫的形成，进一步加剧金融市场的不稳定。

富裕阶层不断增长的资产增值需求使传统债券的收益率降低，这促使他们寻找收益率更高的资产，由此资产价格高企，未来上涨潜力有限，进而导致可以合理配置的资产选择并不多，也就是"资产荒"。从逻辑上看，"资产荒"是低利率的结果，或者说"资产荒"其实是低利率的一种表现形式。从利率决定因素上看，利率是资金的价格，资金的价格是由资金的供需两端决定的。供给端主要由央行控制，需求端主要由投资需求和消费需求构成。但考虑到投资最终也需要由消费者买单，因此有效需求决定了资金价格。如果有效需求不足，最终就会导致流动性陷阱。货币进一步放松也许不足以刺激经济，而货币一旦收紧，经济就立即陷于停滞。从根源上看，贫富差距扩大是需求端难以扩张的主要原因之一。

在财富分配周期中，财富集中会导致消费内部分化，高端消费与一般消费背离。富人拥有更多的可支配收入和财富，更倾向于购买奢侈品、高端旅游等高端消费品和服务，这种消费行为在一定程度上刺激了相关产业的发展。法国的出口数据显示，进口国收入分配不平等程度加剧会导致该国增加奢侈品的进口，减少必需品的进口。有关奢侈品的谷歌搜索数据也显示，即使高收入人群的收入水平没有增加，如果不平等程度增加，高端消费也会增加。而普通消费者面临收入增长缓慢、消费能力受限的情况，会更加谨慎地消费，减少非必要的消费支出。

相比之下，贫富差距的缩小通常意味着中低收入阶层消费能力相对提升，与大众消费息息相关的行业（烟草、汽车、家庭耐用品、互联网零售等）往往成为受益者。观察美国历史上3个贫富差距快速缩小时期（2000—2001年、2007—2009年、2012—2013年）消费股（日常消费＋可选消费板块）的股价表现情况可知：2000—2001年股价涨幅最高的行业为烟草（150%）、家庭耐用消费品（94%）、综合消费者服务（68%），2007—2009年涨幅最高的行业为汽车（452%）、媒体（70%）、个人用品（30%），2012—2013年涨幅最高的行业为汽车（170%）、互联网零售（123%）、媒体（122%）。[①]

---

① 数据来源：彭博资讯。

第十六章　全球货币金融周期的转换

金融周期主要是通过风险认知联结传递的信贷约束与资产价值两者之间交互增强作用的体现。

——［英］国际清算银行经济学家克劳迪奥·博里奥

金融是现代经济的核心。经济是肌体，金融是血脉，两者共生共荣。全球货币金融周期表现为全球金融变量的扩张与收缩形成的周期性波动。伴随着金融系统的顺周期波动，金融市场的摩擦会进一步放大对经济的冲击，带来经济周期性的繁荣与衰退。

众说纷纭的"货币金融周期"

货币金融周期是什么？学术界和实务界对货币金融周期尚未形成统一的定义。货币金融周期理论将金融变量的扩张与收缩视为宏观经济波动的根源，并将金融影响宏观经济的机制从传统的利率途径扩大到信用和资产价格上，提出其全球同步变化演变成了全球金融周期。关于货币金融周期的讨论，主要有四种比较有代表性的理论：

一是瑞典经济学家克努特·维克塞尔提出的"货币累积过程"。维克塞尔认为，自然利率是企业所能实现的平均投资回报率。当央行利率低于自然利率时，企业倾向于借入资金并扩大再生产，使经济增长形成正向循环。当央行利率高于自然利率时，由于借贷成本高于自然利率，企业倾向于减少借贷，使经济增长形成负向循环。

二是美国经济学家海曼·明斯基提出的"明斯基时刻"。明斯基认为，金融体系具有内在不稳定性和顺周期性，在经济形势好时，投资者倾向于承担较大风险，愿意增加负债规模，不断加杠杆。一旦投资资产遭遇损失，放贷人会尽快回收借出款项，进而导致资产价值崩溃，出现去杠杆的"明斯基时刻"。

三是美联储前主席本·伯南克提出"金融加速器理论"，着重从信用角度解释金融对实体经济的影响。经济衰退期间，银行因坏账增加而更加惜贷，与此同时，借款人自身财务状况恶化使其信用下降，导致银行更加不愿放贷，由此造成市场流动性危机，并形成螺旋式反复的恶性循环，最终影响家庭和企业的消费和投资，从而加剧经济衰退。

四是野村证券综合研究所首席经济学家辜朝明提出的"资产负债表衰退理论"，侧重从资金需求的角度研究金融对实体经济的影响。当资产价格大幅下跌，企业或个人会把新增收益的大部分用于还债而不是用于再投资，信贷需求陷入停滞或减少，中央银行刺激信贷的政策操作会失效，经济出现恶性循环。

一般而言，金融周期的长度显著长于经济周期。国际上已有很多研究分析各国经济周期和金融周期特征。根据历史经验研究，经济周期的长度通常为3~4年，而金融周期的长度通常为15~20年。换言之，一个金融周期可以包含多个经济周期。这就意味着，现实中既可能出现经济周期与金融周期同步的现象，也可能出现不同步的现象。例如，当经济周期与金融周期均处于上升或下降阶段时，那么经济扩张或收缩的幅度就会被放大。而当经济周期与金融周期处于不同阶段时，那么宏观调控政策就可能面临冲突。

目前国际上相对公认的判定金融周期阶段的两个核心指标是广义信贷规模和房地产价格。前者代表融资条件即流动性，后者代表资产价格，反映投资者对风险的认知和态度。由于房地产是信贷的重要抵押品，因此广义信贷规模与房地产价格之间会相互放大，从而导致自我强化的顺周期波动。

总体来看，在金融周期上升期，流动性整体偏松，金融监管趋于放松，资产价格持续上涨。但如果金融资产上涨过快的话，金融风险会不断集聚。这一点从中国房地产市场的发展来看非常明显。2008年至2017年，用70个大中城市房价指数来衡量，中国房地产价格出现了3次大幅上涨，分别是在2009—2010年、2012—2013年、2015—2017年。以中原地产二手住宅价格指数来衡量，2008年10月至2017年5月，上海、北京、深圳、广州的房价指数分别上涨了2.6、3.1、3.2与3.0倍。

反之，在金融周期下行期，流动性整体偏紧，金融监管日趋严格，资产价格持续下降，金融风险不断暴露、出清，尤其当金融周期下行期与经济周期下行期两者相互叠加时（例如在2018—2019年），微观主体的感受将更为强烈。以中国房地产市场为例，2017年至2020年，70个大中城市房价指数的增速总体上呈现出先下跌后在低位盘整的态势。如果用中原地产二手住宅价格指数来衡量，那么2017年5月至2020年12月，上海、北京、深圳、广州房价指数的变化幅度分别为-3%、-13%、44%与18%。

在金融周期下行过程中，金融风险逐渐暴露，几乎所有高杠杆资产和高杠杆的商业模式都会受到冲击，投资者的资产安全受到严重挑战。在金融周期下行过程中，投资者尤其注重资产的流动性与确定性。流动性更强、确定性更高的金融资产，享受显著的"流动性与确定性溢价"。例如：一、二线城市房地产的流动性显著高于三、四线城市，同一个城市里核心区域房地产的流动性显著高于边缘区域，同一个区域中小户型房产的流动性显著高于大户型；高等级信用债的流动性高于中低等级，利率债的流动性高于信用债，蓝筹股的流动性高于小盘股；有稳定收益的基础设施和房地产类资产好于收益波动性大的股权类资产，现金流稳定的公用事业类公司的股票好于现金流匮乏、确定性较差的成长类公司的股票。

货币金融周期的驱动力

美联储货币政策的溢出效应

学术界的研究发现，全球金融周期与美国的货币政策周期高度一致，全球金融周期就是金融波动从美国传导扩散到世界其他国家和地区的过程。美联储货币政策通过三条路径与全球金融周期形成关联：第一，美元是全世界贸易、金融和储备资产的重要计价货币，美联储货币政策改变了以美元计价的资产收益和负债成本，从而影响微观主体和国家主体的决策。第二，美国作为全球主导性国家，其货币政策会通过资本流动对其他国家和地区产生溢出效应。美联储近年来退出量化宽松政策引发全球资本逃离发展中国家是一个非常典型的例子。除了跨境资本流动这一直接的途径，跨国企业的转移定价、国际银行的内部定价、全球的美元离岸资金池都会顺其产生联动性变化。第三，美国在国际经济金融治理中占据绝对优势地位，通过国际协调保障自身货币政策的实施。无论是联合国、国际货币基金组织等全球组织，还是G7（七国集团）峰会、

G20（二十国集团）峰会等制度化协调论坛，美国在其中都占据强势地位，掌握绝对的国际话语权，这可以帮助美国将政策意图传递至他国甚至体现在全球体系之中。此外，微观主体行为也会将美国金融状况传导至其他国家。全球投资者的行为受美国货币政策的影响，他们的一致行动影响了全球资本流动和资产价格。

虽然美联储货币政策驱动的全球金融周期被大家广泛认可，但是这种相关性是高度不稳定的。在2008年全球金融危机爆发前，更宽松的政策预示着更加疲软的全球金融周期，而在后危机时代，其则预示着更加强劲的全球金融周期。许多学者认为，这当中最主要的原因在于货币调控机制的变化。在2008年之前，美联储的利率调控就几乎代表了货币政策的全部信息。然而，随着2008年全球金融危机的出现，美联储的货币政策调控框架更加复杂，前瞻性指引和非常规货币政策的实施，使得单一利率指标不能完全代表货币政策信息。因此，评估美联储的货币政策应该根据联邦基金利率、前瞻性指引和大规模资产购买计划综合进行。而从不同角度思考货币政策可能会得到截然相反的结论。近些年来兴起的收益率曲线控制和现代货币理论，更是将人们的关注点从单纯的货币政策转移到货币-财政、货币-政治双重方面。此外，还有其他因素可能影响美联储货币政策驱动的全球金融周期，如欧洲开始展现中心区域属性、宏观审慎政策的普遍实施、非银行金融机构（影子银行）的兴起等。

反映货币金融周期的核心指标

总量分析主要观测与实体经济紧密联系的货币和信贷指标，通过观测货币供给判断短期松紧度，通过观测信贷相关情况衡量中长期趋势，可综合描绘货币金融周期。

短期来看，货币供应量作为货币政策中介目标，在假定统计口径不变时，可以作为判断总量松紧度的参考指标。以中国为例，原因有二：一是货币供应量可以反映货币流动性，二是自1984年以来货币供应量一直是我国货币政策的中介目标。尽管我国已不再公布M2（广义货币供应量）和社会融资规模的目标，但利率传导机制尚不畅通，货币政策仍依赖数量调控。因此，在假定统计口径不发生变化时，货币供应量可以作为判断短期货币政策松紧度的指标。

中长期来看，信贷获取能力对实体经济的影响显著，可以作为考察中长期趋势的窗口。诺贝尔经济学奖获得者斯蒂格利茨指出："货币之所以重要，是因为它与信贷之间的关系，信贷获取能力的变化对经济活动的水平具有显著影响。真实利率水平的变化对经济波动的影响似乎要小一些。"从数量上，信贷规模增速与GDP增速之差是反映总量松紧度的典型指标。从价格上，贷款加权利率增速与PPI（生产价格指数）增速之差能够反映中长期货币总量松紧程度。

货币金融周期对经济与市场的影响

利率渠道影响经济增长

自然利率是一种理想的均衡状态下的利率，也就是实际经济增长与经济增长潜力相吻合状态下的均衡利率，是均衡政策利率的基准，长期实际利率可作为自然利率的近似值；均衡是一种理想的状态，且是一种长期的概念，也就是说，它过滤了短期的干扰因素。

既然自然利率是长期概念，那么我们需要从长期经济增长的角度去看待它。影响经济长期增长的三个因素分别是人口、资本、全要素生产率。这当中对自然利率影响最大的是人口这个因素。举个例子，欧洲各国、日本由于人口老龄化，自然利率不断下滑，政策制定者推出了负利率政策。"自然利率"与"经济增长潜力"一样，我们是无法直接观察到的，要观察自然利率，我们需要通过一定的推算估计方法。

按照理想的"实际利率"围绕"自然利率"上下波动来制定货币政策有一定的难度，但这个的确起到了指导性作用。首先，需要分析实际经济增长状况，将实际经济增长与经济增长潜力进行比较。当实际经济增长差于经济增长潜力时，经济处于衰退周期，需要宽松的货币政策，目的是提振实际经济运行，使其向潜在经济增速靠近，此时我们测到的结果是：实际利率小于自然利率；当实际经济增长优于经济增长潜力时，经济处于过热周期，需要紧缩的货币政策，目的是减缓实际经济运行，使其向潜在经济增速靠近，此时我们测到的结果是：实际利率大于自然利率。

信贷渠道推动经济周期轮动

信贷可得性是金融领域中的一个重要问题。信贷可得性取决于金融机构、借款企业双方的特征与作为，以及外部环境或冲击等方面的因素。企业的信贷可得性取决于其资信状况及相关特征，这些因素会影响金融机构的信贷供给意愿。作为资本市场上的资金供给方，金融机构会对资金需求方的资产状况、信用状况、财务管理制度等进行评估，以确定是否发放贷款、发放贷款的额度、贷款利率、贷款期限、信贷抵押条件等。因此，信贷可得性也会有周期性变化，是金融周期的重要推动因素。

当储蓄较多时，如果经济下行，政府会放松信贷，降低利率，刺激消费与投资，推动经济复苏；当储蓄较少时，如果通胀上行，政府会收紧信贷，减少投资与消费，经济降温，从而保持储蓄总量的相对平衡。

实际的信贷周期通常是波浪式的。因为政府无法忍受信贷萧条，实际的信贷周期中，政府大大缩短了紧缩的周期，导致没有信贷萧条出现。其结果是，通常经济进入衰退期后，政府就会迫不及待地推动银行采取信贷扩张政策，推动经济直接进入复苏阶段。储蓄可能还没有来得及增加以平衡上一轮的亏空，新一轮的负债周期就开启了。这个信贷扩张和收缩的过程通常表现为短期债务周期。

货币金融周期轮换的跨境效应

全球金融周期对一国宏观经济和金融稳定具有重要的影响。如果一个国家的金融状况受全球金融状况的影响过大，会严重削弱本国货币政策的独立性，使得本国只能被动跟随中心国家的货币政策进行调整。此外，如果资本接收国国内的金融周期与全球金融周期形成共振，资本接收国可能会发生金融危机。原因在于，当资本接收国本国的金融状况过度宽松时，该状况叠加宽松的全球金融状况，就会形成一种"涡轮增压效应"，从而导致过多的资本涌入和本币大幅升值，进而导致资本接收国的信贷过度扩张和资产泡沫。一旦全球金融状况出现逆转，金融失衡风险将会暴露，资产泡沫破裂和金融部门去杠杆将导致国内金融状况恶化，严重时就会触发金融危机。随着全球金融状况联动性日益加强，局部的金融动荡会比以往更容易传染到其他国家，从而形成更大规模的金融危机。

2008年全球金融危机爆发后，美国等主要发达经济体的央行资产负债表空前扩张，各国基准利率降到极低的水平，促使资本在全球范围内寻求更高的收益，从而导致新兴市场面临大规模的资本流入。2013年，美联储考虑逐步退出量化宽松货币政策，造成了缩减恐慌，新兴市场资产遭到抛售，许多新兴经济体经历了大量的资本外流。历史总是踏着相似的韵脚，为应对新冠疫情带来的冲击，各国政府出台了大规模货币刺激方案。从2020年3月至2023年底，为应对疫情冲击，一些发达经济体的央行进行大规模资产负债表扩张。其中，美联储、欧洲央行和日本央行的资产负债表扩张幅度均在30%以上，扩张规模合计约8万亿美元。而中国在高效的疫情防控下率先实现了复工复产，货币和财政政策也保持松紧适度。在此背景下，大量跨境资本涌入中国，境外机构和个人持有的中国金融资产规模在2020年出现了大幅提升。随着通胀水平的上升和就业状况的改善，美联储等主要央行开始释放结束量化宽松货币政策的信号。自2022年至今，美联储已加息十余次，这导致全球金融环境收紧，这些流入中国的跨境资本发生逆转，对中国经济造成显著冲击。

货币金融周期轮换对金融市场的影响

从行为金融学的视角看，金融市场具有无生产过程和财富即时兑现的特点，更容易激发人们对财富的贪婪。在"动物精神"的驱使下，投资者对未来的盲目乐观和过度自信会激发"羊群效应"，导致大量资本流入金融市场，并使得金融市场的资本收益率高于实体经济。由于金融市场具有更高的资本收益率，大量原定投资于实体经济的资金开始涌入金融市场，进一步导致金融市场中"非理性繁荣"和实体经济中资金匮乏两种现象并存。当经济系统受到负向冲击时，投资者对未来预期变得悲观，开始大量卖出金融资产并再次引发"羊群效应"，导致金融资产价值大幅下跌。最终，企业可用于质押的金融资产价值严重缩水，进一步限制了企业的融资能力。此外，企业间的借贷关系会随着合作伙伴的选择变化而内生性地发生变化，当经济体系中存在负向冲击时，高资产负债率企业的违约风险会传导至与其存在借贷关系的其他企业，这将间接地增加其他企业违约甚至破产清算的概率。例如，企业利润率降低会拉低其在股票市场的价值，导致银行提升贷款利率从而增加其融资成本，这将进一步降低其投资生产意愿，增加其债务违约风险。

因此，在金融周期上升阶段，企业资产负债表逐步扩张，但由于宽松的信贷政策，在此扩张阶段企业并不容易发生债务违约。由于在金融周期上升阶段企业积累了大量的债务，当金融周期到达顶点附近时，信贷紧缩政策通过金融加速器机制以及"费雪通缩效应"不断被放大和传导。不仅如此，信贷紧缩政策还会使得投资者对未来金融市场走向产生悲观预期，投资者大量卖出金融资产并引发"羊群效应"，最终导致金融资产价值大幅下跌，企业的金融资产严重缩水。因此，信贷紧缩政策经过一系列传导，增加了企业的外部融资难度，限制了企业"借新还旧"的能力，导致企业违约风险逐步增加，从而使得企业在金融周期处于顶部区域时容易发生债务违约。

当下的货币金融周期位置

投资者风险偏好的变化

除央行的货币政策以外，金融市场上投资者的风险偏好同样是金融周期的主要驱动因素之一。风险偏好与全球金融周期有明显的负相关关系。当全球的投资者风险偏好较低时，金融资产的风险溢价较低，良好的宏观环境也会激励微观主体的冒进行为，增强其借贷意愿。银行等金融机构在全球风险较低、资产价格上升的环境下，整体的资产负债表更加健康，其更倾向于发放贷款和从事激进的投资行为。在2008年之前大部分金融机构都通过VaR（风险价值）进行风险控制和风险管理，全球经济金融风险的降低也可以通过放松基于VaR的风控约束，让银行类金融机构有更大的空间进行贷款发放，让非银行类金融机构有条件更加乐观地评估投资机会。因此，全球经济金融风险的降低抬升了全球金融机构的风险偏好，降低了金融资产的风险溢价，提高了金融机构的杠杆率，导致了信贷和资产泡沫的形成，加速了跨境资本的全球流动。由全球经济金融风险变化引发的全球金融体系的顺周期行为，成为驱动全球金融周期的重要因子。

中美货币金融周期的错位

金融周期与经济周期一同发生作用，将促使政策调控和投资所面临的环境更复杂。当经济周期处于下行阶段、金融周期处于上升阶段时，实施扩张性货币政策固然可以恢复经济增长，但与此同时，可能会导致资产价格过快上涨，反之亦然。要解决上述政策冲突，就需要在宏观经济政策之外引入宏观审慎监管政策。例如，当经济周期处于下行阶段、金融周期处于上升阶段时，可以同时实施扩张性货币政策与紧缩性宏观审慎监管政策，前者可以恢复经济增长，而后者可以防止资产价格过快上涨。

根据一些定量研究的测算，最近一轮中国金融周期的底部大概在2008年，顶部大概在2017年。换言之，这轮金融周期的上升期延续了8~9年时间。从2017年开始，中国持续处于本轮金融周期的下行阶段。

美国上一轮金融周期的顶点在2008年。美国次贷危机爆发后，在2008年至2013年期间，美联储实施了零利率加3轮量化宽松政策的组合。2014年，美联储停止了量化宽松政策。从2015年到2018年，美联储多次加息。2017年至2018年，美联储也进行了较为温和的缩表。但由于美国股市在2018年出现了较为显著的调整，美联储停止了加息进程，甚至重新开始降息。

新冠疫情的暴发无疑打乱了美联储货币政策正常化的节奏。2020年3月起至2022年3月，美联储不仅重新将联邦基金利率调降至零，而且实施了更大规模的量化宽松政策。美联储总资产已经由2020年初的4万亿美元左右逼近2022年初的8万亿美元。自2020年下半年至2022年上半年，美国股市与房地产市场的价格上涨幅度都是相当显著的。可以说，新冠疫情的暴发使得美国进入更加显著的金融周期上行期。

换言之，2022年以前，美国处于金融周期的上行期，而中国则处于金融周期的下行期。中美金融周期不同步给中国的宏观经济增长与金融稳定带来了较大挑战。总体而言，这意味着中美利差拉大，或者至少保持在一个较宽的水平上。只要国际金融市场的不确定性处于较低水平，中国都会面临较大规模的跨境套利资金流入。这种套利资金流入一方面会加大中国国内资产价格的波动性，另一方面会加大人民币的升值压力。而如果人民币有效汇率上升过快，又会对中国经济增长造成一定压力。如何应对中美金融周期不同步所带来的冲击，将是中国在未来几年面临的持续挑战。

货币金融周期轮换带来全球金融市场的巨幅震荡

2022年全球大类资产股债汇"三杀"，全球股市全年下跌约20%，

投资思维

债券也有两位数的跌幅，跨境资本流动大幅减少，银行信贷标准普遍收紧，呈现出全球金融周期下行期的典型特征。2022年，美国金融条件指数由历史极端低位上升，收紧程度和速度仅次于2008年全球金融危机时，背后原因是美联储"大放大收"的货币政策。

每当美国金融条件收紧，一些经济基本面比较脆弱、对外部融资依赖度较高的新兴经济体，往往就会面临较大的资本流出、本币贬值、外债偿还压力，甚至爆发金融危机。2022年以来，随着美国金融条件快速收紧，全球金融周期进入下行期，新兴经济体再度面临本币贬值等压力。2021年5月至2022年9月，美元指数由89升至114，升幅高达28%，与2014年中至2017年初美元指数升幅相当；同期摩根大通新兴市场货币指数下跌17%，跌幅显著小于2014年中至2017年初的29%。[①]

本轮新兴经济体货币贬值幅度相对较小，主要有3方面原因。一是新兴经济体外汇储备持续增长，应对资本流出的缓冲垫更厚。二是许多新兴经济体央行抢在美联储之前启动加息周期，赢得了主动。三是商品出口型新兴经济体经济受到全球大宗商品价格上涨提振。虽然本轮金融周期下行期对新兴经济体的影响弱于历史上的前几次，但一些经济实力偏弱、外部融资依赖度高的新兴经济体，仍然面临较大的偿债压力。

---

① 数据来源：彭博资讯。

第十七章　全球人口周期的变局

相比政府政策和金融市场变动等因素,人口趋势更能决定一个国家的经济快速增长和繁荣周期何时到来、维持多久。

——[美]哈瑞·丹特

人既是消费者，也是生产者，人口变量事关经济增长与民生福祉，是生产函数中的核心变量。美国经济学家哈瑞·丹特认为，人口趋势特别是出生率下降和老龄化加剧的同时出现，能够决定一个国家的经济命运；相比政府政策和金融市场变动等因素，人口趋势更能决定一个国家的经济快速增长和繁荣周期何时到来、维持多久。通货膨胀通常在规模庞大的年轻群体进入社会时发生，而通货紧缩则发生于庞大的老年群体出现时。英国经济学家查尔斯·古德哈特和马诺吉·普拉丹则认为，过去持续了约30年的低通胀乃至通缩，主要源于世界人口红利和全球化红利。但随着人口老龄化和逆全球化的叠加，这一趋势正在发生逆转。人口老龄化导致劳动参与率和劳动生产率降低，产量减少，进而可能引发通胀和利率的高企，还可能使高负债经济体陷入困境，使民粹主义泛起。

当前，全球人口正面临千年未有之大变局，人口大爆发期正在临近尾声，人口从高增长转向低增长，部分国家超级老龄化、生育率低现象凸显，人口周期正出现大转折，人口因素逐渐从慢变量变成快变量，全球经济面临巨大挑战。

人口的周期变化特征

人口周期是指人口经历老一代陆续死亡、新一代不断出生、世代更替的人口再生产过程及其引发的经济社会变化。受经济社会发展影响，微观个体生命周期发生显著变化，比如，根据联合国发布的《世界人口展望2022》，1950—2021年全球人口平均寿命从46.5岁升至71岁；同时，个人生命周期变化又对经济社会发展产生反作用。个体生命周期加总成为人口周期。当前全球的人口周期呈现六大特征[①]：

一是生育率出现趋势性下滑。随着经济社会发展水平提高，生育率出现趋势性下降。人口再生产共经历3个阶段，高出生率、高死亡率、低自然增长率，高出生率、低死亡率、高自然增长率，低出生率、低死亡率、低自然增长率。根据主导生育率变化的因素不同可将人类历史划分为4个阶段：高死亡率驱动阶段，死亡率下降驱动阶段，功利性生育消退阶段，成本约束的低生育率阶段。随着养育孩子的直接成本和机会成本上升、功利性收益下降，世界各国的生育率均呈下降趋势。由于计划生育政策长期执行，中国的生育率下降速度前所未有。根据联合国的统计，1950—2021年全球总和生育率从4.86降至2.32，美国从2.93降至1.66，日本从3.66降至1.3，印度从5.73降至2.03，中国从5.81降至1.16，降幅最大。一旦少生的观念和文化形成，生育率陷入低迷后将难以逆转。迄今为止，世界上没有一个国家生育率在落入极低水平后能成功恢复到可持续的更替水平（2.1左右）。

---

① 参考任泽平撰写的《中国人口的危与机——人口周期研究》一文，本书作者对数据进行了更新。

二是婴儿潮周期性出现直至消失。出生人口在20~30年后会成为婚育人口，进行再生产，因此，婴儿潮会在20~30年后出现回声婴儿潮。因总和生育率下降，出生人口高点也呈下降趋势。如日本出生人口在1949年、1973年分别达到269万、211万的高点，间隔24年，之后40多年未出现婴儿潮。1949年以来中国出现了3次婴儿潮，分别在1950—1958年、1962—1975年、1981—1991年。中国出生人口在1963年、1987年分别达到3 000万、2 550万的高点，间隔24年，高点呈下降趋势。第四轮婴儿潮本应在2010年前后出现，但因生育率快速下降而消失。出生人口萎缩将造成后续劳动年龄人口萎缩。从劳动年龄人口（15~64岁）占总人口比重来看，如图17-1所示，日本在20世纪90年代就过了高峰，中国在2015年左右达到了高峰，而印度尼西亚、印度预计在2030年达到高峰。因此，产业转移的路径、趋势是不可抵挡的。

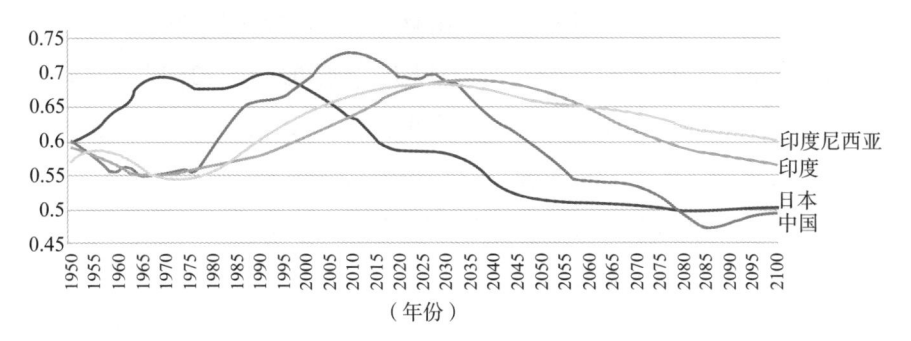

图17-1　劳动年龄人口占总人口比重

数据来源：联合国发布的《世界人口展望2022》。
注：2021年之后数据为联合国预测数据。

三是老龄化不可避免。目前，全球人口正步入老龄化阶段，并呈现出如下特点：首先，老年人口规模庞大。根据联合国的数据，

2021年，全球65岁及以上人口为7.61亿，到2050年这一数字将增加到16亿。80岁及以上的人口增长速度更快。其次，老龄化进程加快。全球65岁及以上人口的增长速度超过年轻群体。2018年，全球65岁及以上人口史无前例地超过了5岁以下人口数量。此外，预计80岁及以上人口将增长近两倍，从2019年的1.43亿增至2050年的4.26亿。三是全球人口寿命延长。由于人们健康状况和医疗条件的改善、受教育机会增加及生育率降低，人们的寿命正在延长。从全球来看，2021年出生的婴儿有望平均活到71岁，而女性比男性长寿。与1950年出生的婴儿相比，平均预期寿命增长了近25岁。根据国际上的定义，早在2000年，随着65岁及以上人口占比（即老龄化率）达到7%，中国即已进入老龄化社会。2013年，全球15~64岁劳动年龄人口达到峰值，随后加速减少。2021年，中国老龄化率进一步提高到14.2%，中国进入老龄社会。在过去的半个世纪里，日本人口老龄化也发生了重大转变。1950年，日本超过一半的人口年龄在25岁以下。到2021年，25岁以下人口占比下降了一半以上，降至不到四分之一（21%）；相反，65岁以上人口占比增长了5倍多，从1950年的不到5%增长到2021年的近30%。世界人口年龄结构变化如图17-2所示。

　　四是人口萎缩是大势所趋。保持人口规模不变的总和生育率更替水平为2.1左右。当总和生育率低于该更替水平时，人口总量不可避免地会出现负增长，从国际经验看，这种转变通常有20~40年的时滞。日本总和生育率1974年降至2.1以下，2010年人口开始负增长；苏联总和生育率1967年降至2.1以下，俄罗斯1994年人口开始负增长；中国总和生育率1990年跌破2.2，2022年人口开始负增长。从全球看，历史上人口规模总体持续上升，但未来

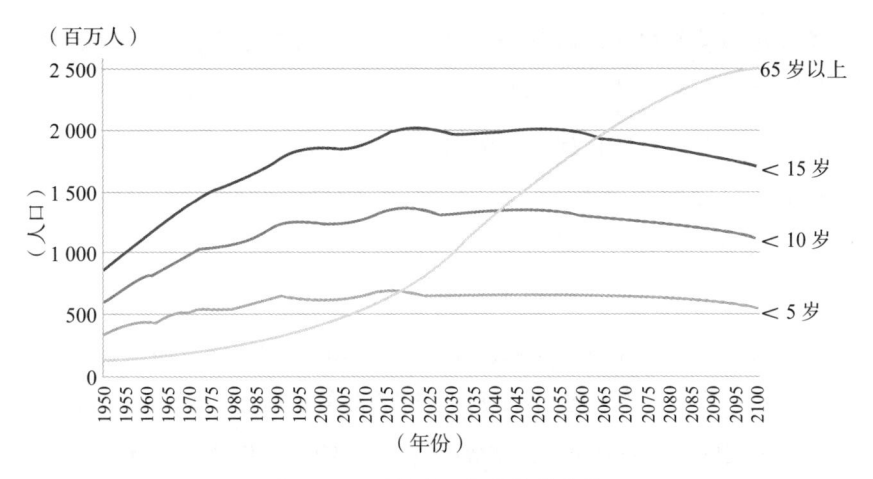

图 17-2　世界人口年龄结构变化

数据来源：联合国发布的《世界人口展望 2022》。

也很可能陷入萎缩。根据联合国数据，公元元年到公元 1000 年全球人口从 2.3 亿增加至 2.7 亿，1500 年、1820 年、2000 年分别增至 4.4 亿、10.4 亿、61.4 亿，2022 年达 79 亿。然而，全球人口增长率在 1962 年左右达到顶峰，为 2.2%，现在年增长率仅为当时的一半。

五是人力资本水平日趋提高。经济社会发展和收入水平提高带来人口受教育程度提高，根据联合国数据，1990—2021 年美国 25 岁及以上人口平均受教育年限从 12.3 年升至 13.7 年，英国从 7.9 年升至 13.4 年，日本从 9.6 年升至 13.4 年，中国从 4.8 年升至 7.6 年。中国人力资本水平和发达国家相比仍有较大差距，但从绝对规模上看，中国拥有大专及以上学历人口已接近 2 亿，高学历人口规模居全球之首，中国具有明显的人才优势。自改革开放以来，中国在人力资本积累方面经历过两次大的跨越，分别是 1986 年开始的普及九年义务教育，以及1999年开始的高等学校扩招。在政府公共教育支出大幅增加的推动下，这两项重大举措显著提高了劳动年龄人口的平均受教育程度。例如，1982—2000年，每10万人中有初中文化程度及以上人口数量增长了89.8%；2000—2020年，每10万人有中专及以上学历的人口数量增长了3.3倍。根据现代增长理论，人力资本的大跨越为中国经济高速增长做出了显著的贡献。与此同时，普及九年义务教育和高校扩招的政策效应总体来说是一次性的，并不具有长期可持续性。随着政策效应逐渐减弱，人均受教育年限的增长速度也相应放慢。在上述因素的作用下，无论是平均受教育年限的增量，还是人力资本禀赋较高的新成长劳动力增量，都已经处于减少的趋势中，不再能支撑人力资本总量的增长。

六是人口迁移从城市化到都市圈化、城市群化。人口迁移的基本逻辑是人随产业走、人往"高处"走，人口流动将使得区域经济份额与人口份额比值逐渐趋近1。工业发展需要集聚，工业化带动城市化，人口大规模从乡村向城市集聚；服务业发展比工业发展更需要集聚，所以在城市化中后期，人口主要向一、二线大城市以及大都市圈和区域中心城市集聚。全球层面，人口从中低收入国家向高收入国家迁移，且随着全球城市化进入中后期，不同规模城市人口增长将从过去的齐增变为分化，人口从乡村和中小城市向一、二线城市迁移，而中小城市人口增长停滞甚至净迁出。如美国从人口向传统工业主导的"铁锈八州"集聚，转为人口向能源、现代制造业和现代服务业主导的西海岸、南海岸集聚；日本在1973年左右从人口向东京圈、大阪圈、名古屋圈"三极"集聚转为人口向东京圈"一极"集聚。在中国，1978—2022年常住人口城镇化率从17.9%快速提升至65.2%，据联合国估计，预计到2030年将达

70.6%，人口从改革开放前的向东北集聚，到改革开放后的"孔雀东南飞"，再到 2010 年以来部分回流至中西部；人口流动整体放缓，但向一、二线城市和大都市圈集聚趋势更为明显。

人口周期对经济增长的影响

劳动力是经济发展的基础性要素，人口影响经济增长的动力机制涉及供求两端：在供给端，人口通过数量和质量两方面影响劳动力、资本、技术三大生产要素继而影响经济增长；在需求端，人口通过生命周期不同阶段消费行为影响经济增长。

从供给端看，人口数量方面，劳动年龄人口变化影响劳动力供给和资本积累。在工业化初期，人口生育率下降，少儿抚养比迅速下降，而在老龄化时代到来之前，劳动年龄人口占比上升，就形成了一个劳动力资源相对丰富、抚养负担轻的黄金时期，其对经济发展十分有利，这便称为"人口红利"。这种人口结构一方面为经济增长提供了充足的劳动力，另一方面提高了资本积累率，即人口红利所发挥的经济效应。人口红利通过资源配置机制改革得以释放，并在经济体参与全球化的过程中，成为比较优势，从而延缓了资本报酬递减的过程，为经济增长提供了额外的源泉。

当工业化进程达到成熟阶段，城市化程度大幅提升，福利水平的上升、社保体系的健全和经济社会生活成本的明显上升，使经济体进入一个生育率更低的阶段，同时人口开始出现老龄化倾向。随后，人口结构的变化使得抚养比逐步抬升，进而带动要素价格发生实质性变化，人口红利趋于减弱。在老龄化过程中，劳动年龄人口到达峰值并出现负增长对经济的冲击，主要表现在供给侧，即劳动力短缺、人力资本改善减速、资本回报率下降和资源重新配置空间缩小，这些将导致经济潜在增长率下降。2012—2019年，中国GDP潜在增长率从7.5%降低到5.9%，实际增长率从7.86%降低到5.95%。

此外，劳动力向城乡转移影响劳动力供给和劳动生产率。在刘易斯的二元经济结构理论中，从发达国家的发展历程来看，发展中国家的发展过程在某种意义上是工业化的过程。一个经济体在发展初期存在二元经济结构，一个是以传统农业部门为代表的、通过传统生产方式生产的"维持生计"部门，一个是以工业部门和城市为代表的、借助现代生产方式生产的"资本主义"部门。农业部门人口多、增长快，由于存在边际生产率递减规律，其边际生产率非常低，甚至为零，因而农业部门出现了大量劳动力剩余，此时只要工业部门能够提供大于维持农村人口最低生活水平的既定工资，农业部门就会有大批的劳动力涌向工业部门，为工业扩张提供劳动力。农村剩余劳动力供应给现代经济部门，改善了劳动力供给结构，不仅可以减缓资本边际报酬递减规律的效用，还可提高资源配置效率和劳动生产率。

人口质量方面，人力资本积累影响创新和技术进步。人力资本外化为知识或技术形态进而影响经济增长，知识与技术具有非竞争性与非排他性，个人知识或技术水平的提高会提升整个社会的知识或技术水平，这在经济增长中又表现为全要素生产率影响参与生产所有要素的生产率。20世纪80年代，美国经济学家罗伯特·卢卡斯分析了人力资本积累的意义，认为劳动力质量是经济增长的主要影响因素，其借鉴柯布-道格拉斯生产函数改进了人力资本模型。改进后，人力资本外部效应模型基本假定人力资本的增长率是人们用于积累人力资本的时间比例的线性函数,个人人力资本水平的提高,既能提升自身的生产效率,又能提升整个社会的生产率。

从需求端看,个体生命周期不同阶段的消费倾向和消费结构不同,人口年龄结构变化会对总需求产生影响。根据美国经济学家莫迪利亚尼的生命周期假说,个人的消费水平并不仅仅依赖于现期收入,还依赖于长期预期收入,因此个人会根据一生的预期收入分配不同年龄阶段的收入,通过不同的投资储蓄比平滑消费,以实现整个生命周期的效用最大化。美国经济学家巴利·波恩沃斯等人统计了全球85个国家不同年龄阶段人口的投资和储蓄变化,数据显示,投资高峰期往往出现在20~35岁,而储蓄高峰期出现在40~55岁,并且这一规律在亚洲国家更为明显。

总人口到达峰值并出现负增长以及更深度的老龄化,将从需求侧特别是消费方面对经济造成冲击。在中国经济仍处在高速增长期间(2005—2012年),由于人均消费增速较快,年均高达9.7%,人口虽然只有0.6%的年均增长率,但消费总规模的年均增长率仍高达11.2%。2012—2019年,经济增长减速导致人均消费增速放慢(年均为6.4%),虽然人口仍然保持增长(年均增长率为0.5%),但消费总规模增长率变低了,年均只有8.6%。一旦人口增长率转负,消费总量必然受到更大的冲击。

当前城镇化和工业化是中国经济发展的最大驱动力,而需求升级是工业化与城镇化的主要推动力。中国人的消费正在经历从满足生理需求的消费到追求便利与功能的消费,再到个性化和时尚消费的升级转变。需求升级的相关行业将是经济周期性波动的主导行业。城镇化依旧是中国经济长期增长的主要推动力之一。工业化是中国经济长期增长的另一推动力。人口结构变动引起的人口红利从生产领域向消费领域迁移，以及我国步入中等收入国家行列后的需求升级是今后10年我国经济增长面临的重要挑战。

人口周期对金融市场的影响

人口年龄结构变化不仅影响经济增长，还会影响金融市场的发展。一方面，人口老龄化会降低居民储蓄和投资；另一方面，微观主体的消费结构也与年龄密切相关，所以人口年龄结构变化影响不同行业的发展。

人口结构的变化会影响市场对金融资产的需求。莫迪利亚尼将个人储蓄的生命周期理论推广到宏观的社会储蓄层面，认为储蓄率会随着劳动年龄人口占比的上升而上升，随着被抚养人口占比的上升而下降。人口年龄结构是影响储蓄率的重要因素之一，因为居民储蓄主要来自16~60岁人群，老年人不仅不继续提供储蓄，反而会取出以往储蓄，将其用于生活支出，所以老年人口占比的上升必然引起储蓄率的下降。从投资需求角度看，老龄人口消耗储蓄，他们会售出金融资产以平滑消费，金融资产价格由此出现下降。

不同年龄段的人群风险承受能力不同，对金融资产会有不同的投资需求。生命周期假说分为投资假说和风险规避假说。从投资假说来看，当20~40岁的居民是主导人群，他们处于家庭形成期阶段，住房则是投资重点，刚需带动房价上涨。相反，当人口逐渐老龄化，住房需求趋于稳定并呈现边际递减，将带动房价下降。从风险规避假说来看，投资者的风险规避意愿随着年龄增长而增长，他们不再愿意让储蓄和劳动收入暴露于风险之中。另外，在预期寿命逐渐延长的情况下，家庭持有的流动性资产占金融总资产的比重逐渐上行，资本性金融资产所占的比重逐渐回落。

人口结构的变化带来金融市场的行业分化。从生命周期角度看，结婚意愿降低、出生人口下降、人口老龄化会逐渐改变需求端的经济结构。由于居民结婚生子意愿下降，购房的刚性需求可能会有所回落，随之而来的是家具、家电以及建材等消费需求因此受到一定抑制，与怀孕生子直接相关的母婴用品消费需求也会下滑。老龄人口的消费结构表现为医疗开支、公共用品开支以及其他消费品开支更多，房地产、交通、通信等方面的消费需求更少，这将带来必需消费、医疗健康等行业的兴起。新加坡淡马锡将更长的寿命视为未来四大结构性趋势之一，长寿所带来的与日俱增的需求将创造新的投资机会。淡马锡生命科学投资总裁兼全球企业发展（新加坡）联席总裁高伟达博士认为，人们越来越长寿，为了确保能持续享有健康、愉快的生活，人们对医疗的需求会增加。随着商业模式数字化和创新解决方案的出现，医疗有望向人们可负担的、以价值为导向的模式转变。淡马锡看好这一趋势，并积极投资于创新医疗解决方案和关键的下一代疗法的研发，以满足老年人的需求。

人口年龄结构变化影响金融市场发展，进而会对金融结构产生影响。从宏观数据来看，随着人口老龄化程度的提高，股票市值与私人信贷在金融市场中的比重呈下降趋势，经济体更偏向银行导向的金融体系；从宏观风险偏好的指标来看，随着人口老龄化程度的加深，股票市值与银行存款在金融市场中的比重也呈下降趋势。从日本的经验看，老龄化叠加泡沫危机，日本企业面对此状况普遍的做法是减少投资，收缩业务，但制造和消费行业企业反而开始了逆势扩张。其中，制造行业中出现的牛股，主要迎合了制造业升级趋势。日本出现人口老龄化后，劳动力资源不足，造成劳动力成本上升，倒逼制造业自动化升级，再加上日本政策的积极引导，如对高端制造业提供资金支持和减税，使高端制造业得以发展。虽然较为低端的消费电子产业链崩塌了，但高端制造业延续了增长。以高端制造业中的工业机器人为例，日本应对人口老龄化的措施之一，是运用工业机器人填补劳动人口空缺，并运用"服务机器人"为有服务需求的老年人提供服务。而由人口老龄化刺激的机器人需求增长，使日本机器人产业取得了不俗发展。如今，被誉为"全球四大机器人"的家族中，有发那科、安川电机两家日本企业，并且发那科占据了全球最高的市场份额。

与日本老龄化造成劳动力成本上升刺激了高端制造业发展的逻辑有所不同，消费行业企业的崛起则是抓住了产业格局重塑的机会。日本老龄化加速，导致经济发展缓慢，居民收入长期得不到提升，上班族的平均薪资出现下滑使贫富差距扩大，中产阶层加速向两头分化，"M型"社会初现雏形，进而引起消费分级趋势出现。此外，用户的消费决策进一步引发了消费分级，日本经济学家大前研一曾指出，同样的消费者一边追求无品牌、高性价比商品，一边也会追求奢侈商品。消费分级为产业格局改变带来了机会，高端和高性价比商品，一同挤压了腰部商品的市场。虽然人口老龄化给消费市场带来了负面影响，如1990—1996年，日本破产企业年均高达14 000家，但能抓住消费市场两端的企业，均取得了逆势增长。比如，抓住高性价比商品一端的企业以优衣库为代表，抓住高端商品一端的企业则以资生堂、花王等为代表。

第十八章　全球价值链重构的周期变革

今天，我们处在历史的十字路口。决策者关注全球价值链在促进发展中所扮演的角色，就需要面对新的挑战，即适应一个新兴经济体成为全球生产与贸易主动驱动者的世界。

——［美］加里·杰里菲

不知道大家有没有发现，国际品牌服饰由越南制造的越来越多，由中国制造的反而越来越少。面对中国劳动力成本上升，一些跨国服装巨头选择将产品线从中国迁往越南或其他周边国家。相反，汽车行业曾一直被西方国家所主导，而现在中国制造的新能源汽车却走向海外，畅销全球。从贸易数据看，我国新能源汽车出口增长强劲，已成为我国外贸出口新的增长点。中国的贸易结构正发生变化，全球价值链正在经历周期性变革。了解产业链、价值链调整的原因，抓住价值增值的核心环节，研判未来发展趋势，总结成功企业制胜经验，是周期性变革下产业链、价值链研究的切入点。

全球价值链的内涵

全球价值链是指一个产品在多国制造，价值创造发生在不同国家，将各个国家的制造优势或某个环节的工艺优势进行综合，单个企业专注于特定环节，而非整个最终产品。全球价值链实际上是为实现商品或服务价值，连接生产、销售、回收处理等环节的全球性跨企业网络，它涉及从原料采购和运输，到半成品和成品的生产和分销，直至最终消费和回收处理的整个过程。许多学者从不同视角、不同组成部分描述该过程，核心内涵是一致的，即一国的出口产品零部件并非全部由本国生产，最终产品包含众多由国外生产的中间产品。例如，从生产角度它被描述为"全球产业链""全球供应链"，从分工角度被描述为"垂直专业化""产品内分工""国际外包""全球生产分工"，从贸易角度被描述为"中间产品贸易"。"全球价值链"这一描述更加强调全链条，以及网络中不同节点价值增加值的分配。

与传统生产活动相比，全球价值链有两个突出特征：一是高度专业化，二是企业间保持持久关系。按照出口强度（出口占工业总产值份额）衡量，典型的嵌入全球价值链的行业包括电子、汽车和机械等，而农业、批发和零售业等通常为本土行业。

根据行业特征可将全球价值链进行分类，如按麦肯锡方法可将其分为6类，其中4类与生产相关，其他两类与服务相关，具体如下：（1）全球创新价值链，主要包括汽车、计算机、电子以及机械等行业，它们催生了价值最大、贸易强度最高、知识最密集的商品贸易价值链。（2）劳动密集型产品价值链，主要包括纺织、服装、玩具、鞋履和家具制造业，其特点是贸易强度大，劳动密集度高，目前中国是全球最大的劳动密集型产品生产国。（3）资源密集型产品价值链，主要包括采矿、能源和基础金属等行业。（4）区域生产价值链，主要包括金属制成品、橡胶和塑料、玻璃、水泥和陶瓷、食品和饮料等侧重在当地生产的行业。（5）知识密集型服务价值链，主要包括专业服务、金融中介、IT（信息技术）服务等高附加值行业。（6）劳动密集型服务价值链，主要包括零售和批发、运输和存储以及医疗保健等行业。跨国公司是全球价值链形成的重要推手。

全球化分工受资本和贸易自由化驱动，国际生产、贸易和投资越来越多地围绕全球价值链展开，世界各国被广泛纳入全球化大生产的复杂网络中。在全球价值链发展过程中，跨国企业扮演了主导角色，通过对价值链细分、在母国和东道国配置价值链不同环节，将具有比较优势的经济体纳入其垂直专业化体系。如今，全球80%的国际贸易与跨国企业控制的国际生产体系相关。跨国公司主要采取两种模式构建全球价值链，一种是生产型驱动，通过投资形成全球价值链。此类跨国企业往往是拥有技术优势、谋求市场扩张的大型企业，通过直接投资（包括绿地投资和并购）的方式直接控制整个价值链。该种模式下的价值增加值主要来自研发、关键零部件制造等环节。全球创新、知识密集型行业往往形成生产型驱动价值链，如汽车、飞机、计算机、半导体和装备制造等行业。另一种是采购型驱动，通过采购和外包形成全球价值链。此类跨国企业往往拥有品牌经营优势，掌握了国际营销渠道，与价值链上其他企业彼此产权独立，通过贴牌代工等方式彼此关联。该种模式下的价值增加值主要来自品牌经营、营销渠道构建等环节。劳动密集型行业往往形成采购型驱动价值链，如服装、玩具、家具和农产品等行业。

全球价值链的发展历程

二战以来，全球价值链发展大致经历了"慢—快—滞"3个阶段：

第一阶段是初步形成期（二战结束至20世纪80年代末），全球价值链主要分布在美国、日本以及欧洲等地。二战后在马歇尔计划推动下，美国对西欧各国提供经济援助以支持其战后重建，带动了国际资本与货物流动。1948年《关贸总协定》实施，极大地促进了国际贸易自由化。20世纪80年代美国、日本以及欧洲多国纷纷放宽资本管制，开启了跨境资本流动自由化。同时，技术进步有效降低了跨国运输、通信成本。在政策和技术的共同作用下，垂直化国际生产分工和中间产品贸易逐渐兴起，全球价值链登上了经济全球化的舞台。当时全球价值链在区域上仍以美国、日本以及欧洲等地为主，全球化程度尚不高。

第二阶段是快速发展期（20世纪90年代初至2008年全球金融危机爆发前），主要将新兴经济体纳入体系。20世纪90年代，随着执行《关贸总协定》的国际组织升级为世界贸易组织，全球化开始加速。这波高峰期发达经济体的对外直接投资呈井喷式发展，对外投资建厂成为热潮，由跨国公司驱动的直接投资"编织"了全球价值链网络，新兴经济体加入网络并成为新的增长力量。在此背景下，全球价值链的深度和广度都得到巨大发展，表现为新兴经济体在全球价值链中的参与度不断提高，价值链长度快速延长。中间产品贸易超越最终产品，逐渐成为国际贸易的主要组成部分。该轮全球化进程中，中国发展为"世界工厂"，成为全球价值链和国际贸易的中心之一。

第三阶段是发展停滞期（自2008年全球金融危机爆发至今）。2008年全球金融危机后，全球贸易开放度未有显著提高，甚至出现下滑，各国在全球价值链中的参与度也开始下降。该阶段全球价值链发展停滞的原因是多方面的，一是金融危机暴露了过去20多年高速发展所累积的经济社会问题，特别是财富分配、人口、债务等方面的结构性矛盾，激发了保护主义浪潮的兴起；二是主要新兴经济体尤其是中国在产业链上的爬升，中间产品发生了广泛的本地替代，使得本地生产活动取代了全球价值链生产；三是美国、日本以及欧洲等发达经济体尝试科技创新和制造业回流，一定程度上降低了自身在全球价值链中的参与程度。

全球价值链的分布特征

在全球产业链快速发展阶段，随着改革开放后中国主动融入全球产业链，欧美等发达地区的生产活动外移至生产成本更低的中国，"欧美市场"和"中国制造"实现了完美结合。整体来看，全球化分工的具体表现包括：发达国家消费，新兴市场国家生产；发达国家生产技术密集型高附加值产品，新兴市场国家生产劳动密集型低附加值产品。中国、美国、德国三大生产中心逐步形成，成功带动亚洲（日本、韩国、东盟）、美洲和欧洲区域制造业的快速发展。

从行业分布来看，少数制造业集中了大部分全球价值链，不同行业全球价值链差异较大。一些行业长期深深嵌入全球价值链，并保持高增速，例如基础工业，需大量进口化学品、基础金属、橡胶、石油等初级投入品。一些行业较早嵌入全球价值链，但近期有退化倾向，例如纺织品和皮革行业，价值链不断集中，目前中国已成为这些行业最大生产国，且占据许多生产环节。

从行业结构来看，全球价值链中制造业比重较大，服务业发展迎头赶上。1980—2009年，运输、旅游、商业服务等服务业出口总额在全球贸易总额中的比例基本保持在20%，但其增加值在贸易增加值中的比例从31%升至43%。在法国、德国、意大利、英国和美国，服务业贡献了出口增加值的一半以上。即使是中国，其作为传统制造业产品出口国也有超过三分之一的出口增加值来自服务业。全球价值链发展不仅与制造业外包业务密切相关，服务性业务外包也在其中起到了至关重要的作用，许多美国制造商的后台办公室都设在印度。

从国家分布来看，全球价值链整合向少数国家集中，逐步形成了美、中、德三大生产中心。各国参与全球价值链的方式呈现多元化，根据其在贸易中所专注行业和创新能力，各国参与方式主要可以分为4种类型：提供原材料，参与初级制造业，参与先进制造业与服务业，开展创新活动。有数据显示，发达国家和大型新兴国家主要参与复杂的先进制造业与服务业全球价值链，其他国家仍主要从事原材料出口或参与初级制造业全球价值链。在参与度方面，价值链扩张同时发生在全球网络和不同区域内，不同区域间的差异较大。东亚和欧洲区域内部贸易较多，北美则更多地参与全球一体化贸易合作。欧洲是区域一体化程度最高的区域，其区域价值链整合程度是全球平均水平的4倍。

全球价值链对全球经济的深刻影响

随着全球价值链的发展，发达国家和新兴市场国家在全球化中形成了价值链分工。全球价值链提高了全要素生产率，提升了经济潜在增速，推动了全球经济协同增长。然而，它也带来了分配、就业、供应链等方面的一系列结构性问题。

全球价值链对全球经济体系的积极影响

一是促进了全球经济增长。全球价值链充分调动了全球范围内的闲置劳动力，增加了劳动和资本等要素投入，从而拉动了当地经济增长。以人均GDP累计变化指标衡量，全球价值链的参与国均经历了显著经济增长，为世界削减贫困发挥了重要作用。

二是促进了发展中国家的结构转型。全球价值链将发展中国家的劳动力从生产率较低的活动中解放出来，让他们投入生产率更高的制造业和服务业活动中，从而促进了国家经济结构转型。

全球价值链的负面影响

一是带来分配、就业不平衡等结构性问题。生产性工作被外包至技术水平低、劳动力工资水平低的国家，这在压低了制造业工资水平的同时，导致发达经济体出现结构性失业。此外，这加剧了劳动力市场不平等，高技能工人的报酬越来越高，而低技能工人的工资却停滞不前。

二是提高生态环境成本。全球价值链涉及大量中间产品贸易，随着规模扩张、运输距离增加，环境成本上升。货物包装产生更多废弃物，这在电子产品和塑料行业尤为突出。伴随着生产或能源补贴所导致的生产过剩，自然资源承压。

三是增加了全球价值链的脆弱性。由于新冠疫情全球各地经济陆续停摆，全球价值链的脆弱性凸显。大量依赖全球"及时生产系统"运营的企业面临"制造业荒漠"、供应链失灵、生产与销售脱节等情况。根据麦肯锡的报告，2020年受产业链断裂影响的全球商品贸易总值达到2.9万亿至4.6万亿美元，与2018年数据比较，相当于该年全球商品贸易总额的16%到26%。供应链断裂产生全球性系统风险，对近期全球性通胀现象推波助澜。

后疫情时代全球价值链的重构趋势

中国在产业链上的爬升打破了原有分工格局，令多边机制缔造者——美国对全球经贸的态度发生了根本性转变。随着西方保护主义抬头和各国国内分配失衡加剧，欧美启动供应链缩链重构，多边经贸协调机制已名存实亡。新冠疫情的暴发，更是加速了全球价值链的重构，标志着以欧美为中心自由放任的全球化时代已经成为过去。新冠疫情是对全球产业链的一次全面测试，暴露了全球产业链的安全隐患，今后全球产业链分布不会单纯由效率驱动，公共安全风险、集中度等因素都会被充分考虑。全球化红利已经见顶，发展模式正经历再平衡，预计经济低增长将和结构性机会并存。在经济治理、科技进步、可持续发展三大趋势共同作用下，产业链、供应链重组将是未来10年影响全球经济和投资最重要的因素。全球价值链的重构趋势主要特点如下：

全球价值链结构上呈现"东升西降"趋势

全球最终需求出现从发达国家转向新兴市场国家的趋势，经济模式也面临再平衡挑战。以美国为首的发达国家由通过消费转向通过投资调整国内需求，以中国为首的新兴市场国家由通过投资转向通过消费调整国内需求。增量结构调整是对新发展模式的尝试，必然是渐进和令人痛苦的，预计经济低增长将和结构性机会并存。

一方面，欧美花费较长时间摆脱2008年经济危机，经济增长率长期偏低，市场扩张空间有限。同时，欧美跨国公司的国际化水平也达到了"天花板",传统制造业布局全球的动力减弱。另一方面,中国已于2010年成为世界第二大经济体,经济发展重点也逐渐转向内需。麦肯锡公司估计,到2025年,新兴市场将消耗全球近三分之二的制成品;到2030年,发展中国家消费总量将占全球一半以上。跨国企业天然地依赖于靠近市场、就地生产的布局,最终需求来源地理位置的变化,将带来全球价值链地理分布的变化。

疫情冲击推动全球价值链加快重构步伐

从地理上看,主要国家对产业链自主可控的诉求,或促使价值链由生产消费"全球一条链",向以消费市场为中心的"多链区域化"转变。未来价值链布局将呈现以美、中、德为中心的三大区域"三足鼎立"的趋势,产品之间的竞争或由企业之争演变为供应链之争。

从结构上看,全球价值链货物贸易增长放缓,服务全球化在数字技术的支撑下快速发展。以制造业产品的全球生产分工为特征的传统全球化进入停滞期,尤其是劳动密集型产品的全球化接近"天花板";而以数字技术驱动的全链条全球化,尤其是服务全球化正在快速发展。过去10年服务贸易增速已经超过货物贸易,例如,电信和IT服务贸易、商业服务贸易和知识产权贸易等增速高达2~3倍。数字技术革命为服务贸易的全球扩张提供了可能。例如,5G应用和通信技术的快速发展,使得远程医疗、远程手术等跨境服务成为现实,且其成本不断降低。服务全球化对收入分配和产业组织的影响,比制造业全球化更显著,因为数字化服务边际成本极低,消费者只选最好的供应者,"赢者通吃"现象将更加突出。

另外，数字全球化令复杂产品的全球化分工更加深入，尤其是在前端的研发和设计，以及后端的市场和客户信息方面，产品附加值的创造将更加集中于价值链两端。

跨国公司全球生产布局出现新趋势

疫情冲击暴露了全球产业链分工体系的脆弱性，许多国家和企业都面临生产中断、供应链断裂，这促使它们重新审视全球价值链风险。

产业链、供应链重组已箭在弦上，将是未来10年影响全球经济和投资最重要的因素。联合国贸易和发展会议（UNCTAD）提出影响国际生产的三大趋势——经济治理、科技进步、可持续发展。这些趋势将潜移默化地共同作用于全球生产活动，实际影响需根据具体行业、国家进行具体分析。总体来看，确定性较高的变化包括：对有形生产类资产的投资减少，价值链缩短，附加值更加集中。随着驱动国际生产因素的减弱，发展中经济体吸引跨国公司投资的机会将减少。

具体来看，在关键重要行业和长供应链产业，跨国公司生产布局将出现本土化、多元化、复制化倾向。一是在关键产业制造环节，跨国公司有回流本土的压力。各国政府强调自主可控，加大对民生以及关乎国家命脉等战略产业的重视。在关系国计民生的产业，可能出现部分跨国企业牺牲利益"回流"本土，以满足政府和社会期望。这类产业包括重要原材料、高技术含量零配件、医药等。

二是为了避免类似疫情期间产生的断链风险，跨国公司自身产生了供应链多元化和保持生产冗余的需要。跨国公司对实时生产模式和基于效率分散生产的态度变得保守，其有意愿保持必要的生产冗余，配置上更加靠近国内，多元化供应链是本土化供应链最重要的替代项。例如，尽管美国本土的制造业衰落，实体回流不现实，但其可就近选择，将生产转向墨西哥等拉美国家。

三是在新技术支持下，邻近消费地的复制化生产布局成为跨国公司的可选项。增材制造或3D打印的应用，大幅降低了制造成本，使制造环节得到大幅整合，减少了制造环节的地理局限性。生产复制化以新技术为支撑，跨国公司将制造环节复制在消费地或附近，并增强对价值增值分配和协调网络的控制。例如，在欧美寻求供应链"去中国化"的大背景下，有跨国企业选择在东南亚国家就近设立工厂，规避政策风险的同时，贴近中国市场。跨国医疗保健企业疫情期间不仅面临短期供应链中断，还受到各国政府紧急征用措施的影响，未来几年将面临调整自身全球生产网络的压力。

粗放式的全球化总量已经见顶，未来几年全球将处于低增速的转型期，同时新机遇将与之并存。新区域价值链的建立，小型周边分布式制造系统重构，以及供应链多元化将催生结构性机会。全球价值链是连接不同行业、不同国家的复杂跨国网络。未来趋势性变量较多，影响也并非线性，再加上传统贸易数据和投入产出数据缺乏即时性，因此，不确定性将不断增加，我们需加强对全球价值链的前瞻性预判。

价值链重构的赢家

是非成败转头空。青山依旧在，几度夕阳红。从以成本为导向到更关注安全，全球价值链正发生结构性变化。近几年，美西方启动供应链缩链重构。在这一轮价值链调整过程中，一些企业抓住机遇，把握价值链重构的时机，重新配置以因应全球价值链调整。

价值链重构的受益区域

近年来，伴随友岸外包与近岸外包兴起，墨西哥、东南亚与东欧是新一轮全球产业链调整的主要受益国家或地区。从贸易数据看，2023年4月，墨西哥取代中国成为美国第一大贸易伙伴。中美贸易摩擦以来，美国逐渐把在中国的供应链迁移到其他国家和地区，墨西哥作为美国的天然邻居，是美国近岸外包的主要受益国。受益于与汽车行业配套的相对完整的用工体系与低廉的用工成本，汽车行业是墨西哥的重要发展行业。政策激励也是墨西哥近期推动产业扩张的重要因素。除《北美自由贸易协定》外，2022年美国出台《通胀削减法案》，对新能源汽车进行补贴。然而该法案同时对汽车产地也提出了严格的要求：必须在北美组装，电池中的材料和关键矿物质必须来自美国或与美国有自由贸易协定的国家，这样消费者才能在购买时获得7 500美元/辆的税收抵免优惠。由于该法案原产地规定囊括了墨西哥，全球大量汽车厂商纷纷投资布局墨西哥。

东南亚是近期产业转移的另一受益地区。在中美贸易摩擦开始后，区域内贸易趋势变得越来越显著，而在各区域间，亚洲的增长潜力是最大的。受益于中国人口老龄化和产业链转移，东南亚得以快速发展，如越南股市增长非常惊人，过去几年涨了好几倍。东南亚在地理位置、文化上与中日韩相近，一些从日本、中国转移出的产业链就近迁移到东南亚地区。虽然在中高端产业东南亚与中日韩仍有较大差距，但是在低端产业如劳动密集型行业，东南亚产品确实有一定替代性。以越南为例，2022年越南贸易总额达7 325亿美元，同比增长9.5%，其中货物出口3 719亿美元，同比增长

10.6%。①

一方面，越南地理位置优越，良港众多，劳动力充足，有一定的工业基础。另一方面，越南国内积极借鉴中国改革开放经验，成功走上外向型经济发展之路。近几年越南果断抓住全球价值链重构机遇，大力扶持电子、电信、纺织、农业等行业，巩固了越南在全球产业链中的地位。中国转移到越南、菲律宾的企业也在当地取得了不错的发展，从港股来看，很多在亚洲区域内做海运的公司股价也大幅上涨。整个亚洲新兴市场都在发展，不仅经济产值在上升，人口红利也不断得到释放。

中国投资者在出海时，除了欧美之外，应重点关注亚洲其他新兴市场国家。从产业角度来看，现在全球正在经历第 5 次产业大转移，历史上有过 4 次大转移，分别是英国到美国、美国到德国和日本、德国和日本到亚洲"四小龙"、亚洲"四小龙"到中国（港台地区除外）。中国人口老龄化带来了第 5 次大转移，和之前大转移的区别在于，之前大转移是单向转移，此次大转移是双向转移，即发达国家与发展中国家双向转移。转移主要基于两点，一是市场、成本、资源方面，二是技术方面。

价值链重构的受益企业

跨国企业是产业链重构的核心要素。聚焦符合产业链重构的优质企业，有利于降低投资风险，做出理性、良好的投资决策。在以国内大循环为主的国内国际双循环格局下，在强链补链提升现代化产业链水平的基础上，布局价值链、供应链中的关键企业，有利于

---

① 参考越南工贸部发布的 2022 年《越南进出口报告》。

我国突破西方国家的技术封锁，降低"卡脖子"风险，通过国际经济技术合作增加国外市场份额，提升企业价值。一批国内外优质企业积极践行"走出去"战略，成为产业链重构过程中的赢家，而各国也涌现出如四达时代、传音控股、东南亚互联网公司Sea、特斯拉、申洲国际等一批优秀企业。

具有先发优势与本土化是此轮重构过程中赢家的特征。早在2002年，四达时代就与非洲多国携手并肩，目前已在卢旺达、几内亚、南非等30多个国家注册成立公司并开展数字电视运营，用户超过1 600万个，已成为非洲最大的数字电视运营商。在四达时代进入非洲之前，非洲一个机顶盒售价约为200美元，使用期间每月还要交40多美元的收视费，看电视在非洲并不是一件易事。四达时代进入后，不仅降低了看电视的成本（机顶盒售价从约200美元降低到20美元），还极大地丰富了当地电视频道，实现了从之前的三四个频道到20~30个频道的转变。本土化方面，为满足当地居民的收视需要，四达时代花费了大量时间、精力将中国优质的影视作品翻译成当地语言，目前已建成可以汉语、英语、法语、葡萄牙语、斯瓦希里语、豪萨语、约鲁巴语、卢干达语、特维语9个语种进行译制片配音，产能达10 000小时的大型节目译制基地。中国影视剧已成为非洲居民了解中国的重要窗口。2015年，四达时代更是被指定为非洲"万村通"项目的实施公司，为非洲一万多个村庄安装数字卫星电视。类似地，传音控股针对非洲当地特点和痛点，推出具有非洲特色的手机产品，其产品支持一机多卡，增加肤色曝光度，提高外放音量，电池续航更久，与当地供应商合作，这些本土化做法让传音控股在非洲收获大量粉丝。

技术创新依然是赢家的特征。与行业竞争对手相比较，特斯拉的毛利率较高，核心原因便是其强劲的技术创新。特斯拉积极研发自动驾驶芯片，在加速性能、智能驾驶等方面都具有一定优势，能够满足消费者对高性能、高品质汽车的需求。特斯拉率先采用车身一体压铸技术，将车辆零件由 3 万多个降低到 1 万多个。作为首款成功量产的新能源车企，特斯拉不仅带来自身的成功，而且让更多车企认识到新能源汽车量产的可行性，此后新能源汽车阵营不断壮大。特斯拉的 Model3/Y 已经成为全球最畅销的新能源车型，2023 年 12 月特斯拉电动卡车 Cybertruck 正式交付，获得全球极大关注。

供应链控制能力强是赢家的又一特征。垂直一体化商业模式是企业保障供应链控制能力的重要方式。在强调供应链安全的背景下，企业供应链控制能力越强，其生产越能得到有效保障。申洲国际作为一家代工企业，在竞争激烈的纺织代工领域，实现了高营收与高利润。申洲国际不单纯满足于代工，而是将业务逐渐向产业链上下游转移。申洲国际投入大量资金以进行衣料研发，优衣库的 AIRism 面料便是由它们共同研发的。另外，申洲国际对纺织产业链中的纺纱、织布、染整、印花、成衣各个环节进行整合，降低上游成本，实现了利润增长。垂直一体化商业模式的核心优势之一在于对供应链各环节中成本的控制。比亚迪与特斯拉采取的也是垂直一体化的商业模式，在较好控制成本的同时，保证供应链运行的安全高效。疫情期间，在许多企业面临供应链中断的情况下，比亚迪对供应链的控制程度反而增强，核心原因在于其供应链的自建性，其三电系统核心零部件全部实现了自研自供。

第十九章　全球能源周期与能源转型

现代文明是能源浪潮的产物，但是人类对能源的胃口总是欲壑难填，这使得解决能源短缺的办法总是暂时的，人类面临的挑战却是永久的。

——［美］阿尔弗雷德·克劳士比

能源是世界的血液，而转型则是未来的脉搏。在这个能源变革的时代，能源周期与能源转型成为全球共同关注的焦点。随着全球气候变暖，能源需求不断增长，传统能源的枯竭和环境污染问题日益凸显，从传统能源到可再生能源的转型不仅关乎技术与政策的更迭，更是对人类想象力和创造力的考验。

什么是能源转型

20世纪70年代，经历两次石油危机的重大打击后，德国提出要大力发展核能以替代石油，从而保持经济增长。1982年，德国应用生态学研究所出版《能源转型：没有石油与铀的增长与繁荣》一书，提出能源转型的概念，认为主导能源应从石油和核能转向可再生能源，在转向可再生能源和提高能源效率的条件下，可以通过更少的能源消耗实现经济增长。

20世纪90年代，控制温室气体排放、应对全球气候变暖，开始成为国际社会的共识，能源转型的重要性也得到更多认同。进入新世纪，随着能源尤其是可再生能源开发利用技术的进步与突破，以德国为代表的欧洲国家掀起了发展绿色低碳经济的浪潮，并进一步丰富了能源转型的内涵。

当前，国际上关于能源转型的定义仍不尽相同。世界著名能源专家瓦茨拉夫·斯米尔给出量化标准：在一种能源转向一种新的能源的过程中，新的能源在能源消费中占比达到5%，则可视为能源系统开始转型，如果新的能源占据最大比例甚至占比超过一半，则可视为转型完成。

历史上的能源转型

目前，人们普遍认为，全球已经历过两次能源转型，即从柴薪转向煤炭，再从煤炭转向石油。当前全球正经历着第三次能源转型，即从石油转向新能源。根据瓦茨拉夫·斯米尔的量化标准进行划分，可以得出：

第一次能源转型始于1840年左右，至1910年左右完成，历时约70年。1840年左右，煤炭在全球一次能源消费中的比重约为5%；1910年左右，煤炭在全球一次能源消费中的比重超过居主导地位的柴薪，占比超55%，由柴薪向煤炭的主体能源形态转变完成，煤炭占比也达到有史以来的峰值水平。

第二次能源转型始于1920年左右，至1965年左右完成，历时约45年。1920年左右，石油在全球一次能源消费中的比重约为5%；1965年左右，石油在全球一次能源消费中的比重超过居主导地位的煤炭，占比近35%，由煤炭向石油的主体能源形态转变完成，石油占比于1978年达到历史峰值（约43%）。

前两次能源转型成就了两个世界霸主——英国和美国。能源作为重要经济和战略资源，为两国成为世界霸主提供了巨大的权力支撑。能源资源禀赋是前两次能源转型得以发生的基础条件，技术进步则与能源转型相辅相成。

具体来看，动力机制上，推动两次能源转型的直接原因分别是十六七世纪英国的"柴薪能源危机"，以及19世纪末20世纪初柴油、汽油等石油炼制技术的进步与内燃机、汽车的发明和改进。资源禀赋上，英国有丰富的煤炭资源，美国则有丰富的石油资源。技术条件上，虽然第一次能源转型不是由技术进步直接促成的，但第一次工业革命开始后，技术进步与能源转型相互促进。19世纪末20世纪初，电的使用和内燃机的发明引领了人类历史上的第二次工业革命，也引发了第二次能源转型。此外，电力技术的进步更使人类从一次能源利用转向二次能源的利用。地缘影响上，19世纪初，以英国为主导的第一次能源转型扩散到国际社会，带动了19世纪中期欧洲经济的崛起。第一次能源转型与第一次工业革命一同推动着世界主要国家从农业文明转向工业文明。以美国为主导的第二次能源转型，为美国带来经济腾飞的同时，也引发了20世纪70年代的两次石油危机及中东石油议价权的崛起。

全球第三次能源转型的特征

多种转型模式共同推进，减排政策成重要驱动力

前两次能源转型的运作模式较为单一。第一次能源转型主要是通过提升能源利用效率，比如蒸汽机的应用大幅提高了煤炭开采的规模和效率，该时期的能源利用效率较柴薪时代有了明显改善。第

二次能源转型主要是通过发现或开发新的能源形态，以能量密度更高、使用更便捷的能源作为主要燃料和动力，如石油、电等。第三次能源转型则是由新能源的开发利用、能源利用模式的改变、高新技术的应用等共同促进的。此次转型在开发利用方面，风能、太阳能等新能源得到大规模商业化利用；在用能模式方面，新型储能、移动能源等能源储存技术实现突破；在技术应用方面，智慧能源、能源互联网等进一步推动能源数字化转型。

此外，气候变化已成为全球性的重要议题。化石能源的开发利用带来了温室气体的大量排放，引发的生态与社会危机逐步显现并加剧。与此同时，据估计，大部分碳基能源将在 21 世纪内被开采殆尽，人类不得不面对新一次能源转型。能源系统脱碳成为国际社会共同努力的方向。自 20 世纪下半叶开始的第三次工业革命，其重要特征之一就是用可持续、清洁的新能源替代不可持续、对环境不友好的化石能源。从关键驱动力来看，前两次全球能源转型主要是在市场主导下发生的，第三次能源转型则是在国际社会和各国政府强有力政策主导下进行的。围绕应对气候变化目标，世界各国相继制定一系列碳减排措施，出台了能源转型政策以优化调整能源结构。

产能结构上各国转型方向趋同，用能结构上电气化成重要方向

从能源的生产结构来看，2023 年，全球化石能源在消费结构中的比重仍高达 81.4%，全球及世界主要国家的新能源占比均已大幅超过 5%，符合瓦茨拉夫·斯米尔的量化标准。在 GDP 全球排名前十的国家中，一次能源消费中，新能源占比最高的是法国（53%），最低的是印度（11.2%），如表 19-1 所示。目前，日本、

德国、美国、韩国等国家经历了两次能源转型，以石油为主体能源形态；中国、印度等国家则受资源禀赋等因素影响，并未完成由煤炭向石油过渡的能源转型，当前仍以煤炭为主体能源形态；而英国、意大利、加拿大等国家则已呈现天然气与石油并驾齐驱、煤炭占比极低的能源消费结构。

表 19-1　2023 年全球及世界主要国家一次能源消费结构

能源形态	煤炭	石油	天然气	新能源
全球	25.9%	30.4%	25.1%	18.6%
美国	10.7%	37.3%	33.0%	19.0%
中国	52.7%	18.9%	10.3%	18.1%
日本	25.3%	36.7%	22.0%	16.0%
德国	15.2%	31.9%	27.0%	25.9%
英国	1.9%	32.8%	40.3%	25.0%
印度	54.5%	27.5%	6.8%	11.2%
法国	2.1%	29.4%	15.5%	53.0%
意大利	2.9%	36.4%	40.7%	20.0%
加拿大	2.8%	30.3%	31.9%	35.0%
韩国	22.9%	41.9%	18.2%	17.0%

数据来源：英国石油公司（BP）。

根据国际能源署（IEA）测算，全球电气化程度的提升在近年来持续加速。1990 年全球电气化程度为 13.4%，而截至 2023 年底，这一数字已提升至 25.1%，相比 1990 年提升 11.7 个百分点。在 2023 年 GDP 排名前五的国家中，中国的电气化趋势依然最为明显。从 1990 年的 5.9% 开始，中国的电气化程度在短短几十年间实现飞速提升，截至 2023 年底已达到 35.5%，相比 1990 年提升近 30 个百分点。紧随其后的是日本，其电气化程度尽管已经相对较高，但在过去的几十年中仍有所提升，从1990年的22.6%提升到2023年底的31.8%，提升9.2个百分点。美国的电气化程度在GDP排名前五的国家中相对较低，但近年来也有所提升。尽管提升趋势不如中国和日本显著，但美国的电气化程度已经从1990年的不到1%提升至2023年底的约3.5%，增长约2.5个百分点。这在一定程度上反映出，中国不仅在生产端大力推进新时期能源转型，也在消费端通过电气化等方式加大转型力度，在第三次全球能源转型中走在了世界前列。

能源贸易重心加快转移，发展中国家将成全球焦点

从煤炭时代进入油气时代，全球能源消费的重心主要位于西方发达国家。然而进入21世纪后，发展中国家能源消费需求明显提高，并超过了发达国家能源消费量。根据BP世界能源统计数据，1965年，全球一次能源消费中非OECD国家消费量仅占29.4%，2007年起占比超50%，2021年提升至61.4%。其中，全球一次化石能源消费中非OECD国家消费量的占比从1965年的30%提升至2021年的63.7%，增长了约34个百分点，为非OECD国家在一次能源整体占比的提升贡献度约为84%；全球一次非化石能源消费中非OECD国家消费量的占比从21.7%提升至50.7%，增长了29个百分点，为非OECD国家在一次能源整体占比的提升贡献度约为16%。据国际能源署预测，到2050年，发展中国家能源消费比重将达到80%，其增量贡献率将达96.5%，亚太地区将在全球各能源消费区域中稳居第一。

全球能源贸易尤其是石油贸易一直呈现出高度集中化的特点，

石油供应高度依赖于中东、南美和俄罗斯等地，而石油需求主要来自北美、欧洲和亚太（即东北亚、东南亚与大洋洲国家和地区）3个地区。全球石油供需错位明显，并逐渐形成了北美、欧洲和亚太三大石油贸易区。根据 BP 世界能源统计数据，2021 年美国和欧洲的石油进口量为 22 百万桶/日[①]，较 1980 年减少了 3 百万桶/日，占全球石油进口总量的比重由 1980 年的 58.2% 下降到 2021 年的 32.9%；2021 年，亚洲国家中仅中国、印度、日本的石油进口占比合计就已与美国和欧洲之和基本持平。2021 年，中国的石油进口量已经达到 12.7 百万桶/日，超过美国 8.5 百万桶/日的进口量，直逼欧洲的 13.5 百万桶/日。据 BP 预测，到 2035 年亚洲占区域间净进口的比重将接近 80%，并且亚洲超 40% 的一次能源需求将依赖于进口，其将贡献基本全部的新增能源贸易量。为满足中国、印度等新兴市场国家日益增长的能源需求，亚洲将成长为新的全球能源贸易中心，中国和印度或将分别成为世界最大的石油和煤炭进口国。

地缘动荡刺激全球加快转型，能源供应禀赋依赖度持续下降

以英美为主导的两次能源转型的完成都高度依赖于资源禀赋优势。英国第一次能源转型期间的人均煤炭产量远超全球水平，直到 19 世纪末仍保持这一优势。1800 年前后，英国煤炭产量大于其他所有国家的产量之和；1840 年，英国的煤炭产量是美国、法国和德国 3 国产量总和的 4 倍多；1860 年，英国的煤炭产量仍占全球煤炭总产量的 50%。类似地，在 1859 年至 1957 年的约 100 年当中，美国的石油产量一直位居世界首位，在世界总产量中的比重保

---

① 百万桶/日是统计石油进口量的常用国际单位。——编者注

持在40%以上。在第二次能源转型期间，美国石油产量在全球优势明显。前两次能源转型尽管提升了能源利用效率、开发了新的能源形态，但没有从根本上改变能源发展高度依赖资源禀赋的特征。

由于各国资源禀赋存在差异，全球形成了以俄罗斯、美国、中国、澳大利亚以及中东地区等不同板块为主的多个能源储备核心地区，而能源资源匮乏的国家或地区能源对外依赖度高。长期以来全球已经形成较为稳定的供应链，而自2022年2月爆发的俄乌冲突打破了稳定局面，全球能源供应链的脆弱性被放大。从欧洲在传统能源方面的对外依赖度来看，煤炭的对外依赖度相对较低；石油的对外依赖度虽然较高，但进口来源相对分散；天然气不仅对外依赖度高，而且进口来源高度集中，仅俄罗斯占比就接近40%，这使得俄乌冲突的持续发酵对欧洲能源安全产生很大挑战。世界多地在供应禀赋依赖度高的传统能源方面陷入危机，刺激风、光等供应禀赋依赖度较低的新能源需求快速增长，促使全球新能源加速发展。

综合性技术创新成关键手段，中国新能源迎来跨越式发展

除了新能源的供应禀赋依赖度相较于传统能源更低以外，技术进步也促使能源供应和资源禀赋脱钩成为现实。第三次能源转型对技术进步的依赖程度更高，且需要多领域的综合性技术共同推进，包括新能源发电、储能、特高压、高铁、充电基础设施、5G基站等在内的与能源利用相关领域的技术对完成此次能源转型至关重要，其发展也有望从根本上解决能源供应过度依赖资源的问题。与此同时，技术的进步也将推动新能源使用成本不断降低。以光伏发电为例，2021年其已跨入平价时代，随着技术水平的提高仍有进一步摊薄成本的空间。未来，新能源发展的方案将是一套综合性的技术

解决方案，且各种技术互相关联、共同作用。

据国家能源局公布的数据，2022年，中国可再生能源发电总装机容量突破11亿千瓦，比10年前增长了近3倍，占世界可再生能源装机总量的30%以上，水电、风电、光伏发电、生物质发电装机规模和在建核电规模居世界第一。截至2022年，水电、风电、光伏发电、生物质发电装机规模已分别连续17年、12年、7年和4年位列全球第一。技术水平上，中国不仅有能力自主设计制造百万千瓦级水轮机与全球领先的特高坝和大型地下洞室，更在短短几年内实现了光伏技术的快速迭代，多次刷新电池转换效率世界纪录。产业链上，中国风电等产业凭借自身"低成本、高技术"的国际竞争优势，逐步占据欧洲高端市场，主导全球产业发展。截至2023年，中国光伏组件产量连续16年居全球首位，多晶硅产量连续12年居全球首位。2023年，中国能源转型投资高达6 760亿美元（占全球总额的38%），同比增长了34%。

能源转型带来的投资机遇与挑战

绿色低碳转型是一场超级周期，全球就应对气候变化达成了共识。从1992年《联合国气候变化框架公约》开放签署起到2021年格拉斯哥联合国气候变化大会形成新框架，全球主要国家陆续提出碳达峰、碳中和的目标，中国也在2020年9月提出了在2060年前实现碳中和的目标。

和全球其他国家的目标进行对比，中国目标的实现可谓"时间紧、任务重"，中国碳排放的峰值是120亿吨，人均8.5吨。当前，中国不仅在生产端大力推进能源转型，还在消费端通过电气化等方式加大转型力度，在第三次全球能源转型中走在世界前列。在动力机制、资源禀赋、技术条件等因素的共同作用下，凭借在新能源发电、储能、特高压、高铁、充电基础设施、5G 基站等重要领域的领先技术，中国或将通过新能源的快速发展使能源结构发生迭代优化，率先完成能源转型。

全球低碳转型亟须机构投资者积极参与。机构投资者是世界上最大的资本池之一，但在为能源转型提供资金方面的潜在作用迄今仍未充分发挥。尽管对可再生能源的直接投资数量随着时间的推移而增加，但机构投资者在 2022 年平均仅提供了可再生能源融资总额的 2%。

据国际可再生能源署（IRENA）测算，在低碳转型的过程中，从 2021 年至 2050 年，全球技术投资每年约需要 3.3 万亿美元，总共约需要 98 万亿美元，技术投资主要涉及能源效率的提升、可再生能源利用、交通运输基础设施创新、碳捕获和碳封存以及化石能源和核能的应用。

但这些投入是远远不够的，IRENA 还提出，按照既定目标，全球同期每年需要投入 4.4 万亿美元，总共需要 131 万亿美元。低碳转型市场会是巨大的机会和风口。主要的投资方向包括 6 个方面：

一是化石能源转型。化石能源很难在短时间内被电能完全取代，但需要转型以减少碳排放，特别是现阶段中国的能源消费以煤炭为主，能源转型的重点是高效、清洁使用煤炭。此外，天然气将作为更为清洁的转型能源替代煤炭。因此，煤化工、天然气电站、天然气中游基础设施等领域是重要投资领域。

二是电力供给清洁化。可再生能源即使没有经济补贴也已经具有较强竞争力。因此，储能需求规模庞大，并呈现持续增长趋势。

电化学储能是未来储能技术发展的主要方向。光伏发电、风电以及单独储能等领域一直备受资本市场关注。

三是交通电气化。电动汽车将逐渐替代燃油汽车成为市场主流。而且，电动汽车的普及也带来供应链结构性发展，最主要的就是动力电池技术的发展，以及配套充电基础设施的扩张等。动力电池开发及回收利用、光电基础设施是交通电气化领域主要投资方向。

四是碳中和相关技术。例如，一部分能源消费形式需要更高的能量密度和长期储存的方案。制氢、氢气储运、加氢站、氢燃料电池等一直是方兴未艾的投资领域。此外，碳捕集、碳利用及碳封存技术也是新兴的前沿技术领域。

五是能源数字化。5G、物联网、云计算、大数据、人工智能等技术被应用于生产、传输和消费等能源行业的各个环节，可提高行业整体资源配置效率，从技术角度帮助实现双碳目标。智慧电网、智慧建筑和智慧交通是能源数字化的投资热点领域。

六是合成生物学。这一领域看似与绿色低碳转型关系不大，但根据联合国粮农组织的统计，畜牧业的碳排放量约占全球碳排放总量的15%。而在畜牧业的碳排放来源中，动物本身及其排泄物是主要的贡献者，其碳排放量约占畜牧业碳排放总量的32%。因此，合成纤维、人造蛋白、新型生物材料成为重要的投资风口。

第二十章　技术创新周期的新起点

发展是通过一个一个引领经济发展的周期完成的。人类经济发展过程的重大创新，引发了经济发展过程的长周期。

——［美］约瑟夫·熊彼特

技术创新的每一次飞跃，都如同破晓的曙光，照亮人类文明的前行道路。从蒸汽机的轰鸣到计算机的问世，从互联网的浪潮迭起到人工智能的悄然兴起，每一次技术的迭代都在重新定义世界的边界，都标志着人类对未知世界的深刻洞察和大胆探索。技术创新常常伴随着新兴行业的崛起，如人工智能、生物技术、清洁能源等，为投资者提供了多样化的投资选择。同时，技术创新带来技术的快速迭代，其破坏性和不确定性又给投资带来巨大的挑战。

技术创新周期的含义

经济学家约瑟夫·熊彼特在其著作《经济发展理论》中提出了创新理论。古典经济学家认为创新是游离在经济系统外的因素，对经济产生巨大影响但不属于经济的内在属性。熊彼特引入创新，并将发明和创新进行区分，提出了创新的5种模式，包括新产品，新市场，新材料或半成品及其来源，新生产方式，以及新组织形式。

熊彼特的"创新驱动经济周期理论"将经济周期归因于外生的

创新，是他以"创新理论"为依据提出的著名理论。他认为，创新引起模仿，模仿打破垄断，刺激大规模投资，引起经济繁荣，当创新扩展到相当多企业后，盈利机会趋于消失，经济开始衰退，从而期待新的创新行为出现，整个经济体系就在繁荣、衰退、萧条和复苏4个阶段构成的周期性运动过程中前进。当商业周期循环到谷底时，一些企业家不得不考虑退出市场，还有另一些企业家必须"创新"以求继续生存。只要多余的竞争者被淘汰或是有一些新的"创新"产生，景气度便会提升，生产效率便会提高。但是，当某一产业又重新有利可图时，它又会吸引新的竞争者投入，然后又迎来一次利润递减过程，回到谷底状态。因此，熊彼特用"创新"来解释经济周期，认为经济增长和经济周期性波动是同一种现象。

既然熊彼特认为经济周期的出现在于外在的创新，那么创新就应具有波动性。创新不是像人们按照"概率论的一般原理"所预料的那样连续均匀分布在时间序列上，而是时断时续、时高时低，有时群聚，有时稀疏，这样就产生了周期性波动。熊彼特打破经济增长是平衡连续发展的结论，认为增长是对现有经济关系的突破，是基于创新的非均衡破坏，是一种"创造性毁灭"。

总结起来，熊彼特提出了一个用来研究分析经济或生产率增长及其影响因素的框架，即"熊彼特"范式。具体来说，这个范式主要包括以下6个观点：

第一，经济或生产率增长依赖利润驱动的创新。这种创新可以是过程创新，即生产要素（如劳动力和资本）生产效率的提升；可以是产品创新，即引入新产品；可以是组织创新，即更有效地组合生产要素；还可以是商业模式和组织机构的创新。能够提升创新预期收益的政策或制度，会引发更多创新，进而促进经济和生产率快速增长。特别是更好的知识产权保护、更大力度的研发税收减免政策、更激烈的竞争、更多更好的研究型大学等都会促进经济和生产率的增长。

第二，科技创新具有"创造性破坏"效应。新的创新逐步淘汰旧的技术和技能，强调再分配在经济增长过程中的重要作用。

第三，科技创新可能是"前沿性创新"或"颠覆式创新"，它会推动特定产业部门向技术前沿挺进；科技创新也可能是"模仿性创新"或"适应性创新"，它会让某一类企业或产业部门追赶上现有的技术前沿。不同形式的科技创新需要不同的政策或制度推动。

第四，科技创新是连续波动的，因此形成了科技创新波。市场经济本身就具有繁荣和萧条的周期性特征，经济学的中心问题不是均衡，而是结构性变化。科技创新发展历史是由重大的科技创新浪潮构成的，每一次的科技创新浪潮都伴随着新的通用技术（如蒸汽机、电气、信息通信等的相关技术）在不同产业部门的扩散。

第五，科技创新是生产要素和生产条件的新组合，与生产体系紧密联系，是推进社会进步和实现产业变革的内生因素，促使经济结构的不断演变和革新。

第六，科技创新是经济发展的本质，只有以科技创新为核心的内生经济增长模式才能颠覆传统经济体系中"循环—流转—循环"的发展模式，打破原有均衡静态发展态势，最终促使国家和地区经济发展实现"量"变到"质"变，从而步入跨越式发展的新轨道。

在熊彼特的基础上，经济学家康德拉季耶夫提出长周期假说，认为技术创新对经济发展形成了周期性的驱动，尤其能较好解释工业革命时期的西方国家繁荣—衰退—萧条—复苏的经济发展变化。而繁荣、衰退、萧条和复苏这4个阶段循环往复，周而复始。结合熊彼特的创新理论，多种创新的存在也成为一种必然：有的创新需要很长时间，有的需要较短的时间；有的创新对经济的影响范围较大，而有的则较小，并且许多创新会相互依存，构成一个较大的、广泛的创新。因此，熊彼特认为，资本主义经济的历史发展过程大致存在长、中、短3种长度不等的周期。

历史上的技术创新周期

从历史上看，从蒸汽机、钢铁、电气化、汽车到半导体的相关技术创新呈现出人类公认的5波周期，每一波周期都长达40~50年。200多年来，5轮创新周期接续发力，展现了技术创新的巨大力量。创新看似自由生长，实则有脉可寻，机械制造脱胎于手工业，软件编程也是齿轮轴承自动化的延伸。为了便利，我们可以对科技进行划分，但不宜割裂看待科技创新。

第一、第二波创新周期（18世纪下半叶至19世纪下半叶），第一次工业革命，蒸汽机和钢铁等的相关技术创新推动运河业、铁路业等资本密集型产业发展，运输行业成为美国股市最大行业，铁路泡沫分别在1847年、1873年和1893年发生破灭，金本位最终取代金银复本位。

第三波创新周期（19世纪末到20世纪上半叶），第二次工业革命，电力和内燃机等的相关技术创新伴随着重工业化，能源结构从煤炭主导过渡为石油主导，美联储在经济衰退期间继续加息加剧了大萧条，整整一代人视股市如畏途。

第四波创新周期（20世纪上半叶到冷战结束），信息技术革命在工业化的基础上兴起，半导体和航空等领域的创新引领技术创新浪潮，美元经历布雷顿森林体系的兴衰后仍占据世界主要货币地位，欧佩克石油禁运诱发1973年至1975年严重滞胀，美联储加息对抗通胀则在1980年至1982年再度带来衰退。

第五波创新周期（20世纪末至今），互联网出现后，信息壁垒被打破。新媒体在第5次浪潮中改变了政治话语、新闻周期和传播方式。互联网迎来了全球化的新前沿、数字信息的无国界流动。IT硬件普及促成全球创新网络扁平化，互联网、软件服务大放异彩，IT设备及软件研发开支加速增长，远超20世纪70年代的水平，生物科技、新能源、载人航天技术崭露头角。互联网泡沫类似于铁路泡沫，若泡沫破裂，影响范围小于金融危机。

以上因素的驱动作用被经济学家反复地从理论和实证的角度论证过了，也比较令人信服。但对于资产配置而言，问题的关键不是过去而是未来，是要寻找推动下一轮周期启动的技术力量以及判断这种力量何时能够驱动新一轮周期。而这种判断几乎是不可能完成的任务。即使我们静态地按照熊彼特的分析框架，仅从产品创新、技术创新、市场创新、资源配置创新、组织创新这几个角度寻找新的驱动因素，备选的答案也是不计其数。这些技术的前景如何，能够在多大程度上影响经济发展，或者有多大可能直接成为经济发展的驱动力，无论经济学家还是技术领域专家可能都无法给出确切的答案。即便有人能够准确预期有某种或者某几种技术会在未来成为推动新一轮周期启动的重要力量，这些技术从研发到成熟需要多少时间也都是未知数。驱动因素的把握已经如此困难，再加上历史上的历次技术创新周期中，上升趋势和下行趋势衔接的转折期往往持续5~10年，导致人们对拐点进行判断更加困难，而基于此判断进行大规模的资产配置显然也充满不确定性。

随着计量经济学的进步，一种旨在使长周期的划分和拐点的测定更加规范化的定量研究方法正逐渐受到重视。这提高了周期判断的一致性和规范性，同时减少了主观判断的影响，但具有讽刺意味的是，尽管这种研究方法在理论上取得了进展，但从实际应用的角度来看，尤其是在提前预测经济衰退的准确性方面，其规范化似乎并没有带来预期中的重大改进。美国社会学家哈里森·怀特曾经指出："我不相信有哪一种计量模型或者数学公式，可以在任意时段做出令人信服的经济预测。现实中总会出现新的社会元素。"因此，无论是从定性的角度还是从定量的角度来看，对于资产配置而言，技术周期的参考意义都是比较有限的。

从宏观经济研究的角度看，技术周期可以为其提供一个较长时间跨度的分析框架。因为技术周期一旦形成较为明朗的趋势，主导此周期的驱动因素也将变得稳定且可持续。这也在告诉我们，虽然对技术周期的分析从实战角度看作用和意义不大，但此分析可以帮助我们避免陷入短期趋势分析。例如在2008年全球金融危机前，当我们将关注点放在表现良好的短期数据上时，如果我们同时发现这只不过是步入大萧条长周期当中的一个短周期的局部高点，那么就会更理性地看待数据，而不是人云亦云地喊出黄金十年等。

当前技术创新周期的阶段

首先，我们只有明白创新的目的是什么，才能更好地分析我们现在处在创新周期的什么位置。创新是为了提升技术水平，进而提高生产效率。因此，我们通过分析生产效率的走势，可以判断创新活动的活跃程度。广义的生产效率以公式"效率 = 产出 / 投入"表示，固定资产投入产出比是重要的衡量指标之一，它反映了资本的使用效率、投资回报和长期生产效率。在宏观经济层面，固定资产投入产出比可以用来衡量一个国家或地区在一定时期内，固定资产投资所带来的 GDP 增长量。具体来说，它是通过将一个国家或地区的年度 GDP 总量除以同期的固定资产投资总额来计算的。在企业或项目层面，固定资产投入产出比通常指的是企业从其固定资产投资中获得的产出与投入成本之间的比例。这个产出可以是固定资产运营带来的直接收益，也可以是固定资产对企业整体生产能力或服务能力提升的贡献。

根据美国的固定资产投入产出比（等于支出法 GDP/固定资产投资总额），结合前两轮康波周期（1938—1982 年，1983—2020 年），我们可以发现康波周期中全球各个经济阶段对应的创新活动以及生产效率的走势：回升期，创新活动不断增加，生产效率总体上升；繁荣期，创新活动达到峰值并持续下滑，生产效率总体回落；衰退期，创新活动再次增加（伴随货币宽松政策和金融创新），生产效率则再次提升；萧条期，创新活动再次下滑（伴随货币收紧政策和债务危机），生产效率也再次回落。当前全球经济已经进入回升期，相应地，全球创新活动和生产效率将逐步回升，也就是说，目前全球创新周期处于上升阶段。

其中，前两轮康波周期的回升期，孕育了以电子计算机、原子能、航天空间技术为标志的第三次科学技术革命，以及以微电子技术、生物工程技术、新材料技术为标志的新技术革命；前两轮繁荣期，技术都趋于成熟，经济持续高增长，但创新活动不断下滑；前两轮衰退期，创新活动的提升伴随着金融创新和货币宽松政策，比如美国在 20 世纪 60 年代开始实施低利率政策，带来了金融业务创新，21世纪初其也是实施低利率政策并促使金融衍生品快速发展；前两轮萧条期，创新活动的下降伴随着货币收紧政策和债务危机，1975年开始美联储为抑制通胀大幅提高利率，2014年开始美联储进入加息周期，这都导致了发展中国家债务危机集中爆发。

中国的创新活动与康波周期对应的创新活动有所不同，按照中国的固定资产投入产出比数据，新中国成立以来，中国的创新活动主要分为4个阶段：改革开放以前，中国的创新活动波动大且总体下滑，相应地，生产效率也呈现波动大且总体高位下滑的特点；改革开放开始到2007年，随着市场化改革深化，创新活动得到释放，生产效率保持稳定提高；2008—2014年，受全球金融危机以及过度依赖财政刺激的影响，创新活动总体下滑，导致生产效率相应下滑并保持低迷；2015年至今，受供给侧改革利好影响，生产效率小幅回升，与康波周期的规律相反。目前，中国生产效率处于低位，未来通过创新提高生产效率是大势所趋，因此，我们有理由相信，未来中国的创新周期将与全球创新周期同步，甚至可能引领全球创新周期。按照康波理论以及熊彼特的创新周期理论，在以信息通信技术革命为主体的第5次创新长波后，即将到来的是以人工智能和能源生产革命为主体的第6次创新长波。

创新上升阶段，往往伴随着新技术的问世。所以一项新技术出现前，我们到底应该追逐什么样的技术？哪些技术能够胜出？美国奇点大学创始人彼得·戴曼迪斯等在《创业无畏：指数级成长路线图》一书提出6D框架，它给了我们一定的指引。这个框架提出指数级胜出的技术要具备颠覆性、去货币化、去实物化、大众化、数字化和替代性6个特征。这本书筛选出了量子计算、人工智能、物联网、机器人、虚拟现实与增强现实、3D打印、区块链、材料科学和纳米技术、生物技术 9 种指数级技术。

技术创新的 Gartner 曲线

美国 IT 咨询公司 Gartner 提出技术成熟度曲线（简称 Gartner 曲线），有效概括了技术增长领域背后的客观规律。一个新技术的成熟往往会经历 5 个阶段：

- 技术萌芽期：潜在技术即将得到突破，早期的概念验证报道和媒体关注引发广泛的宣传。该阶段通常不存在可用的产品，商业可行性未得到证明。
- 期望膨胀期：早期出现了很多成功案例，但也有众多失败的案例。对于失败，有些公司采取了补救措施，但大部分都于事无补。
- 泡沫破裂的低谷期：随着试验的失败，人们的兴趣逐渐减弱，技术创造者被抛弃。幸存者只有通过改进产品让早期使用者满意，投资才会继续下去。
- 稳步爬升的光明期：有关新技术如何使企业受益的实例开始具体化，并获得更广泛的认识；技术提供商推出第二代和第三代成本更低、性能更稳定的产品；更多企业投资于试验，保守的公司依然很谨慎。
- 生产成熟期：在此阶段，新科技产生的利益与潜力被市场接受；经营模式经过数代演化，进入成熟阶段。

Gartner 曲线实际概括了技术演进的 5 个阶段，技术演进呈现出波浪式前进、螺旋式上升特征。Gartner 曲线更加清晰和具体地描述了新兴技术从出现到推广，再到普及的过程，展示了技术和应用的成熟度和采用情况变化，以及它们与解决实际业务问题和利用新机会的潜在相关性。

Gartner 曲线坐标轴的横轴表示"时间"，即表示一项技术将随时间发展经历各个阶段。实际上，大多数 Gartner 曲线描述的都是在一个时间点一套技术的相对位置。不过，单一技术的 Gartner 曲线可预测该技术的未来发展路径。1999 年发布的电子商务 Gartner 曲线便是一个突出例子，该曲线准确预测了 21 世纪初互联网泡沫破裂以及电子商务最终"恢复正常"等情况。

纵轴表示"预期"。Gartner 曲线的不同形状反映在技术发展过程中预期随时间推移的变化情况，是由市场对技术未来价值的评估结果决定的。历史上，这个轴曾被标为"可见度"，后来于 2009 年被修改。原来的标签注重的是推动出现高峰的舆论水平和宣传水平，而现在的标签更准确地反映了随技术发展出现高峰的更深层原因（技术可能处于低谷期但仍存在负面报道）。特别是，该曲线反映了技术的潜在和实际采纳者的情感变化以及不断转变的投资决策压力。

通常每一种技术的 Gartner 曲线的纵轴范围都是不同的，取决于人们普遍认为的该技术对商业和社交的重要性。例如，网状网络是一种令人感兴趣的对等无线网络宽带利用方法，但是这种网络主要是对无线网络服务提供商有意义，因此总体预期和宣传水平较低。有些技术对很多企业（例如云计算）或消费者（例如多媒体平板电脑）都有吸引力，因此得到的关注和宣传较多。因此，与云计算或多媒体平板电脑相比，网状网络即使位于 Gartner 曲线的高峰位置，所获得的总体"宣传量"也是较低的。

人工智能在20世纪80年代处于泡沫期，现在则处于曲线的右端，即稳步爬升的光明期；3D打印技术在10多年前曾备受资本市场追捧，中途也经历过低谷，投资者信心丧失，但随着技术的演变，如今3D打印技术逐渐成熟，其应用领域也逐渐广泛，譬如难以制作的大型、异形航空零件等，诸多3D打印企业在科创板上市。回顾3D打印技术的发展历程，从10多年前的泡沫期，到泡沫破灭期，再到如今重出谷底，体现了技术演进的逻辑，新能源电池也同样经历了这样的变革。重要的是人们应当认清当前的新技术位于发展曲线的哪一个阶段，不盲目追逐泡沫，从而避免遭受泡沫破灭带来的惨重损失。美国宾夕法尼亚大学金融学教授杰里米·J.西格尔在《投资者的未来》一书中提出，在美国1995—2001年互联网泡沫时期业绩很好的企业到今天大多已经销声匿迹，所以介入时点是一个很重要的问题，尤其是在新兴领域的投资中。但反过来，当Gartner曲线和投资结合时，人们又发现许多公司股价的走势和市值的增长与Gartner曲线高度契合。如图20-1所示，如果将英特尔、亚马逊、比亚迪、苹果股价起点标准化，再将不同时期叠加起来，我们可以发现，这几家公司的股价走势和Gartner曲线一样跌宕起伏，并随着时代发展稳步上升并创下新高，这当中的时间间隔都很漫长。正如Gartner曲线所表现出的，技术的发展并不是一帆风顺的，但这些公司在成长为行业标杆过程中的轨迹又是相似的。巴菲特心里可能也存在这样一条曲线。在投资比亚迪时他曾评价比亚迪创始人王传福是乔布斯和贝佐斯的合体，兼具执行力和创造力，同时他也看好新能源汽车赛道。事实证明，巴菲特持有比亚迪股票的过程中股价的确起起伏伏，但他始终相信比亚迪的增长会类似于亚马逊，并坚持长期持有。

图 20-1　4 家公司股价走势

理解 Gartner 曲线，把握技术拐点并进行布局至关重要。任何时候，如果能预测出技术的重大变革和其所处阶段，我们不但可以比大多数人早采取行动从而占据优势，而且能坚持长期主义，静待公司业绩绽放。

未来技术创新的五大赛道与趋势

2014 年，凯茜·伍德创立方舟投资。方舟投资旨在通过投资颠覆性创新技术的领导者、推动者和受益者来实现长期资本增值。该公司团队以"创新"为选股关键词，而这个"创新"不只是创新，他们特别强调的是非线性增长与"颠覆性创新"。方舟投资认为，当市场变革来临时，一些科技股将引领变革。方舟投资对"颠覆性创新"的定义为：一项产品或服务引入技术支持，通过创造简单性和可访问性来改变行业格局，同时降低成本。颠覆性创新必须满足3个条件：

一是带来成本大幅下降、需求大量释放的浪潮：当一项技术突破某些成本或性能阈值时，其可寻址市场将大幅扩大和多样化。方舟投资通过赖特定律来了解变革性技术的潜在范围。

二是可跨行业和跨地域：跨行业和跨地域的技术可以适用更多可寻址市场，因为应用程序可被不同的行业"发现"。跨行业的技术还可以提供更好的产品与市场契合度，隔绝商业周期风险，并获得多个学科的关注。

三是作为一个平台，可以实现更多的创新：一项可以带来其他创新的技术可能会以几乎让人无法想象的方式扩展其应用。因此，在广阔的时间范围内，创新平台可能会被低估，因为成功的预测是以对新产品和服务范围的准确预期为前提的。

方舟投资通过以下方式寻求实现长期阿尔法收益：（1）专注于颠覆性创新；（2）投资于颠覆性技术的领导者、推动者和受益者；（3）利用开放式研究生态系统，结合自上而下和自下而上的研究，尽早发现创新并跨市场协同；（4）制定超越市值和跨越行业的策略，预测股价走势并降低其与大盘指数走势的重叠程度。

方舟投资的主题投资策略覆盖不同市值规模、行业和地区的公司，以在颠覆性创新领域找到可以成为领导者、赋能者及受益者的公司。不同于传统的投资策略，方舟投资的投资策略更加关注长期的增长。创新即增长的关键，方舟投资致力于在颠覆性创新技术的领导者、推动者以及受益者中发现长期投资机会。在方舟投资看来，颠覆性创新技术可以大幅降低成本，有机会持续创新并在较长的时间维度上创造成长机会。然而，在专注于行业和短期价格波动的传统投资理念下，这些长期投资机会容易被忽视、曲解。

方舟投资认为，以人工智能、机器人技术、储能、基因测序和区块链技术为中心的创新将改变世界的运作方式，并随着行业转型实现巨大发展。所以方舟投资重点投资于人工智能、自动驾驶汽车、金融科技、基因测序、机器人和3D打印这6个颠覆性创新领域。就人工智能来说，方舟投资认为，与数据一起发展的计算系统和软件可以解决棘手的问题，自动学习和工作，并可以使技术加速融入各个经济部门。同时方舟投资提出，神经网络的采用应该比互联网的引入更重要，并有创造数十万亿美元价值的潜力。在规模上，这些领域将需要前所未有的计算资源，而AI专用计算硬件应该主导训练和操作AI模型的下一代云数据中心。最终用户的潜力是显而易见的：一系列人工智能驱动的智能设备渗透到人们的生活中，改变他们消费、工作和娱乐的方式。人工智能的采用将会改变每个部门，影响每个企业，并催生多个创新平台。

在人工智能的催化下，自适应机器人可以与人类一起发挥引领作用，从而改变产品的制造和销售方式。3D打印有助于制造业的数字化，不仅可以提高最终零件的性能和精度，还可增加供应链的弹性。同时，世界上最快的机器人，也就是可重复使用的火箭，它的有效应用将会降低发射卫星等一系列事项的成本。作为一个新兴的创新平台，机器人技术可以降低超声速旅行的成本、3D打印机制造复杂产品的成本以及人工智能引导的机器人的生产成本。

此外，高级电池技术成本的下降会带来电池形状因子的爆炸式增长，并通过自动驾驶系统降低运输以及通勤成本。电动火车系统相关成本的下降将会催生微型交通和空中系统，包括飞行出租车，从而改变城市交通的商业模式。自动化将会使出行、送货和监控的成本降低一个数量级，使无摩擦运输得以实现，这将提高电子商务的效率，并使个人拥有汽车成为例外而不是常态。这些创新与大型固态电池相结合，将进一步推动能源转型。

方舟投资同时提到，收集、排序和解析数字生物数据的成本正在急剧下降。多组学技术将推动医学研究专家、治疗组织和健康平台获得前所未有的 DNA（脱氧核糖核酸）、RNA（核糖核酸）、蛋白质等数据的访问权限。癌症治疗方法将通过泛癌血液检测有所转变。多组学的数据将搭载治愈罕见疾病和常见慢性病的新兴基因编辑技术，用于新型精准疗法。多组学技术也将解锁全新的可编程生物学应用，包括设计和合成可跨行业应用的新型生物结构，尤其是在农业生产领域。

从金融角度看，在区块链技术被大规模采用后，所有资金和合同都将迁移到公共区块链上，从而使验证数据资产稀缺性和所有权得以实现。金融生态系统可能会重新配置以适应加密货币和智能合约的兴起。这些技术提高了金融系统透明度，减少了资本和监管控制的影响，并降低了合同执行成本。在这样一个世界中，随着越来越多的资产变得像货币一样，以及企业和消费者越来越适应新的金融基础设施，数字钱包将变得越来越必要。

第二十一章　数字化变革的新周期

人工智能的崛起要么是人类历史上最好的事情，要么可能是最糟糕的事情，甚至可能是人类文明的终结。

——[英]斯蒂芬·霍金

对于想偷懒的学生来说，如果有人替他们完成作业，该是一件多么幸福的事。随着数字经济时代的到来，他们的"白日梦"已经成为现实。自2022年11月美国人工智能公司OpenAI公司发布了ChatGPT以来，ChatGPT风靡各个领域，比如修bug（程序缺陷）、写代码、写周报、绘画、写小说等，甚至在教育领域也大放异彩，成为学生们喜爱的工具，而老师们却无法防止学生使用它。不论是写小说还是解答问题比如哲学问题，ChatGPT都能做得不错，令人惊叹不已。一项调查显示，截至2023年1月，美国89%的大学生都曾使用ChatGPT做作业。以ChatGPT为代表的数字化技术变革不仅影响学生的考试成绩，还促使生产方式和组织形式发生巨大变革。

　　2024年2月16日，OpenAI公司发布Sora文生视频模型，犹如一石激起千层浪，迅速引爆整个AI圈。这是在凭借ChatGPT掀起生成式人工智能（GenAI）热潮后，OpenAI时隔一年再次推出的颠覆性创新技术。Sora是一个能够根据文本描述生成连贯、逼真视频内容的世界模拟器。它不仅能够模拟物理世界中的事物运动和交互，还能够处理数字世界中的复杂场景。一方面，Sora 实现了从文本、图像模型到视频大模型的飞跃，是 GenAI 行业的重要里程碑；另一方面，预计视频模型的训练和推理需求比文本、图像模型又增加一个数量级，将拉动 AI 芯片需求持续增长。Sora 的发布标志着数字经济新一波创新浪潮的到来。

以人工智能为引领的数字经济的发展带动了信息技术、网络技术、通信技术等相关领域的发展，同时推动一批新兴产业不断发展，如电子商务、移动支付、共享经济等，这些新兴产业成了经济增长的重要引擎。那么，数字化变革新周期的时代特征是什么？这些变革又会对金融市场产生哪些影响？

全球数字化变革的时代特征

进入数字经济时代，数据已经成为经济增长的核心变量。在传统宏观经济模型中，劳动力、资本是经济增长的核心变量。在数字经济时代，数据同样具有价值创造功能，数据日益成为重要的战略资产。从数据供给层面看，大数据与云计算的运用使得数据呈几何级别增长，数据的充分供应为数据应用提供了大量的可选方案。从市场需求看，企业通过对消费者数据进行分析，可以更好地识别消费者需求；政府通过数据分析，可以更精准地制定产业政策。也就是说，数据不仅可以帮助决策者做出更精准的决策，还可应用于大量场景。

数字经济的六大支柱

5G、大数据、云计算、人工智能、物联网、区块链的应用推动着数字经济的创新发展，它们是数字经济的核心驱动力量和六大支柱。物联网与大数据是基础，万物互联保证了实时采集、传输可信数据，大数据是后续数据处理的前提；5G是载体，保证了数据的高效安全传播；云计算与人工智能支持数据的整合、处理与分析，其应用可以满足客户的运算需求，帮助研究者做出正确决策；区块链是数字经济的底层架构与安全保障，重塑了数字经济的底层逻辑与业务流程。

这六大支柱合在一起推动了技术范式、生产组织和价值形态的演变，信息化、网络化朝着智能化的方向发展，工厂朝着智能生产方向发展，制造业从生产型制造朝着服务型制造发展。借助六大支柱，企业可以突破地域和空间的限制，将其市场覆盖整个网络，真正实现非线性增长。企业在市场竞争中以平台的形式扩张和发展，这具有革命性和颠覆性的意义。对于传统行业来说，有句话叫"我们几乎可以用数字化把所有传统行业全部重新做一遍"。如果企业还是固守原来的模式，那么发展将会极大受限。

智能化生产是"未来工厂"的主要生产模式

智能化生产是企业利用智能化设备和数字技术优化生产方式，改进产品质量，整体提高生产效率的一种生产方式。智能化生产企业通过互联网和信息通信技术实现生产、流通、交易和消费等环节的数字化、网络化、智能化，具有生产柔性化、动态化、个性化、分布化等特征。与传统生产不同，智能化生产可以更好地感知设备运行状态，更快地根据供需情况调整生产节奏，满足消费者的个性化需求，实现多品类的分散化生产。智能化生产已经成为推动经济发展的重要力量，涉及电子商务、移动支付、云计算、大数据、人工智能等多个领域，智能生产线已经被国内外许多大公司所推广运用。随着技术的不断进步和应用的不断深入，智能化生产将越来越广泛地应用于各个领域，推动经济发展和社会进步。

美国田纳西州电气企业 Scott Fetzer Electrical Group（简称"SFEG"）通过运用 Universal Robots（优傲机器人）的协作机器人，使生产效率有效提高了 20%。相较传统工业机器人，协作机器人部署难度低，使用灵活度高。SFEG 将协作机器人部署于 AGV（自动导引车）平台上，根据业务需求不同，灵活应用于不同业务环节。美国哈雷-戴维森摩托车公司通过运用 AGV 系统，对传统物流供应链进行智能化改造。公司将库存规划周期由过去的 21 天缩减至 6 小时，并显著提升库存效率，将 8~10 天库存水平降至 3 小时。

平台化企业成为企业组织的主要形态

数字变革必然带来组织结构变革。传统组织结构具有多层级特征，而信息技术发展使得平台化组织结构成为可能。平台化组织结构的核心为去中心化，数据的快速传输可以促使组织实现扁平化管理，为去中心结构形成创造了条件。区块链是数字经济的重要组成部分，其本质就是一种多中心、不可篡改的数据结构和记账方式。区块链在一个去中心化的计算机网络上运行，该网络中的多个节点共同维护和验证区块链的数据或交易。这种分散的性质确保任何一个实体或机构都不能完全控制数据或交易。最重要的是，平台作为一种类似于中介的组织，发挥了政府与市场的二重属性，同时具备"看得见的手"与"看不见的手"两种功能。因此，加强对平台企业的监管势在必行。

数字平台是基础设施的重要组成部分。数据具有公共产品特征，有一定的非竞争性与非排他性，易复制，可共享，某一位消费者使用数据，并不影响其他消费者对该数据的使用。因此，平台可以依托公共产品特征进行数字基础设施搭建。数字基础设施是指能够存储、处理和传输数字信息的底层技术系统、网络和设施。它包括支持数字系统和服务功能的各种组件和技术。现实生活中的数据中心、电信网络等都属于数字基础设施。数字基础设施对经济发展、创新和社会数字化转型至关重要，它可以支持电子商务、远程医疗、在线教育、智能交通等多个行业。现如今，人们可以不再去医院排队挂号、车站买票与营业厅缴费，可以通过数字平台进行线上挂号、买票与充值，这些极大方便了人们的日常生活。

服务化是数字经济的价值形态

数字经济的价值形态是指数字技术与经济发展相结合产生的经济效益和社会价值。数字经济的兴起，使得传统的产品制造朝产品服务方向发展，推动了经济结构升级和创新能力提升。传统生产的核心是制造出精良优质的产品，批量化、规模化是降低成本的保障。数字技术的应用使服务式生产方式实现，一方面可以更好地满足消费者需求，实现个性化、定制化生产，另一方面为产业链中各环节带来价值增值，通过生产与服务的融合，实现企业生产的高效创新。

例如，传统出版业注重的是畅销书的销售，热卖大销是关键。随着数字技术的应用，以 lulu.com 为代表的线上出版商把注意力转移到个人、少量出版物的印刷与销售上。数字技术打破了传统的生产方式，孵化出了像 lulu.com 这样的服务型自主出版平台，既提高了效率，优化了资源配置，也推动了创新，提升了消费体验。还有我国一些区块链产业园区，本质上是以区块链产业服务为核心的金融综合服务体系，其实现了金融科技与资本市场双向循环，体现了服务型生产的价值形态。未来随着数字经济不断发展，服务型生产的产能将不断得到释放和拓展。

以人工智能为代表的数字化变革浪潮

新一轮数字革命正朝着智能化方向演进。回到前文提到的ChatGPT，ChatGPT作为生成式AI，可以与用户进行对话交互，对接收到的信息进行分析并生成文本响应。ChatGPT之所以火爆，首先是因其具有创新性。ChatGPT是一款生成式AI，是一款颠覆性的创新产品。传统的搜索引擎只是将所有的结果呈现在读者面前，缺少信息整理、归纳和总结。ChatGPT直接将答案呈现在提问者面前，高效且便捷。其次是因其具有实用性，消费者可以用ChatGPT回答问题、撰写文章甚至是考试，这无疑让平时与人工智能接触甚少的老百姓也体验到了人工智能的便利性与趣味性。最后是因其具有可扩展性。ChatGPT可以与其他平台合作，微软的必应已经宣布与它合作，将它作为内置搜索引擎。人工智能带来了新的巨大机遇，将引领数字化变革浪潮。

人工智能引领第6轮创新长波

2024年5月，巴菲特在伯克希尔-哈撒韦公司的股东大会风趣地说，"人工智能是一个已经从瓶子里出来的精灵"。

人工智能很可能成为继机械化（以蒸汽机广泛使用为标志）、电气化（以内燃机和电力使用为标志）、信息化（以计算机和互联网的应用为标志）之后的新一轮技术革命的标志性技术之一。从前5轮长波看，创新长波一浪高过一浪，人工智能引领第6轮创新长波，节奏更快、普惠范围更广。生成式人工智能技术可能会给全球经济带来深远的结构性影响，其影响速度以及影响规模可能都会超过前几十年的重大变革。在长期通胀环境下，这是一种可能的反通胀因素。事实上，创新长波可以穿越经济衰退、加息和高通胀，不少伟大企业和颠覆性产品"生于忧患"。

2024年初，方舟投资在年度研究报告《大创意2024》中指出，多个技术的合流正在创造史无前例的技术浪潮，到2030年以AI为首的通用技术将促使生产率大幅提升。方舟投资预计的实现通用人工智能（AGI）所需的时间在不断缩短，2019年，其认为需要50年，2021年认为需要20年，2023年认为只需要8年——如果这个预测仍然延续之前的低估水平，便意味着最快到2026年AGI即可实现。方舟投资预测，在全球范围内实际经济增长可能从过去125年的平均3%提速至未来7年平均7%以上。高盛的预测虽相对保守，但也认为未来10年，AI将促成美国劳动生产率年均提升1.5%~2.9%。

首先，对经济增长来说，人工智能未来的大规模应用可能会带来潜在增长率的上升。人工智能具有渗透性、协同性、替代性、创造性4项特征。渗透性可以引起关联产业链的发展；协同性可以提升劳动、资本、技术等要素之间的匹配度；替代性可以减少老龄化、少子化对经济供给端的影响；创造性可以带来更密集的知识和技术要素生产，以上均有利于经济增长。

其次，对于产业发展来说，在技术端，人工智能与机器人的融合，带来适应性人形机器人的革命性发展，将大幅提升制造业效率；人工智能与交通工具的结合，将彻底改变交通行业。在供给端，人工智能带来庞大的产业链谱系的形成，数据、算法、算力3项基础要素的迭代推动行业的发展。在需求端，"人工智能+"将给传统行业带来创造性改造，无论是在 C 端（个人用户端）、B 端（企业端）还是在 G 端（政府端），其都会有无数的应用场景。在流通端，它还会通过生产方式、商业渠道、居民生活半径、生活方式等方面，对社会经济结构产生深远的影响。

人工智能驱动智慧经济

人工智能驱动智慧工业。人工智能在推动各行各业创新、生产力进步和效率提升方面发挥核心作用。它可以被集成到业务流程、决策和资源分配中，帮助企业做出更明智的决策。一方面，将人工智能技术融入工业流程可以提高工业效率与生产力。人工智能可以通过分析大量数据、识别模式和提出改进建议优化复杂工业流程。例如，它可以优化温度、压力和速度等方面的参数，最大限度地提高效率，减少能源消耗。另一方面，人工智能可以优化供应链管理。人工智能通过分析历史数据、市场趋势和需求模式，有助于预测需求、优化库存管理以及改善物流和分销。这使企业能够更有效地分配资源，专注于创造更高价值的活动。

人工智能驱动智慧生活。首先，人工智能促进了智能家居的发展。智能家居系统实现了各种家居功能的自动化控制，亚马逊 Alexa 和谷歌 Assistant 等人工智能助理可以管理任务、控制设备，并为智能家居提供语音交互支持。人工智能支持的系统可以优化能源使用，调节照明和温度，并增强安全性。其次，人工智能丰富了人们的个性化体验。人工智能算法分析用户数据、偏好和行为模式，提供个性化的建议和体验。最后，人工智能可以带动智能娱乐。人工智能正在通过算法、内容自动生成和虚拟现实体验改变娱乐行业。

人工智能驱动智慧城市。人工智能有利于智慧城市建设，可以将城市转变为智能生态系统，从而提高公共服务、交通和公用事业的效率。通过分析来自传感器、摄像头和社交媒体等各种来源的数据，人工智能可以优化交通布局，减少能源消耗，提高公共安全，提高人民整体生活质量。

人工智能还可以驱动智慧环境。人工智能可以分析从传感器、卫星和其他来源收集的数据，以监测空气质量、水质和生物多样性等环境参数。这使得实时监测、早期发现异常并及时干预以防止环境恶化成为可能。人工智能算法通过分析智能电网、物联网设备和能源系统的数据，识别、预测能源需求，优化能源使用，从而减少温室气体排放，提高能源使用效率，优化各行各业的能源消费结构。

与其他数字技术融合为经济注入新的生命力

人工智能像蒸汽机等具有通用性的技术，在不同行业释放新的应用愿景。人工智能算法，特别是机器深度学习技术，在大型数据集上蓬勃发展。大数据的可用性使人工智能模型能够广泛、多样地进行训练，实现更准确预测。通过自动化数据处理和分析，人工智能加快从大数据中提取见解，减少人工工作。大数据与人工智能相结合，也为个人提供高度个性化的体验。通过分析大量关于客户偏好、行为和人口统计的数据，人工智能算法可以提供个性化建议、有针对性的广告方案和量身定制的体验。

人工智能和云计算的结合为开发和部署人工智能应用程序提供了可伸缩、可访问和效益更高的基础设施。这种可伸缩性使计算平台能够有效地处理人工智能工作负载，而不需要对硬件基础设施进行大量的前期投资，便可实现实时数据处理和决策。人工智能算法通常需要强大的计算能力和存储能力来处理和分析大型数据集，云平台按需提供计算资源，允许人工智能应用程序根据工作负载需求扩大或缩小计算资源使用量。

人工智能同样对区块链具有增强作用。首先是增强区块链的扩展性。区块链网络经常面临可扩展性挑战，特别是在处理大量事务时。人工智能可以通过分析交易模式、预测网络拥塞程度、动态调整交易优先级优化区块链性能。其次是提供数据分析与见解。区块链网络生成了大量数据，人工智能可以分析这些数据，提取有价值的见解，确定趋势并进行预测。这些见解可以为优化区块链运营提供帮助，改善决策流程，并为区块链网络上的企业和用户提供有价值的信息。最后是优化区块链的资源分配。AI算法可以分析区块链网络中的资源使用模式，优化资源分配，改进共识机制，更加高效地管理资源，降低成本，提高整体网络性能，维护安全性的同时处理更高的交易量。

在交叉科学发展的时代，很多东西是难以想象的，比如人工智能在新药的发明方面同样值得我们期待。在过去，药物发明成本非常高、周期非常长，即便如此，成功率依旧很低，从临床前到一期、二期再到三期真正能成功的研发寥寥无几。人工智能公司DeepMind创造的AlphaGo（阿尔法狗），把人类最厉害的围棋棋手柯洁打败了，后来DeepMind还做了很多跨界的事，能够控制核聚变、参与航天科技、破解史前文字等。如果我们能够利用AI计算出蛋白质的三维结构，就相当于了解了"上帝造人的密码"，这也是值得人类特别期待的颠覆式变革。

人工智能的负面影响也应予以关注

一是未来世界可能更加分化。人工智能加速了社会分化，一部分人利用人工智能占有更多的社会资源，获得更多的财富。与此同时，另一部分人可能失业，因为人工智能对部分人类工作具有替代效应，社会上一些工作岗位将逐渐被人工智能替代。这种趋势会加剧社会不平等，甚至引发新的危机与冲突。更令人担忧的是，如果将人工智能运用在战争中，那将放大战争的残酷性。人类的感性与理智是制约战争发生和扩大的重要力量，而人工智能短期内可能难以习得人类所拥有的悲悯心与同情心，当人工智能机械地执行战争命令时，只会带来更多的杀戮。此次俄乌冲突中，我们已经看到大量无人机的无情参与。

二是引发了人们对人工智能取代人类的担忧。早在20世纪90年代，电影《终结者》就已经反映了人类对人工智能危害的担忧。当机器足够智能时，它是否会反过来控制人类？换句话说，人们是否做好了足够的准备以面对人工智能的强大，以及其带来的后果甚至危害？虽然人工智能为我们的生活提供了诸多便利，但其可能引发的道德危机、社会危机与人类危机依然值得我们深思。

数字变革对金融市场的影响

促进商业模式变革

科技进步是商业模式变革的重要影响因素，数字经济与金融市场耦合催生了新的商业模式。免费模式是数字经济时代重要的商业模式。传统商业银行采取的是资金池商业模式，通过各种渠道吸收资金再将资金贷放给客户，通过存贷款利息差获得收益，以弥补较高的人力成本与店面成本。与传统商业银行不同，通过区块链、大数据等数字技术的应用，互联网金融机构边际成本极低。例如，支付宝平台可以充话费、买机票、交电费，不同功能的集中并没有显著增加企业成本，却带来了更多的营收。过去，股民炒股开户需要去营业厅柜台办理，手续相对繁杂，还需要缴纳一笔开户费用。而目前大部分券商都已经实现免费线上开户，股民只需要下载手机软件就可以直接线上办理，无须处理庞杂的手续，券商也节约了人工成本。

平台模式是数字经济下的另一种重要商业模式。数字经济企业具有很强的平台化特征，以我国为例，目前已经形成了阿里系、腾讯系等互联网平台企业。这些企业通过横向与纵向并购，实现了线上与线下的互动、产业链上下游的延伸，后续向金融系统扩张是它们的必然选择。平台企业的成长使得过去依赖规模经济的成长方式，逐渐转变为依赖范围经济。平台企业的去中心化、高渗透性也使其可以更多关注到中小企业成长。传统企业往往通过品牌、优惠、专营打造企业护城河，平台型企业则可以通过互惠互利、信息共享等方式实现多边共赢。此外，还有长尾模式也在数字化变革中大放异彩。以亚马逊为例，小众书籍的销售额占到图书总销售额的一半以上。借助放贷成本的降低，金融机构也可以更好地关注到中小企业的需求。

推动金融科技发展

数字技术与金融相结合，可促进金融科技发展。以大数据为例，大数据分析在制定交易和投资策略中发挥至关重要的作用，被广泛应用于量化交易。通过分析大量市场数据和使用复杂数学模型，算法可以根据预定义的规则和市场条件执行高频交易。投资者进行大数据分析有助于其识别有利可图的交易机会、管理风险和优化交易策略，获得最大回报。数字技术还促进了移动支付和数字钱包的兴起，使个人得以使用移动设备进行支付和财务管理。Apple Pay、谷歌 Pay 和 PayPal 等支付服务改变了人们的交易方式，使支付在全球范围内更加方便、安全。

智能投顾同样是金融科技的创新成果。智能投顾是自动化的投资机器人，提供算法驱动的财务咨询和投资组合管理服务。其使用数字技术评估风险概况，通过分析大量的历史和实时市场数据，包括价格走势、交易量和其他相关因素，预测股价走势和商业模式前景，为投资者提供广泛的低成本的投资选择。智能投顾的投资建议也可作为交易员和基金经理的投资参考，优化他们的交易策略，以帮助他们获得更多的回报。金融部门与数字技术的融合提升了金融机构的效率、安全性和客户体验，塑造了未来的金融发展模式。

拓宽金融服务范围，提高金融服务效率

数字金融打破了传统金融的地域限制，使更多人能够便利获得金融服务。通过数字支付、电子银行、移动银行和数字货币等工具，人们无论身在何处都可以进行便捷的金融交易，这种金融包容性使得金融服务变得更加普及。数字金融技术应用增加了服务人群，金融机构通过人工智能、大数据等应用可以更好地了解资金需求情况，更好地甄别贷款人资质，无形中扩大了贷款人的范围。另外，数字金融技术为小微企业提供了更多获得融资的机会。传统金融机构在小微企业贷款方面存在着审查严格、手续烦琐等问题，导致很多小微企业难以获得贷款。而数字金融技术的出现，如大数据风险评估技术、供应链金融和数字化账款，使得小微企业能够更容易地获得融资。

互联网金融企业的参与整体提高了金融业服务效率。互联网金融企业凭借高效率、灵活性与创新性降低了成本。线上支付极大降低了企业人力成本，简化了交易，促进了电子商务的增长。这类支付解决方案提高了交易速度、安全性和便利性，极大降低了人们对现金或实体卡的需求。网上银行和手机银行的出现彻底改变了个人和企业管理财务的方式，消除了他们对银行进行实地访问的需要，因为交易、资金转账和账户管理都可以通过数字化方式进行。网上银行和手机银行服务全天候提供，增加了服务便利性和灵活性，同时减少了金融交易双方进行交易所需的时间和精力。数字技术改变了金融运营模式，金融交易双方通过数字技术可实时、准确洞察交易相关信息，实现便捷的金融交易。

数字经济治理的新要求

数字产品的可复制性极大地降低了企业边际成本，然而前期资本投入又存在大量固定成本。当大量固定成本与少量边际成本共存时，自然垄断形成。此时，如果不依靠市场垄断，生产企业可能由于低定价（价格等于边际成本）难以弥补前期的高投入。因此，我们看到在过去的十几年里，头部数字经济企业不断兼并收购，赢家通吃、强者恒强的现象不断出现。伴随垄断格局的形成，垄断行为也逐渐发生，某些平台类企业为了巩固自己的护城河，会强制性要求商家"二选一"，大数据杀熟等行为也频频出现，损害了消费者与商家利益不说，也破坏了市场公平竞争环境。更令人担忧的是，如果一些企业利用自身的数据垄断性，将数据垄断进一步与资本垄断相结合，导致数字经济企业与金融企业之间进行卡特尔式的联合与串谋，甚至可能对经济安全造成危害。

因此，面对数字经济时代的新特征，监管机构对金融治理提出了新要求。2020年1月我国《反垄断法》拟增互联网领域的反垄断条款，2020年11月上交所暂停了蚂蚁金服的上市计划，2021年12月滴滴公司启动了纽交所的退市工作。数据尤其是数据安全成为金融监管部门重点关注领域。其本质原因正是前文所提到的，数据已经与资本、劳动力一起成为经济增长的关键要素。类似地，欧美发达国家也在不断加强对数据垄断的监管调查。2022年3月，美国总统拜登签署《关于确保数字资产负责任发展的行政命令》，鼓励相关机构加强监管合作，以应对数字资产生态系统中的风险。目前美国的第三方支付平台需要同时接受来自联邦与州层面的双层监管，遵守反洗钱规则，并取得州层面的支付类牌照。此外，美国也不断对本国科技巨头展开反垄断调查，限制某些巨头在市场中取得绝对的支配地位。欧洲、日本也颁布或更新了一些法案，如欧盟的《数字市场法案》、德国的《反限制竞争法》、日本的《数字平台交易透明化法案》等，以加强对具有潜在规则制定权的网络公司的监管。

4

投资管理的多元化框架

资产配置多元化是投资的唯一免费午餐。

——[美]哈利·马科维兹

第二十二章　多资产的配置模式演进

一个恰当的资产配置应该是多元的、股票为主的投资组合。

——［美］大卫·F. 史文森

在投资中，资产配置是投资效能的重要决定因素之一。有研究表明，资产配置对总收益的贡献度超过 80%，对收益变动的解释力超过 90%。资产配置的朴素思想发端于西班牙作家塞万提斯的小说《堂吉诃德》中"不要把鸡蛋放在一个篮子里"的说法。过去 100 多年以来，投资者的配置模式始于对传统股债组合的探索，伴随着金融市场的潮起潮落，投资者不断探究其损失之由，不断修正改进配置模式。从 20 世纪 80 年代开始，投资者开启了开辟新策略和新资产类别的实践之路。

从 0 到 1：传统股债组合的配置模式

20 世纪 40 年代末，被称为"证券分析之父"的本杰明·格雷厄姆在《聪明的投资者》一书里，最早提出使用公开市场股债进行资产组合配置。其逻辑是，"由于未来是不确定的，投资者不能把全部资金都放入一个篮子里"，这能帮助投资者避免造成严重的错误。他建议，投资者根据自身判断，将组合中股票和债券资产的比重分别限定在25%至75%之间，例如构建50股/50债的平衡组合。

1952年，美国经济学家哈利·马科维兹首次提出投资组合理论，认为投资组合的期望收益率是单个资产期望收益率的加权平均值，但其风险很大程度上取决于证券之间的相关性。在组合两种风险资产时，它们之间的相关系数越低，能通过组合达到的最小波动率则越低。因此，根据投资组合理论，若股、债收益率保持负相关性，则传统股债组合可长期有效发挥分散化作用，为投资者带来更加稳定、风险调整后更高的投资回报。

机构投资者的实践

传统股债配置模式在机构投资者资产配置中占据重要地位。机构投资者方面，60股/40债、70股/30债等常见的股债配比，既可以成为对被动投资的简单建议，也经常作为组合业绩的比较基准，还能够反映投资机构的风险偏好。挪威主权财富基金、加拿大养老金计划投资委员会等致力于长期投资的大型机构投资者均以传统股债模式为基础进行配置。

得益于20世纪90年代以来全球股债之间总体相关性较低，传统股债组合表现优异，分散化效果显著。如果以MSCI（明晟）全球指数代表全球股票资产，以彭博巴克莱全球综合指数代表全球债券资产，那么从全球来看，1991年至2023年，70股/30债投资组合在32年有23年取得正收益，年化收益率为8.1%，高于单纯的股票或债券组合；同时，70股/30债的波动率和最大回撤幅度也明显小于纯股和纯债组合。

基于投资组合理论构建的传统股债组合在实践中具有基础性价值，其主要原因是：一方面，从长期实际数据看，该配置有效分散了风险，提供了良好的投资回报；另一方面，这一配置理念与其他新配置理念具有相通之处。例如，若能够深入把握各大类资产价格变动的驱动因素，可以发现，风险配置与资产配置本质上都反映了投资者的风险偏好和宏观展望。此外，大型机构投资者对传统股债配置形成了路径依赖。

传统股债组合配置模式的脆弱性

2008年全球金融危机后，机构投资者开始反思危机中受到重创的传统股债配置模式，发现这一模式存在三大无法规避的缺陷：

一是风险敞口较为集中带来深度减值风险。理论上，多数资产回报呈现非正态分布，使用静态波动率进行估计通常会低估尾部风险。实践中，由于股权贝塔往往贡献总组合90%以上的风险，股票大跌会为总组合带来大幅亏损。例如，采用60股/40债配置模式的挪威央行投资管理机构（NBIM）在2008年、2022年分别亏损23.3%和14.1%。

二是股票周期主导组合业绩波动。由于均值-方差模型未考虑序列相关性，资产的波动率通常被低估，尤其是高敞口、高波动的股票资产。业绩波动起伏明显，会导致中短期收益不足的风险较高。从全球来看，以60股/40债组合为例，1900—2010年间，平均每3年就有1年实际收益率为负，10年滚动实际收益率为负的概率为22%、名义收益率为负的概率为7%。

三是股债相关性不稳定造成对冲效果欠佳。大类资产间的相关性并非一成不变，股债资产相关性显著提高将降低传统股债组合实际分散风险的能力。受宏观情景、货币政策和风险偏好等因素影响，部分年份股债相关性会迅速上升，导致股债双杀。

传统股债组合配置模式的"脆弱时代"

从上百年金融市场历史看，传统股债组合的配置模式并非总是一帆风顺，而是经历了多轮起落，尤其是在一战、二战以及20世纪70年代"大通胀"时期（尼克松冲击、粮食危机和石油危机时期）等，在大缓和时期中也有部分年份出现组合价格大幅下跌的情况，例如在互联网泡沫和房地产泡沫破裂时期。

增长与通胀历来是宏观情景划分的两大重要维度，也是决定股债回报的重要驱动因素。由于增长冲击会使股票与债券投资回报率反向变化，而通胀冲击则会导致两者同向变化，当增长波动（经济不确定性）占主导地位时，股债协方差趋于负，即股债负相关，传统股债组合能够起到良好的分散化效果；当通胀波动占主导地位时，股债协方差趋于正，传统股债组合分散效果减弱；增长和通胀相关性也会影响股债相关性，供给收缩带来的滞胀会增大股债双杀的可能性。

因此，传统股债组合大跌时期的宏观特征可能有：

一是通胀高水平、高波动。据统计，传统股债资产在通胀高水平、高波动情景下相关性增强，股债双杀风险大幅升高。增长与通胀负相关，尤其是增长下降、通胀上升的滞胀、类滞胀时期。在20世纪的"大通胀"时期，频繁的供给冲击致使通胀压力长期较大，成为货币政策操作面临的重要难题，而经济衰退往往出现在通过货币紧缩政策治理高通胀之后，此时往往对应利率升高和股市下跌的股债双杀行情。

二是货币政策大幅紧缩。由于股债资产的现期价格均可视为未来现金流的折现和，货币紧缩推高无风险收益率同时打压两类资产估值成为传统股债组合无法分散的系统性风险。据统计，在1977

年以来美国70股/30债组合取得负回报的11个年份中，有7个年份处于大幅加息周期中；在8轮加息周期中，有6轮加息周期出现了70股/30债组合负回报现象。在1994年和2022年两个最为激进、速度最快的加息年份中，均出现了股债双杀的不利情形。

三是风险偏好保守。若由于外部事件冲击，股债两类资产投资者风险偏好降低，则传统股债组合也会面临难以分散的另一种系统性风险。风险偏好保守时期，投资者对所有风险资产趋于谨慎而倾向于持有现金，则股债相关性可能转正，股债组合投资回报率下降。在历史上，造成风险偏好整体下降的外生冲击来自地缘政治事件、资本市场丑闻等。例如，2001年至2002年，美国证券市场遭遇安然事件、"9·11"事件、世界通信公司财务造假案和安达信解体四大危机，频繁受到打击的投资者在风险偏好方面极为保守，即使互联网泡沫已经破灭、实际GDP增速触底反弹，标普500指数仍从2000年的高位大幅下跌51%，导致传统股债组合连续3年录得负回报。

传统股债配置模式的前景展望

传统股债组合的表现主要取决于利率中枢和股债相关性，它们分别决定了组合的收益和波动。

首先，利率中枢上行或降低资产长期回报。随着疫情冲击影响持续凸显、去碳化冲击增加供给约束以及宏观政策的通胀容忍度提升，全球宏观经济可能在中长期表现出通胀中枢上移且波动加剧的特征，由此抬升利率中枢，影响资产估值。政策和通胀形势变化会影响实际风险溢价和通胀风险溢价。根据1973年以来标普500指数的表现，在通胀低于3%时，通胀上升一般伴随市盈率上升，但若通胀高出这一阈值，市盈率就会被压制。此外，通胀失控风险加剧会使得企业定价成本升高，市场对股票资产要求的风险溢价也会随之上升，通胀波动率与股票估值形成负相关关系。

其次，**股债相关性短期仍有效果但长期隐忧**。短期看，传统股债配置模式预计仍然能有较好回报，但回报波动可能加大，需要投资者进行动态调整。通胀波动立即导致股债相关性抬升的概率较低。一方面，疫情影响衰减，供应驱动型通胀冲击得以缓解；另一方面，全球央行尤其是美联储可信度较高，长期通胀预期较可锚定。股债预计仍将在一定时期内继续保持负相关关系。此外，美联储加息周期已近尾声，全球经济下行概率明显升高，政策界和金融界担忧出现经济衰退，主要央行继续激进加息的可能性较低。

长期看，随着通胀中枢上行和宏观经济波动加剧，股债双杀出现的概率较之前明显上升。"灰犀牛"风险暴露，黑天鹅事件频发，供给约束增强，地缘政治领域的突发事件不断冲击投资者风险偏好，滞胀、类滞胀在未来或将再现，整体打压投资者风险偏好。若通胀水平持续较高、通胀预期无法锚定，过去20多年的股债负相关性可能将有所收敛，股债再次呈现正相关关系的可能性甚至不能排除。

从1到N：资产配置模式的演进

传统股债配置框架的改进

尽管传统股债的配置模式存在内在缺陷，机构投资者仍然在原有的框架下不断"修修补补"，试图弥补这一传统模式的缺陷。机构投资者对传统股债配置模式的改进尝试主要体现在四大核心环节：

一是引入非正态模型。非正态模型从技术层面对各类资产的历史数据进行优化处理，以完善均值-方差配置模型。在非正态模型下，投资者更需要关注的是均值和条件风险价值（CVaR），要对尾部风险有更深的认识。对不同的机构投资者而言，尾部风险具有不同含义，而机构投资者自身的约束性条件，往往是尾部风险管理中容易忽略的因素。譬如，对于以石油相关收入为主要资金来源的机构投资者，石油价格的大幅波动可能是其投资组合面临的主要风险。因此，除了关注传统意义上压力测试以及风险价值指标之外，在组合构建初期就应当考虑尾部风险因素，以加强下行保护。

二是建议以情景分析为基础进行中期动态资产配置。进行中期动态资产配置（侧重于未来1~3年）一方面是为了适应新的经济周期，另一方面是为了有效衔接长期的战略资产配置与短期的战术资产配置（侧重1年内的月度调整），以确保实现风险调整后的长期回报。从经济周期的角度看，很多国家的经济周期缩短（至3~5年），周期性波动趋于明显，这使得机构投资者，特别是奉行买入并持有策略的长期投资者面临更大挑战。

美国摩根大通银行采用情景象限分析法，其基本理念是不同类别资产在经济周期不同阶段表现不同，有必要对不同的经济周期阶段与资产表现之间的关联性进行研究，做出趋势性预测和判断，并在此基础上进行组合优化。

三是研究预测对冲理念。预测对冲模型主要源自传统的均值-方差优化模型（简称MV）以及风险平价模型（简称RP）两大阵营关于资产配置优化的不断讨论。预测对冲模型的理论和假设基础源自Black-Litterman（B-L）模型，B-L模型利用概率统计方法，将投资者对大类资产的观点与市场均衡回报进行结合，产生新的预期回报。投资者通过预测对冲模型可以在市场基准的基础上，对某些大类资产提出主观观点,并据此输出对这些大类资产的配置建议。新的资产配置包含符合主观观点的组合以及主客观相结合的权重配置。利用 B-L 模型的统计理念,预测对冲模型实际上就是在传统的 MV 理念和 RP 理念之间寻求平衡。

四是投资叠加管理。大型机构投资者通常对组合进行细分资产类别管理,并通过多家外部管理人进行分散化决策与管理,而投资叠加管理可为高度分散化的组合提供"黏合剂"。一般来讲,组合构建和再平衡属于第一层次的操作,目的是使组合配置处于容忍区间;叠加管理则属于第二层次的操作,当组合处于容忍区间时,投资者可根据需要对风险敞口进行适度的调整。叠加管理通常发挥两种功能:一是通过消除不利的(无意的)配置偏差,实现组合或配置纠偏,属于相对被动的操作;二是通过有利的(有意的)配置偏离,把握短期市场失衡机遇以获取超额收益,属于相对积极的操作。

风险平价配置框架

风险平价学派认为,传统配置模式可能并不是基于夏普比率投资的最优方案。一些机构投资者为了实现高收益目标,会倾向于增加对股权等高风险资产的配置,而非选择夏普比率更高、风险更为分散的组合。风险平价策略的投资理念是通过对不同资产类别(或风险因子)的均衡风险配置,获得长期稳定的风险溢价。

利率趋升是传统风险平价模型面临的一个重要挑战。瑞银集团的研究认为,在过去十几年,基于传统风险平价理念构建的投资组合的平均业绩水平高于 60 股 /40 债组合,这很大程度上应归因于固定收益资产的良好回报,再加上杠杆作用,整体回报比较出色。但在利率趋升的环境下,传统风险平价组合的表现欠佳。

多因子风险平价（Factor Risk Parity，简称 FRP）模型抛弃了传统资产类别的概念，基于风险因子进行配置，风险因子的选取和衡量因机构而异。与传统风险平价模型相比，FRP 的优势在于具有更好的分散风险的能力，对利率变化的敏感性更低，可能可以更好地应对利率上升周期。

投资管理的策略创新之路

被动投资策略的崛起

近年来，公开市场股票投资回报较高，被动型指数投资逐渐受到投资者关注，资金大量从主动投资向被动投资转移。据晨星资讯公司统计，截至 2023 年底，美国被动基金的净资产总额首次超过主动管理基金，这一转变标志着投资者偏好的明显改变，他们越来越倾向于低成本且反映整体市场的被动投资策略。过去 10 年，美国 83% 的主动管理型基金无法达到其设定的市场基准，40% 的管理公司经营时间不到 10 年。全球范围内的主动管理型基金表现同样堪忧，收益普遍低于被动型指数投资。

指数基金的兴起有多方面的原因。一是被动投资的指数基金具备规则透明、费率低、稳定性高和流动性好等优点。二是主动基金费用高昂，收益表现低迷。三是金融监管和量化技术给主动投资带来结构性压力。

主被动投资之间：智能贝塔（Smart Beta）策略的兴起

近年来，Smart Beta 策略作为一种混合式投资策略也同样得到机构投资者的重点关注。根据 2019 年富时罗素公司的全球调查结果，资产所有者对 Smart Beta 策略的采用率达到了 58% 的历史新高。介于主被动投资之间的 Smart Beta 策略又称因子指数投资，是指在指数投资中，基于规则或量化的方法通过改变指数的市值加权方式，增加某些风险因子敞口以获得相应超额收益的投资方法。Smart Beta 策略与传统指数投资的最大区别在于，其可通过改变权重分配，矫正传统市值加权方式带来的大市值、低收益率股票取得更高权重的结构，扭转由此导致的组合收益率降低问题。

Smart Beta 策略的盛行得益于它兼具了主被动投资的优点。首先，由于 Smart Beta 策略通过指数形式实现，它沿承了传统贝塔指数（按市值设置证券权重的指数）投资规则简单、透明、成本低（费率仅有 0.15%~0.60%）的优势。其次，Smart Beta 策略具有模型驱动的特点，可通过系统化的方式操作，对人力资源的要求少。最后，若因子选择得当，Smart Beta 策略可以实现同风险水平更高的收益率。

新兴经济体的配置价值

从过去 40 年的历史数据看，新兴市场资产具有相对更高的夏普比率以及预期回报，越来越多的投资者将新兴经济体股债纳入配置框架。但从资产配置角度看，投资新兴市场有两大挑战：一是与其他资产类别比较，新兴市场股债貌似"全天候"资产，但在极端经济状况下表现不佳，这与其和美国股债表现的相关性有关。一般情况下，新兴市场股票相对于美国股票指数具有较好的风险分散作用，但在危机发生时两者的联动性加强。二是由于新兴市场的高波动性和较集中的极端风险下的"肥尾"分布，新兴市场股债仅在适当较低配置比例下才有助于增加总组合效率。

行业轮动与主题驱动的策略

近年来，以信息技术为代表的科技行业和以生物制药为代表的医疗行业股票市值已占据全球股票的近 50%、私募股权基金交易金额的 60% 和风险投资基金交易金额的 70%。而且，根据康桥汇世投资咨询公司的研究，行业专注型的私募股权基金的业绩表现显著好于泛行业基金。在这种市场环境下，大型机构投资者对科技和医疗行业的投资也随之增长。NBIM 的科技股投资比重从 2009 年的 8.3% 提升至 2023 年的 22.3%，2023 年股票持仓前十的公司中有 7 家科技公司；医疗健康股比重从 2009 年的 8.6% 提升至 2023 年的 11.1%，2023 年股票持仓前十的公司中有 1 家制药公司。

此外，在气候变化与社会发展的双重影响下，可持续投资主题也日益兴起。主权投资机构对石油和天然气等传统能源的投资下降，对可再生能源投资不断增加。据基金数据平台 Global SWF 报告，2022 年，全球主权投资基金对可再生能源的投资总计为 187 亿美元，而对传统能源投资不足 70 亿美元。

资产类别的探索之路

从传统股债资产向另类资产的演进

20 世纪 90 年代以来，私募股权、房地产、基础设施等私募市场资产和对冲基金等公开市场资产因预期风险调整后投资回报率更高、与公开市场股债资产相关性更低而广泛进入投资者视野，在传统股债组合中引入另类资产也被定义为"捐赠基金模式"。2008 年全球金融危机后，全球进入低增长、低通胀、低利率时代，传统债券类资产预期回报降低，追求高收益的机构投资者不断降低公开市场股债的配置比例，提高另类资产配置比例，希望通过获取非流动性溢价等来赚取超额回报。

私募市场资产的规模和风险收益特征

私募市场近年来发展迅速、规模日益壮大。据私募市场数据供应商 Burgiss 统计，截至 2023 年第三季度，全球私募市场资产管理规模高达 11.0 万亿美元。私募资产类型多样、分布集中。从类别上看，其包括私募股权、私募信用和实物资产等。在整体另类市场中，私募股权投资占比最大，达到 61%，其中并购投资和风险投资占主导；实物资产投资次之，占比 20%，其中房地产占比超过一半；私募信用资产第三，占比 13%。不同类别的另类资产风险收益特征各异，能够满足机构投资者差异化的配置意图。具体看：

——私募股权投资全周期具备高风险、高收益、低流动性、与公开市场股价长期走势相关性高的特征，其配置意图一般包括获取非流动性溢价和平滑总组合短期波动。

——实物资产投资收益来源包括租金或分红收入、投后增值、估值变动收入和杠杆运用收益。其配置意图一般包括对冲通胀风险、平滑总组合短期波动和获取稳定现金分红。

——私募信用资产兼具股债属性，全周期收益风险水平介于公开市场股票收益与固定收益之间。其配置意图一般包括以较稳定的方式获取一定的增长敞口，以及平滑总组合短期波动。

另类资产的配置效果

20 世纪 90 年代至 2008 年全球金融危机爆发，是引入另类资产的"捐赠基金模式"的黄金时期，但金融危机后另类资产的整体引入效果大打折扣。以美国大型捐赠基金为例，1994—2008年，此类机构平均年化超额收益率高达4.1%，同期基金对另类资产的配置比例快速上升至34%；2009—2020年，虽然配置比例进一步上升至54%，但平均年化超额收益率转为-1.6%，这反映出另类资产配置效果整体欠佳。有研究表明，金融危机后引入另类资产整体效果下滑可能是因为另类资产市场规模飞速扩张，市场有效性提升、成本费用率增加使得分散化效果和超额收益率下降。

尽管如此，另类资产相对而言仍具备资产复杂度高、市场有效性低、投资收益分化严重的特征。有研究显示，公开市场债券管理人排名前25%与后25%的10年回报差异仅为1.2%，公开市场股票投资相应差异为3.9%，而非核心房地产、私募股权基金、风险投资基金和对冲基金的差异分别高达11.8%、19.4%、23.7%和13.3%。受此影响，机构投资者资金呈现出进一步向头部管理人集中的倾向。这也印证了幂律定律无处不在。

配置另类资产还有助于对抗市场下行风险。以另类资产中占比最高的私募股权投资为例，在经济进入衰退时，私募股权的下行风险明显小于股票。这主要是因为，私募股权市场流动性主要受募资周期影响，对经济周期和政策波动的反应时间较长，在危机时遭受恐慌性抛售的压力也更低。

机构投资者资产配置模式的未来

后疫情时代，面临全球宏观范式变革，宏观经济不确定性提升。面对市场波动性加剧、投资难度加大的新图景，一方面，投资者在回溯传统股债组合基础上不断改进和创新配置模式；另一方面，在组合的分散性、灵活性、稳定性、有效性、安全性及流动性方面进行不断探索与创新。

第一，进一步探索分散化投资的配置模式。为追求长期高回报，从2008年金融危机爆发到2020年新冠疫情暴发，欧美不少主权投资基金股性资产占比持续提升，以CPPIB为例，其参考组合中，全球公开市场股票和加拿大政府名义债券之比为85∶15。随着股性资产占比的提高，它们收益波动性加大，需要进一步分散，所以它们寻求非公开市场策略、尾部对冲策略和多资产灵活搭配策略等，进行与70股/30债模式迥异的配置以分散资金，转向投资在经济下行期能起到较好保护作用的私募股权基金、宏观策略对冲基金等资产，以保证总组合在经济下行期、市场振荡期基本保持稳定。

第二，进一步构建兼具灵活性与稳定性的组合。2008年全球金融危机期间和2020年新冠疫情期间，传统股债组合都受到了严重挑战，但能够保持投资定力的主权投资基金最终都成功地避免了资本的永久损失，获得了较好的长期回报。保持战略定力并不等于放弃动态调整，在保持配置框架一致性和稳定性基础上，灵活地前瞻地调整大类资产配置比例同样重要，应根据不同资产在不同周期阶段的表现调整布局。

第三，提升低效市场中获取阿尔法收益的有效投资管理能力。在市场有效性较差、波动较大、可获取超额收益的领域培养"抓机会"的主动投资能力。公开市场方面，加强对核心资产的紧密跟踪和深刻理解，在危机时期价格大幅折损时，坚定开展逆向投资。非公开市场方面，持续深度追踪行业趋势。跨公开和非公开市场方面，着眼于范式变革下全球供应链转移、全球通胀周期、可持续投资等重要主题，开展主题投资，通过公开和非公开市场协调把握投资机会。

第四，坚持组合流动性的全天候、常态化管理。流动性是应对危机的"牛鼻子"，也是机构投资者增配另类资产后可能出现的"脆弱点"。常态时期流动性不足直接影响投资者"抓机会"能力；危机时期特别要警惕信用风险向流动性风险蔓延，避免组合瞬时丧失流动性和短时间内出现大幅亏损。首先，要密切监控组合流动性的供需情况。其次，要优化流动性管理制度，做好流动性管理与积极管理之间的平衡。最后，要积极拓宽流动性来源，可考虑利用机构信用质量高的优势，在常态情况下获得银行授信额度，在危机时填补流动性缺口。

第二十三章　资产增长的引擎——股权投资

投资企业，而不是股票。

——［美］沃伦·巴菲特

增长引擎类资产是指可以带来资产增值的资产，这一类资产能够持续带来回报。股权是长期投资回报的主要来源。随着公司的发展，股权能够不断地产生利润并带来分红，同时股权本身也实现了价值的提升，这正是巴菲特最看重股票投资的原因。美国康桥汇世投资咨询公司分析过去100多年各类资产的风险收益和资产相关性等，发现股票是能够战胜债券的，债券是能够战胜现金的，而且期限越长，这一特征就越显著。因此，股票是组合中的核心资产，多投资股票，才能获得更多的资产收益。股票投资的方式是多种多样的。

　　从长期来看，股票投资者通常因其承担风险而获得补偿，尽管不同区域存在差别。自1900年以来，以滚动5年期衡量，美国股票投资回报率超过债券投资回报率的概率是77%，以滚动10年期衡量，这一概率是86%，以滚动25年期衡量，这一概率则是100%（使用滚动月度数据，按名义指标计算）。英国的股票和债券投资回报率也显示出类似的规律。而澳大利亚的资产业绩表现数据始于1912年，以滚动25年期衡量，股票投资回报率超过债券投资回报率的概率为82%。日本的资产表现数据始于1921年，尽管股票投资回报率超越债券投资回报率的概率在各个时间周期都低于美国、英国和澳大利亚，但以滚动25年期衡量，股票投资回报率超越债券投资回报率的概率仍达到73%。当然，投资者还应该认识到，在较短的时间期限内，股票投资可能会比债券投资遭受更大的损失。

1900年至2017年，美国股票投资者（1900—2017年）的名义平均年复合收益率（AACR）为9.6%，英国（1900—2017年）为8.8%，澳大利亚（1912—2017年）为10.8%，日本（1921—2017年）为11.3%。2008年国际金融危机后的9年间，美国股市的AACR为15.3%，英国股市为11.4%。这些收益率远高于长期的平均水平。而在2008—2017年，美国和英国股市的AACR要低得多，分别为8.5%和6.3%。这也从另一方面凸显了起点和终点的敏感度以及短期市场的波动性。

公开市场股票投资的策略演进

从主动投资到被动投资

股权投资既可以选择主动投资，也可以选择被动投资。主动投资意味着在选择个股或者某一类资产进行投资的时候能够比市场上的大多数人或者说市场的指数投资做得更好。主动投资又分为自营和外包两种模式，前者是自主选择个股或个券，后者是委托基金管理人进行投资。举例来说，如果投资者看好中国的股市，可以自己购买10只股票，也可以委托公募基金某个基金经理选股并进行投资。在这种情况下，最理想的结果是能够获得主动投资带来的阿尔法收益，例如沪深300指数涨幅为10%，而所持有的股票价格上涨30%，相差的20%就是主动投资带来的阿尔法收益，即超越市场基准的收益。

主动投资的阿尔法收益依赖一个重要的条件，即市场的有效性不足。在一个特别有效的市场上，竞争充分，市场效率高，任何的信息都会迅速被大家消化吸收，并反映在股价上。在这样的情况下，战胜市场是非常困难的。在中国股市，尚有获得20%的阿尔法收益的可能性，而在成熟有效的市场上，比如美国市场，就很难获得这么高的阿尔法收益。根据MSCI的标准，市场可分为发达市场、新兴市场、前沿市场①以及其他市场。总体来说，成熟市场的有效性较强，新兴市场的有效性较弱。在不成熟的新兴市场中，更容易找到别人未掌握的信息，额外的收益也会更多，而越有效的市场，则越困难。2007年，巴菲特曾经与对冲基金母基金门徒资本的创始人泰德·西德斯打赌，赌从2008年1月1日起的10年之内，西德斯选择的基金组合的收益无法战胜标普500指数投资。10年期已到，西德斯没能战胜市场，输掉了赌约。这个案例说明在有效市场中，特别是牛市中，主动投资的管理人想要战胜市场是一件极其困难的事情。

主动基金和被动基金的相对表现引起了业内对主动投资适用性的广泛思考。一些研究认为，只有能够容忍市场短期波动的价值投资或在市场有效性不高、竞争不充分的新兴市场等区域的投资，主动投资才有可能获取超过基准的回报。瑞银集团的一项研究指出，2008年全球金融危机以来由于宏观环境对市场回报具有主导作用，

---

① 前沿市场指比新兴市场发展程度更低的市场，如埃及市场等。

资产或个股自身特异性因素对回报影响退居次要地位，被动投资因此大受欢迎。若风险增加或股票内部回报分布的离散度扩大，主动投资有可能卷土重来。

当然，在中国指数投资能够获胜还有两个重要的原因：一是在国外的市场中，大部分二级市场基金都是满仓操作，股票仓位为100%。其考核依赖于相对收益，即不管选的个股如何，最后评判标准为是否战胜了标普500指数投资等。而在中国市场，大部分情况下会采用给基金排名的做法，绝对收益就变得更加重要。二是由于中国基金契约的规定，主动型管理基金的股票仓位一般在60%到100%之间，因此，其必然要择时做大类资产配置的调整。如果股市并非大牛市，基金的股票仓位不到100%，其余的仓位都为现金，那么该基金就更难战胜市场指数基金。这些因素就决定在中国的牛市中，基金经理的主动投资战胜市场指数投资的概率更低。因此，投资者在有效市场中，应寻求被动的策略；在牛市中，应寻求被动的策略；在市场效率低的市场中或者震荡市中，应寻求主动策略。

Smart Beta 策略的兴起缘由

智能贝塔策略认为，大部分阿尔法超额收益都可通过典型的因子解释，投资者可通过系统化方式获取因子敞口，将主动管理转化为指数投资，从而在享受贝塔收益的同时，获取大部分阿尔法收益。

相比被动指数投资和基金经理根据主观判断进行的投资，Smart Beta 策略，是通过多因子数量模型调整组合系数，将投资过程自动化的一个过程，可以说是主动加被动的一种混合投资策略。传统贝塔投资主要基于资本资产定价模型（CAPM），但组合回报无法完全通过市场系统性风险解释。20 世纪 90 年代初，美国经济学家尤金·法玛和肯尼思·弗伦奇提出三因子模型，试图解释 CAPM 无法解释的超额收益异象。三因子模型认为，除市场系统性风险溢价外，股票规模和价值也可用来解释超额收益。此后的学术研究和实践者探寻了一系列能够影响资产超额收益的因子，如价值、动量、防御性、低波动、高质量和小盘股等。市场也逐渐认识到原来的阿尔法超额收益，有一部分实际上是贝塔收益，随后又出现了地区、行业、风格和策略贝塔等，这些因子为投资提供了重要的支撑。自此，投资者对于资产超额收益的来源越来越清晰，开始不断寻求具有持续风险溢价的因子并调整资产组合中不同风险因子的敞口，从而获得超额收益。

为什么一些风险因子能够带来溢价？诺贝尔经济学奖得主罗伯特·希勒及其他一些经济学家从金融市场的结构性缺陷和行为金融角度对此进行了诠释。由于市场缺陷，短期内理性投资者无法通过套利行为使价格回归其内在价值，导致市场出现长期错误定价，带来了 CAPM 所不能解释的超额收益。这些缺陷包括：一是存在价格短期受噪声扰动而更加偏离内在价值的风险，二是存在套利所产生的交易及法律成本，三是缺乏完美替代品。在行为金融方面，动量和价值等因子出现溢价也可得到初步解释。投资人面对市场的积极信号，因对过去经验的依赖和对外部信息的不信任以及保守心理，过度悲观，低估股票价值；而面对持续上涨的资产，他们又过度乐观，高估其价值。因此资产价格长期会出现均值回归的振荡现象，而非稳定在内在价值，从而导致一些描述这些行为特征的因子出现风险溢价。

根据与传统指数的成分股和加权方式的不同，可将 Smart Beta 指数分为 3 类：一是增强收益类指数，主要包括单一因子（如价值、成长、动量和质量等）策略指数、多因子策略指数和基本面指数（如以红利、净利润、收入等指标作为权重）；二是分散风险类指数，主要是风险加权指数，如最小波动率指数、最大分散度指数、等权重指数等；三是多元资产类指数，主要包括非传统商品指数、债券指数和多资产指数等。

自2000年来，一些主要Smart Beta策略的风险收益率显著高于传统指数投资，平均夏普比率为0.57，而传统指数投资的夏普比率不到0.3。此外，Smart Beta策略稳定方便、多元化等优点也受到投资者的青睐：第一，由于其因子敞口长期稳定，Smart Beta策略适宜作为获取特定因子长期系统性风险溢价的工具。第二，各大指数提供商纷纷发布Smart Beta指数以方便投资者配置。第三，相当长时间里，由于美联储的量化宽松政策使得固定收益类资产的回报越来越低，Smart Beta策略提供了另一种投资渠道来增加收益，增加了资产投资的多样性。最后，依照某些算法或规则产生的投资策略可以大大降低人们行为偏差造成的损失。

总体而言，Smart Beta策略作为一种混合式投资策略是值得采用的。一些大型养老基金已经开始将Smart Beta策略作为重要策略进行投资，例如美国加州公共雇员养老基金（CalPERS）、英国铁路养老基金、荷兰养老基金和中国台湾劳工退休基金等。特别是英国铁路养老基金目前已经在逐步利用Smart Beta策略补充、改变自身的主动管理投资模式。

私募股权投资策略的探索

增长引擎类资产还包括风险投资基金、私募股权基金等另类资产。另类资产投资策略除了被投公司的利润增长，还具有非流动性溢价、主动管理收益和杠杆收益等多种收益来源，多元化收益有利于提升投资者的整体收益率。

私募股权投资的兴起

私募股权是指在一级市场发行或交易的公司股权，与之相对应的是公开市场股票，即上市交易的股票；相应地，私募股权投资是指对一级市场发行或交易的股权或其相关资产进行的投资。我国对私募股权投资的界定更多地强调其资金端的私募性质，即资金只能进行"私下募集"，而非公开募集；而美国等海外市场对私募股权的界定更侧重于其资产端的私募性质，即区别于投资上市股票，主要投资于非上市企业的股权，投资全周期具有高风险、高收益、低流动性、与公开市场股价长期走势相关性高的特征。

在策略执行方面，私募股权基金通常会积极参与被投标的公司的经营发展，通过上市、并购或管理层回购等方式出售所持股权从而获利，其价值创造路径一般包括杠杆作用、运营改善和倍数扩张等。随着私募股权市场日趋成熟，特别是信息资源更为公开透明，上述策略的执行效果分化明显。一是杠杆趋于标准化。私募股权在很大程度上已是标准化商品，绝大多数交易方都可以获得几乎相同的条款和价格。二是强控制权缓解标的公司运营面临的成本问题。在大多数情况下，私募股权基金经理对投资组合拥有控制权，并通过推动效率提升、技术采用、成本缩减以及收入增长等方式，提高被投公司价值。但同时，这一方式对基金管理人投后管理水平要求较高，往往会给基金带来额外的成本和负担。三是倍数扩张过分依赖公开市场估值。倍数扩张是指出售时标的公司的估值水平（私募市场通常以 EBITDA 倍数，即息税折旧摊销前利润倍数来代表估值水平）高于并购时的估值水平，其带来的超额收益通常与公开市场估值波动高度相关。

私募股权投资的主要策略

广义的私募股权基金，根据企业融资历程的不同阶段，又可以细分为以下几种类型：种子投资或天使投资基金，风险投资基金，成长基金，并购基金及其他（如夹层投资基金、困境投资基金等）。狭义上讲，私募股权基金分为3类：风险投资基金，投资于早期阶段的企业，高风险、高收益；成长基金，投资于快速成长阶段的企业，中等风险和收益；并购基金，投资于现金流稳定、商业模式成熟的成熟阶段企业，中等风险和收益。从欧美成熟市场看，并购基金是私募股权市场的主流类型。但在大部分新兴市场，包括中国市场，风险投资基金和成长基金是主流类型，也被统称为创业投资基金。具体而言：

第一，风险投资基金一般投资于早期发展阶段的公司，一般较少使用杠杆。广义的风险投资基金覆盖上市前的各轮融资阶段，狭义的风险投资基金不涉及种子投资、天使投资和后期成长投资阶段。风险投资的失败概率很高，但一旦成功往往收益很高。风险投资兼顾获取财务回报、促进前沿行业的知识积累和实现早期布局的窗口指导。风险投资的主要特点是：目标企业处于发展相对早期阶段，具有较大增长潜力，通常未产生盈利，且预计未来一段时间仍保持未盈利状态。风险投资基金增长性最高，下行风险最大。

第二，成长型私募股权基金亦称"成长基金"，是以所投企业长期成长为投资目标，一般投资于信誉好、长期有盈利的公司，或者有长期成长前景的公司，追求资产稳定、长期持续增值，重视资金长期增长的一类基金。成长基金重视对高增长投资机会的把握。成长基金投资的主要特点是：目标企业成长阶段介于风险投资侧重的早期与并购基金侧重的成熟阶段之间，商业模式、产品、技术等已得到一定验证，已实现或短期内可实现盈利；杠杆水平相对较低或不使用杠杆；多为少数股权投资。成长基金增长性较高，下行风险介于并购基金与风险投资基金之间。成长基金一般投资于发展新业务、进入新市场或进行收购的处于融资阶段的企业。

被投资企业一般有如下特征：营业收入快速增长；现金流为正且其已经或接近盈利；企业由创始人或其他个人持有，之前没有机构投资者参与；投资者不参与公司控制或有少数所有权；资金用于企业扩张或流动性补充；基金投资业绩主要取决于企业成长性而非杠杆。由于企业有现金流支持，这类投资风险、收益与风险投资相比较为平稳。

成长型股权投资作为并购和初创投资的中间策略，兼顾企业的成长性和交易结构的灵活性，获得了机构投资者的青睐，成为私募股权基金投资类别中增长较快的策略。成长型股权投资是介于风险投资和杠杆并购之间的私募股权基金投资策略，兼具风险投资产品或业务的上行空间和高增长性，又具有并购策略相对成熟的商业模式和低损失率，是私募股权基金投资策略的重要组成部分。

第三，并购基金，是专注于对目标企业进行并购的基金，其通过收购目标企业股权，获得对目标企业的控制权，然后对企业进行重组改造，持有一定时期后再出售。并购基金作为泛行业私募股权基金投资主体，是扩大组合规模、获取非流动性溢价的重要途径。并购基金投资的主要特点是：目标企业通常较为成熟，具备一定规模，已产生稳定收入与利润；杠杆水平相对较高，多为控股型投资。相比成长基金、风险投资基金，并购基金增长性、下行风险适度，更重视投后运营水平提升与杠杆运用。

并购基金通常使用较高的杠杆购买成熟的公司。并购基金以被收购的公司的资产做抵押以获得贷款，使得自身以较少自有资金完成大规模收购。并购基金一般通过将股权出售给战略竞争者或以债务融资的方式退出。

长期来看，私募股权基金能带来相对于公开市场更为优异的回报。据康桥汇世投资咨询公司的统计，全球私募股权基金的10年期和20年期平均年化投资回报率分别达到12%和15%，但是同期的全球主要股票指数基金平均年化投资回报率仅为6%和7%。无论在全球还是北美市场，成长基金的长期历史业绩均高于并购基金，全球和北美市场成长基金过去25年的平均年化投资回报率分别为14.9%和18.4%，两市场同期并购基金的平均年化投资回报率分别为13.3%和13.1%。从回报分布特征来看，1998年至2023年全球成长基金年化投资回报率均值为17.2%，中值为15.2%，标准差为5.9%，仅有5年的投资回报率为负数，占比20%。但同时，由于交易标的存在各种不确定性，成长基金的回报呈现出更高的波动性，更易受到所投行业在公开市场估值波动的影响。并购基金的收益则相对更为平稳。因此，机构投资者在制定私募股权基金配置策略时，通常以并购基金作为该类资产的基本盘，并灵活配置成长基金以获取更高回报。

除投前和投中等环节外，投后管理是增强私募股权基金确定性的关键因素。由于私募股权基金采取的有限合伙制更有助于解决公司股东与管理层利益不一致问题，降低委托代理风险，所以基金投资者能更有效地通过分阶段投资、激励等措施监督公司管理人。不同领域投资者对代理人的选择各有侧重。在风险投资领域，投资者和创业者共同寻找与公司发展理念相一致的管理人，以推动企业发展壮大；在杠杆收购领域，私募股权基金通过改善公司治理提升企业盈利，并利用高杠杆结构放大资本收益。

　　私募股权基金的业绩与其主要布局的行业发展情况呈显著相关关系。尽管行业规模大小不一，但基金总可以找到适合自身发展的投资赛道。如规模较小的基金就具备灵活管理较小投资组合公司的优势，并倾向于将同类组合公司整合为一个平台实体，从而获取更高的退出倍数；而规模较大的基金则会认为小型交易对投资组合影响过小，其偏向于更确定的行业、更稳定的市场和更可预测的现金流。如受制于行业特点，信息技术、生命科学领域的基金业绩增长较快；消费行业基金业绩相对平稳，波动相对较小。

第二十四章　宏观风险对冲资产
——通胀与通缩的对冲策略

不论何时何地，通货膨胀都是一种货币现象；不论何时何地，通货膨胀都是太多货币导致的结果。

——［美］米尔顿·弗里德曼

经济增长中，通货膨胀与通货紧缩这两大风险犹如潜伏的暗礁，考验着投资者应变的智慧。这两者如同天平的两端，需要投资者合理配置资产以进行对冲。对于通货膨胀，大宗商品、基础设施、房地产和通胀挂钩债券成为有效的对冲工具；而对于通货紧缩，固定收益和私募信用产品则提供了稳健的投资选择。

通胀对冲型资产——实物资产

宏观经济中一个重要的风险是通胀风险。通胀意味着资产的缩水和购买力的下降。例如，假设通货膨胀率是3%，银行的一年期活期存款利率是1%，这样每年活期存款资产值都会损失2%。因此，战胜通货膨胀，是投资的实质。从这个角度来说，投资者需要寻找一些在经济中能够战胜通胀的资产。一是房地产与基础设施，包括公寓大楼、商业写字楼、工业仓储区等。由于建造房地产的劳动力和原材料价格会随通胀而上升，房地产的重置成本与市场价值的关系密切，这使得房地产价格与通货膨胀的相关性很高。房地产价格的上升基本与通胀同步，因此战胜通胀离不开房地产。二是大宗商品。商品价格的上涨从原材料开始，而原材料价格的上涨是从上游的大宗商品开始，因此，大宗商品投资与通胀高度相关。大宗商品是全球定价的，随着全国地缘政治风险加剧、供应链扰动、各国向双碳目标迈进，很多大宗商品如有色金属铜、铝、镍的生产受到普遍冲击。同时，在ESG（环境、社会和治理）投资的趋势之下，大宗商品的资本支出不断下降，投资严重不足。在供给不足、需求旺盛的情况下，从长周期来看，大宗商品的价格持续抬头。因此，在通胀时期一定要持有石油、天然气等全球定价的相关资产。三是通胀挂钩债券。通胀挂钩债券的票息收益随着通胀水平变化进行调整，可以帮助投资者避免通胀水平上涨造成的损失，是抵御通胀风险的良好投资工具。

实物资产主要包括大宗商品、房地产和基础设施3类资产。投资者配置实物资产主要为了实现3个功能：一是对冲突如其来的通胀。实物资产收入可通过合约等形式与通胀水平挂钩，在通胀水平上升情景下实物资产收入相应提高，在总组合中起到通胀保护作用。二是增加投资组合的分散性，降低组合的波动性。虽然从长期来看，股票是对冲通胀的绝佳工具，但通胀水平的意外上升会压低股票和债券的价值。股票和债券的价值与通货膨胀呈负相关，而大宗商品、房地产等资产价格和通货膨胀呈正相关。也就是说，实物资产往往会随着通胀而升值，如果将其纳入股票和债券的投资组合中，可以降低整体波动性。三是在相对低效的市场中获取阿尔法收益。

从历史上看，不同类型的实物资产价格对通货膨胀的敏感度不同，其中，房地产价格的敏感度最低，而石油和天然气价格的敏感度最高。然而，不同资产类别的对冲特性也不尽相同，甚至因投资类型而异。例如，尽管房地产价格整体上对通胀的敏感度相对较低，但事实证明，私募房地产基金对通胀的敏感度远高于房地产投资信托基金。同样，石油和天然气价格与通胀的相关性很高，这意味着更直接的能源投资通常能发挥相对更大的对冲作用。换句话说，对上游石油和天然气业务的私募市场投资或对石油和天然气商品期货的公开市场投资比对公开市场能源行业股票的投资更能对冲通胀，因为公开市场能源行业股票在历史上与一般股票的相关性比它们与通胀的相关性更高。

根据康桥汇世投资咨询公司的统计，机构投资者在实物资产领域的配置比重一般处于5%~20%。配置比重因投资者而异，主要考量的因素包括配置目标、意外通胀风险、流动性需求以及资产规模等。

大宗商品

大宗商品通常可以定义为在工农业生产与消费中使用的，具有商品属性的各种大宗原材料。大宗商品的种类繁多，从对世界政治经济影响巨大的石油，到曾经作为世界硬通货的黄金，以及各种金属和农产品，这些都属于这一范畴。

大宗商品相关投资大致可以分为两类：

一是直接投资，即通过相关工具（现货或金融衍生品）直接投资于实物商品或相关合约，以获得商品头寸。直接投资大宗商品可以通过现货市场、商品期货和其他衍生产品等多种渠道实现。商品期货指数衍生品是目前规模最大、运用最普遍的大宗商品投资工具。追踪商品期货指数是迄今为止最受欢迎的贝塔投资策略。主动管理的投资策略也逐渐成为贝塔组合的一种补充。越来越多的成熟机构投资者选择更为积极的投资工具，包括商品交易顾问基金、商品共同基金和对冲基金等。直接投资大宗商品是机构投资者投资组合策略中的核心部分，主要是因为其在分散化、获取贝塔回报以及对冲通货膨胀等方面的作用。许多投资者尤其看中其稳定收益和分散化效应。

二是间接投资，即通过投资其他资产类别，比如大宗商品上市公司或未上市公司的股权等来获得大宗商品头寸。上市公司的股权和债权是间接投资大宗商品的最主要工具。对冲基金和共同基金提供更多的投资选择，而私募基金能在非上市公司领域把握投资机会。

其中，商品期货合约可作为通胀对冲工具，因为它提供了一种有效的实物资产替代品。大宗商品期货市场的总体表现往往与通货膨胀呈正相关。当然，这种相关程度在商业周期不同阶段有所不同。经济扩张阶段，即产能利用率较高时，相关性最强。同时，通货膨胀的方向比其绝对水平更重要。通货膨胀率（无论其绝对水平如何）上升的时期，商品指数的表现更为强劲，而在通货膨胀率下降的时期，商品指数的表现则较为疲软。此外，大宗商品价格与产能利用率呈强烈的正相关。当经济以高产能运转且库存水平较低时，大宗商品价格最有可能上涨，从而助长通胀。

以石油和天然气为例，在1973年至1981年的高通货膨胀时期，石油和天然气价格分别与通货膨胀呈正相关（相关系数分别为0.18和0.09），而标普500指数与通货膨胀呈负相关（相关系数为-0.25）。

石油和天然气行业分为4个不同的领域，每个领域对通货膨胀的敏感程度都不相同：上游（石油和天然气勘探与生产），中游（运输、石油加工和天然气收集），下游（炼油、经销或分销），以及化工。通常情况下，和碳氢化合物价格变化相关性最高的细分行业与通货膨胀的相关性也最高。石油和天然气领域的上游行业通常涉及直接拥有储量的开采企业，因此对碳氢化合物价格的变化高度敏感。这些开采企业的收入与通货膨胀呈正相关，与金融资产呈负相关。但是，如果开采企业对价格风险进行对冲，其与通货膨胀的相关性就会减轻。中游和下游企业往往对总体经济状况更为敏感，其收入与金融资产的相关性也更高。一些油田服务企业向上游开采企业提供设备和服务（如钻机、地震数据）。这些企业属于广泛的油气田服务部门，由于其收入依赖于上游活动，因此对商品价格有一定的敏感性。

油气领域的投资方式主要有3类：

一是直接投资于完全抵押的多样化的一篮子多头商品期货。这是抵御通货膨胀、实现投资有效分散的有力工具。滚动收益和抵押品收益也为只做多商品指数的投资者提供了两个重要的额外回报来源。由于原材料价格上涨往往会早于成品价格上涨6到12个月，因此最大幅度的价格上涨往往发生在通胀飙升之前和初期。例如，1971—1972年的平均通胀率仅为3.4%，但在1973年飙升至8.7%。在1971—1973年的3年时间，标普高盛商品指数的实际年化复合增长率高达37.5%。

二是投资石油和天然气行业的公开市场股票。但这一方式对冲通胀的效果可能不如商品期货投资。原因在于油气行业股票价格不仅受行业基本面影响，还受到股市总体走势影响，而且个别公司的股票价格更多取决于公司运营管理因素，例如公司盈利增长、并购整合等情况，而不是公司油气资产价值。此外，许多上市公司为了对冲油气价格波动还采取套期保值交易，导致油气行业股票价格表现往往与股票市场大盘走势趋同，而不是与油气价格走势一致。当然，即便如此，能源价格上涨会增加公司现金流。尽管通常会有滞后性，石油、天然气行业股票还是比股票大盘指数提供了相对更有效的通胀对冲（与通货膨胀的相关系数分别为 0.02 和 -0.21）功能。这一点在 1973—1981 年高通胀时期尤为明显，当时标普能源板块的实际年化复合增长率为 1.6%，而标普 500 指数为 -3.8%。同样地，上游公司股票对能源价格的敏感度最高，其投资波动性往往比中游和下游公司大得多。投资于油气行业细分市场的投资者，可通过在各细分市场之间进行轮换，来减少油气价格波动对自身的影响。此外，交易所交易基金（ETF）也可用来投资石油和天然气行业。ETF 的优点是流动性极高，费用率相对较低（一般为 30 个基点至 60 个基点）。大多数能源行业 ETF 的缺点是，它们往往专注于大型和超大型能源公司，而非纯粹的上游公司。

　　三是通过专注油气行业的私募基金投资非上市油气公司的股权。当然，无论是较高的投资技能要求，还是较高的分析、监控成本，都使得大多数投资者无法触及这一投资方式。油气行业的私募基金和其他大多数行业私募基金的投资模式类似，交易结构、费用结构差别也不大，但前者期限往往更长。上游领域投资主要分为 3 类：勘探钻井投资、开发钻井投资和成熟的油气钻井投资。勘探钻井的目的是寻找到新的天然气或石油储层，这一领域投资类似于风险投资。即使掌握了最精确的地质数据，也不能保证一定能找到油气资源。因此，作为对承担这种风险的补偿，这类投资的最低预期内部收益率应在 25% 或以上。开发钻井是在已被证明具有油气资源的区域内钻探更多的油井。虽然开发钻井的投资风险比勘探钻井小，但这个阶段也会出现商业上不经济的油井。这类投资目标内部收益率通常在 15% 到 25% 之间。投资已在产的油气井，是一种风险相对较低但回报也可能较低的策略。大多数成熟油气资产的投资目标内部收益率为 10%~20%。

黄金

黄金被认为是一种价值储备工具，这意味着它既可作为规避纸币风险的货币保值工具，也可作为对冲商品通货膨胀的保值工具。然而，过去 100 多年以来，与其他实物资产相比，投资者对配置黄金一直心存顾虑：一是长期持有黄金会存在较高的机会成本。从 1973 年到 2003 年，黄金的表现不如其他主要资产类别。二是投资组合中配置黄金的成本相当高。三是对黄金的需求增加主要是基于对极小概率金融情景发生的预期。例如，美元的暴跌或是通货膨胀的急剧飙升预期都会导致黄金需求激增。这些情景并不常见。

黄金的"三重属性"定价机制

黄金兼具货币、商品及金融三重属性。在三重属性的共同作用下，黄金通常表现出抗通胀和避险保值等特性。由于黄金兼具三重属性，影响其价格走势的因素往往是多方面的，具体如下：

一是货币属性决定法定货币对黄金价格存在直接影响。黄金由于其稀缺性，曾长时间作为货币存在。尽管布雷顿森林体系瓦解后，美元与黄金脱钩，但由于黄金的特殊性，其本身天然具有货币的属性。一方面，黄金与计价货币美元存在替代性，当美元贬值时，黄金作为货币的价值将得以体现，因而金价与美元指数呈负相关。另一方面，相较于信用货币，黄金作为一般等价物避险效果更佳，因而突发危机或地缘政治事件等因素将对金价变动产生推动作用，金价与VIX指数（指芝加哥期权交易所推出的波动率指数）等风险指数存在一定正相关性。

二是商品属性决定储备需求是黄金价格的主要推动力。作为商品的黄金，可以被用于日常消费和工业生产，或被用于储藏和交易。一方面，金价受黄金供给影响，与供给量呈负相关。供给端主要由金矿开采、回收金构成。过去10年，金矿开采和回收金分别占黄金总供给量的71%和28%，是黄金供应的主要决定因素。生产商套期保值占比较小，可忽略不计。另一方面，金价受黄金需求影响，与需求水平呈正相关。需求端主要由金饰加工、投资、工业需求和央行储备4部分组成，分别约占总需求量的50%、30%、12%和8%。

总体来看，由于供给端波动较小，黄金定价主要由需求端决定。其中，金饰加工和工业需求整体波动不大。短期来看，波动较大的投资需求决定了黄金的价格。2004年以来，全球黄金的投资需求从低点约480吨/年，最高升至1 700吨/年，在黄金总需求中占比约30%。其中，黄金ETF需求波动较大，在高点时占投资需求比重超过40%，可以迅速反映市场对黄金的偏好。此外，金融危机后各国央行等官方机构对于黄金保持增持趋势，由从前售金300—600吨/年，转为购金500—700吨/年，当前全球各国官方储备需求在黄金总需求中占比15%。央行储备需求是黄金长期需求上涨的主要推动力。

三是金融属性决定利率与通胀水平直接影响黄金价格。在黄金的金融属性下，其价格受两大因素影响：一是实际利率。由于黄金"零票息"，持有黄金的机会成本相当于实际利率，即名义利率减去通货膨胀率。当实际利率走高时，投资者更倾向于持有风险资产，反之，当实际利率走低时，持有黄金的机会成本降低，黄金需求上升将带动金价上涨。因而金价与实际利率水平呈负相关。历史数据显示，当实际利率为负时，黄金价格通常出现上涨趋势。二是通胀水平。黄金投资具有保值性，通胀率可以被视为投资黄金的收益率。通胀率越高，持有黄金收益越大，这将带动黄金需求上升。因而金价与通胀存在正相关性。此外，当通胀持续走高或走低，会相应地压低或抬高实际利率水平，因而对黄金价格走势产生相应的支撑或压制作用。数据显示，通胀在稳定阶段与金价相关性较弱，但在大幅上行阶段，金价往往有明显涨幅。回溯历史，在几段美国通胀波动幅度比较大的时期，黄金均表现出一定的跟涨或跟跌，例如，20世纪70年代的两次石油危机时期，21世纪初互联网泡沫破灭前后，2008年全球金融危机时期，以及2015年美联储加息前夕。

历史上的黄金"牛市"

1971年布雷顿森林体系崩溃至今，黄金共经历了3轮大的牛市。

第一轮牛市发生于1971年至1980年。当时美国通胀高企，经济增长停滞，失业率水平较高；金融市场方面，股票市场动荡下行，美国财政问题严重，10年期美债收益率从8%持续攀升至12%，接近历史高点；外部环境方面，美元持续贬值、冷战、区域性战争和石油危机大幅推高了投资者对避险资产的需求。时任美联储主席沃尔克引领经济回归正常，导致了金价后来持续20年的下跌。

第二轮牛市发生于2000年至2012年。2000年左右科技泡沫的破灭与2008年至2009年全球金融危机导致货币和财政政策的巨大放松带来黄金价格一路上扬。随后政策正常化的尝试又引发了2011年至2016年黄金价格的回落。

第三轮牛市发生于2016年美国大选后，美国宏观政策开始再次转向利好黄金。首先，特朗普政府推行的广泛减税政策导致美国财政状况大幅恶化。其次，2019年时任美联储主席鲍威尔全面转向"鸽派"，并开始推行降息政策。2020年疫情暴发后，国际金价一度攀升近40%，并至2 089美元/盎司（1盎司≈28.35克）的高点后回调，并维持高位震荡。2023年10月，受到美联储加息周期终结的预期主导，美元指数下跌，金价再度开启上涨周期，并一度创下2 400美元/盎司的历史新高。

黄金的"未来"

纵观过去50年的黄金价格走势，美国经济基本面的变化伴随实际利率的变化，是黄金进入长期上行通道的背后逻辑之一。经济基本面包括美元指数、通胀水平、实际利率的变化，均对黄金价格形成长期影响。然而，从更长期来看，全球政治经济格局正处于巨大变革之中，影响黄金价格的因素愈发复杂。以美元指数、通胀水平、实际利率等指标为基础的黄金定价框架无法再准确指引金价走势。黄金价格的长期走势还受以下几个关键因素影响。

一是美国财政赤字高企，且货币化现象严重。新冠疫情在全球范围内将货币和财政政策推向极端。不断扩大的财政赤字令各国政府不断打破债务上限。中长期来看，疫情后美国政府债务压力创历史新高，拜登政府大规模实施财政刺激计划，使得美国政府资产负债率已超二战时高点。考虑2024年美国将再次举行国会选举，预计拜登政府仍将继续推进基建计划，以获得选民支持。这意味着美国政府将继续大幅举债，且付息压力可能提前上升。美国以外各国央行一直是美债的重要购买者，占比接近20%。然而，随着美国以外国家对美元体系的担忧上升，这些国家央行配置美债的意愿下滑。美联储因此成为美债的主要增持方，美债对美联储的依赖程度上升。备受争议的"现代货币理论"实质上已被付诸实践。政府主导操作加速了财政政策与货币政策的融合，应对赤字率的上升必须依靠央行印钞。财政扩张带来的巨额债务负担和长期货币超发，可能损害美元的主权信用和财政可持续性，美元长期贬值风险上升，使黄金的货币属性更加凸显。

  二是地缘政治风险加剧，带来避险需求上升。后金融危机时代，随着地缘政治冲突加剧，民粹主义抬头打乱全球化、经济一体化进程。新冠疫情加剧经济不平等，无论全球层面还是单个国家内部，社会分化都在加剧，全球经济不确定性增加，带动黄金避险需求上升。首先，俄乌冲突爆发后，俄罗斯央行美元储备被冻结，导致美元作为储备货币的安全性受到质疑，西方金融体系下美元资产的交易对手风险陡然上升。其次，地缘政治风险仍较高，且未来不确定性加大。鉴于美国不断飙升的债务水平，即便是其盟国，在美国持有黄金储备的风险也日益上升。最后，地缘政治风险可能对全球能源及大宗商品供应链产生潜在影响，进一步推高市场避险情绪，带动黄金需求上升。

  三是官方机构持续买入黄金。过去几十年来，为分散风险和保证流动性，各国央行一直将黄金作为资产配置的一部分。自 1999 年欧洲 14 国中央银行和欧洲央行共同签署限制抛售黄金的《华盛顿协议》开始，全球多国央行持续增加黄金储备。自 2009 年开始，全球各国央行整体上从黄金净卖出转为净买入，2010 年至 2023 年底，累计买入黄金超过 7 800 吨。世界多极化发展加剧了这一趋势，仅 2022 年至 2023 年两年期间，全球各国央行年买入黄金规模达 2 100 吨，超过了 2018 年至 2021 年 4 年的总和。美国货币政策导致美元长期购买力被侵蚀，全球各国央行特别是新兴市场国家央行开始战略性增持黄金。过去两年，黄金的边际需求主要来自中国、波兰、土耳其、新加坡、印度、卡塔尔等新兴市场国家的央行。目前，中国和印度等新兴市场国家央行储备中的黄金占比不足10%，远低于美国、德国等成熟经济体，仍有较大增长空间。预计未来几年，央行黄金净购买量仍将保持增长态势。对于其他投资者而言，转向黄金的行动尚未开始。鉴于黄金市场的规模，投资者即使只是将投资组合中微小的一部分转向黄金，也会对黄金的价格产生重大影响。

在当前全球政治经济格局面临大分化、大动荡和大重组的时代，影响黄金需求和价格趋势的，更多是长期因素，而非短期因素。因而黄金作为"避险性资产"，价格可能仍处于较长的上行周期。

房地产投资策略

房地产投资是指对办公楼、物流配送中心、零售中心、公寓、另类房地产等物业类型资产及其相关领域的投资。房地产投资作为另类投资的一种，具有的主要优势是：收益较为稳定，其与股债等其他资产类别相关性较低，能够为总组合起到一定的风险分散作用。从长期看，其还具备一定对冲通胀功能。2008年全球金融危机后，房地产投资策略逐步受到机构投资者的青睐。国际上著名养老基金如CPPIB和CalPERS等，还有如GIC等主权财富基金都对房地产给予了一定比例的配置。CPPIB、CalPERS和GIC等的房地产配置比例均在11%左右。

房地产周期受宏观经济周期、资本市场周期与房地产本身特点3种因素的共同影响。宏观经济周期影响反映在经济增长阶段性变化对房地产需求的影响。资本市场周期影响主要体现在货币和信贷环境变化，一方面对房地产需求和房地产开发形成冲击，另一方面对房地产估值本身也有较大影响。房地产需求本身与宏观经济周期高度一致，而房地产供给由于开发周期影响而存在时滞，因此房地产有经济学中蛛网模型的特点。过去30年，典型的美国房地产市场的投资回报呈现出较强的周期性或波动性，因此在做房地产投资时要科学分析和把握周期变化。在下行市场中，如2008年，美国房地产价格单季年化跌幅超过32%。

房地产投资回报可简单分解为估值变化收益和净租金两部分。房地产资本化率为当期净租金与房地产市场价值的比率，与股票的市盈率的倒数类似，是衡量房地产估值水平的关键指标。我们通过简化和类比股票投资领域的戈登模型，可计算出房地产的净现值。

过去10年美国房地产优异表现一半来自估值扩张，一半来自租金收益的增加。在估值方面，由于采用的价格指数不同，不同机构对资本化率变化的估算存在较大差异。但综合各家测算结果可以发现，估值因素过去5~6年带来的房地产投资回报的占比为25%~30%，其余回报来自租金收益及其增长。

展望未来，估值变化对房地产投资回报贡献将大幅下降，房地产投资回报将更多取决于租金成长性。这是因为：一是带动过去估值下降的宽松货币政策将逐步退出，二是资本化率提供的缓冲空间已大幅缩小。各主要经济体房地产资本化率与当地10年期国债利率的利差代表了房地产投资的风险溢价。根据瑞银集团的计算，该溢价水平已经下降至历史均值以内，而这与股票的风险溢价水平仍明显高于历史平均水平形成了鲜明对比。总体而言，从估值的水平看，房地产无论是从相对水平还是从绝对水平看，优势都已经消失。

而租金收益增长也预计从此前的高位回落至趋势水平。目前房地产租金增长受益于经济复苏和房地产基本面好转，美国房地产市场租金过去几年维持了约 5% 的增长。房地产的租金与空置率、雇用人数及工资增长幅度等高度相关。随着供给的回升，美国房地产空置率已开始见底反弹；而总体雇用人数增速也由于劳动力市场趋于充分就业已经放慢。正是由于对估值和行业前景的担忧，2022 年以来投资者对房地产投资的热情开始消退。未来几年美国房地产投资回报率可能从此前两位数降至 5% 左右。而且美国商业地产杠杆大幅攀升，已接近金融危机前的水平，由此带来的风险和波动预计也将明显上升。

长期来看，房地产为人类活动提供物理空间的基本属性不会发生改变，刚需型房地产业态提供了通胀保护，以数据中心、工业物流中心、生命科学园为代表的成长型房地产业态则更好地捕捉到全球数字化变革与生命健康产业的科技创新趋势带来的新机遇。

未来对房地产影响较大的长期因素主要包括：一是人口特征的演变。人口老龄化改变市场对房地产行业产品的需求，推动生命科学地产和养老住宅需求的增长。千禧一代步入组建家庭阶段，成为购房和租房的主力人群，对居住品质有更高的追求。不同区域之间的人口迁移，展现出不同区域间较大的分化，影响房地产需求结构。例如，人口仍在流向美国二线城市和亚洲、欧洲一线城市，这利好于当地出租型公寓、保障性住房和学生公寓。二是科技创新和数字化。它们改变了人们对传统房地产的需求，网上购物和线上服务的加速发展催生人们对新兴业态的需求，生物技术的发展促进生命科学地产需求增长，科技公司成为商业地产增长的主要推动力。比如 5G 应用、自动化、人工智能、流媒体等创新科技的发展，长期利好数据中心。与科技发展相关的就业，从长期来看，也将促进写字楼需求增长。医学领域仍然存在很多依托科技进步方能解决的问题，科技进步有利于生命科学业态的发展。医药研发需求、汽车自动化实验需求将促使工业资产用途不仅仅局限于运输，还将带来新领域的增长。三是环境、社会和治理（ESG）的新要求。ESG是房地产投资的重要决策变量。当下最重要的是对环境的关注，实现碳中和目标带来新约束条件。一方面，经过ESG认证的优质资产能够取得更高的租金溢价和出租率，从而使资产保值；另一方面，确保遵循ESG标准可能增加资产的管理成本。

基础设施投资策略

自20世纪初以来，投资者的投资组合中就有了建筑、铁路和港口，但私募基础设施市场的资产类别直到20世纪90年代才全部出现，此前10年，国有公用事业、电信和运输公司开始私有化。这种发展始于澳大利亚，随后是英国和加拿大，并在2000年后进一步扩展到欧洲其他国家和美国。自2008年全球金融危机以来，私募基础设施市场的规模扩大了两倍多，另类投资者现在拥有或运营着全球一部分基础设施。过去10年，私募基础设施基金的筹资金额超过了5 500亿美元。在不同地区，在不同的市场条件下，该行业提供了强劲的风险调整后的良好回报，继续吸引着投资者。

私募基础设施投资泛指对一个国家或地区的公共工程系统，包括交通、公用事业和公共建筑等进行的权益投资。按照业界分类，所投资基础设施包括经济效益类和社会效益类两大类，经济效益类包括交通、公用事业（覆盖发电、电网、电力存储、通信、燃气、用水和污水处理等）和可再生能源等，社会效益类包括学校等教育设施、医疗设施和体育场馆等。与其他金融资产最大的不同在于，基础设施天然具有一定的垄断性，因此能够在竞争有限的环境中运营，进而可以为投资者提供长期、低风险、抗通胀且非周期性的回报。根据另类资产数据服务商 Preqin 的预测，到 2026 年，私募基础设施基金的资产管理规模将达 1.87 万亿美元，超越私募房地产基金，基础设施将成为私募领域规模最大的不动产类别。其增长的推动力主要来自基础设施债券的涌现和增值型策略基金的强势增长，私募基础设施基金资产管理规模继续向风险谱两端扩散。

从项目阶段划分，基础设施投资项目一般分为绿地项目、棕地项目和成熟项目。绿地项目是指当前不存在且需要设计和构造的资产或结构。投资者为基础设施的建设提供资金，并为其设计、建造和运营后的维护提供资金。这类项目在早期阶段不会产生收入。计划和开发的成本支出，加上需求、使用和价格的不确定性，意味着投资这类项目通常具有较高的风险。棕地项目是指需要改进、修理或扩建的现有资产或结构。这类基础设施资产通常是部分运营的，可能已经产生收入。因此，棕地项目通常比绿地项目的投资风险更低。成熟项目则是指可直接投入运营的资产或结构，不需要开发投资。这比前两者的投资风险都要低，因为这类基础设施资产是完全运营的，可以产生现金流和收入。

从风险和收益角度考量基础设施投资，越来越多的机构投资者把投资标的分为 4 种类型：核心型、核心增强型、增值型和机会型。

第一，核心型被认为是最稳定的基础设施投资类型，这类资产往往对社会来说非常重要，投资风险很低。其投资收益通常来自经营收入，资产增值空间十分有限。该类资产主要位于发达国家或地区；收入来源于长期合约、特许经营权等，基础设施的收入和现金流通常受到监管；合约对手方信用等级高。该类资产进入运营期，收入与通胀相关性强，现金分红稳定，通胀对冲、收益平滑、分红稳定的特点明显。投资者通常持有较长时间，一般超过7年。

第二，核心增强型与核心型有相似之处，然而核心增强型与现金流量的相关性波动幅度通常更大，垄断性通常也较低。经营收入仍然是整体回报的组成部分，但比起核心型，核心增强型有更大的资产增值空间。核心增强型的资产持有期通常超过6年。

第三，增值型较少囊括垄断性基础设施，更偏重于具有实质性增长潜力、可扩张或将重新定位的基础设施。该类资产多为建设期或绿地资产，投资者适度提升风险承担水平以获取更高收益，以资产增值为主要考量，收益与经济增长相关性强。该类型基础设施的持有期通常为5到7年。投资回报主要来自资本增值而非经营收入。

第四，机会型基础设施投资与私募股权投资具有许多共同特征，具有较高的风险，但也有较高的回报潜力。底层资产包括处于开发阶段的位于新兴市场的基础设施，受到商品价格风险影响的基础设施，以及处于财务困境的基础设施等。机会型基础设施的持有期最短，通常为3到5年。投资回报基本来自资产增值。

基础设施资产按投资回报类型不同大致分为两大类：

一是可用性资产。这类资产的所有者通常从政府或公共机构获得固定金额资金，而不管资产的使用水平如何，其包括大多数类型的社会基础设施，如医院、教育设施和国防设施。这些资产经营通常遵循特许合同，任何运营或维护表现不佳都会导致收入减少。收益通常受到特许经营合同的限制，但由于需求因素影响被消除，资产的投资风险可能会降低。

二是通行费资产。投资者从收费资产的使用费中获得回报，例如收费公路和机场。在该模式下，所有者面临的风险是，如果资产没有得到充分利用，回报将受到负面影响。由于潜在的需求下滑以及其与整体经济的可能关联，其投资风险更高。但如果使用率达到最大值或容量增加，这类资产能提供更高回报。

基础设施被广泛认为是一种风险相对较低的资产类别，投资期限比其他另类投资更长。投资这类资产通常被视为长期收益游戏，而不是专注于资本增值的短期投资，其主要特点是：

- 投资组合多样化。基础设施与其他资产类别及公开市场的相关性较低，尤其是从长期来看。
- 较低的波动性。资产的长期性降低了预期的波动性，因为它较少受到短期市场情绪的影响。
- 稳定的现金流。作为垄断性资产，其在有很少或没有竞争对手的情况下提供基本服务，需求在经济疲软和收缩时期保持稳定。这有助于确保投资者获得稳定的现金流。现金流通常是可预测的，因为它是由长期合同决定的。
- 对冲通货膨胀。大多数基础设施资产都通过监管、特许协议或合同与通货膨胀挂钩，这些合同的价格增长率将与通货膨胀率同步或高于通货膨胀率。
- 进入门槛高。由于开发基础设施成本和复杂性较高，所以进入门槛很高。对于机场和铁路等资产，竞争可能会受到严格限制，这有助于确保这类资产保持竞争优势。
- 运营费用低。资产的运营和维护成本往往较低。
- 资产使用期限长。基础设施不容易受到技术过时的影响，而且寿命长。基础设施领域的私募投资者往往受到监管机构和政府的激励，以确保资产得到维护，并能在预期寿命内运行。
- 需求稳定。基础设施提供基本服务，随着时间的推移，使用需求相对稳定。需求通常对价格变化相对不敏感。

基础设施的抗通胀能力需要按标的具体分析。由于基础设施资产的潜在通胀收益取决于其收入来源、成本结构和资产负债表的弹性等因素，相关抗通胀能力会因资产质量、行业和地理位置不同出现分化。从底层资产角度看，基础设施更易受到经济、监管、政治环境等因素的影响。新兴市场的基础设施投资还面临汇率波动风险和通货膨胀风险。

基础设施长期以来是资产配置的重要组成部分，在经济环境不确定的情况下，基础设施提供稳定回报的价值尤为突出。尽管投资人和基金管理人普遍认为，未来基础设施投资仍将面临资产估值、资产竞争和利率上升等方面的挑战，但2020年以来，业内对基础设施投资的需求仍在持续；目前投资进度虽有所放缓，但募资的基金数量和目标规模都已达到历史高位。

从投资主题看，数字革命和绿色转型成为重要主题。数字革命推动着资金流入数字基础设施市场。快速、可靠的互联网连接已经变成全球的基础需求，数字基础设施（例如电信塔和数据中心）已吸引众多基础设施基金入场。2020年以来，数字基础设施交易额占总基础设施市场的比例达到23%，相较2017—2019年的9%有显著上升。能源转型同样成为基础设施投资的核心主题。在过去几年里，可再生能源的募资金额急剧增加，能源领域中约一半的资金进入该领域。2020年，以可再生能源为重点的基金募资的金额达到600亿美元。进入2022年，虽然天然气价格出现飙升，但由于传统能源资产未来可能存在搁浅风险，大型机构投资者对传统能源的投资更加谨慎。如一些投资者坚持ESG筛选原则，完全不考虑传统能源投资机会。但同时，受限于能源转型的长期性，部分投资者仍会被传统能源带来的中期回报所吸引。一些业界人士认为，以传统能源为重点的基金在能源基金中的份额在近两年虽基本保持不变，但在2025年后将开始降低。

机遇永远与挑战并存。传统基础设施投资同样面临宏观范式变革、能源转型与科技创新冲击等新挑战：一是通货膨胀水平与利率中枢抬升的宏观范式变革导致基础设施融资成本大幅上升，项目现金流持续承压。二是能源转型带来企业资本支出的持续上升，无论是发电企业还是电网公司，都需要适应能源转型，进行设备升级改造，同时需要大量的资本支出和费用支出。三是新一轮的科技创新变革也可能对传统电信基础设施构成潜在颠覆式冲击。例如，美国太空探索技术公司SpaceX"星链计划"的快速推进，使卫星互联网对电信塔、光纤光缆等传统地面通信网络基础设施带来替代性冲击。再如，固态电池、氢能、可控核聚变等新能源行业的技术突破可能成为颠覆式的创新。

通缩对冲资产——债权资产

公开市场固定收益投资策略

虽然股票能够带来资产收益，但股票市场的波动性、风险性和非连续累积的特征同样很显著。经济中有两大风险——通货紧缩（通缩）和通货膨胀（通胀）。在通缩时，物价持续下跌，需求萎缩，经济萧条，企业盈利下滑，股市下跌，持有过多股票甚至可能倾家荡产，而固定收益可以用来对抗经济中的通缩风险。固定收益，顾名思义，无论经济好坏，其收益都是确定的。固定收益的首要投资品种是债券，尤其是中长期的高等级债券。高等级、中长期这两个特点非常重要。一方面，全球金融市场中的债券品种从主权债到信用债，到抵押支持证券（MBS），再到担保债务凭证（CDO），愈加复杂，而越复杂的债券股性越强，与宏观经济以及股票市场的相关性就越高。只有买国债、准主权债等高等级的债券才能对冲股市风险和通缩风险。另一方面，政府应对通缩的常见做法就是降息，降息会影响短期利率，但是中长期的国债利率在中长期是锁定的，受影响较小。一种可能的情况是短期利率已降到了0.25%，但10年期国债还有5%~6%的利率，是非常优质的投资品。因此，在每一轮经济萧条的时候，大家都拼命地抢购国债。2008年全球金融危机时，美国国债收益率已经为负，但仍被看作最安全、违约率最低的资产。而CDO、信用违约互换（CDS）等隐含了股性风险的债券，则很难在通货紧缩时期对抗经济萧条风险。一些对负债刚性支出要求较高的机构，如保险公司和养老基金，都需要大量配置固定收益资产，以保证其安全性。

机构投资者配置固定收益资产主要有3个目的：一是获取稳定收益，二是对冲股票的下跌风险，三是提供流动性。2008年全球金融危机和2020年新冠疫情对债券市场都产生了结构性影响，导致整体资产板块的收益性、对冲性和流动性面临前所未见的挑战，主要原因是：

第一，在过去10多年的"大缓和"时代的低利率环境下稳定收益功能减弱。回顾过去百余年间无风险实际收益率平均值较低，大多数国家在和平时期都为1%~3%。实际利率的波动性也呈现下降趋势,近年来已降至 700 年来的最低点。这意味着利率变得越来越有黏性,改变利率趋势也越来越艰难。实际利率出现负值在历史上并不罕见。过去几百年,出现负实际利率的国家 GDP 加总占全球比例不断上升,从 14 世纪初的约 15% 提升到近年来的约 30%。

第二,国债对冲效果明显减弱。固收资产中,不论是在不同宏观情境还是不同经济周期下,高收益债、新兴债等利差产品股性较强,都是经济增长情况好时表现最佳,对冲股市效果不显著。而利率类产品,如发达国家国债尤其是高等级、中长期的政府债券对冲股市下跌效果较好,起到了保护投资组合的作用。有数据显示,1990 年以来,发达国家国债在股市下跌的大多时间里表现出对冲功能,且股市下跌幅度越大,它们的对冲效果越显著。发达国家国债对冲功能面临的挑战包括:一是在低利率环境下,对冲效果明显减弱。日本、美国和欧洲多国步入零利率甚至负利率时代,稳定的利息收益和利率进一步下行的空间都被大幅压缩。在过去 19 次股市调整中,实行正利率的发达国家政府债券表现优于负利率国家。二是从长期看,股债的负相关性或将被削弱。股债负相关性主要出现于 21 世纪初美联储成功将通胀率控制在 2% 附近之后。现代央行操作可能是股债呈负相关关系的原因之一:经济增长支持股票上涨,当经济过热央行升息,国债市场下跌;当经济低迷股票表现不佳,央行降息以支持经济,国债市场上涨。自 2000 年以来,主要市场的股债关系基本呈负相关关系,发达经济体正进入超低实际利率时代。央行或在经济持续低迷的情况下容忍更高水平的通胀,可能会削弱其至打破近 20 年来的股债负相关性。另外一个潜在的风险是,发达国家由于高债务问题其国债可能失去对冲经济下行的效能。例如,在长期的经济衰退期间,美元利率需要上升而非下行以吸引外国资本，目的是为经常账户赤字提供资金，这导致名义债券的表现可能会很差。如果非美国投资者停止以当前利率进行投资或出售他们已经拥有的资产，即使在经济严重萎缩情况下，利率也有上升的可能。对冲股票风险、多元化配置的本质是在组合中配置低相关度的资产，从而达到"东边不亮西边亮"的效果。因此，多元化配置意图应与收益意图相结合，当一个资产收益效能很弱时，即便该资产与股票相关度低，长期看其在总组合中的多元化效能也很弱。

第三，发达国家国债可满足市场动荡时的流动性需求。美债在极端情境下也会出现流动性危机，但美联储托底意图明确。虽然有一些迹象表明发达国家国债市场的脆弱性有所增加，但其在危机时期提供流动性的作用难以替代。以2020年3月美债市场因受新冠疫情影响流动性受创为例，各期限国债的买卖价差在3月中大幅扩大，其中30年期国债的扩大幅度达到2008年全球金融危机后平均水平的6倍多，10年期国债的扩大幅度为两倍。市场深度最差时降至与金融危机谷底相当的水平。流动性对金融系统稳定至关重要，中央银行一般会出手托底。随着美联储迅速推出无限量化宽松等紧急措施，美债市场的流动性危机迅速缓解。在危机中保持总组合的流动性，对机构投资者实现长期投资收益至关重要，特别是在股市大幅下挫的时期，长期投资者需要流动性以实现再平衡等加仓操作。

基于固定收益策略面临的挑战，投资者应首先明确固收资产的定位，根据资产特点选出最适合的债券类型以实现意图，国债是实现危机状态下流动性和多元化组合配置意图的较佳选择，而利差类资产，例如高收益债和新兴债更多起到增厚收益的作用。因此，固定收益资产的核心价值在于在危机期间投资者可维持足够的流动性，而无须抛售价格低迷的股票。

对于机构投资者而言,"核心-卫星"的固定收益组合无疑是最优选择。核心资产配置中长期的高等级国债,卫星资产配置高质量的公司债,以作为增厚收益的工具。管理模式上,机构投资者以被动方式管理它们,以确保它们在危急时刻更好地实现保险功能。配置久期上,机构投资者可拉长配置久期,提高债券"纯度",增强国债组合保险效能。

私募信用策略

私募信用策略是在一级市场从事债权投资的策略。2008年全球金融危机爆发后,传统银行削减了融资,这为私募信用基金管理公司等投资者提供了寻找新贷款来源的市场空间,并由此逐步发展出独立的资产类别。私募信用资产具有稳定的现金收益,久期短,与其他资产相关性低,在风险收益特征上对私募股权基金投资组合形成有益补充。一方面,其可为追求高成长的企业提供流动性,另一方面可为投资者提供高于公开市场债券的收益率,因此,其受到市场供需双方的青睐。特别是受到长期低利率环境影响,投资者期望通过配置私募信用基金获取良好的风险调整后收益。

私募信用策略可较好满足投资者资本保值、最大化收益和投机等多种投资需求,特别是在经济衰退时依然可获得良好、稳定的回报,通常被投资者视为抗周期和分散组合风险的选择。根据另类资产数据服务商Preqin数据,截至2022年底,私募信用策略总资产管理规模达1.36万亿美元。

私募信用策略主要包括5类:第一,直接贷款策略,主要是向中小企业提供贷款服务,获取稳定的利息收入。这类策略同质化程度较高，面临来自其他出借人和对冲基金等机构的激烈竞争，无杠杆的收益率在6%~10%，杠杆后的收益率一般在11%~15%。这一策略适合经济各周期，经济扩张晚期会因利率水平、流动性等因素加剧竞争，使投资收益降低。第二，夹层债策略，顾名思义，夹层债在企业破产时，受偿顺序在高级债之后，股权之前。夹层债投资者由于承担较高的风险，所以尽管收益主要来自利息收入，但收益率一般可达13%~17%。夹层债策略在经济扩张期风险收益比更优。第三，困境债策略，主要是对陷入困境的企业债权进行投资，以获取企业重整后债权价格回升收益、利息收入以及重组的额外收益，一般收益率在15%以上。这一策略在经济收缩期和扩张早期采用机会较好，其机会性的特点基本适合各周期。一些对冲基金也采取类似策略，通过收购困境企业的债券获利。第四，信用特殊机会策略，主要是指对于不良资产收购等特殊机会，投资者通过帮助企业恢复现金流，或者积极投后管理，使企业实现增值。这一策略最好的应用机会出现在特定市场或者大规模的金融危机时期。第五，特殊融资策略，这是目前尚属小众的高度专业化策略，主要是以类似于资产支持证券（ABS）的构建方式投资于一篮子资产组合，例如，小微贷款或消费贷组合、实物资产（飞机、船舶等大型设备）组合、医药特许权组合、音乐或影视作品版权组合、寿险保单组合等具有长期、持续、稳定现金流的资产组合。

私募信用策略专注于捕捉流动性低、复杂度高的企业信用和资产抵押信用投资机会，获取优于公开市场债券指数投资的回报，平滑总组合短期波动。私募信用资产内部类型较为多样，底层资产大多具备较为稳定的现金流与一定的下行保护，资本结构多为量身定制，其与私募股权市场和债券市场之间具备一定的跨界协同效应。

私募信用策略的收益率与公开市场利率（如伦敦同业拆出利息率）相关，但各子策略的实际收益率通常取决于具体交易项目。这主要是因为被投项目资本结构差异较大，导致私募信用策略各子策略投资收益情况分化较大。从长期来看，与其他私募资产类别相比，私募信用资产提供了适度、低波动性的回报。以2009—2019年为例，私募信用基金净内部收益率中值为9.3%，与私募基础设施基金持平，但落后于私募股权基金和私募房地产基金。以四分位利差衡量，私募信用基金的回报方差不到私募房地产基金的一半、私募股权基金的三分之一，这充分说明这一策略的有效性。

后疫情时代，私募信用基金在市场上的供需关系更为明确。企业期望通过私募信用基金，以相对较低的成本获取流动性来恢复经营、拓展业务、开展并购；投资者则期待获取稳定现金流，应对复杂多变的市场环境。在近年来高通胀、快速升息的市场环境下，以浮动利率为主的私募信用投资体现了较高的配置价值。其中，直接贷款以浮动利率定价且通常有季度性的现金流分配，这种模式有助于缓解久期风险。

第二十五章　分散化的"免费午餐"
——对冲基金

许多成熟的机构投资者的经验表明，一些对冲基金策略表现出不受市场影响的高收益、低风险特征。这为投资者的投资组合带来了极其宝贵的多元化收益。

——［美］大卫·F. 史文森

在金融市场中，还存在具有分散化功能的资产。用资本资产定价模型的逻辑来说，就是指这类资产主要具有阿尔法的属性，而很少有贝塔的属性。贝塔代表市场的风险和收益，而阿尔法则代表独立于市场的风险和收益。因此，具有分散化功能的产品和市场波动没有关系，无论市场涨跌，它的收益总是相对确定的。对冲基金被视为这类资产的典型代表，也被称为绝对收益策略。对冲基金在21世纪之初蓬勃增长，但受业绩下滑影响，2008年全球金融危机后行业增速大幅下降，2018年至今基本停滞不前。尽管如此，多年以来，对冲基金作为一种灵活多样的投资方式已由最初的"cottage industry"（家庭作坊）逐渐进入主流机构投资者的配置框架。现代投资理论告诉我们，在构建一个投资组合时，衡量一项投资的投资至少须考虑3个方面因素：收益，风险，其与其他资产的相关性。综合考量，对冲基金仍然是分散组合风险的一个好的投资选择，对机构投资者而言具备独特的组合定位与投资价值。

对冲基金行业的发展历程

沉寂到爆发的60年发展时期（1949—2008年）

1949年，"对冲基金之父"阿尔弗雷德·琼斯在研究中发现套利的一种投资新策略。许多市场是被投资者的情绪所左右的，由此就会产生价值和价格的偏离，那么，买入那些看好的资产（价格低于价值的资产）同时卖出不看好资产（价格高于价值的资产）就可以避险获利。于是，他在纽约发起了第一只运用杠杆、投资策略以股票多空策略为主的基金，这就标志着对冲基金行业的诞生。但遗憾的是，在20世纪60年代前对冲基金几乎无人问津。直至20世纪90年代前后对冲基金才迎来行业繁荣，其原因包括：一是监管放松带来行业变革。伴随着金融自由化发展，创新产品大量涌现，为对冲基金提供了丰富的交易工具和投资机会，行业进入野蛮成长期。特别是在1987年美股大崩溃期间，投资者意识到下行保护的重要性，而对于对冲基金无论市场涨跌都能盈利的信念，促使该行业迎来了蓬勃发展。二是利益一致性较好。一般而言，对冲基金的收费模式以业绩提成为主，这既吸引了投资管理人才，又确保了投资者与管理人利益的一致性。三是出现极具天赋的投资大师。行业巨头索罗斯、斯坦哈特、罗伯逊等带领对冲基金大放异彩，奠定了该行业在投资界的地位。2000年后，随着机构投资者大举进入对冲基金，行业进入爆发期。从1997年至2007年，对冲基金行业以35%的年复合增速快速成长起来。

对冲基金是另类投资的一种，起源于投资者的私人财富管理需求。不同于公募基金和指数基金，对冲基金由于不完全向公众开放，受法律法规监管较少，所以投资自主性强，能够通过多种交易策略投资众多标的。

后全球金融危机时代的暗淡时期（2008年至今）

2008年全球金融危机爆发后，对冲基金行业增速持续放缓。具体看，2008—2009年，对冲基金行业规模平均每年下降23%。2018年和2022年美联储采取紧缩货币政策时期，对冲基金行业规模几无增长。即使在金融危机后的低利率时期和新冠疫情前后的货币政策宽松时期，对冲基金也难以再现金融危机前的行业盛景，资产管理规模年均增速分别仅为10%和19%。

对冲基金行业增速下行的根本原因是业绩表现不及危机前。从绝对回报看，20世纪90年代起至2008年全球金融危机爆发，对冲基金在几乎所有宏观情景中都拥有骄人业绩——在互联网泡沫破灭前和金融危机爆发前的美股牛市中，对冲基金的投资回报率均一路领先标普500指数基金，是名副其实的投资界"优等生"。在互联网泡沫破灭和金融危机的冲击当中，相对于美股40%的下跌幅度，对冲基金行业指数仅分别录得2%和9%的亏损。但在金融危机后的长期牛市中，对冲基金投资回报率不足标普500指数投资的一半，仅在美联储采取大幅紧缩货币政策时表现优于美股市场。从风险调整后收益看，虽然金融危机后各类资产信息比（夏普比率）均出现了不同程度下滑，特别是在金融危机后的低利率时期，对冲基金信息比一直大幅低于全球股票和70股/30债组合，但在危机前的各个时期，对冲基金信息比始终大于或接近其他资产类别和资产组合。

导致对冲基金业绩下滑的因素既有周期性因素，也有结构性因素。一是监管条件趋紧。2008年全球金融危机后，对冲基金迎来了监管政策的分水岭。《多德-弗兰克法案》明确授权美国证券交易委员会（SEC）将对冲基金置于监管之下，要求规模高于5亿美元的对冲基金进行注册并加强披露，SEC随之引入了颇有争议的报告义务。① 这一法案取消了对冲基金最重要的监管豁免，提高基金运营成本的同时，也挤压了对冲基金利用消息获取超额收益的空间。二是市场受宏观因素、政治因素等影响大。一方面，金融危机以来全球政治风险提升，导致市场共振频出，出现同涨同跌现象。过去20年间，不同国家的股市走势越来越趋同，相关系数在历史高位时甚至能够超过0.8。另一方面，全球主要央行政策走势趋同助推各类跨国资产价格同涨同跌，导致市场单边化以及各类资产内部收益率差异缩小，这大大降低了对冲基金跨市场获取超额收益的能力。三是技术应用推平行业门槛。随着互联网、计算技术、大数据和人工智能等的应用，市场有效性获极大提高。因子投资等量化投资模式发展，特别是低费率系统性阿尔法策略的开发，促使可快速复制的量化公开市场交易策略涌现，冲击部分对冲基金管理人。以上因素叠加起来导致对冲基金经理获利机会减少，执行策略难度加大。

对冲基金策略的"大家族"

实际上，对冲基金策略是极其庞杂的投资策略的总和，它的设计核心思想之一是把市场的风险和收益与个体的风险和收益分开，使得基金具有阿尔法的属性和分散化的特征。

华尔街为满足投资者对产品的不同需求，发行了各种对冲基金，

---

① 美国《投资公司法》（1940年）加大了共同基金监管，但规定对冲基金只要投资者少于500名，就可规避《证券交易法》（1934年）和SEC规定的定期报告义务。在满足较宽松条件后，对冲基金就可使用其他金融实体不被允许的"做空"策略。

策略名目繁杂、划分方式多样，不同数据库对策略划分标准不同，导致相同名称的一级策略涵盖的基金范围不同，难以简单对标。例如，美国对冲基金研究公司将股票市场中性策略划在股票策略大类中，而另类资产数据提供商 Preqin 则将其纳入相对价值策略，机构投资者根据实际情况设定并调整自己的划分标准。根据投资风格，市场将对冲基金策略大致分为以下几种：

一是股票多空策略，即以多空方式投资股票，其核心优势是卓越的自下而上选股能力和系统性的对冲风险机制。在非有效市场中，此类策略可充分发挥信息优势，为投资者带来较高的超额收益。

二是事件驱动策略，即通过预测各种公司行为和事件，利用市场短期无效性进行获利。比较常见的有困境公司投资策略、合并/收购套利、公司重组套利等。

三是宏观策略，即通过预测宏观经济事件，来识别金融资产价格的失衡错配，在外汇、股票、债券、期货及期权等多种资产上进行杠杆性押注，典型的如乔治·索罗斯管理的量子基金等。

四是相对价值策略，即在利率和信贷方面建立多空头寸，通过套利从短期偏离公允价值的资产中获利。利用同一公司的股票和可转债之间的定价误差赚取超额利润，也是获利方式之一。相对价值策略下单笔交易的收益往往较少，因此管理人往往依靠杠杆来放大收益。而杠杆可能导致资产价值极度波动，因此这一策略存在极高的峰度。

前述四大策略的特性和风险收益特点差异巨大，它们对不同宏观环境的适应性也参差不齐。从资产的股债特性角度来看，例如尽管对冲基金总体指数的股票 β 仅为 0.23，但股票多空策略下的股票 β 高达 0.46，宏观策略下的股票 β 仅为 0.04。宏观策略对冲基金与债券资产的相关性最高,这与其交易的主要资产类别关系密切。从不同策略对宏观周期的适应性角度看,以2022年至2023年为例,在货币政策超预期紧缩时期,稳健的相对价值策略和有助于对冲下行风险的宏观策略表现领先,股票多空策略对冲基金与市场风险相关性强,受流动性紧缩冲击大。如果将四大策略继续细分,可以看到,在增长和通胀双双下降的经济衰退时期,宏观策略表现一枝独秀;而在非经济衰退时期,与市场相关性较低的事件驱动策略(困境公司投资策略和资本结构套利策略)表现更佳。

除按策略分类外,还可以按照成立时间早晚划分对冲基金。照此划分后,对冲基金出现新的显著特点,即在收益方面超额收益很难持续,除系统性宏观策略对冲基金外,新基金表现优于老基金的情形较为普遍。其原因在于:一方面,随着规模扩大,基金管理能力和获取超额收益能力下降。据石溪资本研究发现,2008年全球金融危机期间,资产规模小于10亿美元的基金平均亏损12%,而规模在100亿美元以上的基金亏损了27%。另一方面,初创基金更容易获得优异表现,引起了越来越多的投资者关注。美国得州教师退休金早在2005年就启动了筛选管理人新星的种子计划,用占总规模1%的资金投资处于早期的初创基金,目标是获取超额收益的同时,筛选未来行业新星,为该退休金优选管理人打头阵。而选择的基金标准为资产总规模不超过30亿美元,更替未超过4代的机构型基金。等到基金通过考验再进行增资,脱颖而出的基金被称为"毕业生"。

对冲基金的配置价值与投资实践

过去20余年中,对冲基金逐渐成为全球机构投资者的主流配置。根据美联储公布的数据，截至 2023 年第三季度，全球对冲基金行业资产管理总规模约 10 万亿美元，净资产约 5 万亿美元。绝大多数投资者配置对冲基金的首要目的是分散风险（占比 40%）、缓释风险（占比 23%）和获得下行保护（占比 18%），仅有 13% 的投资者配置对冲基金的首要目的是寻求超额收益。对于资产管理规模在 50 亿美元以上的机构投资者，首要目的是追求超额收益的比例更是降至 7%。这个调查结果体现了对冲基金投资整体的风险收益特征以及在投资组合中的功能定位。

正由于对冲基金的多样性和灵活性，以及对其能够带来超额回报的预期，机构投资者逐步将其作为资产组合的重要组成部分。耶鲁大学、哈佛大学等的捐赠基金是投资这一领域的先行者。在 2008 年全球金融危机前后，捐赠基金的对冲基金配置比例接近 20%，其中耶鲁大学捐赠基金的对冲基金占比在 2008 年曾经达到 25%。随着投资者对其认识的加深，养老基金以及主权财富基金也开始逐步对其予以关注。GIC 曾经将绝对收益作为八大类资产之一。据另类资产数据提供商 Preqin 的汇总，公共养老基金和主权财富基金 2022 年底对冲基金配置比重在 7% 左右。

综合机构投资者的实践，对冲基金在组合中的配置功能是：

第一，获得市场贝塔收益之外的收益，即阿尔法收益。众所周知，对冲基金不是一个资产类别，而是对有别于传统投资方式的、更灵活多样的另类投资方式的一种统称。在"对冲基金"这个大的概念下，不同基金所投资的资产标的、投资理念、投资方式、投资时间、风险特征等可以完全不同。所以任何对"对冲基金"一概而论的说法都有可能是片面的，因为对冲基金内部的差异性非常之大。

传统的股票或债券投资一般都有明确的市场贝塔，这个贝塔既是收益的主要来源也是主要风险的所在。但对冲基金的最大共性就是市场贝塔较小，收益的来源比较分散。需要指出的是，对冲基金的收益来源不是贝塔，但每一种收益来源都受一些特定因素的影响，具有其自身的周期性，包括资产价格趋势（上升或下降）、均值回归、利差收益、流动性溢价、积极主义、宏观判断、证券选择、特殊事件、资本结构套利等。

目前，市场贝塔还是绝大多数机构投资者的主要敞口。正是因为对冲基金的收益来源（也是风险所在）不是清晰可见的市场贝塔，所以投资者选择对冲基金主要是为获取贝塔收益之外的阿尔法收益，从而达到分散收益来源的效果。当然，投资者也需要认识到，因为收益来源的不同以及阿尔法收益来源的周期性，当市场贝塔表现强劲的时候，对冲基金的阿尔法收益有可能在绝对数量上小于贝塔收益，这是很正常的现象。只要产生阿尔法的市场机制没有发生结构性变化，对冲基金投资分散化的作用就不会改变。

第二，分散投资组合的风险，提升组合的风险调整后收益。因为对冲基金获取收益的来源不同于市场贝塔，所以当市场贝塔出现亏损时，对冲基金投资不一定发生亏损，或者亏损的幅度可能会小于市场，投资者正是利用这个特性来进行组合风险的分散与管理。

自1997年对冲基金加权综合指数设立以来，MSCI全球股票指数经历过10个最大的月度亏损。在这些月份中，对冲基金加权综合指数投资的亏损全部小于（有些大幅小于）股指投资，而全球宏观对冲策略与市场中性策略投资则表现得更不同，亏损更小，甚至有3个月是正收益。自20世纪90年代初以来，对冲基金各策略显著优于股票与大宗商品指数投资策略。在过去10年，即使对冲基金的业绩频遭诟病，对冲基金各策略仍拥有良好的风险收益比。

正是由于对冲基金存在低贝塔、低相关性、高夏普比率的特性，在组合构建中，加入对冲基金会显著提升投资组合的风险调整后收益。在相同的风险水平下，一个由股票与债券组成的组合如果加入了对冲基金，该组合的投资收益会更高，这就是所谓的提升了组合的"有效边界"。

第三，帮助投资者与最老练的市场参与者交流，获取日趋复杂的投资市场信息与投资交易观点。全球股票市场的规模约70万亿美元，而债券市场的规模超过100万亿美元，加上外汇市场，大宗商品市场，以及各种金融衍生品如期货、期权、掉期产品、波动率产品等的市场，可谓规模庞大、纷繁复杂。随着各个市场的不断发展，专业化、精细化的趋势也日益突出。与此同时，经济的全球化以及金融市场的开放性也使得各个市场之间的关联性增加。在这样的环境下，任何投资者想要获得长期的成功都需要对市场有全方位、多角度的了解。而成功的对冲基金管理人通常是国际金融市场上特定领域的专家，在某一领域拥有丰富的经验和信息网络。通过投资于对冲基金，机构投资者能了解到不同领域的市场动态和投资机会，从而为战术性交易和长期资产配置提供积极的市场信息反馈。投资者对对冲基金的配置份额似乎并没有受到金融危机后对冲基金相对业绩下滑的影响。这一方面体现了机构投资者长期投资的视野，另一方面也反映了对冲基金在机构投资者投资组合中的配置作用并未发生变化。当然，机构投资者在试图进入对冲基金的投资领域时，仍然发现会面临挑战，主要体现在：

一是在策略认知上，对冲基金策略是极其复杂策略的汇总，包括商品交易顾问策略、固定收益策略、套利策略、多空策略、全球宏观对冲策略、量化策略，其中超过一半有很强的股性，资产价值会随着股市的涨跌而涨跌，投资所获收益并非纯粹的阿尔法收益。

二是在对冲基金的选择上，由于行业的透明度非常低，加上无强制报告制度，记录不太完善，也不太全面，所以幸存者偏差较大，其数据的完整性取决于对冲基金自身数据的真实性，所以找到长期且优秀的对冲基金经理难度较大，这造成对冲基金配置目标很难实现。即使是知名的耶鲁大学捐赠基金，其投资组合中对冲基金的配置也始终没有达到其设定的配置目标。

第二十六章　机构投资者的配置实践

做投资决策，最重要的是要着眼于市场，确定好投资类别。从长远看，大约 90% 的投资收益都来自成功的资产配置。

——[美]加里·布林森

当前，大部分机构投资者都是应用多元化模式来进行资产配置的。对于机构投资者而言，在一个合理的风险水平，实现投资回报最大化至关重要，这也是其最终目标。资产配置就是根据不同类别资产风险、收益特征的不同，赋予其不同的投资比重，在符合各种投资约束的条件下使投资回报最大化或组合风险最小化。

个人资产配置模式

针对高净值的个人资产配置，耶鲁大学捐赠基金首席投资官大卫·F.史文森曾写过《非凡的成功：个人投资的制胜之道》一书，讲述了投资的基本法则，给出了个人投资者应有的思维框架和行动指南。被誉为"资产配置第一人"的戴维·达斯特也曾撰写《资产配置的艺术》一书讨论有关个人投资的原则。对于个人而言，在生命周期的不同阶段应该构建不同的投资组合。一般来看，投资者在年轻的时候，往往追求更高的回报，也能够承担更大的风险，所以更倾向于配置高风险、高预期收益的投资组合，比如选择"80/20

组合"，即组合中有80%的股票和20%的债券。随着年龄的增长，投资者对于资金稳定性的要求上升，对于收益的要求下降，可能会持有"70/30组合"，即70%的股票和30%的债券。当投资者进入年老龄阶段，组合会进一步调整为"60/40组合"或者"50/50组合"。以香港长江实业集团创始人李嘉诚为例，他前期经营地产、超市等多个行业生意，但随着年龄增大，无法再直接参与经营，同时对资金安全性和稳定性的要求提高，他便慢慢淡出产业经营，转为投资类似债券的能够带来固定收益的基础设施、公用事业类资产。他在英国所购买的供水、供气等公用事业类的资产，都是一些能够产生固定收入、抵御通胀的类固收资产。在这里需要强调的是，当我们谈论股票和债券时，更多强调的是产品本身的股性和债性，即能够带来增长收益和固定收益，公用事业类资产是个人投资者可以选择的用来全部替代或者部分替代债券的资产。

家族办公室资产配置模式

家族办公室专为超级富有的家族提供全方位的财富管理和其他服务，以使其资产的长期增长符合家族期望，并使资产跨代传承和保值增值。目前，中国的家族办公室还处于起步阶段。瑞银集团曾经针对全球一些主要的家族办公室的资产配置进行分析，发现对于家族办公室而言，资产配置同样是非常复杂和多样化的。众多家族办公室的资产配置显示，占比最高的是发达国家股票，达到了总资产的25%；占比第二高的为房地产，比重为17%。房地产投资策略是相对比较复杂的，但相比私募股权基金（以下简称"PE"）和风险投资基金（以下简称"VC"）来说，复杂程度相对较低。同时，房地产作为实物资产，收益的稳定性比 PE 和 VC 更高，所以受到家族办公室的青睐。占比第三高的是发达国家的固定收益资产，比重为 12%。固定收益资产作为能够带来稳定收益的资产，符合家族办公室的风险偏好。占比第四高的是 PE 的直接投资，比重为 11%。相比于占比第五高的母基金，家族办公室给直接投资配置了更高的比重，通过主动参与投资标的管理，获取更高的投资回报。这一点也可以理解，一方面，家族办公室一般有产业支撑，比如德国罗斯柴尔德家族、瑞典瓦伦堡家族、法国德高家族及香奈儿家族等的家族办公室，本身就源于企业，对产业了解较深；另一方面，家族本身的业务和被投公司之间经常有比较强的协同效应，这一点与企业风险投资的概念比较像。所以，这些家族办公室可以充分利用自己家族的产业网络和经验进行直接投资。占比第六高的是新兴市场的股票，属于高风险、高预期收益的一类有价证券。除此之外，对冲基金虽然配比不高，但在家族办公室的资产配置中也是重要的组成部分。

捐赠基金资产配置模式

教育机构将捐赠人的捐款积累起来，成立专门的大学捐赠基金，来增强教育机构的经营独立性和财务稳定性。捐赠基金的资产配置不仅多元化程度高，而且更侧重于股票类资产。有统计数据显示，美国捐赠基金的总体配置以股票为主，约占 40%；债券占比约 10%，这主要是为了满足流动性的需要。另外，值得一提的是，在捐赠基金资产配置中，对冲基金的占比也比较高，主要原因是大学的捐赠基金管理团队往往背靠强大的学术背景和行业网络，对对冲基金策略极为熟悉。

2012—2022年10年，总体来说，美国捐赠基金的资产配置组合发生了不少变化。2012年至2017年，总组合中公开市场股票占比最高，且大幅增长。2017年之后，股票占比有所下降，到2022年，仅比10年前高出2.1个百分点。相比之下，尽管前5年PE/VC平均占比几乎没有变化，但2017年以后大幅增长，2022年PE/VC平均占比较2012年高出12.1个百分点。对冲基金、实物资产和固定收益资产的平均占比在这10年的大部分时间里呈下降趋势，但2023年已略有回升。

捐赠基金资产配置模式在不同大学之间不甚相同。2020财年，哈佛大学捐赠基金中对冲基金的配置比例最高，达36.4%，而耶鲁大学捐赠基金中VC的配置比例最高，达22.6%。不同规模的捐赠基金的资产配置也存在差异。规模较大的捐赠基金对固定收益资产和美国股票的依赖程度较低，而对PE、VC、实物资产等另类资产的配置比例较高。

耶鲁大学捐赠基金极具影响力，被称为全球运作最成功的大学捐赠基金之一。"耶鲁模式"也促使机构投资者创造了非凡的成就，耶鲁大学捐赠基金在2000—2020年的年化投资回报率为11.8%，并在2021财年跃升至40.2%。在确定投资标的时，耶鲁大学捐赠基金抛弃传统重仓股票和债券的做法，创新性地提出"偏好股权资产配置+多元化投资"的资产配置策略，改变投资方向，扩大投资范围，增加PE、VC以及海外股票的布局，并且降低高流动性资产，用流动性换取收益。

耶鲁大学捐赠基金2020年年报中比较罕见地将PE和VC分开罗列。2020年，其VC的配置比例最高，达22.6%，投资的主要是处于早期阶段的创新企业，2000—2020年20年VC的IRR（内部收益率）为11.6%；PE中的杠杆收购基金（LBO）属于控股型的投资，占比15.8%，排第3位。2000—2020年20年LBO的IRR为11.2%。PE和VC总共占比约38%，收益都在两位数。投资组合中第二大权重资产为对冲基金，其占比为21.6%。1990年，耶鲁大学捐赠基金在机构投资者中第一个提出将对冲基金作为独立资产类别。耶鲁大学捐赠基金对于对冲基金的投资侧重事件驱动套利和价值驱动套利，同时与美股、美债的相关性很低，真正做到了有效投资，对冲基金的投资收益也比较高，2000—2020年20年其IRR为8.1%。第四大权重资产为现金和固收资产，占比为13.7%。当找不到好项目时，耶鲁大学捐赠基金就会选择持有现金和固收资产，其中，固收资产占比可能更高。其余资产还包括海外（美国以外）股票和美国股票，其中，对于海外股票的投资比重达到11.4%，远超美国股票。海外股票也贡献了可观的收益，2000—2020年20年IRR为14.8%。从这一点也可以看出，耶鲁大学捐赠基金选择基金经理的能力非常强，其能够找到优秀的管理人。除此之外，这些年耶鲁大学捐赠基金中的房地产配置比例在持续降低。历史最高峰时，房地产配置比例达20%，而2020年仅为8.6%。房地产配置比例的下降可归因于此基金对房地产领域持相对谨慎的态度以及转向了更为擅长的领域，也就是VC领域。VC配置比例从2011年的约10%增加到了如今的约20%，这也体现出耶鲁大学捐赠基金选择VC经理的能力在增强。除房地产外，配置比例较低的资产还包括以能源、林地等为代表的自然资源，2020年占比仅为3.9%，在2011年则为8.7%，下降的主要原因是行业景气度不高以及可替代资产的出现。总的来看，从2011年到2020年，耶鲁大学捐赠基金中对冲基金、VC的配置比例大幅增加，海外股票略微增加，美国股票、房地产、自然资源配置比例大幅降低，杠杆收购基金有所下降，现金和固收资产的占比波动比较大，资产配置的变化反映的正是基金对于市场的判断和选择。

从回报来看，在2008—2020年，除2008年因全球金融危机收益为负外，耶鲁大学捐赠基金其余年份的收益均为正，其中2011年和2014年的收益格外亮眼，从长期来看，其取得了丰厚的投资回报。"耶鲁模式"的成功值得我们思考，其特点如下：第一，投资高度分散化。这里不仅是指对股票、债券进行分散化配置，更是指大类资产的分散化。过分集中于单一资产类别会给整个投资组合带来巨大风险，因此，耶鲁大学捐赠基金除投资了传统的股债资产外，还更多地配置了对冲基金、PE、VC、房地产等另类资产。第二，超高的股权配置。耶鲁大学捐赠基金重仓VC和PE，再加上对美国股票和海外股票的配置，整体股权配置比例很高，超过一半。第三，降低流动性以获取流动性溢价。史文森认为，另类资产流动性低，存在定价折扣现象，而高流动性的产品，如股票，市场竞争充分、价格透明，很难有套利的空间。流动性低的资产存在价值折扣，越是市场定价机制相对薄弱的资产类别越有成功获利的机会。第四，实施主动管理策略。在耶鲁大学捐赠基金的投资理念中，风险控制始终是一条贯穿的主线，其将投资中最坏的情景模拟出来，设计出应对之道，因此即便有一天"暴风雨"来临，其仍然能够平稳度过。史文森也一直坚信：如果投资者可以避免重大的损失，获得高收益就是水到渠成的事情。从现金和固定收益资产的配置变化也可以窥见，耶鲁大学捐赠基金的资产调整是动态的。同时，其拥有众多优秀的基金管理人。很多模仿"耶鲁模式"的机构不见得能够成功，因为合适的资产配置策略与优秀的管理者，二者缺一不可。

养老基金资产配置模式

从过去几十年的实践来看，养老基金的投资策略相对保守，基本上采用"60/40"的传统投资配置模式，更早的时候是"50/50"甚至"40/60"的配置模式。"60/40"配置，即60%为公开市场股票投资，40%为固定收益资产和其他资产投资，这一模式由于风险较集中于股权投资，资产组合表现依赖资本市场的表现，业绩波动明显，存在深度减值的风险。每一次大的危机中，尾部风险对组合的杀伤力都非常大。针对这个问题，不同养老基金采取了不同的应对措施。

鉴于传统配置模式的诸多缺陷，一些机构投资者开始另辟蹊径，从风险配置角度进行大类资产配置，即采用风险平价的配置模式。2008年全球金融危机之后，大家都在反思一个问题：既然风险这么大，为什么不从风险的角度来考虑资产配置呢？实际上配置资产也是在配置风险，投资者可以根据不同资产的不同风险特征来构建组合。因此，就出现了以桥水基金以及AQR资本管理公司为代表构建的风险平价组合。风险平价模式的投资理念是将目标风险值按照等权重或等贡献的原则分配到各类资产，无须对资产收益进行预测，为开展组合配置提供了新的思路。换言之，股票风险太高，所以低配股票；债券的风险低，所以超配债券。同时，由于组合风险低，可以用一部分杠杆来超配债券，这样整个组合就形成了风险平价，即各类资产的风险敞口相对均衡。风险平价模式具有风险分散、低波动率、尾部风险可控等特征，可以在一定程度上降低组合的波动性、减少宏观风险的影响，从而增加组合回报。但是，这种模式也存在问题，当股票市场迎来一轮或者持续的牛市时，组合收益会受到影响。此外，当运用杠杆来实现超配债券时，升息的环境也会对组合造成比较大的影响，所以这种模式很难成为主流。部分养老基金，如荷兰养老基金APG，已经开始尝试这个模式，但鉴于风险平价组合的种种问题，合理风险下收益最大化的目标未必能够很好地实现。

有的机构则选择了第二条路，通过增加包括PE在内的非流动性另类资产调整资产配置，以提高组合回报。例如，CPPIB虽然属于养老基金性质，但采取了较为激进的投资方式。CPPIB在2006—2007年的一轮改革中，大量投资PE和实物资产，并取得了惊人的回报。截至2022年3月31日，其5年期的年化投资回报率是10%，10年期是10.8%，远远超过了投资者对养老金回报的要求。具体来讲，一方面，CPPIB对股权的配置比例很高，总体上接近80%；另一方面，CPPIB对PE和实物资产的配比很重，它们分别约占32%和9%。CPPIB逐步形成了自己的投资策略，包括：构建一个平衡、全球化、多元化的投资组合，在不产生过度风险的情况下实现长期回报最大化；在面对广泛的市场和经济条件时具有弹性；投资组合涵盖几乎所有主要的资产类别，控制重大风险因素，实现投资的分散化；通过积极管理寻求显著的附加价值。

为提高收益，CPPIB采取了较为激进的投资方式，投资风险资产和实物资产的比例明显增加。从2021年的大类资产配置来看，权益投资占比为55.9%，固定收益投资占比为32.9%，实物投资占比为21%。权益部分相比2001年占比有大幅的提高，已持续几年稳定在50%以上，而固定收益部分，占比逐年有所减少。

CPPIB自增加了实物投资以来，不断提高全球实物投资比例，旨在分散资产以减少非系统性风险。2021财年，CPPIB的总体投资回报率为20.4%，其中能源资产投资回报率达到了45.8%，PE的回报同样可观。同时，CPPIB的基础设施项目持有期为20年，核心地产持有期为16年，真正贯彻了长期投资的理念。此外，CPPIB的成功还得益于采用了市场化的激励机制，雇用了一批私募基金和投行资管行业的优秀人才来帮助其实现非凡的业绩。

美国加州公共雇员养老基金（CalPERS）由于受疫情影响业绩压力进一步加大，试图从配置层面寻求突破，通过增加私募敞口并提高杠杆实现双轮驱动，增加资产组合的风险溢价，解决投资组合盈利能力不足问题。CalPERS作为美国最大规模养老基金，这一投资策略的转变和创新对养老基金行业投资来说具有风向标意义。这说明在低利率环境逼迫下，养老基金相对保守的传统投资策略正在失效或者失灵，养老基金的投资游戏规则正在发生重大变化。而增加包括PE在内的非流动性另类资产和动用杠杆成为新的风向标。不过，CalPERS制定的增加私募敞口与提高杠杆的双轮驱动策略是否有效还有待时间的检验。

主权财富基金资产配置模式

主权财富基金并不存在统一的投资模式。以NBIM（挪威央行投资管理机构）为代表的发达国家主权财富基金主要采用类似传统养老基金的"60/40"投资模式，主要投资于发达国家成熟的资本市场。而以阿布扎比投资局、科威特投资局为代表的非发达国家主权财富基金则大幅增加直接投资。

2008年全球金融危机之后，主权财富基金愈发重视另类资产，逐渐增加非公开另类资产配置。2008年至今，稳定类、储蓄类以及战略类3类主权财富基金均增加了PE、基础设施和房地产等非公开另类资产配置，但增幅不同。稳定类基金（如智利经济与社会稳定基金ESSF）主要用于稳定市场和应对财政赤字，以配置高流动性资产为主，这类保守型的主权财富基金另类资产占比到2022年也增加到了6%。储蓄类基金（如NBIM、GIC）着眼国家财富的代际传承，主要追求财务回报，另类资产占比从2008年的12%升至2022年的21%，尤其是PE比重的增长远超过其他另类资产。NBIM早期试图涉足另类资产，但因投资"透明性"等问题长期未获批准。战略类基金除了追求财务回报还要支持本土经济发展，如爱尔兰战略投资基金（ISIF）和马来西亚国库控股（Khazanah），在3类主权财富基金中配置另类资产比例最高，从2008年的57%大幅升至2022年的74%，主要原因在于投资PE、基础设施和房地产等另类资产是支持本土经济发展的重要手段。一个近期的例子是沙特公共投资基金（PIF）2021年宣布计划每年至少为沙特GDP贡献400亿美元。

以NBIM为例，NBIM这一挪威主权财富基金的产生与发展与挪威丰富的石油、天然气资源息息相关。NBIM作为挪威主权财富基金投资于海外，可以更好地管理石油收入，为后代积累金融财富，同时还可为政府公共部门养老基金提供协助，以应对挪威人口老龄化加剧的状况。目前，NBIM资产管理规模已超过1万亿美元，这在很大程度上缘于成功的投资管理和资产配置。NBIM投资策略主要包括：在股票、债券投资之外进一步丰富房地产和新能源基础设施投资；坚持长期投资；在风险可控以及低成本基础上，充分运用多种投资策略；形成高效的、全球化的、以投资业绩为导向的投资管理架构。

在资产配置方面，NBIM主要配置三大类资产，其中权益资产投资占比一直维持在60%以上，体现了NBIM较大的风险偏好。截至2021年末，NBIM持有的重点股票包括苹果、微软、谷歌、亚马逊、雀巢、科技巨头Meta Platforms、台积电、特斯拉等全球大公司股票，涉及行业涵盖了高科技、能源、消费等领域。2021年，股票资产表现最为抢眼，投资回报率为20.8%，其是NBIM投资回报最主要的来源；固定收益资产占比为25.4%，投资回报率为-1.9%；未上市房地产和未上市的可再生能源基础设施分别占比2.5%和0.1%。

良好的管理机制和相对全球化的资产配置结构为NBIM提供了可靠的投资回报。由于权益资产投资占比较高，导致权益资产投资回报率对整个组合的投资回报率具有较大的影响。2015年和2016年NBIM整体收益率相对平稳，然而2017年以来权益资产收益率波动较大，导致NBIM整体收益率波幅上升。不过整体来看，2019年NBIM投资回报率达到了历史最高水平，约为19.95%，其中权益资产投资回报率达到了26.02%。

此外，新加坡淡马锡是主权财富基金领域一直比较受关注的公司。截至2022年3月31日，淡马锡按新加坡元计算的1年期股东总收益率为5.81%，3年期年化收益率为8.79%，10年期为7%，20年期为8%。淡马锡还参与了中国银行和中国建设银行早期的股改，获得了很好的收益。淡马锡主要采取主题投资的策略，即探讨有哪些重大的趋势性主题，并在这些趋势性主题下开展投资。

近些年，淡马锡提出了四大投资主题：第一，转型中的经济体。这一点与新兴亚洲的概念比较接近。除了亚洲，还可以拓展到拉美等区域。核心是转型的新兴经济体都有一个特征，即需要发展基础设施、物流以及提升金融服务等，因此可以侧重在这些领域进行投资。第二，规模增长中的中产阶级。随着人均收入的提高和中产阶级人口的迅速增长，人们的消费需求不断提升，推动了消费升级，所以在TMT（科技、媒体、电信）领域、消费领域、房地产领域会有很多的投资机会。因此，淡马锡在中国投资了很多房地产项目，在消费领域、TMT领域也加强了布局。第三，显著的比较优势。寻找具有比较优势的企业，即基于企业特殊的知识产权、产品等比较优势以及经济体的比较优势，去寻找投资点。第四，新兴的龙头企业。所谓龙头企业，就是有潜力成为区域性乃至全球性企业的一些公司。淡马锡以4个投资主题为指导思想建立投资组合，取得了不错的收益率，成为行业标杆。同时，淡马锡直投的每个项目都有一个最低资本收益率，这些最低资本收益率决定整体收益率，其还会考虑项目的经济增加值等。采用这种自下而上的方式是淡马锡取得成功的原因之一。

资产配置的共同理念

尽管资产配置的形式多种多样，但其背后的理念却是相通的：

第一，股权投资。从各国近百年的金融市场各类资产表现来看，建立以股权投资为主的投资组合是实现资产保值增值的第一要义。

第二，全球投资，即在全球范围内寻找投资机会。各国经济发展不平衡、不同步，使得投资者进行全球资产配置可规避单一国家的系统性风险，跨区域投资可以降低资产的关联度，持有多种货币则可以分散汇率风险。

第三，分散投资，要衡量增加的资产是否能够给投资组合的风险带来有效分散。尽管对冲基金似乎已成为公认的风险分散投资工具，但事实上，很多投资者投资对冲基金并没有达到分散风险的目的。因此，确保引入资产和策略与现有资产和策略的分散性至关重要。

第四，长期投资，即坚持投资的长期主义。这既体现在对投资组合、投资策略的考核周期具有长期视角，更重要的是体现在对所投资的公开市场股票、PE、基础设施等各类资产都持有相当长时间，伴随被投对象长期成长。

第五，另类投资。在私募市场上，承担非流动性风险，获得价值折扣，同时，通过主动参与价值创造使被投项目实现更大价值。在公开市场上，配置对冲基金策略，实现阿尔法收益和组合风险分散。

第六，有效投资，要衡量每增加一类资产，是否能够增加资产配置的有效性。根据均值-方差准则，有效组合优于其他所有可产生同等收益或面临同等风险的投资组合。

第七，价值投资。关注被投对象的内在价值，以低于价值的价格买入资产，以高于或等于价值的价格卖出资产。价值导向的投资策略能够大大增加资产选择决策获得成功的可能性。

第八，逆向投资。逆向投资跟资产价格的涨跌无关，跟价格与内在价值之间的差距有关。追求逆向投资存在巨大挑战。耶鲁大学捐赠基金的首席投资官大卫·F.史文森曾坦陈，逆向的长期投资在任何情况下都会面临严峻甚至不可逾越的挑战，特别是在面对基金管理人、投资委员会成员以及董事会时。坚持再平衡纪律同样是逆向投资的体现，其表现为卖出价格上涨的资产并购买价格下跌的资产，从而防止单一资产类别在其价格持续上涨的时候主导投资组合。再平衡作为一项投资纪律，有助于投资者避免顺周期行为。投资者如果认为资产价格存在均值回归趋势，高抛低吸的再平衡操作从长远来看将增加组合回报。

第二十七章　多周期的资产配置策略[①]

所有的资产类别业绩都有好的时候,也有坏的时候。而且我知道,投资者在一生中总能遇见某种资产的崩塌,似乎在整个历史上总是如此。

——[美]瑞·达利欧

---

① 本章核心观点源自作者著《经济波动与资产配置》(中国金融出版社2016年版)。

捐赠基金、养老基金和主权财富基金等机构投资者在配置资产时会考虑投资时限，逐步形成多周期的资产配置框架，并演化出"参考组合—政策组合—实际组合"的三层次组合架构。按照时间长短划分，面向长期或中长期的组合策略是战略资产配置策略，面向中期或中短期的是动态资产配置策略，面向短期的是战术资产配置策略。

长期视角：要素结构变化

长期投资者制定资产配置策略时需要捕捉经济金融活动中趋势性、全局性的影响因素。在长期经济发展中，要素禀赋的变动和需求升级是决定资产配置的关键，其中，要素结构变革是核心。在西方经典的经济学生产函数框架中，产出与劳动力、资本等要素密切相关。设定生产函数的重要假设是经济系统本身的结构相对稳定，包括制度结构、产业结构及区域结构等的稳定。但事实上，在发展的西方经济学中，结构性变化也是经济增长的重要推动要素。

从长期来看，人口结构、区域结构、产业结构、制度结构变化，以及隐含的技术进步决定经济增长。其中，人口结构变化是核心，要素供给短缺是长期潜在产出下行的主要动因。一方面，投资者制定长期决策主要考虑全局性的要素结构变化，从未来10~20年来看，投资者面临的要素禀赋变化主要是人口结构的变化，即人口跨越刘易斯拐点，老龄化程度加剧。另一方面，投资者制定投资战略时侧重于考虑可预测性较高的要素结构变化，通常中长期人口结构变化可预测，但技术进步的可预测性相对较低。例如，随着数字技术与经济活动的深度融合，我们无法预测人工智能在未来3年或5年会给人类社会和经济发展带来怎样的革命性变化。因此，不可预测性导致技术进步要素难以在资产配置组合中有所反映。由此，我们可以观察到一个有趣的现象，当谈到长期资产配置时，每个人似乎都成了人口学专家，人口老龄化、人口结构变化等问题成了讨论的焦点，全球多数机构投资者在探讨长期问题的时候，也都不约而同地对人口要素进行分析。

从人口结构来看，人口要素因同时涉及生产要素和消费群体，在各种经济要素中都处于核心地位，人口的总规模和结构的变化都将对经济产生显著影响。一方面，在"婴儿潮"时期，以0~14岁及65岁以上的非劳动人口/总人口计量的抚养比较高，人口负担较重。随着"婴儿潮"一代长大，劳动力供给明显增加，老年人口未明显增加，此时抚养比下降，进入"人口红利"时期。接着，"婴儿潮"一代逐步过渡至退休阶段，劳动人口下降，老年人口上升，此时进入"人口负债"阶段。中国的改革开放进程得益于1964—1973年出现的生育高峰对人口的贡献，劳动年龄人口数量持续增加，占总人口的比重不断上升，人口抚养比也相应下降，充分释放了人口红利。另一方面，根据生命周期假说，人们会在年轻时代选择多储蓄和投资，以保证生活水平稳定。当步入老年阶段收入水平下降时，人们利用年轻时积累的财富进行消费，所以人口红利分为投资支出推动的固定资产投资增长与个人储蓄推动的消费和服务增长。

人口结构的变化将促使劳动要素结构改变，进一步影响其他要素的投入、产出和效率。从供给角度来看，经济增长的动力来源于要素（如劳动力、资本、土地等）投入的增加以及要素使用效率的提高。当前经济环境下，随着劳动力出现供给瓶颈，单位劳动力成本上升，劳动生产率出现趋势性下降，进一步导致经济增速下降。此时，劳动力要素达到供需新平衡，单位劳动力成本上升，将进一步使制造业的国际比较优势丧失，大量不再具有成本优势的制造业企业停止了产能扩张的步伐。在两者作用的交织下，劳动生产率将出现趋势性下降。在劳动力供给增速与劳动生产率双降的背景下，经济增速也将系统性地降低。

人口结构的变化会带来需求结构的变化，进而带动产业结构的变迁。从需求角度来看，人口结构变动引起人口红利从生产领域向消费领域转移，而需求升级以及与之相伴的工业化、城镇化是未来中国经济长期增长的主要推动力。进一步地，消费需求变化蕴含着产业结构的调整过程。随着居民逐渐从追求温饱转向耐用品消费，并开始进一步追求个性化消费，产业结构表现为第一和第二产业占比的下降与第三产业占比的持续上升。相应地，产业结构的变化必然导致第一产业劳动人口向城镇转移；与此同时，第一产业的劳动力也会逐步向第二产业和第三产业转移，这也助推了城镇化。城镇人口的增加会促进居民消费水平不断升级，这种需求升级带来的产业结构从农业为主到制造业主导再到服务业引领的转型升级，是中国经济增长的主要推动力。

对人口结构及其趋势的分析判断可以为投资者制定长期资产配置策略提供帮助。从长期看，人口红利消失对长期经济影响不容忽视：第一，人口红利消失令储蓄率和投资率下降；第二，人口红利消失导致出口竞争力下降；第三，劳动力成本上升导致CPI上行压力加大；第四，国内服务业价格系统性上升。此外，就长期而言，潜在增速下行，CPI存在上行压力，企业盈利会出现下行。以日本为例，经历20多年的高速增长后，日本在20世纪60年代末开始遭遇增长瓶颈。日本在1960年前后迎来了"刘易斯拐点"，20世纪80年代左右人口红利消失。1961—1967年、1973—1980年，日本先后出现了两次劳动力短缺，一次是低端的劳动力短缺，另一次是全局性的劳动力短缺。劳动力成本上升推高通胀，1960—1975年劳动力报酬系统性上升，日本CPI同比增速几乎每年都在5%以上，在第一次石油危机爆发后，由于内生性通胀压力与输入性通胀压力叠加，日本的CPI一度跃升至25%。20世纪60年代以来，日本因技术进步等原因工业品维持在低位价格，但劳动密集型农产品和服务业价格出现了较大幅度的增长，日本劳动密集型行业产品出口比较优势明显下降，出口增速中枢也开始逐步下移，该趋势一直持续到20世纪90年代。

此外，区域结构也会对经济增长产生重要影响。一般而言，由于区域经济受地理环境和相应资源禀赋的制约，所以不同区域发展态势不同。区域结构与人口结构相互交织。以中国为例，在工业化、城镇化的过程中，大量人口涌入沿海发达地区，导致中西部地区人才流失。相应地，中西部地区一些省市的劳动密集型产业出现劳动力短缺的现象。从生产函数角度来看，劳动力短缺会对区域经济产生负面影响。显然，区域结构也是经济发展研判时的重要考虑因素。

从体制结构来看，市场在资源配置中起决定性作用的体制基础有助于宏观经济实现高质量发展。进一步讲，市场在资源配置中起决定性作用是建立在一系列制度之上的，其中包括产权制度和要素的市场化配置制度。产权明晰对资源的有效分配至关重要，它有利于建立起有效的激励机制，要素市场化配置的核心也是建立明晰产权制度。中国经济发展的实践表明，从计划经济体制转向市场经济体制过程中，由市场决定资源配置的地区经济发展较好；行业发展方面，由市场决定资源配置的行业创新能力较强。整体来说，体制结构对经济增长有着不容忽视的影响。

中期视角：经济周期轮动

投资者面向中期投资制定的是动态资产配置策略。在中期，经济周期轮动是关键的决策依据。研究经济周期的意义主要在于通过了解经济运行规律来更好地配置资产，特别是大类资产。美林时钟提供了经济周期与资产轮动周期的分析框架。在周期更替之时，资产轮动、行业轮动的情况将会出现，而轮动必将导致长期资产配置发生变化。因此，在2~3年的中期视角下，投资者需要考察经济结构变化对资产轮动的影响，并将其体现在动态资产配置策略中。美林时钟描述的是实体经济与投资策略之间的基本关联，由于各国经济政策及经济所处发展阶段不同，所以经济周期各个阶段的持续时间也有所不同，一些国家甚至会跳过某个阶段，但是美林时钟可以给出有关中期资产配置的大致方向。

当然，经济周期理论是一个广泛复杂的理论体系。在经济周期理论中，由于驱动因素和时间跨度的不同，周期划分的方式也有所不同，主要包括技术创新周期（康德拉季耶夫周期）、房地产周期（库兹涅茨周期或建筑业周期）、设备投资周期（朱格拉周期）和库存周期（基钦周期）等。能够被准确观察（有可靠、灵敏且被市场广泛认知的经济指标作为判断依据），拐点能够被快速和较大概率确认，各阶段的变化能较好反映在各种大类资产价格表现中，这些是投资者在中期配置大类资产时需重点考虑的周期特征。通常，因确认拐点及提前把握驱动因素的难度较大，技术周期难以适用于大类资产配置。房地产周期可以被划分为长、短两种长度的波动周期，其中长周期因波长较长（时间跨度15~20年），周期各个阶段变化很难较好地反映到资产价格表现当中，故其难以适用于大类资产配置。产能周期因滞后于经济（企业盈利）周期而难以适用于大类资产配置。虽然，库存投资规模相较于整个经济体来说体量相对较小，但库存投资波动对于GDP波动的贡献较大。

通常，库存变化相对于经济周期的波动而言是滞后的，其滞后性主要来自企业在需求拐点把握上的困难，企业往往是在拐点过后才开始进行生产和库存调整的。在经济由繁荣转向类滞胀时，需求下行的拐点先于企业库存的调整，企业被动补库存。而随着需求回落的趋势逐步形成，经济由类滞胀转向衰退，企业会主动减少生产来降低库存水平，即主动去库存。同理，在经济由衰退转为复苏和由复苏转向繁荣时，分别对应的应是被动去库存和主动补库存。

结合库存周期，将流动性周期、盈利周期与通胀周期相互嵌套，扩展后的三周期嵌套理论可将经济周期划分为6个阶段。在前面的分析中，对于周期的划分主要基于增长和通胀两个维度，进一步加入流动性指标后，考虑到货币政策在扩张期和衰退期针对流动性的逆周期操作，可将这两个时期分成扩张前期和后期、衰退前期和后期。

　　根据股票、债券以及大宗商品的历史统计数据，在三周期嵌套理论下，这3类资产在6个阶段的表现存在差异。股票类资产在滞胀期和衰退前期表现相对较差，原因在于在滞胀期政策收紧之后，投资者对于基本面预期转向悲观，而这种较差的表现会一直持续到衰退前期。在衰退后期，由于政策转松，流动性向好，资本市场对于基本面的预期有所改变，但由于实际基本面仍在恶化，因此市场会在政策与基本面之间纠结。一旦基本面转好，则经济周期进入复苏阶段，此时股市的表现是最为强劲的。在整个扩张期，股市的表现也都比较理想，但需要注意的是，在扩张后期由于通胀压力逐步加大，政策已经偏紧，因此正收益增长幅度会较扩张前期有所下降。对于债券市场，衰退前期是其获得较高收益的阶段。此时，通胀水平和经济增长率同时下降，无论是风险偏好降低还是资金收益率下降对债市而言都较为利好。在政策开始放松，流动性有所恢复之后，债券市场仍有较高的正收益，但由于风险偏好逐步回升，因此其正收益水平有所下降。随着经济进入复苏期，基本面已经转好，但因通胀水平仍在下降，故债券市场的正收益依然存在，但水平已经大幅下滑。在经济进入扩张期之后，债券市场正收益基本消失，特别是在扩张后期，由于政策发生转向，流动性下滑，其负收益最多，而随着经济进入滞胀期，债券类资产基本保持中性。大宗商品类资产的表现主要与价格相关，在衰退期，CRB指数（路透商品研究局指数）相对较低，但在扩张期和滞胀期这种价格上行期，CRB指数都比较高。

短期视角：五因素模型

战术资产配置是在战略资产配置的基础上，通过对市场短期走势的预测，主动调整配置比例，使之小幅偏离战略配置基准，以获取短期超额收益。在短期，影响资本市场的因素更为复杂，也更难预测。影响市场短期变动的因素相对于长期更多，某一个因素的微小变动都会引起资产价格短期波动，而战术资产配置的首要任务正是通过主动分析，把握市场的短期波动。短期因素可概括为5个，包括经济基本面、政策面、资金面、估值面和技术面。

第一个因素是经济基本面，增长和通胀是最核心的要素。增长和通胀是美林时钟分析框架和桥水基金全天候组合框架中的重要因素。具体预测指标可从货币供应量、工业生产、景气调查、房地产市场4个维度选取。股市的走势会受到宏观经济环境的影响，而股指本身就是反映宏观经济的一个指标。债券市场和股票市场通常具有负相关性，即存在"跷跷板效应"，债券利率越低，股票估值越高。

第二个因素是政策面，根据区域不同其可进一步划分为国内和国外两个层面。一方面，对于国内市场来说，出台任何一个产业政策或宏观调控政策，例如，对互联网平台的监管政策、对教育行业的"双减"政策、财政政策及区域政策，都会影响一大批公司，冲击一大批股票，甚至冲击整个资本市场。2021年5月以来，互联网平台监管政策的加强对海外中概股和恒生科技股产生的影响是前所未有的。因此，加强对政策的理解是在中国市场上做投资不容忽视的事。另一方面，国内政策与外部地缘政治挂钩。当前，市场高度全球化，国际经济金融形势的变化会快速传递到本土市场。特别是在当前地缘政治风险事件频发的背景下，忽视地缘政治的演变逻辑及其影响，将难以实现高收益、低风险投资的目标。例如，近年的中美博弈和俄乌冲突波及各国各行各业，对出口、大宗商品、高新技术产业等领域都产生了巨大的影响。

第三个因素是资金面，我们可以将其理解为全社会资金的紧缺程度，并采用社会融资规模、M2等指标来反映。全社会的资金面和资本市场的资金面存在差别，当我们考察后者时，更多关注市场本身的资金供给与需求，供需关系决定着资产价格，我们还会考虑其他因素，比如可替代资产的供需情况、新股发行情况、企业吸纳资金的能力等。境外资金的流入与流出是考察资金面的重要指标。过去，境外资金对中国资本市场的影响有限，但是随着我国金融市场的开放，以及QFII（合格境外机构投资者）、RQFII（人民币合格境外机构投资者）、沪港通、深港通等的发展，来自境外的投资者日益增多。基于此，境外资金的增量对我国A股市场的影响逐渐凸显。因此，投资者制定战术资产配置策略时需要关注中国和其他主要国家之间的利差水平、汇率变化方向以及地缘政治影响等多重因素。

第四个因素是估值面，相对而言，估值在短期的影响甚微，而在中长期影响较大。但是，当市场估值达到极致时，投资者应极度关注估值面。例如，当估值在正常水平（市盈率保持在20倍、30倍或40倍）时，估值因素短期内对市场的影响有限，但如果市场整体的估值（以市盈率表示）达到60倍甚至80倍，那么投资者应当对估值因素予以高度关注。

最后一个因素是技术面，或称为动量因素，该因素反映的是市场情绪、动量和趋势。在中国投资界存在一种说法，在很大程度上，投资者看K线图等同于看技术面。技术面在短期内至关重要，它反映了市场参与者的博弈情况，过去很多短期投资者非常注重技术面，但是，随着更多机构投资者加入，技术面只能作为投资者预测市场的因素之一。

除了多周期特征，机构投资者还应考虑多情景的投资组合。桥水基金基于多情景投资组合提出了重要的全球投资框架。一方面，机构投资者要意识到经济存在周期。另一方面，机构投资者要考虑不同区域的市场，如欧洲、美国、中国、日本等。随着投资组合框架逐步深入，基于不同的市场、不同的资产类别、不同的行业，复杂的组合框架可以达到五维，甚至六维，这对投资能力的要求非常高。构建好投资组合后，投资者还需确保组合中每个模块都很坚实，从而提高投资组合的韧性，抵御大的风险和危机，获取稳定收益。当然，许多投资机构只是简单地模仿多元化资产配置策略，效果并不好。这就说明要想成功投资，不仅需要完善投资框架，还要保证框架中每个模块牢固与坚实。如果对某个市场或某类产品并不了解，将大概率投资到全市场后1/4的资产，贸然进入不熟悉的领域不但不能分散风险，反而会增加投资风险。

第二十八章　多因子的股权投资思维

商业成功的关键是诚信、专业和创新思维的声誉。

——［美］托马斯·普莱斯

股权投资的投资对象是公司的股权。投资者对公司投资价值进行判断时需要具备多因子的股权投资思维。在进行股权投资时，主要看 10 个因子：行业的市场空间，也就是行业的市场规模，这决定了企业的发展天花板有多高；行业的竞争格局，这决定了企业的成长难度有多大；行业的生命周期，这决定了企业的增长速度和增长的持续性；企业的产品力，企业的产品定位是高端品还是大众品；企业的渠道力，企业在渠道布局上是采取深度分销还是大商制；企业的品牌力，企业的品牌定位与营销策略；企业的发展战略，企业是采取成本优先战略还是专业化、差异化战略；企业的管理水平，企业的激励约束机制与战略能否落地；企业的资本结构，企业如何运用杠杆；企业家，企业家精神是股权投资的核心考量要素。

行业的市场空间与竞争格局

从供求两个层面来看，需求决定行业市场空间，供给决定行业的竞争格局。换言之，需求是行业发展速度和程度的驱动因素，但是企业能赚多少钱则受市场供给的影响。因此，投资者需要从供给和需求两个角度来判断行业的市场空间和竞争格局，以便做出理性的投资决策。基于行业市场空间与竞争格局不同，我们可以划分出六大投资情景（见表28-1）。

表28-1　六大投资情景

		供给——竞争格局		
		扩张	稳定	收缩
需求——市场空间	扩张	新兴概念引领投资热潮	行业雏形显现构筑投资黄金格局	行业雏形显现构筑投资黄金格局
	稳定	市场空间稳定、竞争加剧导致投资降温	供需平衡带来差异化竞争	空间稳定形成寡头垄断格局
	收缩	市场空间稳定、竞争加剧导致投资降温	夕阳产业投资资本逃离	夕阳产业投资资本逃离

情景一，新兴概念引领投资热潮。当新品类、新技术创造出新兴行业时，需求和供给往往同步扩张。在此情景中，风险投资机构和私募基金通常是主力投资者，新兴行业意味着更多"故事"，也伴随着更多泡沫。例如，曾一度火热的投资概念元宇宙，投资者对这个行业公司股票狂热追逐，当一个公司贴上元宇宙的标签，该公司的估值就能立即上一个台阶。再如，前些年，投资者认为无人驾驶行业有很大的发展空间。但事实上，新技术通常面临稳定性差、成本较高、良品率较低等问题，并且对新兴行业的监管缺失也会引发不确定性，因此，投资新兴概念将面临较高风险。特别是随着监管加强，行业泡沫将会慢慢消失。例如电子烟行业，2013—2020年中国电子烟市场规模从5.5亿元快速增长至83.3亿元；2020年6月，"中国电子烟第一股"思摩尔国际在港交所上市，上市当日

股价涨幅150%；随着美国、中国等主要消费市场加强电子烟监管，2022—2023年，该领域的投资热度逐渐下降，思摩尔国际的股价持续低于发行价。新兴行业值得投资者关注，审慎挖掘龙头企业是此情景中最为核心的投资理念。

情景二，行业雏形显现构筑投资黄金格局。随着需求扩张，行业具有较大的市场空间，并且经过技术迭代和规模扩张，供给趋于稳定，甚至逐渐减少，行业雏形显现，投资黄金格局形成。在此情景下，供给的稳定或减少意味着行业进入壁垒比较高，包括技术壁垒和监管壁垒。例如，医药行业是典型，人口基数决定了医药行业市场空间，医药行业曾经因监管原因短期内供给短缺，总体上表现出长期红利，出现了不少优秀的医药企业，但随着监管加强和竞争加剧，行业总体的红利空间已不可同日而语。恒瑞医药便是代表性的企业。早期国内市场医药产品严重短缺，恒瑞医药靠生产仿制药实现高速增长，产品逐步向创新药升级。2004年末至2020年末恒瑞医药股价直线飙升，涨幅超过250倍，2021年在医药改革、医保控费的大背景下，恒瑞医药的利润空间被压缩，股价降低至最高点时的1/3，但恒瑞医药产品仍然存在较大的需求空间。当前部分需求未得到很好满足的医药细分赛道仍处于投资黄金期，例如减肥药市场，根据2022年世界卫生组织数据，全球肥胖人口超过10亿，每年至少有280万人死于肥胖相关疾病，但市场缺少副作用小的减肥药。诺和诺德与礼来先后研发减肥新药，在市场占据垄断性地位，该细分领域市场空间大、竞争格局初现，目前对投资者来说仍是一片投资蓝海。再如，随着全球能源转型走实走深，新能源汽车市场高速增长，技术迭代和规模经济逐渐使一批高成本小企业被淘汰，龙头企业比亚迪和特斯拉的市场占有率全球领先，政策因素成为该行业利润空间的主要影响因素。

情景三，市场空间稳定形成寡头垄断格局。在此情景中，需求稳定决定市场空间存在上限，经过激烈竞争、优胜劣汰，寡头企业通常在技术、渠道、产品方面走在市场前列，通过残酷的价格战把中小竞争者挤出市场。供给减少、需求稳定，相对成熟的寡头垄断行业格局形成，投资资金流向寡头企业。例如，在空调行业，格力和美的就是这一成熟行业的龙头企业。20年前，空调行业该格局尚未形成，群雄逐鹿，价格战硝烟四起，投资难度大、风险高，而当行业基本形成了格力、美的两分天下的格局后，资金就会向这两家龙头企业聚拢。此外，监管因素也可能削减成熟行业的供给。例如，环保风暴导致很多不合格的化工厂、印染厂，小规模的农化企业关停并转，监管政策导致许多不合格的小企业被清出市场。成熟行业供应减少意味着市场需要再平衡，龙头企业复苏是重要的投资方向，该行业最终会形成寡头垄断格局，化工行业中的万华化学便是代表。再如，三聚氰胺丑闻使中国乳制品行业受到重创，但市场需求仍然存在，消费者越来越多向行业龙头公司产品聚拢。又如，瘦肉精丑闻使头部火腿肠公司的股票下跌60%~70%，但很快其股价再创新高。在寡头垄断的竞争格局中，值得关注的无疑是龙头企业。

情景四，供需平衡稳定带来差异化竞争。当需求和供给都很稳定并且相互平衡时，一些行业成熟度高、进入壁垒低，企业只有依靠差异化战略才能取胜。这类行业通常属于必需品、消费品行业，常见的如食品、饮料行业等。例如，海天味业作为中国调味品行业龙头，凭借酱料、酱油等产品占据成熟市场份额，通过金标生抽等招牌产品确立品牌地位，通过清简酱油等产品提振品牌形象，在大品类积累的渠道优势和品牌形象有助于海天味业多元化、差异化发展，不断更新产品线，保持品牌活力。再如，元气森林通过精准把控用户需求，以差异化产品定位培养出忠实客户，其还通过逐渐缩短主打产品推出的时间间隔，快速更新迭代确立了自身在饮料市场的品牌地位。

情景五，空间稳定、竞争加剧导致投资降温。在此情景下，需求稳定决定了市场空间上限，供给增加将导致竞争不断加剧，行业进入价格战阶段，投资应当规避此类行业。一般来说，长周期、重资产、供需不同步的行业容易出现此类情景。例如，农作物、猪肉、金属矿产、煤炭等大宗商品存在周期轮转现象。再如，从长周期看，全球绿色和减碳议程将逐步压缩化石能源的市场空间，而长周期增加未来投资不确定性。因此，能源转型对化石能源领域的资本投资造成了冲击。2015年以来，传统能源板块投资出现多年低配现象。

情景六，夕阳产业投资资本逃离。对于即将衰落的需求与供给同步减少的夕阳行业，投资需要规避，例如早年的缝纫机、收音机和胶卷制造行业，再如电话黄页行业等。欧洲一家困境投资基金曾在北欧投资了一家电话黄页公司，其认为该公司拥有稳定的客户和大量的企业资讯，希望通过网络赋能创造新的产品和服务，但5年后该投资项目就不得不以亏损收场。对于夕阳产业，大厦将倾，修修补补也无济于事，除非其能够实现彻底转型，开拓新的市场或者走高端路线。例如，美国影视制作行业龙头网飞（Netflix），起家于DVD（数字激光视盘）租赁，在音像制品租赁业转为夕阳产业后进入互联网、流媒体领域，其上游的内容提供方掌握着视频点播服务行业的命脉。2013年，Netflix上线首季《纸牌屋》，由此转向影视制作行业。

因此，投资者要从需求与供给两个方面对行业市场空间和竞争格局有清醒认识，从而挑选可进入的行业。

行业的生命周期

行业存在生命周期，通常可划分为 4 个阶段，即幼稚期、成长期、成熟期和衰退期（见图 28-1）。识别行业生命周期的指标通常可通过市场增长率、需求增长率、产品品种、竞争者数量、进入壁垒、退出壁垒、技术变革、用户购买行为等指标进行。对于处在生命周期不同阶段的行业，感兴趣的投资者性质也完全不同。

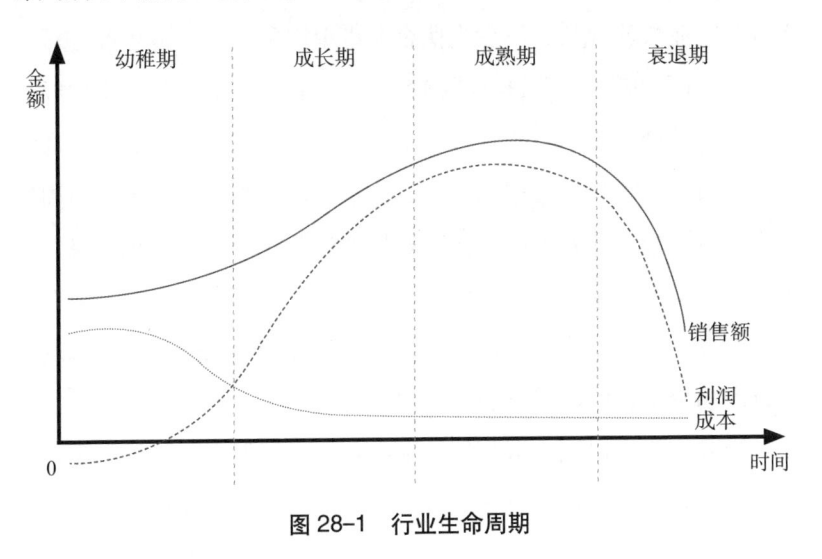

图 28-1 行业生命周期

处在幼稚期的行业通常进入壁垒较低、竞争较温和，虽然市场增长率较大、产品价格较高，但由于技术变动较大，投资普遍处于亏损状态。例如，互联网行业"烧钱大战"，2011 年 O2O 团购平台、2012 年电商平台、2013 年在线旅游平台、2014 年网约车平台、2015年外卖平台、2017年共享单车平台、2018年新零售平台、2019年下沉市场百亿补贴等，风险投资资本早期进入有助于抢占市场份额，但烧钱阶段投资难以回本。

处在行业成长期的企业通常边际成本快速降低，销量和利润快速增长。此时期行业进入壁垒逐渐提高，关键技术趋于稳定，行业标准逐渐形成，产品价格逐步下降。相应地，此时期投资风险下降，收益稳定增长。例如，光伏产业，在绿色转型和双碳目标的驱动下全球光伏装机容量快速增长。2022年，全球新增光伏装机容量230GW（吉瓦），同比增长35.29%，同期中国新增光伏装机容量87.41GW，同比增长59.27%，约占全球新增光伏装机容量的38%。面对此行业快速成长，不少光伏企业订单饱和，满负荷生产。

一方面，随着行业进入成熟期，竞争者数量减少，技术已经成熟，行业标准明确，行业进入壁垒很高。另一方面，成熟市场通常为买方市场，市场增长率低，产品价格稳定，利润达到了生命周期顶峰。投资处于成熟期的行业需要找到行业龙头或差异化新星，因为只有当市场客观条件发生变化时，其他企业才有机会提升。例如，全球酵母行业相对成熟，市场被三四家头部企业瓜分，但新冠疫情导致市场分割，中国酵母公司从中受益。

行业进入衰退期，可替代技术或者新技术催生了新的市场，原有市场增长率快速下降或转为负，销量和利润锐减导致多数企业亏损，许多企业逐渐退出竞争。留存企业面临转型，未转型的全部退出，行业几近消亡。例如，胶卷行业，随着数字化、智能化水平不断提高和电子化存储技术的高速发展，胶片及其冲印需求下降，市场空间急速缩小，曾经盛极一时的胶卷大王柯达公司在2013年不得不破产重组。

行业生命周期是投资决策中的重要考虑因素，但投资者通常对周期因素不敏感，因为行业生命周期通常难以观察和判断，尤其在如今的市场环境中，技术革新可能导致跨界颠覆。例如，近年来，智能手机产品功能日益完善，手机内置摄像头性能的提升不仅冲击了整个相机行业，使中低端数码相机被取代，甚至使胶卷行业几近彻底消亡。因此，投资者、企业家应当具备广阔的视野和敏锐的眼光，在制定投资和经营决策时考察行业生命周期因素。

行业的竞争位势

哈佛大学教授迈克尔·波特提出的五力模型是行业竞争位势分析的经典框架。五力模型强调一要看同业的竞争，二要看新进入者的威胁。对于一些护城河宽的行业，新进入困难，行业竞争压力会小很多，这就是巴菲特强调护城河的原因。三要看替代品的威胁。替代品行业的增长速度、替代品利润率、替代品市场占有率、替代品折扣率及促销费用等都是应考虑的因素。很多行业产品都有着不同的替代品，比如材料行业，很多产品用金属也行，用塑料也行，那么它们就存在相互替代关系。四要看供应商的议价能力，五要看购买者的议价能力。这两点实际上反映了公司在行业当中的相对位势和定价权。首先，要考虑供应商的议价能力。如果原料供应商集中度很高，并且原料成本在产品成本中的占比很高，那么企业在提前使用原材料、拖欠供应商款项方面谈判空间会比较小，此时供应商议价能力较强，这对公司的利润率会产生负面影响。反过来，如果企业能够不断拖欠上游供应商的货款，并且有多家供应商可以选择，即不依赖于某一家供应商，那供应商的议价能力就会比较弱。

例如，苹果公司的供应商议价能力便很弱。当供应商议价能力增强时，比如苹果曾经一度要依赖于台积电，苹果就选择多培育几个供应商来降低其议价能力，这实际上就是对五力模型的运用。其次，要考虑购买者的议价能力。还以苹果为例，相对于苹果公司来说个人消费者没有太强的议价能力，而对于企业客户，苹果需要考虑企业购买者的集中度，以及预收账款、应收账款周转期等财务指标。总之，行业竞争位势分析是一个框架，进行具体验证需要看多项指标。

竞争优势：产品力—品牌力—渠道力

三力模型认为：产品力 + 品牌力 + 渠道力 = 市场份额。

一个公司的市场份额，或者叫竞争力，是一个综合表现。好的产品是必不可少的，消费者的效用是以个人感受来衡量的，也就意味着，产品可感受品质和给人的无形精神享受决定消费者愿意支付的价格。每一次消费行为，实际上都构成一次合约履行，一次好的合约履行，就形成了产品的单次社会信用。好的产品被反复消费，就能够形成好的口碑，形成一种有价值的范围更广的社会信用，也就是品牌力。品牌力是推动新产品快速被用户接受的重要因子。渠道畅通是收入和利润实现的重要保证，卖家要把产品送到消费者手中才能最终实现收入和利润。市场定位决定了一个产品乃至一个企业最终能够占据多大的市场份额。产品是保证消费者重复消费的核心要素，品牌让消费者产生购买欲望，渠道是否畅通决定消费者能否顺利购买，渠道畅通还可以提高消费者即时购买欲望。

好的产品是品牌力形成的核心基础。产品力是产品的主要技术壁垒，是价值创造的根源。优秀的产品设计和品质控制，带来持续良好的消费和使用体验。产品力不行，一切都白搭。以苹果手机为例，其成功首先是产品力的成功。产品驱动的周期相对来说比较短，因为它很容易被取代，很快就会有同种或同类的产品出来，或者说因为消费者的偏好易发生变化。当前单品生命周期不断缩短，偏功能性产品生命周期可延长，如休闲食品较短，乳制品可达 10 年。

好的品牌运营是放大产品优势的关键。营销是强化产品市场地位的重要手段，是提高消费者效用的重要方法。营销主要包含两个方面，一是品牌，二是具体的产品。品牌代表一种社会信用，而具体产品则是具体的社会契约。良好的社会信用使得社会契约执行的效率更高，摩擦成本更低。足够多的社会契约形成社会信用，营销就是让社会信用形成的速度更快，同时让社会信用转换为社会契约的速度更快。营销最重要的事情是占领消费者的心智，消费者的心智是有限的，消费者认识的、了解的、能够记忆的东西是有限的，而且是很难改变的。消费者以品类来思考，以品牌来表达。比如吃火锅喝什么，他们可能首先想到的是喝凉茶，然后才是王老吉、加多宝。

品类是品牌生存的土壤，品类一旦消失，品牌也将消亡。在人类历史上品类是不断分化和丰富的，这类似于达尔文的进化论。创建品牌的最好方法并不是在已有的品类中取代现有领袖，而是创造一个可以率先进入的新品类，并且将品牌与品类画等号，如王老吉，凉茶的开创者，王老吉就等于凉茶。如果不能创造一个新品类，就在已知品类中确立一个敌人，将差异化进行到底，如功能性饮料 Monster Energy 便将个性化进行到底。任何已知品类的龙头品牌，都是极难被挑战的。善于经营的企业，善于利用已有品牌在已有品类中的优势地位获取最大的市场份额和利润。大多数新的优势品牌都诞生于新的品类。善于开疆拓土的公司，善于开拓新品类并征服消费者，创造新品牌。品牌才是产品最深的护城河。一个品牌能否代表一个品类，与品类画等号，决定性地影响了它的成长潜力，它只有成为品类的领导者才能实现收益最大化。品牌的本质是降低消费者的选择成本，并给予消费者品质上的承诺，即提供信任背书。品牌可以潜移默化地占据消费者的心智，帮助公司塑造差异化形象，获得优先选择权和品牌溢价，让公司走得更远。品牌营销的核心要素主要包括运作价值、目标人群、品牌定位、营销方式。品牌驱动的周期往往在30年以上，例如可口可乐、雀巢等品牌均持续百年以上，未来20年将是国内消费品公司打造强品牌的时代。

渠道是大众消费品的第一支撑，公司有了优质单品之后，需要深耕渠道。良好的渠道管理能够充分调动经销商的积极性，帮助企业快速打开市场，提升品牌的价值。优秀的大众消费品公司，无不是渠道的高手。对于大众消费品，尤其是食品饮料公司来说，渠道广度、下沉深度、终端管控与维护、经销商质量等都至关重要，渠道精细化是未来的发展方向。做透渠道需要5~10年，全国化扩张及渠道成熟往往要20~30年。

渠道是实现价值并创造利润的关键。产品的定义是针对消费者的，产品的销售是针对企业用户的，很多消费品公司往往把这两者搞反了，定义产品时过多考虑企业用户要求，而把一个不符合消费者需求的产品推向市场，消费者是否会买单？结果可想而知。

渠道构建的基础是商品能够带来足够多利润以供养所有利益相关方。影响渠道力的核心因素不但包括能够产生巨大利润的商品，而且包括企业主导渠道并分享利润的能力和意愿。品牌提升需要借助渠道的力量，毕竟流量为王，如果品牌知名度不高，渠道商往往会分走一大部分利润，这也是我们投资布局时一定先投流量渠道的原因。不是每个品牌都可以像格力一样自建专卖店，企业自建渠道需要有足够大的市场规模和商品利润，不然不足以支撑一个独立渠道的建立。无论是传统的大型连锁超市还是现在的电商，越是占据产业链下游位置，话语权越强，利润要靠这些渠道商实现，利益分配当然它们说了算。电商虽然进一步提升了商品的周转效率，提升了信息的流动速度，降低了物理存储和展示的成本，可以以更低的流转成本完成商品的销售，但在利润的分配上，与传统大型连锁超市一样，掌握着整个产业链的话语权。

商业模式的画布

当今企业之间的竞争，不仅是产品的竞争，还是商业模式的竞争。简单地说，商业模式是已形成模式化特征的商业关系，是组织创造价值的核心逻辑，也是企业业务系统及其治理结构。北京大学魏炜教授和清华大学朱武祥教授是国内较早研究商业模式的学者，他们认为商业模式本质上就是利益相关者的交易结构，包括定位、关键资源能力、业务系统、盈利模式、现金流结构和企业价值6个构成要素。理论界对此还有其他分类方法，如"商业画布之父"亚历山大·奥斯特瓦德将商业模式要素分成客户细分、价值主张、渠道通路、客户关系、收入来源、核心资源、关键业务、重要合作、成本结构9大模块。

通过观察总结过去40年以来美国企业的商业模式，我们发现，尽管兵无常势，水无常形，商业模式种类繁多，但持续盛行并胜出的主要商业模式有"剃须刀+刀片"模式、SPA模式、垂直整合模式、长尾模式、免费增值模式、多边平台模式等。"剃须刀+刀片"模式是指企业所销售的基础产品很便宜,但是消耗品比较昂贵,企业以此获得高额利润,代表产品有吉列剃须刀、索尼游戏机PS2等。这种模式下,消费者初始的一次性购买给企业带来的收益很少,但是为后续的高收益产品或服务的重复购买创造了可能。SPA模式在服装零售业广泛流行,主要应用企业有GAP、ZARA、优衣库等,该模式集设计、生产、零售为一体,大大缩短了产品的产销流程,使企业的运营效率有了质的提升。垂直整合模式是指一家公司控制大部分或者所有供应链上的环节,既有对零部件供应的整合,也有对相邻业务的整合。该模式优点在于当终端业务量足够大的时候,可以节省成本,消除第三方供货商的延期风险,运营策略灵活。由于该模式对降低成本、提高效率有显著效果,所以常见于机械制造、纺织服装、餐饮等进入壁垒较低的行业。长尾模式的价值主张是提供宽范围的非热销品,聚焦于小众客户,通常依赖互联网维护客户关系或将其作为交易渠道。销售小众商品的关键在于找到潜在的买家,同时销售成本不高。以电影点播为例,虽然单部小众电影的点播次数相对较少,但是依托互联网平台其维护成本较低,所以大量小众电影的点播收益与大片点播收益相当。免费增值模式的特点是用户享有免费的基础服务,并在付费后获得额外的增值服务,免费基础服务的使用成本由付费用户承担。该模式改变了传统模式的成本结构与盈利方式,免费的基础服务以低边际成本实现,其借助互联网得到广泛应用,主要应用于互联网企业,代表公司有Skype、谷歌、亚马逊等。多边平台模式通常被应用在消费品、游戏及互联网行业,代表企业有滴滴、苹果、谷歌等。运营者通常以低廉或者免费的价值主张吸引"一个群体"加入平台，以达到吸引"另一群体"加入的目的。以网约车平台为例，滴滴、Uber等通过线上约车、价格补贴等方式吸引大批乘客，司机群体发现大量乘客群体加入网约车平台后，也被吸引进来。但是，多边平台运营商面临一些问题。一是平台可以吸引到哪些群体，用户数量是否足够。二是"哪一边"群体对价格更敏感，如果对敏感群体实施价格补贴能否吸引到他们。三是"另一边"群体加入创造的收益是否足以覆盖补贴的成本。索尼PS3游戏机就是多边平台策略失败的例子。索尼为每一台游戏机提供补贴以期获得更多的游戏版权费，但是实际情况是由于游戏机销售数量太少，没有吸引到足够的玩家，游戏版权费没能覆盖游戏机开发成本。

在并购市场，并购基金所青睐的公司的典型特征包括：

一是采用"剃须刀+刀片"的商业模式。一家知名的欧洲私募股权基金曾收购了法国一家临床电泳仪器及试剂的生产商。在这一项目经历的5轮杠杆收购中，投资者都获得了不菲的收益。其原因就在于这家生产商的商业模式非常独特。其销售的仪器用于检测各类血液疾病。仪器广泛安装在法国、德国的各大医院。仪器往往可试用半年至一年，医院一旦采购了仪器，必须源源不断地采购试剂，试剂的毛利率高达95%。这就是这一商业模式的魅力。

二是拥有定价权。伴随着经济的周期性波动，很多企业对上下游没有定价权，利润就会被侵蚀，现金流就不够稳定。相反，拥有定价权的企业就不一样。直观来说，具有垄断性质的企业才有定价权。但这种垄断既可能是政府管制或者监管带来的自然垄断或是特许经营权垄断，也可能是在市场竞争中形成的占据消费者心智的相对垄断。一个城市可能只有一个自来水厂，自来水厂的经营模式就很稳定，这就体现了自然垄断的属性。市场竞争形成的相对垄断来源于3个方面：要么是渠道优势带来的相对垄断，例如机场、车站附近的零售店占据区位优势，往往获得溢价收益；要么是品牌优势，品牌占据消费者心智带来相对垄断，例如，榨菜领域，涪陵榨菜家喻户晓，老百姓不会因为超市新出现一款便宜10%的"美陵"榨菜，就不去买涪陵榨菜；要么是产品优势带来的独特体验，例如苹果手机使用便捷、功能丰富，以至于每每新品一出，就能定价好几千甚至上万元。此外，一些产品需求价格弹性低进一步加固了其供应商的定价权。安琪酵母便为一例，酵母作为发面的必需品，用量不大，价格不高，但它必不可少。因此，我们可以发现，公司收入的增长，一部分来自持续涨价，另一部分甚至通过缩小包装、减少重量的变相"涨价"实现，而消费者对此并不敏感。

三是具有可预见的持续现金流。如果一家公司可以预见未来2年、3年或5年的订单，那这个公司的商业模式当然非常好。欧洲一家机场助航照明灯公司是所在行业的全球龙头企业，将所生产的机场助航照明灯、电源系统及电控系统销售给全球100多个国家和地区的上千个机场。其商业模式最有魅力之处就在于70%的收入都来自经常性业务带来的持续稳定现金流，一旦客户使用了这家公司产品，后续维护、培训、更新都需要源源不断地采购它的产品及服务。因此，经常性收入高达总收入的70%，公司未来3年的收入基本上现在就可以锁定。因此，这家公司的投资者最终获得了可观的回报。

四是具有较高的现金转换率。并购基金喜欢这个特征的原因在于其用了较高的杠杆，偿债压力大，如果一个投资需要不断地支出资本，那么很难偿还负债。现金转换率高的生意一般属于轻资产生意，商业服务类可能比较多。例如，呼叫中心一度特别受并购基金青睐，原因在于这一生意几乎没有什么固定成本，主要成本就是人工成本。此外，近年来，不少私募股权基金专注于数字化行业，例如 SaaS（软件即服务）、CRM（客户关系管理）等行业，原因在于这一赛道的公司都具有较高的现金转换率。

管理模式

企业管理模式是指企业为实现其经营目标组织资源、生产活动的基本框架和方式。管理模式的核心是企业激励约束机制设计与信息传递机制设计。典型的现代企业管理模式与方法有：企业资源计划（ERP）、制造资源计划（MRPII）、准时生产（JIT）、精益生产（Lean Production）、按类个别生产（OKP）、优化生产技术（OPT）、供应链管理（SCM）、企业流程重组（BPR）、敏捷虚拟企业（AVE）等。先进的企业管理模式是集成化管理与决策信息系统的理论基础。

企业管理模式常见有 6 种，其中最常用的有 3 种：客户导向的组织结构模式，前后端型组织结构模式以及产品导向的组织结构模式。企业在不同的发展阶段应使用不同的组织结构模式，不可固化。组织结构模式的设计也需要适应组织的不同发展阶段和新目标，需与时俱进。

日本企业家稻盛和夫提出"阿米巴"管理模式，就是将企业划分为一个个相对独立的"小集体"，每个"小集体"称为一个阿米巴，它们可自行制订计划，独立核算，持续自主成长，企业旨在让每一位员工成为经营的主角，形成全员参与经营的浓厚氛围，依靠全员力量努力实现企业经营目标，推动企业飞速发展。

海尔集团张瑞敏提出"人单合一"的管理模式。"人"，指员工；"单"，指用户价值；"合一"，指员工的价值实现与所创造的用户价值合一。"人单合一"的基本含义是，每个员工都应直接面对用户，创造用户价值，并实现自己的价值分享。员工不是从属于岗位的，而是因用户而存在的，有"单"才有"人"。"人单合一"的本质是：我的用户我创造，我的增值我分享。也就是说，员工有权根据市场的变化自主决策，有权基于创造的用户价值获得属于自己的收入。"人单合一"模式使每个人都是自己的CEO，并组成直面市场的自组织，每个员工通过创造用户价值来实现自身价值。这一模式是中国企业对管理模式的全新探索。

资本结构与杠杆

资本结构，是指企业各种长期资本来源的构成和比例关系。通常情况下，企业的资本由长期债务资本和权益资本构成，资本结构指的就是长期债务资本和权益资本各占多大比例。

现代资本结构研究的起点是MM（莫迪利亚尼-米勒）理论。其在完美资本市场的一系列严格假设条件下，得出资本结构与企业价值无关的结论。在现实世界中，这些假设是难以成立的，最初MM理论推导出的结论并不完全符合现实情况，但已成为资本结构研究的基础。后来，有学者在MM理论的基础上不断放宽假设条件，以不同的视角对资本结构进行大量研究，推动了资本结构理论的发展。这当中具有代表性的理论有权衡理论、代理理论与优序融资理论。

未来现金流不稳定以及对经济冲击高度敏感的企业，如果进行过多的债务融资，容易陷入财务困境，负债在为企业带来抵税收益的同时也给企业带来了财务困境成本。权衡理论强调的是，在平衡债务利息的抵税收益与财务困境成本的基础上，企业实现价值最大化时的最佳资本结构。此外，在资本结构的决策中，不完全契约，信息不对称，以及经理人、股东与债权人之间的利益冲突将影响企业投资项目的选择，特别是在企业陷入财务困境时，更容易引起企业过度投资问题与投资不足问题，进而导致发生债务代理成本。债务代理成本损害了债权人的利益，降低了企业价值，这类损失最终将由股东承担。而优序融资理论则指出，当企业存在融资需求时，首先会选择内源融资，其次会选择债务融资，最后会选择股权融资。优序融资理论解释了当企业内部现金流不足以满足经营性长期资产总投资的资金需求时，其更倾向于债务融资而不是股权融资。优序融资理论揭示了企业在筹资时对不同筹资方式的选择顺序偏好。

因此，投资回报的多少有时要看投资者是否能够合理运用杠杆。在合理利用杠杆之后，投资者可以提升对股权收益的敏感性。在当前中国私募股权投资领域，大部分投资机构进行的还是风险投资和成长投资，也就是说是对少数股权的投资，利用杠杆的难度会大一些。在进入成熟期或者成长期，企业有了相对稳定的现金流之后，一定程度上可以使用杠杆，而在并购阶段利用杠杆来提高收益已经成为极其普遍的现象，从全球来看，并购基金几乎都会使用杠杆。

企业家精神

在评估一个投资项目时，企业家本身也是特别重要的因素。企业家是否有企业家精神及产业抱负、卓越的战略视野及规划、坚强有力的组织能力、值得信赖的商业道德、创新的魄力和活力，都是极其关键的。而对于对这些信息的获得，评估人既需要依赖标准化的框架，也需要与企业家通过正式、非正式的渠道不断进行交流。

美籍奥地利裔经济学家熊彼特将企业家在日常经营与管理过程中处理的事件进行组合、整理与分析，得出了企业家精神的核心是创新的结论。美国管理大师彼得·德鲁克于2009年指出，企业家精神表现为具有实践性的革新行为。

诺贝尔经济学奖得主、美国经济学家赫伯特·亚历山大·西蒙认为，企业家精神本质上是意志坚定、具有丰富想象力，且乐于提出新观点与新思想的一群人的行为特征。正如德国学者雷纳·齐特尔曼指出："企业家通常不会按照经典经济学理论的理性假设行事。他们通常不把自己的决策建立在概率计算上，也不倾向于遵循复杂的理论假设，而是更凭直觉行事，主要靠感觉。"

关于企业家精神的作用，德鲁克指出，企业家精神是企业家及时发现并把握市场机会，努力达成自身的经营发展目标，并能够带来一定社会效益的一种行为模式。英国经济学家马克·卡森认为，企业家是专门对稀缺资源的配置做出决策的人，企业家精神是企业家为提高经营效益，将企业资源由资源转化率低的部门转向资源转化率高的部门的行为。股权投资中，投资者最为青睐的就是掌舵人具有企业家精神的伟大企业。

参考文献

1. 陈志武. 金融的逻辑 [M]. 北京：国际文化出版公司，2009.
2. 老子. 道德经 [M]. 南京：江苏凤凰美术出版社，2016.
3. 王育琨. 苦难英雄任正非 [M]. 南京：江苏凤凰文艺出版社，2019.
4. 王立新，杨宇. 理性之外：偏差与修正 [M]. 北京：中信出版社，2022.
5. 李录. 文明、现代化、价值投资与中国 [M]. 北京：中信出版社，2020.
6. 司马迁. 史记 [M]. 哈尔滨：北方文艺出版社，2019.
7. 陈野华. 行为金融学 [M]. 成都：西南财经大学出版社，2006.
8. 张磊. 价值 [M]. 杭州：浙江教育出版社，2020.
9. 李魁. 年龄结构变动与经济增长：理论模型与政策建议 [M]. 武汉：武汉大学出版社，2014.
10. 梁建章. 人口战略：人口如何影响经济与创新 [M]. 北京：中信出版社，2023.
11. 蔡昉. 人口负增长时代：中国经济增长的挑战与机遇 [M]. 北京：中信出版社，2023.
12. 陈超. 经济波动与资产配置 [M]. 北京：中国金融出版社，2016.
13. 魏炜，朱武祥. 重构商业模式 [M]. 北京：机械工业出版社，2010.
14. 孟庆祥. 华为饱和攻击营销法 [M]. 北京：北京联合出版公司，2023.
15. 吴春波. 华为没有秘密 3[M]. 北京：中信出版社，2020.
16. 谢平，陈超. 谁在管理国家财富？[M]. 北京：中信出版社，2010.
17. 李申. 六祖坛经 [M]. 北京：东方出版社，2016.
18. 王阳明，传习录 [M]. 叶圣陶，点校. 北京：北京联合出版公司，2017.

19. 左丘明. 左传 [M]. 中华文化讲堂, 注译. 北京：团结出版社, 2017.

20. 佩弦. 运营公式：短视频·社群·文案的底层逻辑 [M]. 北京：电子工业出版社, 2021.

21. 胡杨. 直播带货和短视频营销实战秘籍 [M]. 郑州：河南文艺出版社, 2020.

22. 范海涛. 一往无前 [M]. 北京：中信出版社, 2020.

23. 陈雪频. 一本书读懂数字化转型 [M]. 北京：机械工业出版社, 2020.

24. 小米生态链谷仓学院. 小米生态链战地笔记 [M]. 北京：中信出版社, 2017.

25. 雷军, 徐洁云. 小米创业思考 [M]. 北京：中信出版社, 2022.

26. 蔡昉. 人口红利：认识中国经济增长的有益框架 [J]. 经济研究, 2022(10).

27. 潘荣成. 近代早期英国能源转型及其启示 [J]. 理论月刊, 2016(2).

28. 余静文, 姚翔晨. 人口年龄结构与金融结构——宏观事实与微观机制 [J]. 金融研究, 2019(4).

29. 谢若琳. 直播电商 AB 面：贪婪的销售额和戒不掉的头部主播依赖 [N]. 证券日报, 2021-12-11.

30. 伊藤穰一, 豪. 爆裂：未来社会的 9 大生存原则 [M]. 张培, 吴建英, 周卓斌, 译. 北京：中信出版社, 2017.

31. 考夫曼. 穷查理宝典：查理·芒格智慧箴言录 [M]. 李继宏, 译. 北京：中信出版社, 2021.

32. 佩奇. 模型思维 [M]. 贾拥民, 译. 杭州：浙江人民出版社, 2019.

33. 库恩. 科学革命的结构：第四版 [M]. 金吾伦, 胡新和, 译. 北京：北京大学出版社, 2012.

34. 格拉德威尔. 引爆点 [M]. 钱清, 覃爱冬, 译. 北京：中信出版社, 2020.

35. 斯皮茨纳格尔. 资本的秩序：在被货币和信贷扭曲的世界中迂回投资 [M]. 郑磊, 刘子未, 郑扬洋, 译. 北京：机械工业出版社, 2021.

36. 皮凯蒂. 21 世纪资本论 [M]. 巴曙松, 陈剑, 余江, 等, 译. 北京：中信出版社, 2014.

37. 布拉德利, 贺睦廷, 斯密特. 突破现实的困境：趋势、禀赋与企业家的大战略 [M]. 上海：上海交通大学出版社, 2018.

38. 莱因哈特, 罗格夫. 这次不一样：八百年金融危机史 [M]. 綦相, 刘晓锋, 刘丽娜, 译. 北京：机械工业出版社, 2012.

39. 莫里森. 第二曲线 [M]. 张晓, 译. 北京：团结出版社, 1997.

40. 古森重隆.灵魂经营：富士胶片的二次创业神话[M].栾殿武，译.成都：四川人民出版社，2017.

41. 乔根森.纳瓦尔宝典：财富与幸福指南[M].赵灿，译.北京：中信出版社，2022.

42. 斯特劳斯，豪.第四次转折：世纪末的美国预言[M].杨立平，刘亮，张建立，译.福州：海潮摄影艺术出版社，1998.

43. 达利欧.原则：应对变化中的世界秩序[M].崔苹苹，刘波，译.北京：中信出版社，2022.

44. 迈尔斯.社会心理学：第8版[M].侯玉波，乐国安，张智勇，等，译.北京：人民邮电出版社，2006.

45. 丹特.人口峭壁[M].萧潇，译.北京：中信出版社，2014.

46. 古德哈特，普拉丹.人口大逆转[M].廖岷，缪延亮，译.北京：中信出版社，2021.

47. 勒庞.乌合之众[M].陆泉枝，译.上海：上海译文出版社，2019.

48. 希勒.非理性繁荣：第三版[M].李心丹，俞红海，陈莹，等，译.北京：中国人民大学出版社，2016.

49. 索罗斯.金融炼金术[M].孙忠，侯纯，译.海口：海南出版社，1999.

50. 格雷厄姆，多德.证券分析[M].邱巍，等，译.海口：海南出版社，2006.

51. 丹特.下一轮经济周期[M].刘念，熊祥，译.北京：中信出版社，2009.

52. 熊彼特.经济周期[M].张云辉，李石强，译.北京：中国大百科全书出版社，2023.

53. 特维德.逃不开的经济周期：历史，理论与投资现实[M].董裕平，译.北京：中信出版社，2012.

54. 马克斯.周期[M].刘建位，译.北京：中信出版社，2019.

55. 普林格.积极型资产配置指南：经济周期分析与六阶段投资时钟[M].王颖，王晨，李校杰，译.北京：机械工业出版社，2018.

56. 格雷厄姆.聪明的投资者：第4版[M].王中华，黄一义，译.北京：人民邮电出版社，2010.

57. 巴拉巴西.链接：商业、科学与生活的新思维[M].沈华伟，译.杭州：浙江人民出版社，2013.

58. 伯特.结构洞：竞争的社会结构[M].任敏，李璐，林虹，译.上海：格致出版社，2008.

59. 卡尼曼.思考，快与慢[M].胡晓姣，李爱民，何梦莹，译.北京：中信出版社，2012.

60. 阿克洛夫，席勒.动物精神[M].黄志强，徐卫宇，金岚，译.北京：中信出版社，2016.

61. 伯恩斯坦.群体的疯狂：人类 3000 年极端信仰与资本泡沫狂热史 [M].王兴华，译.北京：中信出版社，2022.
62. 费舍.怎样选择成长股 [M].吕可嘉，译.北京：地震出版社，2017.
63. 柯利娅.3G 资本帝国 [M].王仁荣，译.北京：北京联合出版公司，2017.
64. 米塞斯.人的行为 [M].夏道平，译.上海：上海社会科学院出版社，2015.
65. 范里安.微观经济学：现代观点 第 6 版 [M].费方域，等，译.上海：上海人民出版社，2006.
66. 肯尼迪.大国的兴衰 [M].蒋葆英，等，译.北京：中国经济出版社，1989.
67. 阿西莫格鲁，罗宾逊.国家为什么会失败 [M].李增刚，译.长沙：湖南科学技术出版社，2015.
68. 布热津斯基.大棋局：美国的首要地位及其地缘战略 [M].中国国际问题研究所，译.上海：上海人民出版社，2007.
69. 金德尔伯格.世界经济霸权 1500—1990[M].高祖贵，译.北京：商务印书馆，2003.
70. 艾萨克.帝国的边界：罗马军队在东方 [M].欧阳旭东，译.上海：华东师范大学出版社，2018.
71. 斯密.国富论 [M].姜振华，译.北京：中国工人出版社，2015.
72. 杜兰特 W，杜兰特 A.历史的教训 [M].倪玉平，张闶，译.成都：四川人民出版社，2015.
73. 万斯.乡下人的悲歌 [M].刘晓同，庄逸抒，译.南京：江苏凤凰文艺出版社，2017.
74. 熊彼特.经济发展理论 [M].贾拥民，译.北京：中国人民大学出版社，2019.
75. 史文森.非凡的成功：个人投资的制胜之道 [M].年四伍，陈彤，译.北京：中国人民大学出版社，2020.
76. 史文森.机构投资的创新之路 [M].张磊，杨巧智，梁宇峰，等，译.北京：中国人民大学出版社，2015.
77. 波特.竞争优势 [M].陈小悦，译.北京：华夏出版社，2005.
78. 蒂尔，马斯特斯.从 0 到 1：开启商业与未来的秘密 [M].高玉芳，译.北京：中信出版社，2015.
79. 卡斯特.网络社会的崛起 [M].夏铸九，王志弘，等，译.北京：社会科学文献出版社，2001.
80. 薛定谔.生命是什么 [M].罗来鸥，罗辽复，译.长沙：湖南科学技术出版社，2003.
81. 奥尔森.集体行动的逻辑 [M].陈郁，郭宇峰，李崇新，译.上海：格致出版社，

2014.

82. 施罗德. 滚雪球：巴菲特和他的财富人生：上 [M]. 覃扬眉，丁颖颖，张万伟，等，译. 北京：中信出版社，2018.

83. 施罗德. 滚雪球：巴菲特和他的财富人生：下 [M]. 覃扬眉，丁颖颖，张万伟，等，译. 北京：中信出版社，2018.

84. 格拉德威尔. 异类：不一样的成功启示录 [M]. 季丽娜，译. 北京：中信出版社，2009.

85. 马斯洛. 动机与人格：第三版 [M]. 许金声，等，译. 北京：中国人民大学出版社，2013.

86. 戴曼迪斯，科特勒S. 创业无畏：指数级成长路线图 [M]. 贾拥民，译. 杭州：浙江人民出版社，2015.

87. 西格尔. 投资者的未来 [M]. 李月平，等，译. 北京：机械工业出版社，2007.

88. 多布斯，马尼卡，华强森. 麦肯锡说，未来20年大机遇 [M]. 谭浩，译. 广州：广东人民出版社，2016.

89. 拜因霍克. 财富的起源 [M]. 俸绪娴，刘玮琦，尤娜，译. 杭州：浙江人民出版社，2019.

90. 德鲁克. 旁观者：管理大师德鲁克回忆录 [M]. 廖月娟，译. 北京：机械工业出版社，2009.

91. 尼德曼. 美国理想：一部文明的历史 [M]. 王聪，译. 北京：华夏出版社，2010.

92. 吉布森. 神经漫游者：重启蒙娜丽莎 [M]. 姚向辉，译. 南京：江苏文艺出版社，2017.

93. 帕拉梅斯. 长期投资 [M]. 孔令一，朱淑梅，李子晗，译. 北京：中信出版社，2020.

94. 德韦克. 终身成长 [M]. 楚祎楠，译. 南昌：江西人民出版社，2017.

95. 丘吉尔. 二战回忆录 [M]. 康文凯，宋文，译. 南京：江苏人民出版社，2000.

96. 科特勒F. 营销管理：第11版 [M]. 梅清豪，译. 上海：上海人民出版社，2003.

97. 克劳士比. 人类能源史：危机与希望 [M]. 王正林，王权，译. 北京：中国青年出版社，2009.

98. 马科维兹. 资产组合选择和资本市场的均值-方差分析 [M]. 朱菁，欧阳向军，译. 上海：上海人民出版社，2006.

99. 巴菲特，坎宁安. 巴菲特致股东的信：投资者和公司高管教程 [M]. 杨天南，译. 北京：机械工业出版社，2018.

100. 邦德. 投资成长股：罗·普莱斯投资之道 [M]. 郭敬维，译. 北京：机械工业出版社，2020.
101. 弗里德曼. 货币经济学 [M]. 任力，译. 北京：中国人民大学出版社，2020.
102. 塔勒布. 黑天鹅：如何应对不可预知的未来 [M]. 万丹，刘宁，译. 北京：中信出版社，2019.
103. 杰里菲. 全球价值链和国际发展：理论框架、研究发现和政策分析 [M]. 曹文，李可，译. 上海：上海人民出版社，2018.
104. OPPENHEIMER P C. The long good buy: analysing cycles in markets[M]. [S.L.]: John Wiley & Sons, 2020.
105. DORSEY A H. Active alpha: a portfolio approach to selecting and managing alternative investments[M]. [S.L.]: John Wiley & Sons, 2011.
106. SMITH T. Investing for growth: how to make money by only buying the best companies in the world[M]. [S.L.]:Harriman House, 2020.
107. SEESSEL A. Where the money is: value investing in the digital age[M]. [S.L.]:Avid Reader Press/Simon & Schuster, 2022.
108. BOECKH J A. The great reflation: how investors can profit from the new world of money [M]. [S.L.]: John Wiley & Sons, 2010.
109. ELLIS C D. Capital: The story of long-term investment excellence[M]. [S.L.]: John Wiley & Sons, 2005.
110. ELLIS C D. Winning the loser's game: timeless strategies for successful investing[M]. [S.L.]: McGraw Hill, 2021.
111. KLONOWSKI D. Private equity in emerging markets: the new frontiers of international finance[M]. [S.L.]: Palgrave Macmillan, 2012.
112. GUILLÉN M F. 2030: How today's biggest trends will collide and reshape the future of everything [M]. [S.L.]: St. Martin's Press, 2020.
113. MARKS H. Mastering the market cycle: getting the odds on your side[M]. [S.L.]: Harper Business, 2021.
114. DOBBS R, MANYIKA J, WOETZEL J. No ordinary disruption: The four global forces breaking all the trends[M]. [S.L.]: Public Affairs, 2016.
115. DRUCKER P F. Innovation and entrepreneurship[M]. [S.L.]: Harper Business, 2006.
116. CASSON M. Entrepreneurship and business culture[M]. [S.L.]: Edward Elgar Publishing,

1995.

117. BARTONC D, WISEMAN M. Focusing capital on the long term[J].Harvard business review, 2014, 92(1/2).

118. CANTRELL S, LINDER J . Changing business models: surveying the landscape[J]. Accenture institute for strategic change, 2000, 15(1).

119. ZOTT C, AMIT R. The fit between product market strategy and business model: Implications for firm performance[J]. Strategic management journal, 2008(1).

120. HÉBERT R F, LINK A N . In search of the meaning of entrepreneurship[J]. Small business economics, 1989(1).

121. LO A W. Risk management for hedge funds:Introduction and overview[J]. Financial analysts journal, 2001, 57(6).

122. BORIO C . The financial cycle and macroeconomics: what have we learnt?[J]. Journal of banking & finance, 2014(45).

123. GEREFFI G, HUMPHREY J, STURGEON T . The governance of global value chains[J]. Review of international political economy, 2005, 12(1).

124. BRINSON G P, HOOD A R, BEEBOWER G L. Determinants of portfolio performance [J]. Financial analysts journal, 1986, 42(4).

125. CHANCEL L, PIKETTY T. Global income inequality, 1820-2020: the Persistence and mutation of extreme inequality [J]. Journal of the European economic association, 2021, 19(6).

126. 2017GMIC全球移动互联网大会 霍金谈"人工智能威胁论" [EB/OL].(2017-4-27)[2017-4-28]. http://media.people.com.cn/n1/2017/0428/c40606-29241880.html.